in cattedra

Concorsi Scuola & F

LA PROVA ORALE DEL CONCORSO PER ABILITATI

Manuale per la preparazione al colloquio di natura didattico-metodologica per tutte le classi di concorso

Il QR Code per accedere alle risorse online

Come accedere alle nostre risorse online

Se hai uno smartphone, per utilizzare il QR Code devi utilizzare un lettore di QR Code.
Se non hai un lettore di QR Code sul tuo smartphone, puoi scaricarlo da iTunes (se hai un iPhone) o da Play Store (se hai uno smartphone Android).
Scaricato il lettore, utilizzalo per **inquadrare il QR Code che trovi su questa pagina** con la fotocamera del tuo smartphone. Una volta inquadrato e riconosciuto il QR Code, avrai automaticamente il link per accedere alle nostre risorse online.
Se, invece, non hai uno smartphone puoi accedere alle nostre risorse online direttamente utilizzando questo indirizzo nel tuo browser:

www.simone.it/d/526_d

In entrambi i casi, registrati sulla pagina che ti abbiamo indicato (in alto a destra, nel box, **Area Riservata**, clicca sul link **Registrati**). Terminata la registrazione dovrai attendere una mail con la password che ti è stata assegnata.
Ricevuta la password **accedi all'Area Riservata** e potrai scaricare i contenuti online.
Per accedere ad alcuni contenuti è necessario digitare il **Codice identificativo** che trovi sul QR Code.
Le espansioni online allegate al presente volume sono valide fino alla data di pubblicazione della eventuale successiva edizione del volume.

Via F. Russo, 33/D
80123 Napoli
www.simone.it

Marzo 2018
526/D • La prova orale del concorso per abilitati

Questo volume è stato stampato presso:
«PL Print S.r.l.»
Via Don Minzoni, n. 302 - Cercola (NA)

Hanno collaborato alla realizzazione di questo volume:
— la Prof.ssa Lucia Gallo: Parte I, Capp. 1, 2 e 3
— il Prof. Leonardo Maiorca: Parte I, Cap. 6
— la Prof.ssa Anna Maria Di Nocera: Parte I, Cap. 7; Parte III, Cap. 4 e Glossario finale

Un ringraziamento va alla Prof.ssa Raffaella del Vecchio per i materiali confluiti nel Cap. 4 della Parte I, e al dott. Giovanni Ciotola per la consulenza sui Capp. 1, 2 e 3 della Parte III.

PREMESSA

Il manuale "*La prova orale del concorso per abilitati*" nasce dall'esperienza professionale degli Autori, docenti, formatori e dirigenti scolastici, e costituisce un unicum nel panorama editoriale delle pubblicazioni per i concorsi nella scuola, in quanto unisce all'**approfondimento teorico** molte **esemplificazioni pratiche** finalizzate al superamento della prova concorsuale.

Nato dal recupero di numerose testimonianze di candidati e commissari che hanno partecipato alle prove orali del precedente concorso del 2016, il testo comprende le nozioni teoriche di progettazione e programmazione didattica nonché **tracce ed esempi di domande tipo**, importanti per affrontare con consapevolezza il colloquio.

Il manuale è strutturato nelle seguenti parti:

— **Parte Prima La progettazione educativo didattica**: si affrontano le tematiche concernenti la *macro e micro progettazione delle attività didattiche*, al fine di inquadrare la programmazione didattica del docente e dell'aspirante tale, all'interno di quei binari "normativi" (Indicazioni nazionali, Linee guida, PTOF, curricolo obbligatorio ecc.) che non solo è opportuno seguire per garantire agli alunni un apprendimento significativo, ma che è anche necessario tener presenti perché le norme lo impongono al docente. Si parte, perciò, dalla progettazione per eccellenza qual è il PTOF (cornice di tutte le attività didattiche) e dal curricolo, per arrivare all'*unità di apprendimento*, alla *valutazione* e alla *programmazione individualizzata per i BES*.

— **Parte Seconda La lezione simulata**: dopo aver trattato nella Prima Parte degli aspetti teorico-pratici della progettazione didattica, qui si passa ad illustrare la **programmazione di una lezione**, ossia di quella particolare attività che il docente è chiamato a svolgere in aula (*lezione frontale, dialogata, partecipata, costruttivista* ecc.). La lezione in classe è, però, cosa diversa dalla lezione simulata oggetto della prova orale del concorso. Se il candidato deve dimostrare di saper programmare una lezione, deve però anche tener conto che quella simulata non è una normale lezione d'aula, ma una prova di concorso che deve rispettare i criteri di valutazione della Commissione.

  Per questo motivo partendo dalle *griglie di valutazione* del precedente concorso, si illustrano tutti i passaggi e gli elementi indispensabili per realizzare una lezione simulata efficace, riportando anche una selezione delle **tracce ufficiali** della prova orale del concorso 2016. Conclude la trattazione della tematica una sintetica **guida all'uso di PowerPoint** funzionale alla realizzazione di una *presentazione con slide della lezione simulata*, cosa che al precedente concorso fu particolarmente apprezzata dalle Commissioni anche ai fini della valutazione delle competenze informatiche del candidato.

Un **modello personalizzabile di lezione simulata in PowerPoint** è disponibile in *espansione online*.

— **Parte Terza Il colloquio e l'accertamento delle competenze linguistiche e informatiche**: il colloquio del concorso per abilitati presuppone l'accertamento anche delle competenze linguistiche e informatiche del candidato. A tal fine in questa parte ampio spazio è riservato al **colloquio in lingua inglese**. Vengono presentate, oltre ad alcune brevi **schede grammaticali** per il ripasso della lingua, alcune delle **domande** rivolte dalle Commissioni in sede di colloquio, con le relative risposte in inglese.

Analogamente per le *competenze informatiche*: anche in questo caso, oltre a brevi **schede di ripasso** delle principali funzionalità del PC e dei software per la scuola, è riportata una **selezione delle domande ufficiali**.

Completa il lavoro un **Glossario essenziale dei termini delle Avvertenze generali**, che devono essere conosciuti dal candidato ai fini di una corretta comprensione e interpretazione delle tematiche richieste.

Per come è strutturato il testo risulta, dunque, uno strumento di lavoro indispensabile per chi per la prima volta si approccia alla prova di un concorso nella scuola.

I La progettazione educativo-didattica

Sommario Parte I

1
Progettare nella scuola

1 La progettazione del processo formativo

Il continuo processo di **innovazione** e di **cambiamento**, cui la scuola è stata sottoposta negli ultimi anni, richiede una revisione costante anche degli strumenti di **progettazione** e **valutazione del processo formativo**.

La scuola, infatti, è un *paesaggio in continuo movimento e trasformazione*. Le innovazioni e le riforme passano e si consolidano solo se si incrociano con l'esperienza dei diversi soggetti e mobilitano i protagonisti all'azione. "Meglio ritrovare un frammento della propria storia professionale e culturale nelle nuove proposte: questo le renderà più vicine e gradite, evitando quel fenomeno di spaesamento che allontana dalla comprensione del nuovo, come ci spiega ogni buona teoria dell'apprendimento. Le riforme si fanno apprezzare se danno il senso di riepilogare il meglio della storia della nostra scuola, se la riconoscono e non la respingono, anzi la valorizzano come contributo allo sviluppo ed alla crescita di una esperienza professionale individuale e collegiale" (cfr. G. Cerini, 2008).

Ciò che è auspicabile, insomma, non è una acritica adesione a nuovi schemi di riferimento ricominciando sempre daccapo, cancellando la memoria storica di ciò che di buono si è fatto nella scuola, ma una disponibilità a non rimanere attaccati a quelli consolidati, resistendo a qualsiasi novità con un atteggiamento di chiusura e di miopia.

Ogni innovazione può, infatti, concretizzarsi in tre modi diversi: modificare, nella direzione prevista, atteggiamenti e comportamenti; creare una situazione di assenza di regole; modificare solo le parole, la facciata, il look.

Tra queste tre ipotesi, la prima è certamente la più difficile, perché si tratta di modificare il modo di porsi davanti ad un problema, la seconda è la più pericolosa perché si disarticolano regole e obiettivi, la terza è lo scivolone nel trasformismo, triste destino, purtroppo, di tante riforme recenti.

Tenere sotto controllo gli ultimi due effetti, significa realizzare e applicare tutti i processi di cambiamento passo dopo passo, innestandoli su quella che è la migliore pratica scolastica senza rompere questo delicato equilibrio.

In questo contesto normativo sempre in movimento, la complessità delle azioni educative e didattiche richiede elevate **capacità progettuali** che coinvolgono la scuola **a tutti i livelli**: dirigente, collegio dei docenti, consiglio di classe, docenti, personale amministrativo, famiglie, territorio [1].

---

[1] Per approfondire la struttura normativa in cui si innestano le tematiche approntate in questo volume, nonché per valutare la portata delle riforme della scuola negli ultimi decenni, si veda 526/C *Legislazione scolastica*, Edizioni Simone, 2018.

2 Macro e micro progettazione a scuola

Per **progettazione** in ambito didattico, si intende genericamente, **l'insieme di tutte le strategie formative** messe in atto dalla scuola nel suo complesso e dal singolo docente, consistenti nella **elaborazione di una programmazione** atta a raggiungere determinati obiettivi educativo-didattici prefissati, attraverso l'individuazione di tutte le operazioni e di tutti gli strumenti necessari.

In particolare, il PTOF si inserisce in quella che viene definita **macroprogettazione** (o *progettazione di massima*) che è il primo livello di progettazione e che si pone a monte della **microprogettazione**, ossia della **programmazione di dettaglio**.

Essa, partendo dall'analisi dei bisogni (che oggi scaturisce anche dai processi di valutazione e autovalutazione delle scuole), definisce gli obiettivi e le strategie per raggiungerli (tempi, attori, ruoli ecc.), tenendo conto ovviamente delle risorse disponibili (docenti, attrezzature, spazi, risorse economiche ecc.).

In concreto, la progettazione/programmazione si esplica nella elaborazione di **tutti i documenti** necessari che formalizzano e pubblicizzano tali strategie didattiche.

La programmazione è, dunque, un **obbligo di legge** nel nostro sistema scolastico, previsto al fine di razionalizzare e finalizzare efficacemente i processi di insegnamento/apprendimento in ambito didattico, ma è anche la più alta **espressione dell'autonomia didattica delle scuole** che attraverso la progettazione curriculare esplicitano la loro migliore offerta formativa.

Come detto, la macroprogettazione (e in primis il curricolo della scuola di cui tratteremo al cap. 3, par. 2) è a monte della microprogettazione in cui rientrano la programmazione annuale ma anche la singola **lezione**. Quest'ultima viene elaborata dal docente, definendo i metodi didattici, le tecniche, i tempi ecc. per il raggiungimento degli obiettivi, anche in funzione degli stili di apprendimento degli allievi, e dunque nell'ottica di una didattica personalizzata e inclusiva. I docenti elaborano la programmazione didattica *individualmente*, per le discipline che insegnano, e *collegialmente*, nell'ambito dei Collegi dei docenti e dei Consigli di classe.

I principali riferimenti della progettazione sono, dunque:
- il PTOF
- i documenti ministeriali, quali le *Indicazioni nazionali* per la scuola dell'infanzia e il primo ciclo di istruzione, le *Indicazioni nazionali* per i percorsi liceali, le *Linee guida* per i programmi di studio degli istituti tecnici e professionali;
- le peculiarità culturali del territorio di riferimento e le specifiche esigenze formative della comunità in cui si opera;
- le caratteristiche socio-culturali e cognitive degli studenti.

È necessario, per questo, un coinvolgimento dei diversi attori in campo come elemento indispensabile per "**costruire un noi**", mezzo essenziale perché il cambiamento si produca davvero e diventi presupposto per realizzare una partecipazione diversa da quella tradizionale, ridotta spesso alla pura formalità della delega e confinata nella ritualità della collegialità assembleare.

A una scuola aperta, deve corrispondere un intero **sistema formativo aperto**, un sistema cioè in cui tutti i segmenti possano apportare un contributo reale e non di facciata alla crescita e allo sviluppo delle nuove generazioni.

Il futuro della scuola si iscrive così all'interno di due coordinate che rappresentano l'orizzonte di senso da seguire : **la scuola del servizio, la scuola del progetto**[2].

Le due dimensioni sono strettamente correlate. La prima, il servizio, trova la sua validazione nel momento in cui realizza *interventi di educazione, formazione e istruzione* mirati allo sviluppo della persona, adeguati ai diversi contesti, alla domanda delle famiglie e alle caratteristiche specifiche dei soggetti coinvolti.

Essa, per essere efficace, ha bisogno di tempi lunghi, di *piani di miglioramento*, di ipotesi di soluzione, in ultima analisi, di una visione che conferisca uno scopo, un significato all'azione educativa e didattica. In altre parole *ha bisogno del progetto.*

Progettare, quindi, è "**il modo con cui si intende procedere verso il cambiamento**" tenendo conto della realtà, delle sue risorse e delle sue potenzialità, ma anche dei suoi vincoli e limiti[3].

3 Progettazione e progetto[4]

I termini **progettazione e progetto**, fino a qualche anno fa, erano utilizzati in ambiti ristretti del mondo della scuola. In genere, venivano impiegati per definire le sperimentazioni autonome delle singole scuole, le sperimentazioni promosse dal Ministero, i percorsi relativi alle varie educazioni (alla salute, all'ambiente, stradale ecc.).

Con l'introduzione dell'autonomia, la scuola tende a svilupparsi intorno alla **cultura del progetto** tanto che il Regolamento D.P.R. n. 275/1999 all' art. 1, comma 2, attribuisce alla funzione di progettazione grande rilevanza:

"L'autonomia delle istituzioni scolastiche si sostanzia nella progettazione e nella realizzazione di interventi di educazione, formazione e istruzione mirati allo sviluppo della persona umana, adeguati ai diversi contesti, alla domanda delle famiglie ed alle caratteristiche dei soggetti coinvolti, al fine di garantire il successo formativo coerentemente con le finalità e gli obiettivi generali del sistema di istruzione e con l'esigenza di migliorare l'efficacia del processo di insegnamento e di apprendimento ".

La progettazione, insomma, non è più un fatto discrezionale. *La scuola dell'Autonomia è, dunque, la scuola del progetto.*

[2] A. Valentino, *Il Piano dell'Offerta Formativa,* La Nuova Italia, Firenze, 2000.
[3] L. Guasti, P. Plessi, *Rapporto sul progetto giovani*, Università Cattolica di Brescia.
[4] Per un approfondimento di temi trattati, si rimanda a L. Gallo*, Scuola Progetto*, Spaggiari, Parma, 2009.

Queste considerazioni, giuste sul piano dei principi teorici, si scontrano, però, con una situazione di difficoltà nell'applicare modalità e tecniche di progettazione. Ciò sembra paradossale perché, oggi più che mai, la scuola può essere considerata una sorta di *progettificio* dove si producono progetti più svariati allo scopo di accedere a diverse forme di finanziamento: *ordinari, PON, POR, straordinari ecc.*

La **progettazion**e, invece, è **un'attività complessa** che si articola su più livelli: cognitivo, affettivo, sociale ma, soprattutto, è un'attività *in progress* che richiede tutta una serie di attività e di strumenti di registrazione della tenuta dell'intero percorso progettuale.

Il termine *progetto* deriva dal latino "*proicere*", gettare avanti, prefigurare un cammino che si propone il raggiungimento di una o più mete. Queste mete portano alla realizzazione di un prodotto che sarà: *prevedibile, verificabile, spendibile con caratteristiche di accettabilità definibili "a priori"*. Esso quindi si **connota come aspettativa, immaginazione**, quasi costruzione di un mondo virtuale che si definisce pian piano fino a diventare il luogo dell'azione concreta. In altre parole, per dirla con E. Morin, "progettare vuol dire negoziare, discutere, battersi con l'incognito che si ricostruisce senza sosta, giacché ogni soluzione di un problema produce una nuova questione".

Secondo l'associazione statunitense *"Project Management Institute"*, il progetto può essere definito come "*una combinazione di uomini, risorse e fattori organizzativi, riuniti temporaneamente, per raggiungere obiettivi unici, definiti e con vincoli di tempo, costo, qualità e risorse*".

Lavorare per progetti significa, quindi, **pianificare, organizzare e coordinare** tali risorse nello svolgimento di attività tra loro correlate e finalizzate al raggiungimento di **un obiettivo predefinito** in presenza di condizioni di rischio e di vincoli. Significa assicurare percorsi non improvvisati e casuali, ma fondati, trasparenti e documentati, pensare in termini di complessità, di sistema, che lega in un rapporto di reciprocità tutti gli elementi e i soggetti preposti alla progettazione.

3.1 Fattori che determinano o ostacolano il successo di un progetto

Lavorare a un progetto è un'attività ad alta integrazione, risultato che non si ottiene automaticamente ma che va costruito, e la sua qualità dipende dalla qualità delle competenze che ciascuno mette in gioco[5].

Le **tre C** che, secondo il *project management,* determinano il **successo di un progetto** sono:

- **Comunicazione**

Comunicare significa *mettere in comune,* quindi indica un rapporto fra almeno due soggetti, che renda possibile mettere in *comune* qualcosa e costruire significati

[5] A. Saggin, P. Rotondi, *Persona e organizzazione*, Mcgraw Hill Companies, 2002.

comuni. Molto diffusa è l'idea che saper comunicare corrisponda al saper convincere un'altra persona a accettare la propria idea o a eseguire una richiesta.

Ed effettivamente la comunicazione permette di trasferire informazioni e conoscenze da un punto all'altro del sistema.

- **Coordinamento**

  Il coordinamento consente a ciascun attore di agire con la consapevolezza che la sua azione è allineata e attesa in ogni altro punto del sistema.

- **Cooperazione**

  La cooperazione permette di valorizzare il coordinamento in termini di equità relazionale e di consapevolezza di essere protagonisti della performance dell'organizzazione.

Le **difficoltà** che, invece, più frequentemente si incontrano quando si lavora a un progetto e che spesso ne ostacolano il successo, sono:

— conoscenza imprecisa del progetto nel suo insieme, scorretta definizione iniziale dei tempi, dei metodi, degli obiettivi;
— obiettivi non chiari, oppure non condivisi, insufficiente allineamento fra gli obiettivi personali e quelli di gruppo, con scarso senso di appartenenza;
— scadente qualità dei rapporti fra le persone che si evidenzia con comportamenti caratterizzati da scarso ascolto reciproco, bassa disponibilità al confronto e all'espressione delle opinioni personali, critiche distruttive e altri comportamenti aggressivi;
— incapacità del coordinatore di garantire la tenuta psicologica del gruppo nei momenti di difficoltà e/o di stanchezza;
— insufficiente cura nella gestione del tempo;
— numero elevato di persone coinvolte.

3.2 Il ruolo delle risorse umane della scuola

Le istituzioni sono costituite da **persone** che rappresentano **l'elemento essenziale e critico** del loro funzionamento. La **centralità del fattore umano** vale, quindi, in generale, ma è tanto più vera nella scuola in cui è fondamentale la spinta motivazionale delle persone a raggiungere il proprio fine istituzionale.

Le **caratteristiche specifiche delle risorse umane** nella scuola possono essere così sintetizzate:

— in quanto *umane* sono sensibili al cambiamento e costituiscono il fattore determinante del buon esito di un progetto;
— sono estremamente articolate al loro interno: vecchie e nuove figure si combinano, ognuna con il proprio bagaglio di studi, esperienze, motivazione ecc.

— il personale della scuola è costituito, in gran parte, da professionisti autonomi e responsabili delle proprie scelte.

Sono questi alcuni dei fattori che condizionano notevolmente le scelte di gestione e valorizzazione delle risorse umane nella scuola.

L'introduzione dell'autonomia richiede alle istituzioni scolastiche compiti sempre più complessi. Elementi guida di questi cambiamenti non possono che essere i docenti. È importante, perciò, creare all'interno della scuola una **leadership diffusa** che metta tutti al centro del processo di innovazione.

È importante altresì che ci sia uno **staff** che collabori all'organizzazione generale della scuola.

A tal fine il dirigente scolastico attribuisce le cd. **funzioni strumentali** al PTOF (che vengono poi votate in collegio) ad alcuni docenti. Si tratta, in genere, di insegnanti dotati di grande disponibilità, capacità e competenza. Essi sono chiamati ad attuare determinati progetti o a seguire specifiche attività come: monitoraggio e autovalutazione di istituto, coordinamento e realizzazione di progetti di enti esterni, programmi di orientamento, accoglienza, integrazione ecc.

In passato, queste funzioni strumentali erano chiamate «funzioni obiettivo», e i docenti incaricati erano individuati con delibera del Collegio dei docenti.

4 La competenza progettuale del docente

La **competenza progettuale** costituisce, quindi, uno degli assi portanti della **professione docente**, in quanto è grazie a essa che è possibile intervenire in modo attivo per pensare, guidare, dare senso al cambiamento ed evitare così il rischio di rimanere bloccati su schemi di azione logori e svuotati di significato. Essa dovrebbe fondarsi sull'equilibrio di **tre componenti essenziali**, sinteticamente identificabili attraverso la sigla **3P**:

— **people**, ovvero l'insieme degli attori, la comunità di apprendimento;
— **process**, ovvero i criteri, le metodologie , gli obiettivi;
— **product**, ovvero le risorse, i mezzi e le tecniche usaste.

A questi elementi bisognerebbe aggiungere una quarta P, la **partecipazione attiva** e consapevole dei componenti della comunità di apprendimento.

Il progettare, proprio per il suo significato di percorso, di impostazione unitaria e multi comprensiva rappresenta un impegno che investe tutta l'esperienza scolastica e implica la contestualità e il **coinvolgimento operativo** di tutti gli elementi e i soggetti preposti alla formazione per cui l'attività progettuale si esplica a vari livelli:

— la progettazione del **piano triennale dell'offerta formativa** attraverso il quale la scuola esplicita le scelte prioritarie in rapporto al contesto in cui opera;
— la progettazione del **Consiglio di classe** attraverso la quale si esplicitano le scelte educativo-didattiche in relazione ai soggetti del gruppo classe ivi compresa la

trattazione di tematiche ad alta valenza educativa (alla salute, alla convivenza civile ecc.);
— la progettazione **speciale di istituto**: progetti europei, formazione degli adulti,...
— la progettazione **disciplinare** (Dipartimenti disciplinari): attraverso la quale si esplicitano i contributi formativi della disciplina in rapporto ai soggetti del gruppo classe;
— la progettazione dei **percorsi di apprendimento** (unità di apprendimento, moduli, lezioni).

Ciascuno dei soggetti coinvolti è responsabile dei bisogni formativi che seleziona in relazione alle scelte compiute dal soggetto che lo precede.

Questa **circolarità** è indispensabile e, in qualche modo, va gestita e formalizzata per sottolineare l'ufficialità dell'impegno di ciascuno che altrimenti sarebbe volubilmente legata a dinamiche discrezionali e individuali.

Si tratta di tenere sempre **strettamente connesse macro e micro progettazione**, che non significa frammentare le azioni da una più ampia a una più ridotta, ma considerarle in un'ottica sistemica.

Del sistema esse hanno la complessità, nel senso che ciascuna parte si arricchisce di senso e di significato solo se in relazione con le altre.

In quest'ottica, l'attività progettuale trascende l'idea che essa sia da considerarsi un semplice adempimento formale, nel senso che prevede l'assunzione di precise responsabilità tese a migliorare la qualità dell'offerta formativa nel suo complesso.

Progettare significa, infatti, tracciare in modo intenzionale i principi e le caratteristiche essenziali di una proposta formativa. Una proposta **non statica e definita per sempre**, ma soggetta ad ulteriori e continui arricchimenti. Pertanto, la vera progettazione non è quella pensata a priori sulla carta, quanto ciò che può essere dimostrato a posteriori. Ogni alunno, infatti, non impara ciò che abbiamo ipotizzato debba teoricamente imparare, ma ciò che, una volta conclusa l'attività di insegnamento, è riuscito effettivamente ad apprendere.

5 Attività preliminari alla stesura di un progetto

Attività preliminari alla stesura di un progetto ed essenziali per la sua riuscita sono l'*individuazione del problema e la negoziazione degli obiettivi*.

• Individuazione del problema

Ogni progetto si configura come un percorso trasversale che, utilizzando i diversi apporti disciplinari, parte da un **bisogno**, affronta un **problema reale**, pone **ipotesi**, realizza azioni e **interventi** che possano essere utili alla sua soluzione.

Condizione preliminare alla stesura di un progetto è, pertanto, **l'individuazione del problema** o, meglio del bisogno su cui si decide di intervenire. È indispensabile, perciò, che i soggetti chiamati a realizzarlo ne facciano parte integrante.

Può sembrare superflua questa affermazione. Ma l'esperienza ci dice che spesso esistono progetti caratterizzati da contenuti interessantissimi, da prodotti finali di alta precisione che certamente soddisfano l'orgoglio dei docenti, ma restano spesso estranei agli allievi.

Un *bel progetto* non serve a nulla se i protagonisti, **i soggetti del fare** non sono **gli alunni**, se essi non sono chiamati a mettersi alla prova, a risolvere un problema che hanno percepito come tale. È necessario, perciò, che partecipino alla sua elaborazione, alla gestione, alla regolamentazione ed anche alla valutazione. Dopo di che la scuola potrà elaborare un piano di interventi che, in tempi dati e con modalità condivise e trasparenti, cerchi di rispondere ai bisogni rilevati.

- Negoziazione degli obiettivi

È opportuno che la proposta iniziale di un progetto sia *poco strutturata* in modo che possa, poi, accogliere tutte le integrazioni che si riterranno necessarie in corso d'opera. Una sorta di cornice all'interno della quale sia i docenti che gli allievi possano muoversi con grande libertà.

Un primo segnale, infatti, della validità operativa della progettazione iniziale è relativo all'uso che se ne fa. Se, dopo la stesura, quelle pagine non vengono più ricercate per trovarvi spunti, riferimenti, indicazioni per il lavoro da svolgere, esse diventano inutili, rispondono, forse, più all'esigenza di ottemperare ad un adempimento burocratico piuttosto che ad una funzione di orientamento del lavoro quotidiano.

Una **progettazione iniziale**, correttamente intesa, dovrebbe assumere, perciò, le **caratteristiche della *sinteticità*,** per un rapido accesso alle informazioni, della ***chiarezza*** per evitare ambiguità, dell'***orientatività*,** per regolare le azioni[6].

Lavorare ad un progetto con queste caratteristiche non è certamente cosa facile, perché ci si scontra con tutta una serie di difficoltà. Una per tutte: la difficoltà di coinvolgere nell'azione tutto *il team* di progetto, di sedersi intorno ad un tavolo, di dichiarare la propria disponibilità. È questo, secondo una considerazione diffusa, il grande tarlo della scuola di oggi. L'area dei rapporti interpersonali tra docenti assume, perciò, una grande rilevanza in un sistema di organizzazione delle attività non più impostato su regole rigide e individuali, ma su scelte responsabili e condivise.

Questa **difficoltà a lavorare in *team*** produce, spesso, nei docenti disaffezione nei confronti del proprio ruolo, senso di frustrazione e di inadeguatezza. La ricaduta sul piano didattico non può che tradursi in una confusione ed in una atomizzazione degli interventi[7]. Così, anche progetti innovativi, di grande respiro hanno avuto, talvolta, un fondamentale difetto pedagogico: sono stati alla discrezionalità del singolo docente, usati e messi in atto entro i limiti del suo giudizio di opportunità

[6] C. Scurati (a cura di) *Valutare gli alunni, gli insegnanti, la scuola,* Editrice La Scuola, Brescia, 1993.

[7] F. Priore, *Menagement scolastico*, Grafiche Panico, Galatina (Lecce), 2001.

e, come tali, non sempre hanno offerto agli alunni garanzia di apprendimento significativo, perché non pensati in maniera sistematica e collegiale.

L'**educazione** è sempre **un lavoro di squadra** in cui tutte le competenze disciplinari e professionali arricchiscono l'esperienza dell'alunno. Proprio per questo è bene che la proposta sia conosciuta e condivisa e che tutti i docenti possano integrarla[8]. Analogamente per gli alunni occorrerebbe presentare il progetto non come qualcosa di definito e concluso in sé, ma come un *quadro* che essi contribuiranno a riempire. Bisogna far sentir loro che saranno ascoltati e che le osservazioni e le proposte che fanno verranno prese in considerazione[9].

Questa fase, che tecnicamente viene denominata **fase della negoziazione o del contratto**, accompagna tutti i momenti della progettazione e lo svolgimento dell'azione e richiede ai soggetti coinvolti di:

— *mettere in comune i propri pensieri*, idee, proposte;
— *agire insieme formulando ipotesi*;
— *individuare strategie ed interventi* per la co-gestione dell'itinerario.

Essa si configura, perciò, come un processo di conoscenza, di incontro e di scambio di idee rappresentative di individualità e personalità anche molto differenti. È un approccio pedagogico che rinvia a:

— un'*idea di alunno* considerato protagonista del proprio percorso di crescita, un interlocutore attivo, a cui è riconosciuta la possibilità di autoregolarsi e di incidere sulla realtà attraverso un dialogo continuo;
— un'*idea di docente* inteso come "regista", che struttura contesti capaci di stimolare e sostenere l'autorganizzazione degli allievi, lo sviluppo della loro identità. Non è, pertanto, un adulto che presume a priori di conoscere quale debba essere l'obiettivo che l'allievo deve raggiungere, ma colui che criticamente progetta (attraverso l'uso di mediatori) un contesto democratico in cui ciascuno possa collocarsi consapevolmente, contribuendo al cambiamento cosciente delle proprie modalità costruttive.

6 Elementi base per la stesura di un progetto

Sul piano più squisitamente tecnico, è opportuno che il progetto sia leggibile, completo di tutti gli elementi e suddiviso in alcune **sezioni fondamentali.**

La prima contiene i **dati identificativi**: una sorta di carta di identità che permette di avere una visione di insieme di cosa si vuole realizzare, dei soggetti coinvolti, dei risultati attesi.

[8] W. Fornasa, *La costruzione del percorso didattico,* in Percorsi Educativi, A. Mondatori, Verona,1997.
[9] G. De Vecchi, *Aiutare ad apprendere,* La Nuova Italia , Firenze, 1998.

La seconda sezione comprende la **descrizione in dettaglio del progetto** vero e proprio vale a dire:

— **Motivazione dell'intervento**

È la descrizione ordinata e coerente degli **aspetti fondamentali che caratterizzano la situazione o il problema** da cui si è deciso di partire. Da essa deve risultare la rilevanza del contesto, la condivisione da parte di tutti i soggetti coinvolti, la legittimazione pedagogico-didattica dell'intervento. Tecnicamente è definita la *fase della convergenza* perché si mettono in connessione le nozioni disgiunte e segmentate emerse durante il momento della negoziazione detto anche *fase della divergenza*.

— **Individuazione degli obiettivi disciplinari e/o trasversali. Risultati attesi**

Rappresentano il fine, la meta del percorso progettuale, in qualche modo si configurano come **indicatori di soluzione del problema**. È opportuno, per questo, che gli obiettivi siano esplicitati in maniera chiara e precisa al fine di offrire agli allievi la possibilità di riconoscere se sono stati conseguiti o meno e di attivare processi di covalutazione ed autovalutazione. Diventa necessario, perciò, fissare criteri di accettabilità che possano aiutarli a confrontarsi con gli standard stabiliti e ad individuare gli ostacoli non ancora superati.

L'attenzione deve essere rivolta, inoltre, soprattutto all'individuazione di **obiettivi comuni e trasversali** in modo da valorizzare l'interdisciplinarità ed avvicinare i linguaggi delle diverse discipline. Certamente la trasversalità degli obiettivi non va intesa in termini rigidi, quasi che la specificità disciplinare possa essere sostituita da approcci uniformi e standardizzati, ma come occasione per ricomporre unitariamente il sapere ed aiutare l'allievo a trovare un senso complessivo alla sua esperienza scolastica.

— **Articolazione dei contenuti ed attività**

Come per gli obiettivi, è opportuno definire un insieme di **nuclei tematici disciplinari o pluridisciplinari** da trattare nei diversi ambiti, utilizzando gli strumenti e le tecniche specifiche di ognuno. È importante, infatti, che gli alunni prendano consapevolezza che la realtà non è mai settoriale e che le discipline altro non sono che modelli interpretativi di un mondo che diventa sempre più complesso. La disciplina viene così riportata alla sua giusta dimensione: non è più vissuta come fine in sé ma essa fornisce soprattutto una serie di strumenti da usare all' occorrenza. Ciò non significa, chiaramente, trascurare le conoscenze specifiche, che restano un insieme di mezzi indispensabili o ritenere inesistenti le differenze, ma di cogliere al di là delle differenze le caratteristiche comuni.

— **Linee metodologiche, strategie didattiche**

È la parte in cui si indicano **le linee e le strategie metodologiche ritenute più idonee e coerenti** alla realizzazione delle attività connesse al progetto. In qualche modo, è il segmento più impegnativo per le implicazioni didattiche che sottende. Se, infatti, il cuore di un progetto è il problema, ne deriva che la metodologia più idonea a risolverlo è senza dubbio quella della **ricerca**: "la ricerca come pratica scolastica al servizio delle potenzialità creative dell'alunno".

La parola **ricerca** è uno dei termini che hanno un alto grado di evocazione, presentandosi circondati da un alone che può essere di consenso o di rigetto, ma mai neutro.
Per molti, l'alone che circonda tale termine è positivo, evoca immagini di un alunno attivo che impara facendo. Per altri, lo stesso termine è molto meno affascinante, perché legato a ricordi di una scuola inutile, enciclopedica che, sotto l'etichetta della ricerca, copre pratiche didattiche di tipo riproduttivo.
Attuare il metodo della ricerca significa avere a disposizione **un *set* di strategie formative** e didattiche che agevolino l'apprendimento permettendo, come sostiene Fabbroni, agli alunni più capaci di procedere con un passo spedito senza abbandonare chi, più fondista, procede lentamente.

— **Criteri e strumenti di verifica e di valutazione**

Chiarire i criteri e gli strumenti di verifica e di valutazione da utilizzare, rappresenta un modo per definire anche a quale modello pedagogico ci si vuole riferire nel corso della realizzazione.
La valutazione è, infatti, fortemente legata al nostro sistema di valori e chi vuole veramente "valutare" non può non porsi questo problema. Tanto più perché la progettazione è un'attività *in progress* e ciò rende particolarmente difficoltosa anche la valutazione che richiede tutta una serie di attività e di **strumenti di registrazione** che non è possibile improvvisare, quali:

- l'**osservazione dell' alunno**, del suo atteggiamento nei confronti delle attività e del processo seguito e la registrazione delle osservazioni compiute in itinere;
- la **raccolta della documentazione necessaria**.

Pertanto, accanto alla predisposizione di **prove strutturate o oggettive** (Cap. 5, par. 3), particolarmente indicate per misurare conoscenze ed abilità, ma poco idonee a far emergere l'inespresso, l'implicito, occorrerebbe prevedere **questionari aperti** che possano permettere di raccogliere le voci di tutti gli allievi coinvolti, la loro percezione delle attività, le loro esigenze e i diversi punti di vista.

— **Materiali didattici e risorse tecnologiche**

Indicare quali materiali, strumentazioni e supporti didattici si ritengono indispensabili alla realizzazione del progetto.

— **Modalità di monitoraggio e di valutazione del processo**

Anche durante la fase iniziale di progettazione occorre avere come punto di riferimento costante la realizzazione pratica. Predisporre strumenti di osservazione, di raccolta di dati, di documentazione del percorso, discuterli con alunni e colleghi può rappresentare un momento di forte valenza educativa.
È importante che il gruppo di progetto predisponga un **diario delle riunioni** per documentare in forma sintetica ed essenziale lo stato di avanzamento e i problemi che emergono in itinere.

Questo diario sarà la **memoria storica** utile alla comprensione dei processi messi in atto, all'individuazione dei punti di forza e di criticità via via emersi. Importante sarebbe anche predisporre una scheda di archiviazione del progetto per permettere anche in seguito una facile lettura del percorso attuato e dei risultati ottenuti.
Le attività svolte in classe potranno essere documentate anche dagli **alunni** con un **diario di bordo** che può essere tenuto a turno o compilato singolarmente da ogni studente. È importante raccogliere dati oggettivi: giorni, attività svolte, ma anche dati di giudizio, impressioni che permettano di cogliere anche il contesto comunicativo in cui si è lavorato[10].

— **Soluzioni organizzative**

Indicare come si intendono **organizzare gli allievi** durante lo svolgimento delle attività connesse alla realizzazione del progetto: gruppi omogenei, eterogenei, di compito, classi aperte. È questo un aspetto molto importante perché, sia pure con tante felici eccezioni, il punto di riferimento dell'alunno e del docente è stato la classe.
Le direttive sull'autonomia organizzativa e gestionale spingono, invece, a cercare nuove modalità di suddivisione della classe, offrendo così ad alunni e docenti la possibilità di compiere percorsi diversificati, motivanti, improntanti alla collaborazione ed allo scambio.

— **Prodotto finale, modalità e strumenti di informazione e pubblicizzazione**

Ogni progetto è legato alla **realizzazione di un prodotto**. Per questo è bene che le sue caratteristiche siano ben precisate già nella fase iniziale della progettazione. È importante, inoltre, definire le modalità e gli **strumenti di pubblicizzazione** dell' iniziativa sia nel momento di avvio (*ex ante*), in modo da informare e coinvolgere famiglie, territorio, istituzioni, sia alla fine (*ex post* ad esempio con mostre, tavole rotonde con rappresentanti delle istituzioni locali per presentare i risultati ecc.).
Le varie agenzie educative famiglia, scuola, istituzioni devono operare in modo sinergico se si vuole infondere negli alunni slancio, motivazioni e speranze.

— **Piano finanziario**

Inserire un **preventivo dei costi** per una valutazione delle risorse disponibili, di quelle mancanti, dei supporti didattici e tecnologici.

— **Risorse umane**

Indicare il **gruppo di progetto, docenti, esperti, personale non docente** e tutte le altre figure che si intendono coinvolgere nell'azione.

---

[10] W. Fornasa, *La costruzione del percorso didattico,* in Percorsi Educativi, A. Mondadori, Verona,1997, pp. 35-38.

2
Modelli di scuola e tecniche di progettazione*

1 La scuola del programma

L'istituzione della scuola media unica nel 1962 sancisce ufficialmente il diritto-dovere di fruire di una formazione scolastica della durata di otto anni.

Molti studiosi concordano sul fatto che proprio da questo momento cominci uno **scadimento qualitativo della scuola**[1]. Alla scuola viene associato il concetto di unica istituzione in grado di trasformare la realtà e di assicurare benessere per tutti, senza distinzione di classe e di contesti socio-culturali. Le condizioni, che avrebbero potuto favorire il conseguimento di questo obiettivo, potevano essere solo quelle di una *scuola governata dal centro*, secondo regole imprescindibili, prescrittive e valide per tutto il territorio nazionale.

L'espressione più marcata di questo sistema scolastico fortemente centralizzato è il **programma**. Esso designa **contenuti da svolgere in maniera uniforme** su tutto il territorio nazionale, contiene elenchi di cose da insegnare e itinerari di lavoro già predefiniti. Agli insegnanti e alle scuole non resta che adeguarsi alle indicazioni date. I ragazzi e le famiglie devono adattarsi all'insegnamento dei docenti che, a loro volta, devono uniformarsi alle disposizioni ministeriali.

Sul piano professionale **si richiede agli insegnanti un atteggiamento impiegatizio**: i programmi danno istruzioni, i docenti sono chiamati ad applicarle ed eseguirle. Anzi l'applicazione e lo svolgimento del programma diventano gli elementi più significativi per designare il bravo docente. Egli agisce all'interno di una cultura prestabilita, i cui contenuti frazionati in materie poco raccordate tra loro, sono ritenuti sufficienti per la formazione dell'uomo. I contenuti, fini e non mezzi di apprendimento, prevalgono sulle esigenze degli allievi che sono chiamati ad adeguarsi ad essi perdendo ogni forma di centralità[2].

La scuola del programma è statica, definitiva, valida per tutti.

Nonostante ciò, i **programmi** hanno avuto **meriti** storici che non si possono disconoscere:

— **consolidare l'unità nazionale** sul piano storico, politico, sociale;

---

* Questo Capitolo è in parte tratto dal volume "*Manuale delle Metodologie e Tecnologie didattiche* (a cura di L. Gallo e I. Pepe), Edizioni Simone, 2018.

[1] B. Vertecchi, *Tempo di riforme*, editoriale in rivista CADMO n. 12, 1996; Boella – Colombo – Panaro, *Autonomia scolastica,* Euro Edizioni, Torino, 1998 pagg. 20-21.

[2] *Raccomandazioni per l'attuazione delle Indicazioni Nazionali per i Piani di studio Personalizzati nella Scuola Primaria,* pag. 167.

— **favorire la formazione e l'aggiornamento dei docenti**;
— combattere l'analfabetismo.

Espressione tipica della scuola del programma è la **lezione frontale** (ne tratteremo diffusamente più avanti anche al Cap. 2, par. 3.1 della Parte II).

La lezione frontale appartiene ai *metodi denominati espositivi*, ed è un tipico esempio di «comunicazione unidirezionale», la cui principale caratteristica è un'esposizione *prevalentemente verbale*.

Essa si basa su una **concezione** sostanzialmente **ricettiva dell'apprendimento**: *l'insegnante spiega e gli studenti ascoltano*. Benché presupponga l'ascolto attivo da parte dell'allievo, si riduce alla trasmissione unidirezionale dell'informazione che può essere così visualizzata:

contenuti
↓
spiegazione
↓
interrogazione

Il ruolo dello **studente** consiste prevalentemente nell'**apprendere un sapere codificato** di tipo disciplinare.

Nel tempo, molte sono state le **critiche** rivolte a questo metodo di insegnamento che:

— insegna solo a riprodurre e non a costruire il sapere;
— limita la strada al pensiero critico;
— confonde il comprendere con il memorizzare;
— crea dipendenza e docilità nel senso che spesso si ritiene che sia meglio dire ciò che il docente vuole che si dica, piuttosto che avanzare critiche e riflessioni sulle informazioni apprese;
— determina scarsa partecipazione.

Inoltre, gli stili cognitivi privilegiati sono sempre gli stessi. Mentre le intelligenze convergenti si trovano a loro agio, quelle più divergenti e critiche incontrano difficoltà e disperdono gran parte delle loro risorse creative[3].

Molto spesso nella lezione frontale manca un reale ed efficace feedback e molti studi hanno evidenziato come ciò che è stato «ascoltato» non è poi automaticamente anche «appreso». A questo si aggiunge il fatto che la fase della verifica degli apprendimenti è spesso posticipata rispetto alla spiegazione e ciò rende difficile l'azione di recupero immediato.

La lezione frontale, dunque, soffre il limite dell'eccessiva **dipendenza della lezione dalle competenze e dalla capacità comunicativa e didattica del singolo docente**.

---

[3] R. Scaglioni, *Metodologie e modelli di insegnamento per il diritto privato, in* cird.unive.it.

Metodo di insegnamento alternativo alla lezione frontale, anche se poco usato nella «scuola» del programma, è la lezione dialogata o dialogica.

La **lezione dialogata**, condotta con il metodo interrogativo, usa il *dialogo*, come strumento per la trasmissione del sapere. È centrata sullo studente il quale, riflettendo sulle domande e formulando le risposte, a poco a poco si appropria delle conoscenze. Elemento di riferimento principale non è la disciplina, bensì il soggetto che apprende, alla luce dei suoi bisogni e dei suoi interessi (→ anche Parte II, Cap. 2, par. 3.2).

Il ruolo e le capacità dell'insegnante sono determinanti per la buona riuscita del processo di apprendimento. Egli deve, in particolare, **garantire un costante coinvolgimento del gruppo** e **l'interazione costante con gli allievi** seguendo più o meno una schema di questo tipo[4]:

problema
↓
conversazione esplorativa
↓
individuazione di ipotesi di soluzione
↓
soluzione del problema
↓
verifica

2 La scuola della programmazione

La legge 4 agosto 1977, n. 517 introduce ufficialmente nella scuola italiana la **programmazione didattica**, più dettagliatamente ratificata dal D.M. 9 febbraio 1979. Con essa i programmi perdono il loro significato di strumenti di ingabbiatura della cultura e del sapere.

Con le nuove disposizioni legislative vengono introdotti nella cultura scolastica due **voci nuove**, ossia **programmazione** e **curricolo**. Anzi, il disposto legislativo unifica i due termini qualificando la programmazione attraverso il concetto di curricolo: **programmazione curricolare** (→ anche Cap. 4, par. 4).

Il termine **curricolo** ha assunto nel corso del tempo significati diversi.

Nelle *Raccomandazioni per l'attuazione delle Indicazioni Nazionali per i Piani di studio Personalizzati per la Scuola Primaria* viene definita l'origine e l'evoluzione del concetto di curriculo: «La parola *curriculum* (sottinteso *studiorum)* è di origine latina. Gli inglesi se ne sono appropriati da tempo per indicare il piano degli studi proposto, nelle diverse scuole, per la maturazione degli allievi. La tradizione anglossassone dell'autonomia delle scuole e la mancanza in questa cultura, almeno fino al 1988, della nozione di *curriculum nazionale*, ha fatto sì che, nel nostro paese, la parola curriculum abbia cominciato, anzitutto, a

[4] L. Tuffanelli, op. cit. pag. 30.

circolare come un termine inglese (da qui la traduzione italianizzata in *curricolo*, al posto di mantenere l'originaria grafia latina); in secondo luogo, ad assumere un significato antagonista alla parola *programma* e, infine, a indicare le scelte educative e didattiche concretamente adottate dai docenti nelle diverse realtà scolastiche per corrispondere in maniera più pertinente alle differenze territoriali, sociali e culturali degli allievi.

Stenhouse sostiene che «abbiamo a che fare con due concezioni diverse del curricolo: da una parte, esso si configura come *intenzione, programma o indicazione*, cioè come idea di ciò che si aspira possa ottenersi a scuola, dall'altra rappresenta invece *un quadro reale della situazione scolastica*, di ciò che in effetti avviene. Il curricolo, pertanto, è sostanzialmente incentrato sulla relazione tra questi due aspetti: *enunciazione di intenzioni e realtà di fatto*. Suo scopo è di far progredire la scuola mediante il miglioramento delle condizioni di insegnamento e di apprendimento, insistendo soprattutto sul fatto che le idee devono incontrarsi con la pratica e che la pratica è sottoposta al controllo delle idee»[5].

Mosca, riassumendo le diverse posizioni del dibattito pedagogico sviluppatosi intorno al tema della programmazione curricolare, definisce il curricolo come «un insieme di indicazioni, stimolazioni articolate, di passaggi obbligatori e di tracce da percorrere liberamente: un canovaccio sistematico e, allo stesso tempo, un terreno fertile all'iniziativa individuale e di gruppo: esso mira a misurarsi costantemente con la realtà della scuola in cui viene applicato e mira a creare le condizioni per intervenire fattivamente nella situazione socio-ambientale»[6]. L'intento, insomma, è creare, tra le norme e la scuola attiva, un dialogo fecondo che possa permettere di superare l'atteggiamento meramente esecutivo, applicativo, statico del programma, per una visione dinamica che tenda ad evitare la ripetitività e a sviluppare un rapporto di interdipendenza tra formazione, sviluppo e contenuti disciplinari.

La **scuola della programmazione curricolare** è, insomma, una **scuola che «si fa in situazione**, anche se esiste un programma nazionale: il programma nazionale, infatti, è come un *asse paradigmatico*, che dunque non si può adoperare come sta: se io voglio fare il mio discorso, devo trasferire gli elementi dell'asse paradigmatico sul mio *asse sintagmatico* particolare. *Scuola della programmazione* o del curricolo in situazione vuol dire **scuola in cui ci si serve del programma nazionale per fare un discorso che è voluto dalla situazione**: di ciascun alunno, di ciascuna classe, di ciascuna scuola, il che porta dentro inevitabilmente l'ambiente. *Ciò comporta una professionalità docente capace di reinterpretare il programma in funzione della situazione*.

La programmazione è questo: è dare consapevolezza, metodo e possibilità di verificare la nostra azione. Ma la programmazione è anche coordinamento

---

[5] L. Stenhouse, *Dalla scuola del Programma alla scuola del curricolo,* Armando, Roma, 1977.

[6] S. Mosca, *Psicopedagogia per il curricolo* in D. Tinelli, *La programmazione curricolare,* Fabbri Editori, Milano, 1979.

intenzionale degli apprendimenti nel curricolo: in questo senso è finalizzata a rendere capaci gli alunni di usare una pluralità coordinata di strumenti conoscitivi e operativi, che vengono dati loro non uno accanto all'altro, ma in maniera globale, reticolare, problematica. Solo così nella scuola possiamo parlare di ricerca e di creatività»[7].

2.1 La programmazione per obiettivi

La legge precisa anche a quale tipo di **programmazione** si debba fare riferimento indicando le **fasi** che devono essere seguite (si noti come queste fasi ripropongano secondo una prospettiva diversa, gli elementi di base della progettazione che abbiamo esaminato al Cap. 1 par. 6):

- individuazione delle esigenze del contesto socio-culturale e delle situazioni di partenza degli alunni;
- definizione degli obiettivi finali, intermedi, immediati che riguardano l'area cognitiva, l'area non cognitiva e le loro interazioni;
- organizzazione delle attività e dei contenuti in relazione agli obiettivi stabiliti;
- sistematica osservazione dei processi di apprendimento;
- continue verifiche del processo didattico ed adeguamento degli interventi;
- ritorno agli obiettivi per riassumere le risultanze e programmare i nuovi interventi formativi.

Il modello di **programmazione** proposto è, dunque, quello **per obiettivi**. Una programmazione, cioè, che assume gli obiettivi come elementi di regolazione di tutte le fasi del curricolo: i contenuti, i metodi, gli strumenti di verifica e di valutazione hanno senso solo se correlati con gli obiettivi che si intendono perseguire.

Alla scuola del programma si contrappone, quindi, *la scuola della programmazione*, vale a dire dell'organizzazione del piano delle azioni che si intendono attuare in vista del raggiungimento di uno scopo.

La programmazione tende a rendere l'azione razionale e scientifica contrapponendosi all'agire casuale ed improvvisato[8].

In verità l'antitesi programma-programmazione è andata via via attenuandosi nel senso che si è ritenuto importante sia il programma che assicura l'unità e la stabilità del progetto educativo sul piano nazionale, sia la programmazione attraverso la quale si definiscono i diversi itinerari che, in rapporto alla varietà delle situazioni specifiche di ogni scuola, devono garantire una sostanziale equivalenza di risultati.

---

[7] R. Calzecchi Onesti, articolo pubblicato, dopo l'intervento al Convegno CIDI, Milano, 1990, su *La Chimica nella Scuola*, 1990, che presenta, ancora oggi, caratteri di stringente attualità.

[8] D. Cristanini, *Programmare e valutare nella scuola materna,* Fabbri Editori, Milano, pag. 36.

Si realizza, cioè, quanto auspicato da Frabboni: «occorre dare via libera al **tandem programma-programmazione** in modo da evitare la progettazione di curricoli o troppo prescrittivi, sbilanciati sul versante del programma o troppo discrezionali, sbilanciati sul versante della programmazione»[9].

Nel tempo, molte sono state le **critiche** mosse a questo tipo di pianificazione del processo formativo: eccessivo **schematismo, astrattezza degli obiettivi**, considerati spesso lontani dalla pratica di insegnamento e/o eccessivamente generici.

Si è ravvisato, inoltre, il rischio che la programmazione possa essere *miope:* rimanere schiacciata sulle esigenze degli allievi e accendere i riflettori su obiettivi vicini, limitati all'apprendimento di questo o quel contenuto senza alcuna prospettiva di senso; oppure diventare *presbite*: puntare il cannocchiale molto lontano smarrendo così i bisogni reali dell'allievo; o, ancora, essere *strabica*: per un verso puntare verso obiettivi ambiziosi per l'altro essere appiattita su obiettivi immediati e contingenti senza riuscire ad assumere uno sguardo armoniosamente *bifocale*[10]. Pertanto una programmazione *autentica o umanizzatrice*, come la definisce Mollo, è tale nella misura in cui pone «al centro la conquista del senso dell'umanità, mira alla comprensione profonda dell'esistenza e della realtà, tende a farsi rinnovabile, attraverso la modalità privilegiata del confronto critico»[11].

Le **differenze fondamentali** tra la scuola del programma e la scuola della programmazione possono allora essere così sintetizzate:

La scuola del programma	La scuola della programmazione
• Dà grande importanza ai contenuti • È centrata prevalentemente sul docente che è un semplice trasmettitore di saperi • È assente la circolazione delle esperienze • L'alunno non è considerato nelle sue reali potenzialità e attitudini • L'ambiente socio-culturale di provenienza non è considerato una variabile • Manca la collaborazione tra docenti	• Presta attenzione più ai processi che ai contenuti • È centrata sull'alunno • Si condividono idee ed esperienze • Grande importanza assumono l'ambiente di provenienza, le potenzialità e le attitudini dell'alunno • Bisogna lavorare collegialmente

3 La scuola della progettazione

Negli anni Ottanta e Novanta il termine **progetto** viene utilizzato per indicare **attività non incluse nella programmazione** anche se ad esse collegate.

[9] L. Tuffanelli (a cura di), *Intelligenze, emozioni, apprendimento*, Erikson, Trento, 1999.
[10] F. Priore – L. Gallo, *Insegnare,* Grafiche Panico, Galatina (Lecce) 2002.
[11] G. Mollo, *La via del senso*, Editrice La Scuola, Brescia, 1996.

Il **metodo dei progetti** viene introdotto nella scuola americana da **William Head Kilpatrick** intorno agli anni '20. Egli, riprendendo le idee di W. James e J. Dewey, afferma che il tempo in cui vive, caratterizzato da profondi mutamenti sociali e culturali, richiede una profonda revisione dei metodi di istruzione che parta dalle esigenze dell'allievo per allargarsi, gradualmente, alla comprensione di quelle della società in continua trasformazione. Kilpatrick sostiene che la nuova scuola necessita di due importanti capisaldi: il primo è quello di favorire il declino dell'autoritarismo, mal tollerato dai giovani, il secondo è quello di contribuire al cambiamento radicale della società.

Da tali considerazioni deriva il suo *project method, il metodo dei progetti* che, rifiutando un programma di studio, aprioristicamente definito, orienti tutta l'attività scolastica verso un piano di lavoro intrapreso volontariamente e in comune dagli alunni.

Il **progetto** diventa così una vera e propria impresa di lavoro durante la quale gli alunni, assistiti dal docente, affrontano problemi concreti cercando di risolverli senza seguire una logica astratta. Ciò renderebbe il sapere *individualizzato,* in quanto ogni alunno tenderebbe a studiare solo ciò per cui nutre vivo interesse, *coerente* perché tutte le nozioni riceverebbero un'intima coordinazione dall'unità del progetto, *pratico*, perché tutte le cognizioni deriverebbero dall'attività pratica e si svilupperebbero in funzione di essa, *formativo*, perché educherebbe l'allievo a trarre il suo sapere dal suo fare, *social*e perché la realizzazione del progetto richiederebbe la collaborazione di più individui.

Riferimento chiave dell'impegno professionale dei docenti continua ad essere la *programmazione*: il progetto è semplicemente un valore ad essa aggiunto. Si elaborano progetti quando si vuole avvicinare gli alunni ad una tematica di rilevanza sociale: progetto alla salute, all'ambiente ecc. oppure quando si pensa di far produrre o costruire loro qualcosa; è raro, invece, che si pensi al progetto quando si intende sviluppare la capacità di risolvere un problema o di padroneggiare una tecnica.

Nel 1995 il decreto che introduce nella scuola la *Carta dei Servizi* (D.P.C.M. 7 giugno 1995) rilancia, insieme al progetto educativo di istituto, anche la **progettazione educativa e didattica**.

Nella scuola dell'autonomia la **progettazione investe tutti gli aspetti della vita della scuola** compresa l'organizzazione complessiva che ogni istituto intende darsi.

Nonostante ciò, i due termini **programmare e progettare** continuano ad essere usati pressoché come sinonimi. Le fasi della programmazione, infatti, coincidono per grandi linee con quelle della progettazione (rilevazione della situazione iniziale, individuazione degli obiettivi, selezione dei contenuti, dei metodi, dei mezzi, degli strumenti di verifica e di valutazione) e questo ha portato a ritenere che programmare e progettare siano la stessa cosa.

Le analogie sono solo apparenti perché le **differenze** tra le due strategie di organizzazione dell'azione formativo-didattica sono, invece, sostanziali.

La **programmazione**, nella sua rappresentazione più diffusa, viene considerata come attività che traduce i programmi ministeriali in percorsi operativi e formativi.

La sua cornice di riferimento continua ad essere il “programma” da cui spesso derivano gli obiettivi di insegnamento[12]. Essa viene considerata **espressione del modello di apprendimento lineare** o di controllo, mentre la **progettazione** si connota come espressione dell’**apprendimento reticolare** in una visione più allargata, più autonoma, nella quale i saperi si configurano come spazi aperti, strumenti piuttosto che fini.

La programmazione, inoltre, tende a chiudere i problemi, a restringere la molteplicità delle variabili in gioco, a prevedere linearmente i percorsi per raggiungere gli obiettivi prefissati, a utilizzare la verifica e la valutazione come elementi di aggiustamento del percorso[13]. La **progettazione**, invece, tende a porsi **ipotesi** né giuste né sbagliate ma **da verificare**, non obiettivi preliminarmente definiti. La caratteristica peculiare della progettazione è quella di non essere statica e definita una volta per tutte, ma di modificarsi continuamente in rapporto alle esigenze e ai problemi che emergono.

Anche la didattica passa da una metodologia finalizzata alla trasmissione e alla riproduzione del sapere, caratterizzata da rigidità oraria, ristretta nello spazio monolito della classe, ad una che vede gli **allievi protagonisti, co-costruttori delle loro conoscenze** secondo percorsi e tempi originali e imprevedibili in un’organizzazione aperta e flessibile nel tempo e negli spazi.

Di fronte, a questi nuovi e più complessi compiti, occorre muoversi con estrema cautela. La progettazione è una strategia che, per essere riempita di azioni pedagogico/formative, richiede un *rilevante e gravoso impegno*, soprattutto, in termini organizzativi e didattici. Non si tratta, infatti, semplicemente di elaborare o di applicare un nuovo itinerario formativo ma di *ricostruire un sistema scuola* che veda nella progettualità uno dei suoi assi portanti.

È il *rinnovamento metodologico*, insomma, il vero *cuore della progettazione*. Una didattica centrata sulla persona, fatta di percorsi consapevoli che mirano a far emergere interessi, potenzialità, risorse individuali.

Una didattica che tende a superare gli steccati dell’aula spesso isolata ed autoisolantesi (*la mia classe, i miei alunni*), per investire *l’insegnante e gli insegnanti, la disciplina e le discipline, il tempo e i tempi, la classe e le classi, l’alunno e gli alunni, il metodo e i metodi, lo spazio e gli spazi*. Una didattica che diventa **laboratorio**, attività nella quale si traduce in termini di prassi, la teoria piagetiana dell’apprendimento come costruzione di idee e di concetti generali, sulla base dell’esperienza personale, che abitui l’alunno a riflettere, a porsi domande sul proprio operato, sul proprio modo di procedere.

Una didattica che sappia considerare l’alunno, ogni alunno come un sistema autonomo, in cui le funzioni cognitive, affettive e sociali siano strettamente inte-

[12] A. Valentino, *Progettare nella scuola dell’autonomia,* Casa Editrice valore Scuola, Roma, 2001.

[13] D. Cristanini, op. cit. pag. 105.

grate, che sappia creare situazioni entro cui sia possibile per ognuno formulare un proprio orizzonte di problemi e socializzarlo, una didattica che sappia creare situazioni in cui alunni e docenti si mettano in gioco e si ridefiniscano costantemente attraverso un sistema di relazioni[14].

Considerata da questo punto di vista, l'*attività di progettazione diventa attività di ricerca, di esplorazione, di creatività, perché no, di fantasia*. Laddove si progetta, infatti, sicuramente si fa ricerca in quanto la maggior parte dei bisogni che si tenta di soddisfare sono bisogni spesso indotti dal clima culturale e dagli stili di vita oppure sono bisogni primari consolidati nel tempo e mai soddisfatti in maniera diffusa, bisogni che generano problemi sempre nuovi e che richiedono quindi soluzioni innovative.

LA SCUOLA DEL PROGRAMMA	
Aspetti negativi	**Aspetti positivi**
• I contenuti sono dettati centralisticamente • Sono uniformi in ogni classe del paese • Richiedono al docente un atteggiamento impiegatizio • L'allievo non è al centro del processo educativo	• Consolida l'unità politica e culturale del paese • Favorisce la formazione e l'aggiornamento dei docenti • Combatte l'analfabetismo
LA SCUOLA DELLA PROGRAMMAZIONE	
Aspetti negativi	**Aspetti positivi**
• Gli obiettivi sono fissati in maniera troppo rigida e sequenziale • I problemi/ fenomemi sono affrontati in modo separato e questo pregiudica la loro comprensione globale • Non sempre gli obiettivi sono pertinenti alle situazioni reali	• Permette di adeguare gli obiettivi alla situazione dell'alunno e della classe • Rende il lavoro più organizzato e coerente • L'allievo è al centro del processo educativo
LA SCUOLA DELLA PROGETTAZIONE	
Aspetti negativi	**Aspetti positivi**
• Si fa ricorso a processi lunghi e complessi che richiedono tempi di attuazione abbastanza lunghi • Richiedono una riconsiderazione e una selezione degli argomenti	• Apprendere non significa solo memorizzare • Favoriscono la personalizzazione degli apprendimenti • L'allievo partecipa attivamente alla costruzione del proprio sapere

[14] D. Cristanini, op. cit. pag. 105.

3
Il progetto per eccellenza: il PTOF

1 Il Piano dell'offerta formativa

L'**autonomia didattica** delle scuole si estrinseca, come sappiamo, attraverso la realizzazione delle propria offerta formativa e, quindi, con l'approvazione del relativo atto di pianificazione.

Originariamente previsto dall'art. 3 del D.P.R. 275/1999, il **Piano dell'offerta formativa (POF)** è un documento fondamentale delle istituzioni scolastiche: il POF prende, infatti, sostanzialmente il posto dei vecchi programmi ministeriali, attribuendo a ciascuna scuola il compito di definire, nel rispetto delle indicazioni nazionali e delle Linee guida, la propria identità culturale e progettuale. Il cuore del POF in questo senso è il *curricolo della scuola.*

Con la L. 107/2015 il POF è stato sostituito dal **Piano triennale dell'offerta formativa (PTOF)**. La principale novità rispetto al POF consiste nel fatto che la progettazione formativa contenuta nel Piano deve guardare ad un **triennio**, anche per le risorse finanziarie, ma esso resta uno **strumento di programmazione e gestione interna** atto a rilevare la situazione di partenza della scuola, evidenziare le linee di sviluppo e individuare possibili scostamenti dagli obiettivi.

In particolare, contiene in dettaglio *la programmazione curricolare ed extracurricolare*, nonché *la programmazione educativa, didattica e organizzativa*. Pertanto deve essere *coerente con gli obiettivi generali determinati a livello nazionale* e deve riflettere le esigenze del territorio e quindi del contesto culturale, sociale ed economico in cui opera l'istituto scolastico.

Obiettivi principali del PTOF, mediante il quale viene stipulato una sorta di *contratto formativo tra la scuola e l'utente*, sono:

— orientare percorsi formativi offerti dalla scuola ai bisogni dell'utenza, nonché alle risorse interne ed esterne;
— innalzare i livelli di istruzione e le competenze degli studenti, nel rispetto dei tempi e degli stili di apprendimento;
— orientare le risorse fisiche e materiali della scuola a progetti prefissati;
— promuovere l'informazione e la comunicazione fra tutti i diretti interessati;
— contrastare le disuguaglianze socio culturali del territorio;
— prevenire e recuperare i fenomeni dell'abbandono e la dispersione scolastica;
— garantire il diritto allo studio a tutti i cittadini.

In definitiva, il PTOF contraddistingue ciascuna realtà scolastica: **è la carta d'identità**, *la presentazione della scuola nei confronti sia dell'utenza, sia delle altre realtà socio-territoriali*, in primis la famiglia, ma anche le imprese, le istituzioni, il mondo del lavoro.

Attraverso il PTOF la scuola presenta le proprie attività e i propri obiettivi, *mettendosi in concorrenza con le altre scuole* esattamente come un'impresa che opera sul mercato, ma con l'unico obiettivo di innescare processi di miglioramento che mirino a potenziare i processi formativi degli studenti e a offrire al cittadino servizi rispondenti ai bisogni e alle aspettative.

In base al Regolamento per l'autonomia (D.P.R. n. 275/1999), la scuola può anche apportare **modifiche al calendario scolastico**, che devono essere proposte dal Collegio dei docenti e deliberate dal Consiglio d'istituto, in relazione alle esigenze derivanti dal PTOF, anche se nel rispetto del limite delle indicazioni regionali (art. 138, comma 1, lett. d, D. Lgs. 112/1998) e della garanzia dei 200 giorni di lezione.

Il Piano deve essere poi **adeguatamente pubblicizzato**, in nome di quella trasparenza che ormai connota sempre più i rapporti tra i diversi attori del sistema scolastico (deve essere pubblicato sul sito della scuola). Un'adeguata pubblicità consente di conoscere la realtà delle diverse scuole e di operare, da parte di studenti e famiglie, scelte oculate e ragionate, sulla base di risposte effettive ai bisogni individuali dell'utenza.

Tutte le scelte dell'istituzione scolastica autonoma, da quella dei libri di testo all'adozione di metodologie e strumenti didattici, alla stessa programmazione delle lezioni da parte dei docenti, devono essere coerenti con il PTOF e attuate con criteri di trasparenza e tempestività.

Le scuole devono predisporre il PTOF entro il mese di ottobre dell'anno scolastico precedente al triennio di riferimento.

Il Piano è **elaborato dal Collegio dei docenti**, *sulla base degli indirizzi e delle scelte di gestione e amministrazione definiti dal dirigente scolastico* che, a tal fine, tiene conto, tra l'altro, delle proposte formulate dalle associazioni dei genitori e, per le scuole secondarie superiori, degli studenti. Il piano è **approvato dal Consiglio di circolo o di istituto** e, come detto, è pubblicato sul sito della scuola.

ITER DI DEFINIZIONE DEL PTOF

Indirizzi del Dirigente scolastico

↓

Elaborazione del Piano da parte del **Collegio dei docenti**

↓

Approvazione del Piano da parte del **Consiglio d'istituto**

Gli **ambiti di intervento del Piano triennale dell'offerta formativa**, in ottemperanza agli obiettivi formativi previsti dalla legge di riforma della Buona scuola, possono riguardare, oggi come in passato, aspetti fondamentali della vita dell'istituzione scolastica, e declinarsi, sulla scorta dei primi indirizzi forniti dal dirigente, in attività quali, ad esempio:

— **revisione degli obiettivi educativi e formativi generali** in coerenza con i nuovi dettami della L. 107/2015, di cui al comma 1, in cui il legislatore espressamente afferma la volontà di dare piena attuazione all'autonomia delle istituzioni scolastiche;
— **predisposizione del curricolo** verticale, linguistico, matematico, tecnologico e digitale, musicale, sportivo o altra priorità della scuola, che *deve essere ampliato* secondo le nuove prospettive della legge, che chiama le scuole a *pianificare* interventi di educazione e di formazione in un'ottica di *razionalizzazione*, e cioè nel rispetto dei principi di efficienza ed efficacia della pubblica amministrazione;
— **progettazione di attività didattiche** curricolari ed extracurricolari in coerenza con i risultati di apprendimento degli alunni, con i contenuti e i traguardi fissati nelle Indicazioni nazionali del primo ciclo di istruzione, nelle Indicazioni nazionali per i licei, nelle Linee guida degli istituti tecnici e professionali.

  Ricordiamo, infine, che ai sensi del **D.Lgs. 60/2017**, destinato a promuovere e potenziare la cultura umanistica e la conoscenza e la pratica delle arti, le istituzioni scolastiche devono prevedere, nel PTOF, attività teoriche e pratiche, anche con modalità laboratoriale, di studio, approfondimento, produzione, fruizione e scambio, *in ambito artistico, musicale, teatrale, cinematografico, coreutico, architettonico, paesaggistico, linguistico, filosofico, storico, archeologico, storico-artistico, demo-etno - antropologico, artigianale*, a livello nazionale e internazionale.

  Questa progettualità delle istituzioni scolastiche ed espressa nel PTOF, si realizza mediante percorsi curricolari, anche in verticale, in alternanza scuola-lavoro o con specifiche iniziative extrascolastiche, e può essere programmata in rete con altre scuole e attuata con la collaborazione di istituti e luoghi della cultura, nonché di enti locali e di altri soggetti pubblici e privati, ivi inclusi i soggetti del terzo settore operanti in ambito artistico e musicale (art. 2);

— individuazione dei criteri per il **riconoscimento dei crediti** (formativi e scolastici) e per il **recupero dei debiti scolastici**;
— individuazione del **fabbisogno dei posti comuni e di sostegno** dell'organico dell'autonomia (in base al monte orario, ai curricoli e alla flessibilità), dei posti per il potenziamento dell'offerta formativa, dei posti del personale ATA, nonché del fabbisogno di infrastrutture e di attrezzature materiali dell'istituzione scolastica;
— **promozione di iniziative** volte a contrastare le disuguaglianze socio-culturali e territoriali, l'abbandono e la dispersione scolastica al fine di determinare una scuola inclusiva;

— **pianificazione di attività** che comportino concretamente lo sviluppo delle **otto competenze chiave** di cittadinanza così come indicate dalla Raccomandazione del 18 dicembre del 2006 del Consiglio e del Parlamento europeo;
— definizione per gli studenti di **percorsi di continuità e di orientamento**, con riferimento anche a quelli volti ad incrementare le opportunità di lavoro e le capacità di orientamento degli studenti;
— **valorizzazione del merito** scolastico e dei talenti (comma 29 L. 107/2015);
— attuazione dei **principi di pari opportunità** sulla base di determinate iniziative educative programmate dall'istituzione scolastica, allo scopo di promuovere la parità tra i sessi, la prevenzione della violenza di genere e tutte le discriminazioni (comma 16 L. 107/2015).

2 Il curricolo obbligatorio

Nel PTOF le scuole determinano il **curricolo obbligatorio** per i propri alunni (art. 8 D.P.R. 275/1999).

Il **curricolo** è il percorso educativo-didattico che la scuola, all'interno del suo PTOF, progetta e segue per garantire il successo formativo degli alunni, ossia per far conseguire gradualmente agli alunni gli obiettivi di apprendimento e le competenze specifiche delle varie discipline.

Il curricolo, **elaborato dal Collegio dei docenti**, in sinergia con le famiglie e le componenti civili e sociali del territorio, si apre presentando il profilo delle competenze a livello generale che deve aver acquisito l'alunno al termine delle scuole dei vari cicli (indicando per ogni singola disciplina *obiettivi di apprendimento e traguardi delle competenze specifiche*). Il curricolo può essere costruito **in verticale** per vedere come si articola gradualmente il percorso per raggiungere le mete che l'istituto propone ai suoi alunni, ma può essere visto anche **in orizzontale** tra le varie discipline per evitare la frammentazione dei saperi.

La scelta del curricolo è a discrezione della scuola che autonomamente può scegliere il percorso da seguire in funzione delle varie esigenze degli alunni che frequentano la scuola, delle competenze messe a disposizione e delle risorse presenti.

Il **curricolo** è, dunque, il **piano di studi della singola scuola** che deve essere elaborato nel rispetto del monte-ore stabilito a livello nazionale. Può contemplare, oltre alle discipline fondamentali, discipline alternative integrative. In tal modo ogni scuola cerca di creare un'offerta formativa diversificata in funzione del tessuto sociale in cui opera.

In ogni curricolo (art. 9 D.P.R. 275/1999) c'è una **quota obbligatoria** di attività e discipline stabilite a livello nazionale (e quindi uguale per tutti gli alunni dello stesso ordine di scuola) e una **quota definita autonomamente** (cd. *riservata*) da ogni istituto come **ampliamento dell'offerta formativa** (che comprende le discipline e le attività scelte liberamente dalle scuole).

In ogni caso, nell'integrare la quota nazionale del curricolo con quella riservata alle scuole, deve essere sempre garantito «*il carattere unitario del sistema di istruzione*», così come deve essere valorizzato «*il pluralismo culturale e territoriale*», e rispettate le diverse finalità dei diversi gradi di scuola.

Le scuole possono utilizzare la quota oraria loro assegnata per:

— realizzare compensazioni tra le discipline e le attività di insegnamento previste dagli attuali programmi;
— attivare ulteriori insegnamenti finalizzati al raggiungimento degli obiettivi previsti dal PTOF.

STRUTTURA DEL CURRICOLO

QUOTA NAZIONALE	Obiettivi formativi comuni a tutti
QUOTA RISERVATA	Obiettivi formativi integrativi
QUOTA OPZIONALE	Curricolo aggiuntivo eventuale, conseguente all'ampliamento dell'offerta formativa

La scuola ha, quindi, la possibilità concreta di realizzare l'autonomia didattica proprio con la predisposizione del curricolo.

La possibilità per ogni istituto di **ampliare l'offerta formativa con discipline e attività facoltative**, per la *realizzazione dei percorsi formativi integrati*, presuppone **accordi** che l'istituzione scolastica programma con gli enti locali, le Regioni e altre istituzioni pubbliche e private. A tale scopo le scuole sono autorizzate ad aderire a *convenzioni*, nonché a stipulare contratti ed accordi con vari enti, anche per la realizzazione di specifici progetti a livello nazionale, regionale o locale.

Possono essere previste attività in favore anche degli adulti, nel cui ambito possono essere promosse iniziative di informazione e formazione per i genitori degli alunni (art. 9, comma 5, D.P.R. 275/1999).

Nella cd. Buona scuola, grande spazio è dedicato al **potenziamento** (termine sotto il quale si ricomprendono il rafforzamento degli insegnamenti in termini di oggetto di studio e di corrispondenti docenti) importante strumento — non utilizzato sempre nel migliore dei modi — per l'ampliamento dell'offerta formativa delle scuole autonome. Infatti, la L. 107/2015 stabilisce che «nell'organico dell'autonomia confluiscono posti comuni, posti per il sostegno e posti per il potenziamento dell'offerta formativa» (comma 63, art. 1, L. 107/2015).

Ciò è strumentale soprattutto in relazione al fatto che l'offerta formativa è potenziata «nel rispetto del monte orario degli insegnamenti e tenuto conto della quota di autonomia dei curricoli e degli spazi di flessibilità».

Tratteremo ancora del curricolo nel Cap. 4.

3 La struttura del PTOF

Il primo livello di progettazione è sicuramente quello più complesso, il più ampio, il più articolato e soprattutto quello che orienta e "condiziona" in un certo senso tutti gli altri. Il documento rappresentativo e comprensivo di tale livello di progettazione è oggi, come detto il **PTOF**, documento che ogni istituto scolastico è tenuto ad elaborare, approvare e adottare in quanto **strumento di contrattualità - formativa** dentro e fuori della scuola.

Il PTOF viene definito dal Regolamento dell'Autonomia (D.P.R. n. 275/1999) come *" il documento fondamentale costitutivo dell'identità culturale e progettuale delle istituzioni scolastiche ed esplicita la progettazione curricolare, extracurricolare, educativa e organizzativa che le singole scuole adottano nell'ambito della loro autonomia Riflette le esigenze del contesto culturale, sociale ed economico della realtà locale tenendo conto della programmazione territoriale dell'Offerta Formativa."*.

Il Regolamento connota il termine **identità** con due attributi **culturale e progettuale** che in qualche modo ne circoscrivono la nozione. In queste definizioni possiamo scorgere almeno due aspetti che definiscono il senso dell'identità:

— da una parte **l'identità** come qualcosa che ci consente di **auto-riconoscerci** nel nostro cambiare nel tempo, come risultato di una processualità che evolve ma che, attraverso la costruzione della memoria, permette di distinguerci dagli altri;
— dall'altra, la scuola intesa come unità, come realtà complessa all'interno della quale coabitano anime, concezioni e stili diversi. La costruzione dell'identità va vista come un processo di composizione organico e coerente di tutte queste diverse istanze. In altre parole, l'identità di un'istituzione scolastica non può essere che l'espressione di un "io multiplo" fortemente impegnato a ricondurre ad un quadro complesso, ma unitario i diversi elementi dell'istituzione: le aspettative del singolo e quelle del gruppo, le esigenze della classe e quelle della scuola [1].

La **dimensione progettuale** rappresenta l'altro elemento caratterizzante il PTOF: significa che esso **non è solo fotografia dell'esistente**, **ma anche disegno**, progetto a cui si tende. Proprio per questo richiede processi profondi di analisi, programmazione, gestione, assunzione di responsabilità e controllo.

Queste considerazioni ben sottolineano la difficoltà nel redigere un piano triennale dell'offerta formativa che superi la tentazione di farne una semplice **dichiarazione di intenti**, un semplice documento formale, invece di renderlo quello che dovrebbe essere: uno **strumento aperto**, tale da rendere esplicita, dichiarata, documentabile e documentata l'azione che la scuola svolge nelle sue molteplici

[1] M. Maviglia, *Il POF come identità culturale e progettuale della scuola* in www.infantiae.org. Curricolo, Programmazione e POF.

dimensioni, facendolo vivere nella quotidianità ed applicandolo strada facendo secondo una logica di "work in progress"[2].

La **traccia** di una **possibile strutturazione** del PTOF, che presentiamo a mo' di esempio nelle pagine che seguono, rappresenta la risultante di questo sforzo. Le azioni progettate si muovono e si sviluppano secondo alcune **coordinate di fondo** che possono essere così sintetizzate:

— **Chiarezza e leggibilità**
Il PTOF deve essere semplice, di immediata comprensione in modo da poter essere accessibile a tutti attraverso una descrizione ed una visualizzazione schematizzata dei vari interventi programmati.
— **Collegialità e condivisione**
L'elaborazione del documento deve essere un'occasione di confronto e di discussione tra tutte le agenzie educative: famiglie, alunni, docenti, territorio al fine di costruire un sistema formativo veramente integrato.
— **Verifica e valutazione**
È necessario controllare e mantenere un sistema di coerenza interna, documentare l'iter progettuale, predisporre il monitoraggio e la verifica finale.

4 IL PTOF: una traccia di lavoro[3]

Per comodità di impostazione, abbiamo diviso il nostro ipotetico modello di PTOF in diverse **parti o sezioni**, che verranno analizzate nel dettaglio nei successivi sottoparagrafi. Ognuna sviluppa un aspetto specifico, anche se tutte sono strettamente collegate l'una all'altra secondo un rapporto di reciprocità e di organizzazione sistemica. Tali parti sono:

— **Premessa: i principi ispiratori**
In essa vengono presentate le **coordinate culturali** che qualificano l'azione educativo -didattica, elementi di memoria storica , **la missione** che si attribuisce alla scuola: *siamo qui per fare cosa?* e, soprattutto, **la visione**: *che cosa vogliamo diventare. Quale strategia vogliamo utilizzare perché essa possa trasformarsi in realtà*[4]?
— **La nostra identità: chi siamo, cosa facciamo**
È in qualche modo la **fotografia dell'esistente**, la descrizione delle risorse umane e strutturali. La conoscenza di questi elementi rappresenta il punto di avvio per ogni efficace progettazione: conoscere per valutare e assumere decisioni.

---

[2] A. Valentino, op. cit. pag. 44.
[3] La traccia per la stesura del PTOF è tratta da: L. Gallo, ScuolaProgetto, Spaggiari, Parma, 2008.
[4] M. Comoglio, *Insegnare ed apprendere con il Portaolio*, Fabbri Editori, Milano, 2005.

- **La visione: cosa vogliamo diventare**
  Se la **missione** indica lo **scopo dell'organizzazione**, la **visione** dà un senso di **orientamento** concreto. Essa fornisce le coordinate per leggere, interpretare, riprogettare la scuola partendo da un'analisi dei bisogni, dei punti di criticità ed offrendo, nel contempo, una strategia per migliorarli. Si tratta di costruire una visione condivisa puntando sui comportamenti delle persone, le culture sedimentate, le motivazioni, l'identità futura attraverso l'ascolto delle voci di tutti gli abitanti della scuola, per definire quale cittadino vogliamo formare, quali competenze, comportamenti, valori sviluppare perché l'alunno di oggi possa essere, a pieno titolo, cittadino di domani.
- **Analisi dei bisogni e aree di intervento**
  Come per ogni progetto, il punto di partenza determinante per la definizione degli obiettivi è l'analisi dei bisogni degli alunni.
- **Come opereremo concretamente: le aree di intervento**
  È la *parte più tecnica*, quella in cui sono esplicitate le **proposte operative, i progetti** e le relative **attività**. In essa vengono, altresì, illustrati i criteri per facilitare il lavoro di progettazione e la circolazione delle esperienze, le attività per l'integrazione, l'orientamento, i viaggi di istruzione nonché le ipotesi per la formazione e l'aggiornamento degli insegnanti, le iniziative per favorire la comunicazione e la partecipazione all'interno della scuola.
- **Area della verifica e della valutazione**
  È la parte in cui vengono definiti i *criteri, le modalità e gli strumenti per la verifica e la valutazione*. Una valutazione che investe non solo l'alunno, ma l'intero sistema: docenti, scuola, famiglie, territorio.
- **Chi fa, che cosa fa. Criteri per la gestione, la verifica e la valutazione del PTOF**
  Si descrivono le attività connesse al **monitoraggio del PTOF**, i compiti delle funzioni strumentali, i soggetti e le modalità del loro coinvolgimento.

Analizziamo più approfonditamente di seguito la struttura di un *PTOF*, articolata nei punti che abbiamo sopra illustrato.

4.1 Premessa. Principi ispiratori

La prima parte di un PTOF si apre necessariamente con l'indicazione dei principi ispiratori e che sono:

- **Scuola che sappia essere al passo con i tempi** e che orienti costantemente verso quei valori indispensabili per la formazione di una personalità matura.
- **Scuola che non trasmetta saperi fini a se stessi** ma saperi che diventino modelli interpretativi di una realtà che si fa sempre più complessa e che cambia velocemente.

Questo significa che le competenze non possono essere circoscritte al semplice e riduttivo *saper fare,* ma che devono essere comprensive del punto di vista del soggetto, di tutte le sue vicende personali, sociali, emozionali.

- **Scuola di una nuova alfabetizzazione** che comprenda la **conoscenze delle lingue** e delle **tecnologie informatiche** che stanno determinando una profonda rivoluzione nell'organizzazione delle conoscenze, nell'assetto economico e nelle comunicazioni. Introduzione di nuove lingue straniere ed alfabetizzazione informatica costituiscono, da sempre, gli assi portanti di un nuovo modo di apprendere, perché esse rimettono fortemente in discussione contenuti, metodi e tradizionali processi educativi.
- **Scuola delle attività progettuali**, svolte anche in orario aggiuntivo al tempo scuola, attraverso cui far emergere attitudini, interessi, potenzialità ma anche offrire a tutti gli allievi, ma soprattutto a quelli in difficoltà, uno spazio educativo alternativo alla strada o al quartiere.
- **Scuola dell'imparare a imparare**: lo studente deve *imparare ad imparare*, deve possedere un metodo di studio che possa aiutarlo a sviluppare le proprie capacità di apprendimento per tutto l'arco della sua vita.
- **Scuola che sappia trasmettere valori.** Valore è ciò che dà senso alla vita e per questo **educare ai valori** può essere determinante per risvegliare l'amore verso se stessi e il prossimo. Riteniamo, perciò, che il *valore per eccellenza* sia quello dell'*accettazione del diverso* attraverso la mediazione tra le diversità in un clima di accoglienza, convivenza e di accettazione reciproca.

4.2 La nostra identità: chi siamo, cosa facciamo

- **Scuola aperta al mondo**: studio di lingue straniere, integrazione alunni stranieri ecc.
- **Scuola della ricerca e della formazione**: sperimentazione metodologico-didattica, ricerca/azione ecc.
- **Scuola dei progetti integrativi**: attività miranti alla prevenzione del disagio e a valorizzare i talenti personali ecc.
- **Scuola aperta al territorio**: collaborazioni con istituzioni, associazioni ecc.

4.3 La nostra visione: cosa vogliamo diventare

- **Scuola dell'integrazione e dell'accoglienza**: accettazione della diversità ecc.
- **Scuola laboratorio**: imparare facendo.
- **Scuola della formazione permanente**: riconvertire ed ampliare le conoscenze culturali e professionali dei cittadini in età adulta.
- **Scuola delle competenze**: sviluppo di saperi plurimi, di analisi e riflessione, del pensiero divergente ecc.

4.4 Analisi dei bisogni: aree problematiche

Il PTOF è costruito e progettato per far fronte ai bisogni del contesto socio-ambientale in continua evoluzione in cui opera l'istituto scolastico. L'analisi di tali bisogni rappresenta l'elemento direzionale di progettazione del PTOF e consente di garantire un più efficiente controllo dei processi e un'efficace gestione degli obiettivi da perseguire.

I **bisogni del territorio** e dell'istituzione scolastica possono essere diversissimi, in quanto dipendono da vari fattori che si combinano fra loro:

— la presenza di un centro abitato grande o con aggregati abitativi piccoli e distanti tra loro;
— le capacità di socializzazione dentro la scuola (tra docenti, tra docenti e alunni) e fuori la scuola (tra docenti e famiglia, tra scuola ed enti locali);
— il contesto socio-economico in cui opera la scuola (produttivo, economicamente depresso ecc.), la presenza di fattori rischio anche in funzione delle diverse forme di disagio e devianza proprie della popolazione scolastica.

Ancora più articolati sono i **bisogni formativi degli alunni** che variano ovviamente in base soprattutto all'età della popolazione scolastica e al loro personale livello evolutivo.

E ancora diversi sono i **bisogni delle famiglie** (servizi mensa e di trasporto, stabilità e professionalità dei docenti, facilità di comunicazione con la scuola, tempestività dell'informazione da parte della scuola ecc.) che dipendono dal contesto socio-culturale-economico di provenienza, e i **bisogni dei docenti**: anche gli insegnanti, se devono fornire un servizio formativo di qualità, devono veder considerati i loro bisogni (ambiente lavorativo sereno, condivisione con la scuola e i colleghi delle finalità educative e dei metodi di lavoro, occasioni di aggiornamento professionale mirato, sussidi, materiali e attrezzature efficienti, riconoscimento sociale ed economico della loro funzione).

4.5 Aree di intervento: Area della didattica

Nel PTOF si possono individuare tre tipiche **aree di intervento** che possono essere visualizzate nello schema seguente e che verranno più dettagliatamente illustrate in questo e nei successivi sottoparagrafi. Esse sono *area della didattica, area della ricerca e della formazione, area della partecipazione*.

È importante definire, inoltre, per ciascuna area i *risultati attesi* che costituiscono, in un certo qual modo, la bussola che orienta tutte le azioni educativo-didattiche.

Area della didattica

- **I Saperi**: per comprendere, costruire, argomentare, dare significato alle diverse esperienze.
- **I progetti**: per valorizzare attitudini e potenzialità personali.
- **L'integrazione** degli allievi diversamente abili e le iniziative per prevenire la dispersione scolastica
- **Le attività aggiuntive al tempo scuola.** L'accoglienza, l'orientamento, le visite guidate e i viaggi di istruzione per stimolare affettività positiva verso la scuola.

Area della ricerca e della formazione

Sperimentazione di nuove strategie metodologiche e contenutistiche per:

- rispondere ai bisogni dell'allievo
- favorire la personalizzazione
- ripensare ai propri interventi.

Area della partecipazione

Confronto tra modelli e stili educativi a scuola e in famiglia.
Collaborazione con gli enti locali per stabilire efficaci forme di collaborazione e partecipazione

Area della verifica e della valutazione

Il monitoraggio: Analisi dei processi e dei prodotti per riflettere sull'efficacia e l'efficienza degli interventi attuati.

La complessa **area della didattica**, di seguito descritta, costituisce il cuore del PTOF. Essa assume un'importanza fondamentale nella nostra trattazione. Nella progettazione disciplinare e nella programmazione della lezione, il docente, infatti, deve sempre tenere strettamente correlati gli obiettivi definiti in quest'area del PTOF, quelli della sua disciplina e quelli alla base della lezione simulata. Diventa perciò importante ipotizzare un possibile PTOF cui riferirsi.

a) La progettazione disciplinare: I saperi

Gli **elementi di fondo** che devono essere tenuti in considerazione per l'organizzazione del percorso didattico relativo a tutte le discipline, sono:

- la situazione della classe e le modalità di rilevazione delle **competenze in ingresso** per individuare problemi e risorse;
- i **traguardi comuni** o apprendimenti unitari da promuovere: obiettivi di apprendimento previsti per una certa annualità;
- la **selezione dei contenuti essenziali** individuati in rapporto a quelli che sono più permeabili all'esperienza dell'allievo;
- le **unità di apprendimento**: il numero, il titolo ecc.
- gli **aspetti organizzativi**: eventuali laboratori, classi aperte ecc.
- la **metodologia generale**;
- i **criteri per la verifica e la valutazione** e gli standard di uscita.

I **risultati attesi** sono

Docenti

— Condivisione di stili di comportamento e di lavoro didattico
— Superamento forme di autoreferenzialità
— Adozione di forme di insegnamento partecipato e condiviso
— Miglioramento della comunicazione e dei rapporti interpersonali
— Uniformità del curricolo esplicito disciplinare

Alunni

— Scambio di informazioni
— Forme socializzate di apprendimento
— Sviluppo del senso di appartenenza al gruppo, alla classe, alla scuola in genere
— Lavoro di gruppo, coppie di aiuto ecc.

b) **La progettazione trasversale**

Il consiglio di classe è la sede:
— della *progettazione*;
— dalla *verifica* del lavoro svolto;
— della *ricalibratura degli interventi*;
— della *condivisione metodologica.*

Sul piano della progettazione, i diversi Consigli devono tener conto sia della convergenza di obiettivi sia della pluridisciplinarità e di contenuti.

Elementi di fondo ritenuti indispensabili per l'organizzazione del percorso trasversale sono:
— rilevazione della situazione in ingresso degli allievi per individuare risorse e problemi;
— individuazione dei nuclei essenziali di ogni disciplina, dei contenuti di base e di quelli di approfondimento;
— accorpamento dei contenuti in unità di apprendimento, moduli ecc.;
— selezione degli obiettivi trasversali ed individuazione standard finali;
— individuazione di comuni criteri di verifica e di valutazione delle competenze.

I **risultati attesi** dal lavoro dei Consigli di classe sono per i/gli

Docenti	**Alunni**
— Condivisione di stili di comportamento e di lavoro didattico — Adozione di forme di insegnamento partecipato e condiviso — Miglioramento della comunicazione e dei rapporti interpersonali — Uniformità del curricolo esplicito trasversale	— Abitudine a considerare il sapere in maniera unitaria — Individuazione di collegamenti e raccordi tra le diverse discipline — Risoluzione dei problemi utilizzando i contributi dei diversi campi disciplinari

c) **I progetti**

I progetti possono, come detto, essere di vario tipo in funzione dei bisogni riscontrati. Possono, ad esempio, essere realizzati progetti destinati a valorizzare attitudini e potenzialità personali, per l'integrazione dei saperi, progetti per l'integrazione degli alunni diversamente abili o per prevenire la dispersione scolastica nonché progetti di accoglienza e orientamento.

Per quanto concerne l'aspetto tecnico/operativo i progetti per l'integrazione dei saperi vengono scelti in base: alla loro **rilevanza sociale** (relativa ai bisogni sociali degli utenti, del territorio non solo locale ecc.), alla loro **aderenza ai saperi**, alla possibilità di sviluppare **competenze trasversali** spendibili in ogni disciplina.

Gli **obiettivi generali** che possono essere conseguiti realizzando questi progetti sono diversi:

— stabilire positive dinamiche relazionali superando forme di individualismo e di aggressività
— educare a un modo collettivo di apprendere
— far emergere interessi e potenzialità latenti
— sviluppare una cultura della responsabilità,
— favorire l'acquisizione di un'immagine positiva di sé, degli altri, della realtà
— favorire un approccio diverso alla cultura e ai saperi
— leggere in positivo la realtà esterna
— valorizzare le radici della propria cultura
— stabilire rapporti di collaborazione con le istituzioni
— dare senso alle diverse attività organizzate
— collaborare nel gruppo ed affrontarne i problemi.

d) **Le attività aggiuntive**

In orario aggiuntivo al tempo scuola si possono svolgere alcune **attività di arricchimento** (animazione teatrale, cineforum, informatica, storia e cultura regionale, orientamento, musica e canto ecc.) e personalizzazione dell'offerta formativa che hanno prevalentemente lo scopo di **offrire una gamma più ampia di opportunità formative e culturali**, volte ad arricchire la sfera degli interessi particolari degli allievi.

e) **Accoglienza - orientamento**

Nel PTOF largo spazio viene generalmente dato ai progetti concernenti l'accoglienza, l'orientamento e le visite didattiche, anche in ottemperanza alle numerose circolari e Linee guida emanate dal MIUR per il potenziamento di tali attività.

L'**accoglienza** permea di sé *tutti i tempi* e le modalità dell'insegnamento/apprendimento. Non può essere, pertanto, ridotta ad attività episodiche.

Le fasi di passaggio tra un ciclo e l'altro costituiscono il punto più caldo dell'accoglienza in quanto rappresentano i momenti di maggiore esposizione degli allievi al disadattamento. Gli **anni-ponte** diventano, perciò, un momento privilegiato per realizzare un progetto dell'accoglienza dove le specificità e le differenze di un segmento scolastico si coniugano, si rendono *"ecologicamente compatibili"* con quelle dell'altro. Proprio per mettere gli allievi in condizione di affrontare serenamente il nuovo ciclo di studio, la scuola deve predisporre una serie di **attività** che possono essere così sintetizzate:

- **Incontri con le famiglie** per illustrare e definire insieme le linee dell'offerta formativa.
- **Iniziative di benvenuto**. Feste, giochi, attività di integrazione per far percepire la scuola non solo come luogo dell'impegno e dello studio, ma anche come occasione per sviluppare identità positiva.
- **Presenza in classe**, nei primi giorni e/o a cadenze fisse, dei **genitori**.

L'**orientamento scolastico e professionale** rappresenta poi uno dei punti cardine dell'intero discorso educativo e didattico perché si tratta di aiutare l'alunno a riflettere sulle sue capacità, sulle sue inclinazioni e sui suoi interessi. La prima dimensione orientante diventa, perciò, quella del **clima formativo della scuola**. Proprio per questo l'orientamento non può risolversi in un'arida elencazione di discipline o di moduli orari che caratterizzano ogni segmento di scuola, bensì esso va inserito in una **prospettiva più ampia e formativa** che veda contemporaneamente coinvolti da un lato le discipline attraverso le quali l'allievo possa capire " chi è" e "che possibilità ha", dall'altra tutta la scuola come luogo dell'incontro con il mondo produttivo e sociale.

4.6 Area della ricerca e della formazione

In questa sezione del PTOF si individuano le attività di ricerca e di formazione dei docenti finalizzate a permettere una didattica personalizzata in funzione degli stili di apprendimento degli allievi. Il docente, infatti, di qualunque disciplina deve garantire agli allievi più che l'apprendimento di nozioni, l'apprendimento di metodi e strategie di studio.

E per costruire un percorso ottimale di acquisizione del **metodo di studio da parte degli allievi**, è necessario procedere alla costruzione di un **percorso di interventi da parte dei docenti** attraverso la conoscenza e l'applicazione sperimentale in classe di accreditate strategie didattiche che permettano di realizzare uno spazio educativo, in cui l'alunno possa avere un ruolo attivo nella costruzione dei saperi e sia capace di esercitare il proprio controllo sui contenuti da apprendere. Ciò al fine di implementare il piano strategico di ogni docente.

I **risultati attesi** alla fine dell'intervento di formazione sono per i/gli

Docenti
- Miglioramento del sistema di relazione
- Sviluppo di senso di responsabilità ed appartenenza al gruppo
- Comunicazione più funzionale nei Consigli di Classe
- Conoscenza ed applicazione di nuove strategie

Alunni
- Diminuzione del numero di casi problematici e di insuccesso
- Aumento del numero di alunni che studiano con maggiore autonomia e consapevolezza

4.7 Area della partecipazione: Collaborazione Scuola-Famiglia

Si è già detto più volte come la scuola, per l'efficacia della sua azione educativa, non può muoversi da sola ma deve tendere a incentivare tutte le forme di collaborazione con gli altri soggetti che incidono sullo sviluppo degli allievi, *in primis* la famiglia e gli enti locali. In questa sezione del nostro PTOF ideale, andrebbero individuate tutte le azioni e i progetti utili per innescare momenti di collaborazione sia con le famiglie e i genitori degli allievi (anche nell'ottica della sottoscrizione consapevole da parte di questi del *Patto educativo di corresponsabilità*) sia con gli enti locali presenti sul territorio.

4.8 Area della verifica e della valutazione

Nella scuola dell'autonomia, la **valutazione** non si limita solo agli allievi, ma investe **tutta l'organizzazione** dal momento che c'è un rapporto molto stretto tra la formazione dell'allievo e le modalità di organizzazione della scuola in cui questa formazione si realizza.

Tutto il sistema di valutazione si articola in momenti di autoanalisi (dati, rilevamenti, informazioni), autovalutazione (riflessione sull'andamento del sistema e proposte di arricchimento), autoregolazione (correzione e feedbak) ed investe sia gli allievi che i docenti.

Quanto agli **allievi** come vedremo anche *infra*, i momenti della loro valutazione sono essenzialmente tre:

Valutazione iniziale	→	Prove di ingresso per verificare il livello di conoscenze e di abilità su cui innestare il percorso di apprendimento
Valutazione intermedia	→	Per verificare il livello di apprendimento maturato nel corso di un itinerario didattico e rimodulare gli interventi
Valutazione finale	→	Risultati alla fine degli itinerari didattici e degli interventi programmati

La valutazione del piano dell'offerta formativa si connoterà poi come **valutazione di sistema** a dimensione di istituto.

Essa, pertanto, si proporrà di **controllare gli esiti dell'azione complessiva** per avere a disposizione una quantità di informazioni che permettano di compiere eventuali aggiustamenti in itinere e che, alla fine dell'anno, consentiranno di tracciare una sorta di bilancio conclusivo del Piano e di indirizzarne la formulazione per il triennio successivo o per approntarvi modifiche in itinere (ricordiamo che il PTOF pur essendo triennale, può essere modificato, quando necessario, anche prima della sua scadenza).

A tal fine, la valutazione del POF si intreccerà strettamente con l'autovalutazione d'Istituto (il RAV) e seguirà lo snodarsi delle attività nelle diverse aree.

5 Importanza della documentazione

Parlare di documentazione nella scuola potrebbe apparire un ulteriore indulgere a rituali di natura prevalentemente burocratica. La nostra scuola ha avuto, spesso, poca memoria della sua attività anche perché il lavoro scolastico cominciava e finiva, in genere, nelle mani del docente e nell'aula.

La **cultura della documentazione** rappresenta un traguardo importante dei *nuovi orientamenti della ricerca educativo/didattica* degli ultimi decenni e rispecchia il senso di una concezione dell'insegnamento, visto come attività collaborativa, progettuale, allargata all'alunno, alla famiglia, al territorio.

Nonostante ciò, parlare di documentazione nella scuola non è facile, perché essa evoca automaticamente nei docenti sentimenti di fastidio, di inutilità, di semplice adempimento di un compito imposto dall'alto che, come tale, incide poco sulla qualità dell'azione di insegnamento/apprendimento.

Un primo segnale della validità operativa della documentazione di un percorso formativo è relativo all'uso che se ne fa. Se quelle pagine, una volta compilate, non vengono più ricercate per trovarvi spunti, riferimenti, indicazioni per il lavoro da svolgere successivamente nelle classi, esse diventano inutili, rispondono, forse, più all'esigenza di ottemperare ad un dovere piuttosto che ad una funzione di orientamento del lavoro quotidiano.

I **segni dell'azione docente**, infatti, non sono più soltanto i contenuti o il lavoro svolto in classe, ma un **insieme dinamico di contenuti, procedure, strumenti operativi** che permettono di *"raccontare"* la crescita culturale ed umana di ciascun alunno e spostano l'attenzione da quanto l'allievo sa (risultato), a quanto l'allievo fa (processo).

È indubbio, però, che la **tracciabilità circostanziata del percorso scolastico** seguito da ciascun alunno, costituisce un *punto caldo* rispetto al quale le resistenze sono ancora notevoli. Rispondere a questi nuovi e sempre più complessi compiti, richiede al docente una conoscenza disciplinare specifica, ma anche una capacità di armonizzare questa conoscenza con una serie di altre competenze: *progettazione delle attività, organizzazione delle unità di apprendimento, predisposizione di strumenti di verifica, valutazione* ecc.

E allora che fare? Come fare per trasformare la documentazione a scuola da semplice adempimento di un obbligo, a strumento di riflessione, analisi, e mezzo per regolare e modificare l'attività di insegnamento e di apprendimento?

La parola d'ordine dovrebbe essere **semplificare**: evitare le informazioni inflazionate e puntare sull'essenziale.

Donato De Silvestri, in un articolo apparso sull'Educatore, definisce i tratti di un nuovo modello di documentazione attraverso alcune metafore:

— *coltellino svizzero*: la **documentazione deve tradursi in una comunicazione essenziale**, agile, facilmente fruibile;
— *vetrina*: **la scuola deve saper esporre cosa di buono** si può trovare in quel negozio;
— *cruscotto*: come in un automobile deve esserci **un ampio *feedback*** che segnali lo stato di funzionamento del nostro "veicolo";
— *album di famiglia*: per ripercorrere la storia dell'azioni intraprese e coglierne i cambiamenti.

Considerata in questa ottica la **documentazione** diventa **processo** che produce "**tracce, memoria, riflessione**, che rende visibili le modalità e i percorsi di formazione, che permette di valutare i progressi nell'apprendimento individuale e di gruppo" (cfr. *Indicazioni per il Curricolo*, 2007). In sintesi uno strumento per riprogettare, ripensare alla propria azione educativo-didattica.

Di seguito riportiamo un esempio di PTOF, redatto secondo le indicazioni precedentemente illustrate. Pensiamo possa essere utile per trarre spunti per la progettazione e la ristrutturazione di una lezione simulata richiesta come prova di concorso.

IL PIANO DELL'OFFERTA FORMATIVA DI UNA SCUOLA SECONDARIA DI PRIMO GRADO

PREMESSA

Da più parti, oggi, viene costantemente ribadita la stretta connessione che deve crearsi tra apprendimento e realtà sociale. La scuola, si dice, non deve trasmettere saperi fini a se stessi, ma saperi che diventino modelli interpretativi di una realtà che si fa sempre più complessa e che cambia velocemente.
Ciò che si chiede, ancora, è una scuola attenta alla persona, una scuola il cui compito non sia solo quello di trasmettere, misurare, valutare e certificare competenze, ma soprattutto quello di svilupparle e di promuoverle. Questo significa che le competenze non possono essere circoscritte al semplice e riduttivo *saper fare,* ma devono essere comprensive del punto di vista del soggetto, di tutte le sue vicende personali, sociali, emozionali.
Una scuola che sappia essere al passo con i tempi e che orienti costantemente verso quei valori indispensabili per la formazione di una personalità matura: sono queste le coordinate di fondo che ci guidano nell'impostazione e nella realizzazione del lavoro quotidiano.
Come le realizziamo? Innanzitutto mostrando attenzione alla costante richiesta di una nuova alfabetizzazione che comprenda la **conoscenza delle lingue e delle tecnologie informatiche** che stanno determinando una profonda rivoluzione nell'organizzazione delle conoscenze, nell'assetto economico, nelle comunicazioni. Introduzione di nuove lingue straniere ed alfabetizzazione informatica costituiscono, da sempre, gli assi portanti della nostra scuola perché esse rimettono fortemente in discussione contenuti, metodi e tradizionali processi educativi. Sentiamo forte, però, anche il pericolo che la scuola possa rimanere imbrigliata in questi nuovi saperi rischiando di snaturarsi e perdere di vista il grande patrimonio culturale elaborato dalle generazioni precedenti. Ci sforziamo continuamente, insomma, di fare in modo che il vecchio, la tradizione, ed il nuovo, l'innovazione, possano convivere armoniosamente senza alcuna prevaricazione dell'uno sull'altro.
Il termine **alfabetizzare** si carica, così, di una connotazione più ampia: aprirsi ad altre vie di incontro, diventare lo strumento di una nuova forma di comunicazione, arricchirsi di nuovi significati e valori, quello dell'apertura al mondo e alle culture diverse .

Altro elemento chiave della nostra azione educativa e didattica è la conoscenza della realtà, dei desideri, dei sogni dei nostri alunni, non tanto "per assumerli demagogicamente o per bamboleggiarsi, ma per avviare un confronto rispettoso della differenza irriducibile del ragazzo" (Tuffanelli). È l'antico e sempre nuovo discorso, insomma, di far emergere quel mondo implicito o sommerso, quel mondo vissuto magari nel tempo-spazio "prima di venire a scuola", quel mondo "discontinuo", "frammentario", "incerto", "contraddittorio" senza dubbio, ma determinante per fornire ad alcuni allievi i prerequisiti del successo e ad altri no. È quello spazio misterioso e nascosto nel quale si annidano spesso le ragioni delle promozioni, delle bocciature, della dispersione in presenza.
Attraverso la realizzazione delle tante attività progettuali, svolte anche in orario aggiuntivo al tempo scuola, cerchiamo non solo di far emergere attitudini, interessi, potenzialità ma anche di offrire a tutti gli allievi, ma soprattutto a quelli in difficoltà, uno spazio educativo che li sottragga alle insidie della strada o peggio ancora a quelle del branco.
Il processo fondamentale, inoltre, che riteniamo indispensabile attivare è quello del **saper imparare**". Lo studente deve *imparare ad imparare*, deve possedere, insomma, un metodo

di studio che possa aiutarlo a sviluppare le proprie capacità di apprendimento per tutto l'arco della sua vita e, quindi, oltre i confini scolastici. Ecco perché l'insegnamento/apprendimento di un metodo di studio non è una questione di addestramento o di conoscenza di qualche tecnica in più da trasmettere agli allievi, ma soprattutto un fatto culturale.
Il **tema dei valori** rappresenta l'orizzonte di senso verso cui indirizziamo tutte le azioni della scuola. Valore è ciò che dà senso alla vita e per questo educare ai valori può essere determinante per risvegliare l'amore verso se stessi e il prossimo. Riteniamo perciò, che il valore per eccellenza sia quello dell'**accettazione del diverso** (sia esso il povero, il disagiato, il disabile, l'immigrato) attraverso la mediazione tra le diversità in un clima di accoglienza, convivenza e di accettazione reciproca.
Oggi riteniamo che la nostra scuola non possa esimersi dall'impostare gran parte della sua azione educativa su questo tema per dar vita ad una identità comune più ricca rispetto a quella che ciascuno possiede che non sia prevaricazione o omologazione.
Proprio per questo crediamo che in un futuro, magari non troppo lontano, essa possa diventare sempre più il luogo dove si intessono relazioni positive, dove si imparano a superare i conflitti costruendo le proprie identità in un clima sereno e tollerante. Pensiamo, insomma ad una scuola comunità accogliente capace di aprirsi al territorio, di creare sinergie e di trovare nel riconoscimento della dignità dell'altro e nella disponibilità al dialogo il suo minimo comune denominatore.

STRUTTURA DEL PTOF

Parte Prima

1. La nostra identità: chi siamo
1.2. La nostra identità: cosa facciamo
1.3. Chi vogliamo diventare: una scuola-comunità accogliente.

Parte Seconda

1. Analisi dei bisogni
2. Scelte educativo-didattiche
3. Le competenze disciplinari
4. I valori: identità, convivenza civile

Parte Terza

1. Area della didattica
2. Area della ricerca e della formazione
3. Area della partecipazione
4. Area della verifica e della valutazione

Parte Quarta

1. Chi fa che cosa. Criteri per la gestione, la verifica e la valutazione del PTOF
2. Soggetti coinvolti nell'elaborazione del PTOF

PARTE PRIMA

1. LA NOSTRA IDENTITÀ: CHI SIAMO

CHI SIAMO

La struttura dell'edificio

Situato in posizione centrale rispetto alla città, dispone di aule ampie e ben illuminate, di un'accogliente Presidenza, di una Sala per i professori, di Uffici di Segreteria ben attrezzati, di vari laboratori, di comode scale d'accesso ai piani superiori e di uscite di sicurezza. La Scuola ben si presta a soddisfare i bisogni di un vasto bacino di utenza che comprende una parte della città e zone di Comuni limitrofi. È la Scuola della città che presenta il maggior numero di alunni e di classi; è sede, inoltre, del centro territoriale per l'Istruzione e la formazione in età adulta.

Nell'immediata vicinanza dell'edificio scolastico sono presenti alcuni servizi di carattere socio-culturale (Museo provinciale, Pinacoteca provinciale, Circolo culturale, Cineteatro, Parrocchia). Non mancano servizi sanitari (Ospedale, AVIS, Ufficio sanitario, Farmacia) e quelli pubblici (Ufficio Postale, Caserma) nonché due strutture per l'aggregazione dei preadolescenti: Polisportive.

Cosa fanno gli alunni

Latino in tutte le classi.

Attività di orientamento: sportello informativo sulle caratteristiche delle scuole per alunni e famiglie, laboratori misti tra alunni dell'ultimo anno e quelli del primo anno, visite guidate, incontri scuola-alunni-famiglie, incontri con rappresentanti del mondo del lavoro.

Viaggi di istruzione di uno o più giorni.

Laboratori in orario scolastico ed extrascolastico: per sviluppare attitudini e potenzialità.

Iniziative per contrastare la dispersione scolastica: sportello di ascolto, coinvolgimento delle famiglie, laboratori di recupero e di integrazione dei contenuti disciplinari.

Il tempo scuola

È in vigore un orario flessibile con una riduzione delle ore a 50' per concentrare le attività in orario antipomeridiano al fine di ridurre le difficoltà delle famiglie (accompagnamento dei figli ecc.) e favorire l'attuazione di percorsi più flessibili (attività di recupero, potenziamento, area progettuale, laboratori ecc.) e rispondenti alle esigenze di tutti e di ciascuno.

Come siamo organizzati

L'organizzazione interna è articolata in commissioni, docenti referenti, responsabili gestione laboratori di scienze, informatica, artistico/musicale, figure strumentali. L'intento è creare una leadership diffusa e mettere tutti al centro dell'azione educativa e didattica.

Le risorse umane

Alunni: L'ambiente socio-culturale d'appartenenza è vario. Ci sono alunni che provengono da famiglie il cui livello culturale ed economico può definirsi medio-alto; sono seguiti nel lavoro domestico, dispongono di sussidi per le attività di ricerca e di approfondimento, sono incoraggiati nell'impegno scolastico e nella crescita formativa.

Altri ragazzi provengono, invece, da ambienti privi di stimoli e di opportunità culturali.

Non mancano situazioni di disagio e di passività nei confronti dello studio, per far fronte alle quali la scuola dispone di un supporto psicopedagogico, dovuto alla presenza per sei ore settimanali di due medici.

Docenti: I docenti in servizio presso la Scuola sono quasi tutti di ruolo e stabili da molti anni. Sono per la maggior parte motivati e disponibili al cambiamento, aperti alle innovazioni metodologiche e didattiche, come attestano i riconoscimenti ricevuti nell'ambito delle attività di ricerca e di sperimentazione.

Personale A.T.A.: Il Dirigente amministrativo e il personale A.T.A. partecipano attivamente con i docenti alla realizzazione di una scuola "comunità" offrendo collaborazione e supporto in tutte le attività e mostrando disponibilità ed attenzione continua sia alle esigenze degli allievi che di tutto il personale.

Dirigente scolastico: È in servizio presso la Scuola da molti anni. Si mostra attento a tutte le esigenze formative e didattiche sia dei docenti che degli allievi e sostiene le diverse innovazioni introdotte nella scuola dall'Autonomia. È coadiuvato dal collaboratore vicario e dai docenti che svolgono funzioni strumentali.

2. LA NOSTRA IDENTITÀ: COSA FACCIAMO

Scuola aperta al mondo

Introduzione di più lingue straniere per permettere agli allievi di arricchire e potenziare le capacità di comunicazione e di relazione in un'ottica europea, abituarli alla relatività di abitudini e stili di vita, far conoscere loro le opportunità di lavoro e di studio fuori dai confini nazionali.

Scuola aperta al territorio

Scuola che stipula con le famiglie, con il territorio e con tutte le agenzie formative, un raccordo ed una continuità orizzontale per promuovere un efficace interscambio di valori e di esperienze.

Scuola della ricerca e della formazione

La Scuola ha cercato di prepararsi alle innovazioni introdotte dall'Autonomia con corsi di formazione in servizio, miranti al miglioramento della qualità del processo insegnamento/apprendimento.
Si è distinta in numerosi concorsi nazionali di Pedagogia e Didattica.

COSA FACCIAMO

Scuola dei progetti

La Scuola si è distinta per aver svolto molte attività miranti a prevenire il disagio e a valorizzare i talenti personali.
Significativi sono stati i progetti di Educazione alla Interculturalità, alla Salute, alla Cittadinanza, alla prevenzione della dispersione scolastica, all'alfabetizzazione informatica, per i quali ha ricevuto numerosi riconoscimenti e pubblicazioni su riviste specializzate.

Scuola centro di formazione permanente ed educazione degli adulti

La Scuola offre opportunità educative ai cittadini in età adulta aventi per obiettivo la formazione di competenze personali di base necessarie per promuovere ed accrescere nelle persone la disponibilità ad apprendere durante l'intero corso della vita.

3. CHI VOGLIAMO DIVENTARE:

"UNA SCUOLA COMUNITÀ ACCOGLIENTE"

Alunni

Apprendere insieme agli altri sperimentando forme di relazione di aiuto per vivere serenamente e pienamente la vita scolastica e scoprire attitudini e peculiarità.
Considerare la scuola non solo come luogo dell'impegno e dello studio, ma anche come occasione per sviluppare identità positiva e disponibilità cognitiva.

Docenti

Favorire la graduale costruzione di un quadro condiviso di riferimenti pedagogici e didattici attraverso:
- svolgimento di attività formative comuni
- lavori di interclasse
- scambio interventi didattici
- problematizzazione e progressiva armonizzazione delle strategie didattiche degli stili educativi e delle pratiche di insegnamento/apprendimento.

" UNA SCUOLA COMUNITÀ ACCOGLIENTE"

Personale ATA

Partecipazione a pieno titolo alla realizzazione dell'offerta formativa della scuola attraverso:
- coinvolgimento nella elaborazione del PTOF
- partecipazione a visite guidate
- formazione comune su aspetti
- rilevanti (alfabetizzazione informatica, sostegno all'handicap ecc.)

Famiglie

Sviluppare una mentalità aperta alla collaborazione e all'ascolto nel pieno rispetto dei valori e del ruolo di ognuno attraverso:
- organizzazione di incontri preliminari all'apertura della scuola per illustrare la linea educativa e formativa
- costituzione di piccoli gruppi di lavoro (misti: docenti, genitori, esperti) su tematiche particolari per chiarire dubbi, assumere decisioni, …
- incontri tra famiglie , docenti, esperti esterni

Territorio

Proporre e realizzare percorsi formativi integrati attraverso iniziative di collaborazione con gli enti locali per la promozione del territorio e per favorire una nuova didattica dell'accoglienza turistica.

PARTE SECONDA

1. ANALISI DEI BISOGNI

La complessità delle azioni educative e didattiche aumenta sempre più perché aumentano i problemi con cui la singola scuola si confronta nella vita quotidiana. La scuola, infatti, è il luogo "che la società civile ha destinato alla formazione dei giovani per il potenziamento e l'arricchimento del patrimonio culturale ed umano, il luogo in cui il giovane con i suoi bisogni, le sue aspettative occupa un posto centrale dove apprende a sostituire le intemperanze e le trasgressioni dell'età, con il diritto ad essere, esistere, sapere e saper fare, dove prende in prestito i modi di vivere e di pensare per elaborarne uno proprio, dove apprende a superare il naturale egocentrismo per un sé capace di relazionarsi, dove scopre l'appartenenza ad una civiltà e la responsabilità di migliorarla ed arricchirla".[1] Questo rende oltremodo complesso e difficile il compito della scuola.
Oggi essa non può più da sola affrontare problemi che vanno dall'accoglienza degli alunni disabili e quelli stranieri, dalla progettazione e gestione di attività educative e didattiche dell'orario obbligatorio e di quelle offerte nell'orario opzionale facoltativo, dalla organizzazione e gestione della mensa scolastica, ai trasporti degli allievi, dall'ampliamento e miglioramento dell'offerta culturale e formativa della scuola.
Questa nuova prospettiva porta alla necessità di una attività progettuale più ampia, che superi le pareti della scuola e coinvolga responsabilmente tutte le agenzie educative: famiglia, enti locali, istituzioni ed anche quelle realtà associative (di volontariato, sportive, ludiche, artistico-musicale ecc.) e produttive che possono diventare "risorse" importanti per il miglioramento e la qualità dell'offerta culturale e formativa della scuola. L'intento, allora, è quello di affrontare i processi di cambiamento attraverso il coinvolgimento dei diversi attori in campo e di "costruire un noi" (condivisione nell'istituto e identità dell'istituto), come condizione perché il cambiamento si produca davvero e diventi presupposto per realizzare una partecipazione diversa da quella tradizionale, ridotta spesso alla pura formalità della delega e confinata nella ritualità della collegialità assembleare[2]. Ad una scuola aperta deve corrispondere, insomma, un intero sistema formativo aperto, un sistema cioè in cui tutti i segmenti possano apportare un contributo reale e non di facciata alla crescita e allo sviluppo delle nuove generazioni.
L'intero Piano dell'Offerta Formativa ruoterà proprio intorno al tema della socializzazione/collegialità che sarà considerato come "dimensione trasversale" che legherà in filigrana tutte le componenti e le azioni della scuola. I motivi di tale scelta partono dall'analisi di alcuni nodi critici che possono essere così sintetizzati:

Socializzazione dentro la scuola: docenti-alunni

La gestione dell'organizzazione scolastica con l'introduzione dell'autonomia presenta caratteri di notevole complessità. In particolare ogni istituto deve poter controllare una fitta rete di relazioni sia esterne che interne.

---

[1] F. Priore, G. Coviello, L. Gallo, M.C. Motta, *Visione del mondo accogliente,* EdiPan, Galatina (Lecce), 2004, pag. 13.

[2] P. Cattaneo et alii, *La Progettazione formativa nella scuola*, La Tecnica della Scuola, Catania. 2004.

L'area dei rapporti interpersonali tra docenti assume, quindi, una grande rilevanza in un sistema non più impostato su regole rigide ed individuali, ma su scelte responsabili e condivise. È questo il problema che il Collegio dei Docenti ha affrontato attraverso un'attenta analisi delle sue risorse professionali ed umane e dei vincoli che hanno condizionato, anche in passato, la qualità dell'offerta formativa.
Sul piano delle risorse umane e professionali, la Scuola può certamente contare su un corpo docente stabile, su abilità progettuali e di programmazione, su esperienze variegate di attività integrative (teatro, dispersione,...) alcune delle quali pubblicate su riviste specializzate, nonché su numerosi riconoscimenti in concorsi ecc.

Nella Scuola domina, generalmente, un clima di apertura, di scambio, di confronto tra docenti. Ciò che, però, condiziona e vincola, a tratti, la possibilità di ottenere risultati migliori è il fatto che queste forme di collaborazione restano legate a progetti aggiuntivi o extracurriculari e raramente investono l'azione didattica vera e propria dove permane sia pure a livello diverso:

— l'insegnamento di classe
— l'istruzione come riproduzione
— un sapere diviso e parcellare perché impostato su una logica disciplinare.

Ciò non significa che nella Scuola non siano state sperimentate strategie didattiche innovatrici, ma esse hanno avuto, secondo una considerazione diffusa, un fondamentale difetto pedagogico: sono state alla discrezionaità del singolo, usate e messe in atto entro i limiti del suo giudizio di opportunità.
Questa difficoltà a lavorare in team produce, spesso, nei docenti disaffezione nei confronti del proprio ruolo e senso di frustrazione e di inadeguatezza. La ricaduta sul piano didattico non può tradursi che in un' atomizzazione degli interventi.
Da ciò, scaturisce l'esigenza di favorire una corretta gestione dei rapporti che è un prerequisito fondamentale per il miglioramento dell'offerta formativa.

Analogamente per gli alunni

L'ambiente socio-culturale d'appartenenza è vario. Ci sono alunni che provengono da famiglie il cui livello culturale ed economico può definirsi medio-alto; sono seguiti nel lavoro domestico, dispongono di sussidi per le attività di ricerca e di approfondimento, sono incoraggiati nell' impegno scolastico e nella crescita formativa.
Altri ragazzi provengono, invece, da ambienti privi di stimoli e di opportunità culturali. Non mancano situazioni di disagio e di passività nei confronti dello studio, per far fronte alle quali la scuola dispone di un supporto psicopedagogico grazie alla presenza per sei ore settimanali di due medici.

Dall'osservazione dei comportamenti degli allievi sono emersi i seguenti punti problematici presenti nelle classi, sia pure a livelli diversi:

— Tendenza all'aggregazione non selezionata sulla base di interessi, propositi, obiettivi, ma determinata da bisogni prevalentemente emotivi e connotata da forte conflittualità.
— Scarsità di rapporti tra classi e corsi.
— Sottogruppi elitari.

Socializzazione fuori la scuola: famiglie – enti locali (gli stakeholder)

I genitori sono generalmente molto interessati alla vita scolastica dei figli, purtroppo, però, essi identificano ancora la scuola non tanto come il luogo in cui si cresce, si educa, quanto, soprattutto, come il luogo in cui si valuta e si giudica. Proprio per questo, spesso, il rapporto con la scuola è limitato unicamente all'informazione sull'andamento scolastico e ciò compromette la qualità della partecipazione e del dialogo.
Anche il coinvolgimento degli Enti locali rimane spesso confinato ad una partecipazione esteriore che non riesce, perciò, a dare risposte adeguate alle domande che provengono dalla società civile e, soprattutto, dai giovani.
Tenendo presente questi nodi problematici, individuati in sede di verifica delle attività connesse alla realizzazione del PTOF, si cercherà di legare in un rapporto di reciprocità tutte le azioni in modo da costruire un sistema formativo veramente integrato in cui tutti i soggetti si configurino come educativi e decentrati, protesi verso un altro diverso da sé.
La schematizzazione di seguito riportata vuole offrire un'idea delle sinergie e, quindi, delle relazioni che si vogliono instaurare tra i diversi soggetti coinvolti.

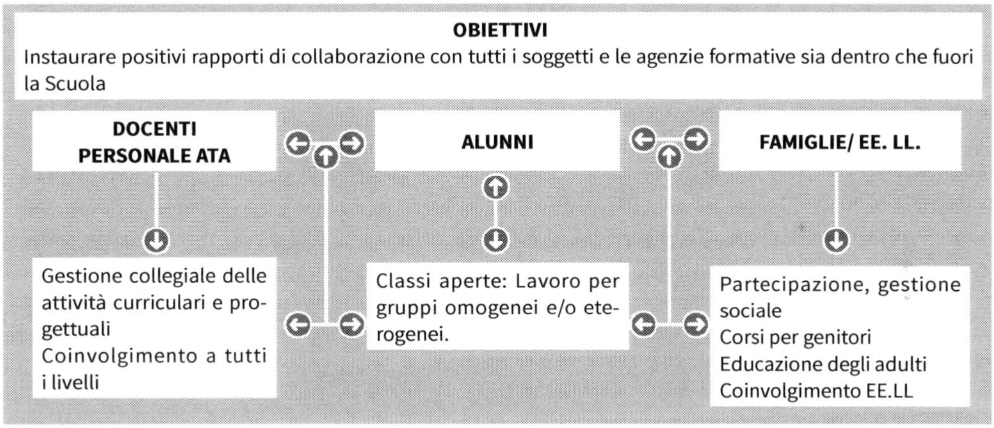

2. SCELTE EDUCATIVO-DIDATTICHE

La scelta delle mete educative e didattiche è la risultante di un lavoro reticolare che ha coinvolto alunni, genitori, famiglie. Lo scopo di questa modalità di interscambio è stato quello di abbattere l'isolamento che spesso si crea tra le diverse agenzie educative con una struttura organizzativa che non lasciasse alla casualità i contatti e che fosse in grado di coinvolgere più forze possibili ascoltando in modo diretto le convinzioni e le istanze delle persone. Se, infatti, la visione è quella di creare una scuola dove si cresce e si educa con l'apporto di tutti, essa deve essere costruita in maniera coerente con tutto il contesto per raccogliere informazioni, sfruttare potenzialità[3].

[3] F. Priore, G. Coviello, L. Gallo, M.C. Motta, op. cit. pag. 109.

A tal fine sono stati distribuiti i seguenti strumenti di indagine:

- **dirigente, docenti, personale ATA**
  descrivere il tipo di: società, capacità, esperienze che la scuola dovrebbe sollecitare per favorire lo sviluppo dell'alunno che sarà cittadino di domani.
- **famiglie**
  descrivere: convinzioni, conoscenze, comportamenti atteggiamenti che la scuola dovrebbe far maturare perché i figli possano inserirsi con soddisfazione nel mondo del lavoro e nella vita.
- **alunni**
  descrivere il mondo in cui ciascuno vorrebbe vivere come protagonista

La scelta metodologica seguita nella costruzione degli strumenti di indagine è stata quella di non porre domande dirette e/o chiuse perché ritenute non adatte a far emergere l'inespresso, l'implicito, le aspettative dei singoli, quanto di puntare su domande aperte che permettessero di raccogliere le voci di tutti gli *abitanti* della scuola ovvero il loro modo di pensare la vita, il mondo, la realtà futura.
La grande massa di dati raccolti, ha imposto di ricorrere a degli accorgimenti che consentissero, da una parte, di non disperdere il patrimonio delle informazioni, dall'altra di elaborare e gestire in modo più efficace le risposte. Si è proceduto, pertanto, all'analisi dei dati estrapolando da essi degli aspetti specifici in maniera da realizzare una aggregazione che ne favorisse la lettura e l'interpretazione e riducesse la complessità delle risposte. Gli aspetti individuati all'interno di ciascun strumento di indagine sono:

— le competenze da possedere al conclusione del ciclo scolastico
— i valori da trasmettere alle giovani generazioni

Esse hanno permesso di tracciare una mappa di finalità educativo-didattiche, in perfetta armonia con quanto dettato nelle Indicazioni Nazionali relativamente agli obiettivi di apprendimento e alla Convivenza civile e un profilo di alunno in uscita che possono essere declinati come di seguito.

3. LE COMPETENZE DISCIPLINARI

Campo Letterario
Rielaborare in modo personale le conoscenze
Esporre in maniera chiara e corretta esperienze personali e culturali
Produrre testi vari, coerenti, organici, formalmente curati
Riflettere criticamente sui temi studiati
Comprendere ed interpretare in maniera autonoma diversi tipi di testi
Utilizzare diverse strategie per la comunicazione scritta e orale

Campo Linguistico
Comprendere fatti e informazioni
Interagire in una conversazione
Conoscere ed utilizzare correttamente le strutture sintattiche e morfologiche
Esprimersi in maniera autonoma e personale in diverse situazioni comunicative
Mostrare curiosità per le abitudini e gli stili di vita della civiltà studiata

Campo Storico- Geografico
Ricostruire e collocare fatti storici nella dimensione spaziale e temporale
Esporre fatti e informazioni
Applicare i metodi propri della storiografia
Riflettere sui temi e sui fenomeni storico- geografici studiati
Conoscere i principali aspetti geografici, antropici, biologici dei territori studiati

Campo Matematico-Scientifico
Comprendere e problematizzare fatti e fenomeni
Individuare problemi, avanzare ipotesi,
Usare procedimenti diversi per giungere a soluzioni
Acquisire padronanza nel calcolo, nell'uso dei simboli, delle rappresentazioni grafiche proprie della statistica
Utilizzare correttamente gli strumenti informatici per l'organizzazione e la comunicazione
Analizzare i fenomeni osservati in laboratorio o nell'ambiente
Individuare le interazioni fra ambiente fisico, biologico,...

Campo Tecnico- Informatico
Individuare le caratteristiche di un oggetto
Progettare e realizzare modelli ed oggetti
Utilizzare programmi applicativi per la gestione di documenti, dati ecc.

Campo Artistico- Espressivo
Ricostruire i diversi aspetti della realtà utilizzando i linguaggi artistico- espressici
Leggere ed interpretare i documenti del patrimonio culturale ed ambientale
Acquisire una metodologia operativa
Utilizzare più tecniche espressive

Campo Musicale
Possedere sensibilità musicale e stile di esecuzione in maniera coordinata
Sviluppare il gusto all'ascolto
Utilizzare semplici strumenti
Conoscere diversi generi

Campo Motorio
Saper utilizzare gli schemi motori di base in personale
Partecipare correttamente a giochi di squadra
Uso del linguaggio del corpo come mezzo espressione e di comunicazione

4. I VALORI: IDENTITÀ, CONVIVENZA CIVILE

Identità

Rendersi conto dei cambiamenti avvenuti nel tempo sul piano fisico, intellettivo, emotivo Porsi obiettivi e scegliere compiti rispondenti alle proprie capacità	Stabilire buoni rapporti con tutti: Aiutare gli amici in difficoltà e mostrarsi solidale Accettare la discussione e rivedere il proprio punto di vista	Riflettere su se stesso, valutare risorse e riconoscere difetti Riconosce le proprie inclinazioni Mostrare fiducia nelle proprie capacità Essere autonomo nelle scelte senza lasciarsi condizionare

Convivenza Civile

Responsabilità personale	**Rispetto degli altri e della diversità, dell'ambiente e delle cose**	
Mostrare perseveranza nell'applicazione e costanza nell'impegno Eseguire il lavoro in autonomia con motivazione ed interesse Rispondere attivamente alle diverse proposte Accettare di essere aiutato e guidato	Essere tollerante, accettare gli altri e giustificare comportamenti diversi dal proprio Mostrarsi disponibile alla collaborazione con tutti i compagni	Mostrare comportamenti responsabili nei confronti dell'ambiente e del territorio Avere cura e rispetto delle cose proprie e di quelle degli altri

Consapevolezza del valore e delle regole della vita democratica e degli altri	**Sicurezza propria e degli altri**
Riconoscere le regole che sono alla base della vita sociale: a scuola, a casa, nel territorio rispettarle Analizzare i problemi sociali ed avanzare personali ipotesi soluzione	Controllare le proprie reazioni emotive Assumere comportamenti che tutelano la sicurezza e quella degli altri

Sulla base di quanto affermato l'alunno che termina il ciclo di studio è un alunno che sia pure a livelli diversi:

— Possiede non solo conoscenze ed informazioni mnemoniche, ma un proprio modo di pensare se stesso, la vita, il mondo che lo circonda.
— Ha imparato a socializzare, ad affrontare la piccole difficoltà che la vita gli presenta.
— Sa usare saperi plurimi, ha imparato ad imparare, sviluppato capacità di analisi e riflessione, è capace di parlare, di guardare i problemi nella loro complessità, di comunicare con tutti i linguaggi, di utilizzare il pensiero divergente, mostrare autonomia di giudizio e di scelta, flessibilità mentale.

PARTE TERZA

1. AREA DELLA DIDATTICA

I saperi

La progettazione del Piano di studio personalizzato rappresenta "lo strumento che concretamente raccoglie l'attività educativa e didattica di ogni disciplina". Gli elementi di fondo ritenuti indispensabili per l'organizzazione del percorso didattico relativo a tutte le discipline sono:

- la situazione della classe e le modalità di rilevazione delle competenze in ingresso per individuare problemi e risorse
- i traguardi comuni o apprendimenti unitari da promuovere : OSA previsti per una certa annualità
- la selezione dei contenuti essenziali individuati in rapporto a quelli che sono più permeabili all'esperienza dell'allievo
- il numero delle unità di apprendimento, il titolo ecc.
- gli aspetti organizzativi: eventuali laboratori, classi aperte ecc.
- la metodologia generale
- i criteri per la verifica e la valutazione e gli standard di uscita.

I docenti di discipline affini provvedono, inoltre, alla raccolta del materiale prodotto ed alla sistemazione di un archivio per "disciplina".
La Progettazione delle unità di apprendimento verrà effettuata per classi parallele.

I dipartimenti disciplinari, pertanto, individueranno:

- Le parti di programma comuni che ritengono fondamentali.
- Gli obiettivi descritti in termini di competenze.
- Le prove di verifica comuni e comuni criteri per la valutazione

I **risultati attesi** dallo svolgimento delle suddette attività sono per i/gli

Docenti
- Condivisione di stili di comportamento e di lavoro didattico
- Superamento forme di autoreferenzialità
- Adozione di forme di insegnamento partecipato e condiviso
- Miglioramento della comunicazione e dei rapporti

Alunni
- Scambio di informazioni e competenze
- Forme socializzate di apprendimento
- Sviluppo del senso di appartenenza al gruppo classe ed interclasse
- Lavoro in gruppo, in coppie di aiuto

I progetti

Le componenti che determinano il processo educativo sono molteplici: elementi sociali, affettivi, cognitivi sono tasselli insostituibili di quell'attività diretta a promuovere lo sviluppo armonico della personalità che è l'educazione.
Fattore importante per questa crescita umana è l'acquisizione delle competenze intese come capacità di "mettere in atto, eseguire, fare".
Nel campo didattico la facilità con cui si possono acquisire competenze non dipende solo dalla volontà del singolo alunno, ma dalle condizioni, dalle circostanze in cui si verificano le esperienze di apprendimento. Attività, per le quali gli allievi non provano interesse possono diventare appassionanti se si riesce a cambiare il modo in cui le percepiscono e ad incanalare nel senso giusto le loro energie.
Ciò spiega l'esigenza di ricercare percorsi che, sul piano metodologico e progettuale, possano diventare integrativi a quelli disciplinari. L'idea chiave è di favorire, attraverso lo svolgimento delle diverse attività, una ristrutturazione della propria identità e una "liberazione di energia" nella convinzione che l'educazione passi anche per momenti di espansione dei contenuti disciplinari, mediante i quali giungere all'acquisizione di abilità cognitive e di strumenti concettuali ed operativi.

Tutti i progetti troveranno una loro sintesi educativa e didattica nella **Convivenza civile**.
Gli obiettivi generali che si intendono conseguire:

— stabilire positive dinamiche relazionali superando forme di individualismo e di aggressività
— educare ad un modo collettivo di apprendere
— far emergere interessi e potenzialità latenti
— sviluppare una cultura della responsabilità
— favorire l'acquisizione di un'immagine positiva di sé, degli altri, della realtà
— favorire un approccio diverso alla cultura e ai saperi
— leggere in positivo la realtà esterna
— valorizzare le radici della propria cultura
— stabilire rapporti di collaborazione con le Istituzioni
— dare senso alle diverse attività organizzate
— collaborare nel gruppo ed affrontarne i problemi.

Per quanto concerne l'aspetto tecnico /operativo, i progetti saranno scelti in base: alla loro rilevanza sociale (relativa ai bisogni sociali degli utenti, del territorio, non solo locale...), alla loro aderenza ai saperi, alla possibilità di sviluppare competenze trasversali spendibili in ogni disciplina.

Essi, inoltre, si uniformeranno al seguente schema che diventerà il protocollo comune di cui tener conto in fase di progettazione:

— motivazione dell'intervento
— obiettivi specifici e/o trasversali
— articolazione dei contenuti e delle attività
— saperi coinvolti
— linee metodologiche e strategie didattiche
— criteri e strumenti di verifica
— materiali didattici e risorse tecnologiche

— modalità di monitoraggio e di valutazione del processo
— soluzioni organizzative
— prodotto finale e modalità di informazione e di pubblicizzazione.

I progetti che si intendono realizzare sulla base dei bisogni espressi dagli alunni e dal territorio sono i seguenti:

Classi I	**Progetto accoglienza**: — Ha come obiettivo primario la conoscenza reciproca e la conoscenza del nuovo ambiente scolastico. — Si propone di fornire le coordinate per un lavoro che possa portare gli alunni a sentirsi *al sicuro* all'interno di un gruppo, a chiedere e a dare aiuto, a mettersi dal punto di vista dell'altro, a riconoscerne bisogni e stati d'animo per fare della scuola un ambiente umano, positivo, accogliente.
Classi II	**Educazione ambientale** — Conoscenza della realtà fisica e geografica del luogo, degli aspetti socio-economici, dei suoi cambiamenti nel tempo attraverso: analisi cartografica, costruzione planimetrica, visite guidate, interviste, incontri con associazioni ed enti addetti alla tutela ambientale.
Classi I-II-III	**Educazione alla cittadinanzà** — Sviluppare un atteggiamento di tolleranza e di rispetto nei confronti degli altri, di solidarietà e di rispetto delle regole. — Conoscenza dei bisogni, diritti, responsabilità, partendo dalle esperienze personali dei ragazzi. — Conoscenza della Costituzione Italiana.
Classe III	**Orientamento** — Attività tese alla conoscenza di sé, delle proprie attitudini e potenzialità per una scelta consapevole del proprio futuro. — Conoscenza del mondo del lavoro, visite guidate, incontro con esperti. — Sportello informativo per alunni e famiglie. — Laboratori misti.
Classi I-II	**Cineforum** — Sviluppare una prospettiva educativa nuova nei confronti del linguaggio delle immagini attraverso la visione di film aventi come oggetto tematiche particolarmente vicine all'esperienza degli alunni (adolescenza, scuola, problemi sociali, ...).
Classi I	**Ricerca storica e ambientale** — L'annuario: Scoprire l'evoluzione storica della scuola e del quartiere in cui essa opera. *Sulle Orme di...* Conoscenza del territorio e proposte di valorizzazione — Ricerca attraverso documenti, indagini ed osservazioni dirette.
Classi V-I	**Continuità** — Superare la separatezza tra i diversi ordini scolastici con la progettazione di una serie di attività che vanno dalle visite presso la scuola di provenienza e la nuova scuola, realizzazione di progetti comuni: teatro, mostre, ...

L'integrazione degli alunni diversamente abili

Un'attenzione particolare sarà riservata agli alunni diversamente abili per i quali saranno redatti piani educativi personalizzati (ora integrati nei *Progetti individuali*) in collaborazione tra: il *docente di sostegno* e i *docenti* della classe per condividere le azioni educative e didattiche, l'*équipe socio/psico/pedagogica* per stabilire attività di supporto, le *famiglie* al fine di acquisire tutte le informazioni atte a promuovere potenzialità. Il fine ultimo di tutte le azioni rivolte all'integrazione è di sviluppare sempre più l'interazione tra scuola e servizi del territorio e far crescer una cultura dell'inclusione e di valorizzazione della diversità.

Le attività di integrazione mireranno soprattutto a :

— **recuperare** attraverso lo svolgimento di determinate attività (accoglienza, orientamento, supporto psicologico, ...) la motivazione e l'affettività verso la scuola.
— **compensare lacune** espressive, logiche, strutturali, operative attraverso la predisposizione di itinerari specifici elaborati dai docenti della classe cui appartiene l'alunno diversamente abile di intesa con il docente di sostegno
— **sviluppare la socialità**: attraverso l'organizzazione di momenti di aggregazione e la partecipazione ad attività laboratoriali con allievi della propria classe e non.

La prevenzione della dispersione scolastica

L'insuccesso scolastico rappresenta uno dei motivi del dibattito pedagogico in quanto parlare di dispersione significa mettere il dito sui tradizionali punti di sofferenza dei sistemi formativi.

A proposito di **dispersione** riteniamo importante fare alcune precisazioni. Riferita, infatti, alle condizioni degli allievi essa si presenta:

— in modo palese con bocciature, ripetenze di più anni, abbandoni.
— in forme più nascoste con scarsa motivazione, disagio personale, mancanza di metodo di studio, scarso rendimento.

Ciò determina un tasso abbastanza elevato di **dispersione in presenza**, per cui gli allievi escono dalla scuola senza aver conseguito quelle abilità che permettono loro di orientarsi ed affrontare con sicurezza la vita sociale nei suoi molteplici aspetti.

I problemi tipici di questi studenti sono:

— incapacità di pianificare ed organizzare il tempo ed il lavoro;
— mancanza di concentrazione e di memoria;
— difficoltà nel selezionare le informazioni;
— carenze diffuse nella preparazione di base;
— scarsa fiducia in sé.

Questi bisogni degli allievi si incrociano con le istanze professionali dei docenti che devono poter dominare una varietà di strategie formative e metodologiche che possano agevolare ed offrire agli allievi una valida esperienza scolastica e creare le condizioni per il successo. Si tratta, insomma, di affrontare il problema della dispersione con metodi, strategie operative e didattiche che superino i confini dell'approccio tradizionale e si pongano nell'ottica della progettualità.

Alle azioni sopraelencate, che riguardano il lavoro quotidiano in classe, riteniamo importante affiancarne altre due:

— l'organizzazione di un **modulo "Imparo ad apprendere"** da sviluppare in alcune settimane consecutive e rivolto ad un gruppo di alunni provenienti dalle classi dove maggiore è il numero degli alunni in difficoltà, per metterli in condizione di acquisire competenze trasversali che sostengano il successo scolastico;
— realizzazione di **attività progettuali di laboratorio** per: aumentare le occasioni di confronto con esperienze diverse, integrare il lavoro svolto, favorire l'acquisizione di atteggiamenti positivi verso l'impegno scolastico.

Le attività aggiuntive

In orario aggiuntivo al tempo scuola si svolgeranno alcune attività di arricchimento e personalizzazione dell'offerta formativa che avranno prevalentemente lo scopo offrire una gamma più ampia di opportunità formative e culturali, volte ad arricchire la sfera degli interessi particolari degli allievi. L'intervento tiene conto delle due dimensioni fondamentali dell'apprendimento efficace: la *personalizzazione* e la *socializzazione*. Si può imparare socializzando, si può apprendere individualmente in un contesto che faciliti la socializzazione. Tutto ciò è possibile solo in una nuova visione della scuola che superi la dicotomia teoria/pratica, scuola del sapere/scuola del fare, ideazione/progettazione, esecuzione/realizzazione.

Tali attività sono:

— Animazione teatrale
— Cineforum
— Informatica
— Ceramica
— Storia e Cultura regionale
— Orientamento
— Musica e canto.

L'attività di musica e canto avrà come obiettivo quello di formare un *coro della scuola*. Sarà, pertanto, rivolta ai docenti, agli alunni, al personale ATA, alle famiglie.

Accoglienza - Orientamento - Visite guidate

L'accoglienza è una prassi permanente dello stile di vita di ciascuno, in generale, e dell'attività educativo- didattica, in particolare e, come tale, permea di sé tutti i tempi e le modalità dell'insegnamento/apprendimento. Non può essere, pertanto, ridotta ad un momento episodico che si risolve in una serie di rituali, esauriti i quali tutto ritorna come prima. È un problema di organizzazione e di orientamento complessivo dell'impostazione dell'attività didattica.

Le fasi di passaggio tra un ciclo e l'altro, però, costituiscono il punto più caldo dell'accoglienza in quanto rappresentano i momenti di maggiore esposizione degli allievi al disadattamento perché maggiore è la loro fragilità di adattamento di fronte ai nuovi sistemi di relazione e di conduzione del lavoro. Gli **anni-ponte** diventano, perciò un momento privilegiato per realizzare un progetto dell'accoglienza dove le specificità e le differenze di

un segmento scolastico si coniugano, si rendono "ecologicamente compatibili" con quelle dell'altro.
Proprio per mettere gli allievi in condizione di affrontare serenamente il nuovo ciclo di studio, la scuola predispone tutta una serie di attività che possono essere così sintetizzate:

— Incontro con le famiglie per illustrare e definire insieme le linee dell'offerta formativa
— Iniziative di benvenuto. Feste, giochi, attività di integrazione per far percepire la scuola non solo come luogo dell'impegno e dello studio, ma anche come occasione per sviluppare identità positiva
— Presenza in classe, nei primi giorni e/o a cadenze fisse, dei genitori.

L'**orientamento scolastico e professionale** rappresenta uno dei punti cardine dell'intero discorso educativo e didattico perché si tratta di aiutare l'alunno a riflettere sulle sue capacità, sulle sue inclinazioni, sui suoi interessi. La prima dimensione orientante diventa, perciò, quella del clima formativo della scuola , della sua capacità di centrare l'alunno sulla conoscenza di sé e del mondo circostante, della realtà sociale. Proprio per questo riteniamo che l'orientamento non possa risolversi in un'arida elencazione di discipline, moduli orari che caratterizzano ogni segmento di scuola ma, che vada inserito in una prospettiva più ampia e formativa che veda contemporaneamente coinvolti da un lato le discipline attraverso le quali l'allievo possa capire "chi è" e "che possibilità ha", dall'altra tutta la scuola come luogo dell'incontro con il mondo produttivo e sociale.

Alla luce di tali considerazioni, le attività di orientamento si muoveranno su due filoni: uno mirato alla conoscenza delle peculiarità delle scuole del nuovo ciclo di studi attraverso :

— presentazione delle caratteristiche della scuola prescelta;
— distribuzione di opuscoli informativi;
— visite guidate presso le scuole più scelte dagli alunni;
— sportello informativo per alunni e famiglie;
— laboratori misti.

L'altro mirato alla conoscenza più generale del mercato del lavoro e delle risorse del territorio in cui è posta la scuola attraverso:

— incontri con esperti;
— testimonianze dei genitori;
— visite guidate in realtà lavorative, culturali ed istituzionali.

Le **visite guidate** e i **viaggi di istruzione** mirano a proporre e a realizzare percorsi formativi integrati nella conoscenze disciplinari e calibrati sugli obiettivi specifici di apprendimento. Essi rappresentano, pertanto, un valore aggiunto, un collegamento non casuale, un incontro diretto con gli oggetti conoscitivi mediati dalla scuola siano essi opere d'arte, monumenti, paesaggi,...
Perché le visite guidate e i viaggi di istruzione possano conseguire risultati significativi ai fini dell'apprendimento e dell'arricchimento dell'offerta formativa è necessario che siano accuratamente preparati e che si pongano come momenti di verifica sul campo delle competenze acquisite in alcune discipline.

A tal fine i docenti insieme agli allievi:

— progettano gli itinerari;
— raccolgono, durante la visita, materiale utile ad un approfondimento ulteriore delle conoscenze delle informazioni;
— in classe sistemano il materiale in un dossier;
— valutano con relazioni l'esperienza ed avanzano proposte di miglioramento;
— fanno confluire il materiale nel dossier scuola " i nostri viaggi a".

I **risultati attesi** dallo svolgimento delle suddette attività sono per i/gli

Docenti	**Alunni**
— Superamento della concezione dell'insegnamento come trasmissione e teorizzazione — Coinvolgimento degli allievi in situazioni concreto/operative — Abitudine a lavorare in team — Abitudine alla documentazione del processo	— Rinforzo della capacità di iniziativa — Scambio di informazioni — Abitudine all'apprendimento cooperativo — Sviluppo del senso della responsabilità e dell'appartenenza all'Istituzione — Superamento di forme di forme di dipendenza e di svalutazione, accettazione di sé

2. AREA DELLA RICERCA E DELLA FORMAZIONE

La ricerca e la formazione dei docenti

È concetto, ormai universalmente accettato, che la scuola debba essere una scuola per tutti". I dubbi sono molto più diffusi quando essa, invece, è chiamata a fare un progetto per "ciascuno".
Gli allievi sono "personalità singolari", "individui" diversi tra loro per capacità, attitudini, ambienti di provenienza, stili di apprendimento che richiedono, pertanto, approcci metodologici e didattici fortemente differenziati. Malgrado ciò, l'organizzazione scolastica è andata sempre alla ricerca di un *alunno medio*, di un alunno tipo entro cui comprendere, secondo un criterio di omogeneità e di uniformità, le molteplici differenze individuali.
Ma, come può un docente "governare" la diversità, dare risposta concreta ai bisogni di ciascun alunno che, proprio perché individuo, rappresenta se stesso con le proprie esigenze e le proprie richieste? Come può realizzare una didattica tanto efficace da offrire ai suoi alunni uno spazio educativo in cui egli abbia un ruolo attivo e sia capace di esercitare il proprio controllo sullo sviluppo e sugli esiti dell'apprendimento? Sono questi gli interrogativi di fondo da cui siamo partiti per delineare il piano di formazione e di aggiornamento .
L'intervento si snoderà attraverso un percorso di formazione in servizio teso all'arricchimento del set didattico per favorire l'acquisizione di un metodo di studio efficace e la personalizzazione degli apprendimenti. Da indagini compiute è emerso che gli alunni apprendono più nozioni che metodi e strategie di studio e ciò determina: difficoltà nel pianificare e nell' organizzare il tempo e il lavoro, nel selezionare le informazioni nonché mancanza, spesso, di concentrazione, memoria e fiducia in se stessi e nelle proprie possibilità.

Per costruire un percorso ottimale di acquisizione del "Metodo di studio" da parte degli allievi, si ritiene opportuno procedere alla costruzione di un percorso "ottimale" di interventi da parte dei docenti attraverso la conoscenza e l'applicazione sperimentale in classe di accreditate strategie didattiche che permettano di realizzare uno spazio educativo in cui l'alunno possa avere un ruolo attivo nella costruzione dei saperi e sia capace di esercitare il proprio controllo sui contenuti da apprendere.

Gli obiettivi che ci si propone di conseguire possono essere così declinati:

— Omogeneizzare sistemi e stili di insegnamento/apprendimento
— Tarare il processo di insegnamento apprendimento sulle caratteristiche di ciascun allievo
— Implementare il proprio piano strategico

I **risultati attesi** dallo svolgimento delle suddette attività sono per i/gli

Docenti	Alunni
— Miglioramento del sistema di relazione — Comunicazione più funzionale nei Consigli di Classe — Conoscenza ed applicazione di nuove strategie	— Diminuzione del numero di casi problematici e di insuccesso — Aumento del numero di studenti che studiano con autonomia

3. AREA DELLA PARTECIPAZIONE

La famiglia

La comunicazione tra scuola e famiglia non sempre è semplice e la qualità dell'interazione, della partecipazione e del dialogo è talvolta ridotta a rito artificiale ed inutile. Ciò è sicuramente da attribuire alla mancanza di preparazione sui temi pedagogici ed educativi in genere che ha ridotto la partecipazione ad aspetti marginali che non incidono, perciò sulla qualità del processo formativo. Altro motivo della povertà partecipativa della famiglia è costituito dal fatto che essa non sempre riesce a star dietro ai cambiamenti che sempre più frequentemente investono il mondo della scuola, né riesce ad avere piena consapevolezza dei nuovi compiti, delle nuove finalità da conseguire sul piano degli apprendimenti e su quello più generale dell'educazione.
Ciò comporta la necessità di mettere in atto una serie di iniziative che favoriscano una collaborazione reale al fine di rendere la famiglia insieme alla scuola protagonista della crescita culturale ed umana dei giovani.

Da queste premesse scaturisce l'esigenza di tenere un **corso** che veda le due agenzie educative confrontarsi su modelli e stili educativi e sulle problematiche adolescenziali. Gli obiettivi che ci si propone di conseguire possono essere così declinati:

— sviluppare una affettività positiva verso la funzione della scuola;

— omogeneizzare stili e modelli educativi;
— percepirsi utili nella gestione del processo formativo;
— collaborare con la scuola alla crescita culturale ed umana.

I **risultati attesi** alla fine dell'intervento di formazione sono per i/gli

Scuola	**Famiglia**
— Confronto, dialogo, scambio produttivo di esperienze — Individuazione di regole comuni con la famiglia — Coinvolgimento de la famiglia nel progetto educativo della scuola	— Confronto, dialogo, scambio produttivo di esperienze — Individuazione di regole comuni con la scuola — Analisi critica di modelli e stili educativi

Collaborazione con gli enti locali

La scuola è un sistema sociale aperto, legato alle attese e ai bisogni del territorio, pertanto, essa non può non tener conto della **cultura che l'ambiente sociale esprime** e nella quale l'alunno è immerso. È sicuramente importante, come si sostiene da più parti, capire cosa questa cultura richiede all'allievo in termini di apprendimento e di partecipazione sociale: di che cosa è ricca? Di cosa è povera? Quali i beni ambientali, storici, artistici ? Quali le bellezze o gli scempi al paesaggio?
Tutto ciò rappresenta per la scuola non solo una fonte di informazione importante, ma anche l'occasione per trasferire in essa la " problematicità" dell'ambiente attraverso percorsi formativi altamente motivanti.
I linguaggi dell'ambiente, infatti, hanno il pregio di collegare direttamente l'istruzione con il divenire della realtà sia perché l'uso didattico dell'ambiente permette di non scindere il momento dell'istruzione da quello dell'educazione, in quanto l'alunno viene completamente immerso nell'avventura cognitiva, sia perché l'immersione nel territorio fisico/sociale chiede di imparare non solo ascoltando e leggendo ma anche osservando e partecipando.
Eppure, nonostante queste consolidate verità, dall'indagine compiuta presso gli allievi dell'Istituto, è emersa la mancanza di conoscenze specifiche sulla realtà sociale locale. Soprattutto le possibilità lavorative connesse al settore ambientale rimangono, spesso, pressoché sconosciute.
Il **progetto** prende, dunque, le mosse dalla necessità di sviluppare negli allievi delle ultime classi una nuova cultura dell'ambiente attraverso la promozione di una serie di attività collegate alla conoscenza e alle problematiche naturalistiche e socio-culturali del territorio. Gli allievi saranno affiancati da partner eccellenti quali APT e Museo provinciale, nell' elaborazione di itinerari mirati alla conoscenza del territorio della regione in cui vivono, e sperimenteranno sul campo, con stage in piccole aziende le idee e le competenze che possano facilitare in futuro la transizione scuola-lavoro.

I **risultati attesi** alla fine dell'esperienza sono per i/gli

Scuola	**Enti locali**
— Radicamento dell'offerta scolastica nel territorio e rafforzamento dell'identità culturale — Promozione di una nuova sensibilità sulle problematiche dell'impatto ambientale delle attività produttive	— Raccordo tra l'offerta formativa e le strategie di sviluppo locale

4. AREA DELLA VERIFICA E DELLA VALUTAZIONE

La valutazione non si limiterà solo agli allievi, ma investirà tutta l'organizzazione dal momento che c'è un rapporto molto stretto tra la formazione dell'allievo e le modalità di organizzazione della scuola in cui questa formazione si realizza.

Tutto il sistema di valutazione si articolerà in:

— Autoanalisi (dati, rilevamenti, informazioni)
— Autovalutazione (riflessione sull'andamento del sistema e proposte di arricchimento)
— Autoregolazione (correzione e feedback)

ed investirà :

— **Allievi**:
- Valutazione iniziale: Prove di ingresso per verificare il livello di conoscenze e di abilità su cui innestare il percorso di apprendimento
- Valutazione intermedia: Livello di apprendimento maturato nel corso di un itinerario didattico e rimodulazione degli interventi
- Valutazione finale: Risultati alla fine degli itinerari didattici e degli interventi programmati
- Criteri per la valutazione degli alunni sono individuati in rapporto:
  — Agli standard prefissati
  — Alle potenzialità individuali
  — Ai condizionamenti socio-culturali
  — All'applicazione e all'impegno mostrati

— **Docenti**:
- Il lavoro in classe
- I rapporti con i colleghi
- Congruenza tra obiettivi e risultati

— **Genitori/alunni**:
- Soddisfazione dell'utenza
- Richieste

— **Capo d'istituto e personale ATA**:
  - Relazioni esterne, interne
  - Comunicazione con le famiglie

— **STAFF (Figure strumentali)**:
  - Percezione del corpo docente sulla funzionalità e ruolo delle figure strumentali

PARTE QUARTA

1. CHI FA CHE COSA. CRITERI PER LA GESTIONE, LA VERIFICA E LA VALUTAZIONE DEL PTOF

La valutazione del Piano Triennale dell'Offerta Formativa si proporrà di controllare gli esiti dell'azione complessiva per avere a disposizione una quantità di informazioni che permettano di compiere eventuali aggiustamenti in itinere.

AREA DELLA DIDATTICA: I SAPERI		
Aspetti considerati	**Indicatori per la verifica e la valutazione Compiti figure strumentali**	**Tempi**
La progettazione disciplinare	- Rilevazione e confronto in itinere tra risultati attesi e risultati ottenuti - Efficacia degli interventi di progettazione comune - Risultati finali Monitoraggio a cura della funzione strumentale: supporto al lavoro dei docenti e gestione PTOF: - somministrazione degli strumenti per la raccolta dei dati, tabulazione e diffusione dei risultati - responsabile laboratorio di informatica: - trattamento e raffigurazione grafica dei dati	Cadenza quadrimestrale

AREA DELLA DIDATTICA: I PROGETTI		
Aspetti considerati	**Indicatori per la verifica e la valutazione Compiti figure strumentali**	**Tempi**
I Progetti	- Stesura del progetto - Alunni: percezione del progetto (interesse,difficoltà, ...) - Docenti: efficacia degli interventi Monitoraggio a cura della funzione strumentale: supporto al lavoro dei docenti e gestione PTOF: - somministrazione degli strumenti per la raccolta dei dati, tabulazione e diffusione dei risultati - responsabile laboratorio di informatica: - trattamento e raffigurazione grafica dei dati	Cadenza quadrimestrale

AREA DELLA FORMAZIONE RICERCA		
Aspetti considerati	**Indicatori per la verifica e la valutazione Compiti figure strumentali**	**Tempi**
Il piano di formazione e di aggiornamento	– Stesura del progetto – Confronto tra risultati attesi e risultati ottenuti – Docenti: efficacia degli interventi e ricaduta sulle attività educativo didattiche Monitoraggio a cura della funzione strumentale: – sostegno al lavoro dei docenti: somministrazione degli strumenti per la raccolta dei dati, tabulazione e diffusione dei risultati – responsabile laboratorio di informatica: trattamento e raffigurazione grafica dei dati	In corso d'opera

AREA DELLA PARTECIPAZIONE		
Aspetti considerati	**Indicatori per la verifica e la valutazione Compiti figure strumentali**	**Tempi**
La partecipazione delle famiglie e degli Enti locali	– Partecipazione reale (presenza agli incontri, ...) – Confronto tra risultati attesi e risultati ottenuti – Percezione degli interventi Monitoraggio a cura della funzione strumentale: progetti formativi d'intesa con Enti ed Istituzioni: – raccolta, organizzazione e visualizzazione dei risultati – responsabile laboratorio di informatica: – trattamento e raffigurazione grafica dei dati	*Ex ante*: prima dell'intervento *Ex post*: dopo l'intervento

2. SOGGETTI COIVOLTI NELL'ELABORAZIONE DEL PTOF

Il Piano dell'Offerta Formativa che abbiamo presentato è la risultante di un lavoro di insieme che ha coinvolto i soggetti sottoelencati secondo le modalità di seguito riportate:

Soggetti coinvolti	Modalità di coinvolgimento
Collegio dei docenti	Individuazione delle linee di fondo e delle coordinate formative e didattiche, degli aspetti su cui appuntare maggiormente l'attenzione nella predisposizione del PTOF. Costituzione di una commissione di docenti incaricati della stesura (gruppo figure strumentali)
Famiglie	Partecipazione dei rappresentanti dei genitori alla commissione di elaborazione del PTOF. Compilazione da parte di tutte le famiglie di: mappa delle aspettative e proposte
Personale ATA	Partecipazione di rappresentanti del personale ATA nella commissione di elaborazione del PTOF e formulazione di proposte

Segue

Soggetti coinvolti	Modalità di coinvolgimento
Alunni	La mia voce "a scuola mi piacerebbe fare"...
Enti locali	Incontri con alcuni rappresentanti degli Enti locali per individuare problemi e risorse su cui appuntare maggiormente l'attenzione
Gruppo figure strumentali	Stesura prima bozza del documento e discussione nella commissione allargata Stesura finale
Tutti i soggetti	Collegio: approvazione finale Presentazione del Piano triennale dell'Offerta Formativa a famiglie, docenti,...

4
Dal curricolo all'unità di apprendimento

Come abbiamo già evidenziato, nonostante la scuola di oggi si muova sempre più per *progetti*, il riferimento per l'attività professionale dell'insegnante continua ad essere la *programmazione* in tutte le sue sfaccettature.

L'azione educativa del docente deve tener conto non solo delle indicazioni nazionali e delle Linee guida e del PTOF in generale, ma soprattutto del **curricolo d'istituto** in esso contenuto, che delinea i tratti fondamentali dell'identità più propria dell'istituto; è in base ad esso che, seppure nel pieno rispetto della libertà di insegnamento, il docente formulerà la programmazione didattica.

1 La pianificazione di un curricolo

Come già detto, il **curricolo** è l'insieme dei percorsi di studio offerti da una singola istituzione scolastica.

Il curricolo deve tener conto degli obiettivi formativi minimi fissati a livello ministeriale (cd. **curricolo obbligatorio**), espresso anche in termini di monte-ore determinato per ogni singola disciplina, oltre il quale la scuola può integrare il progetto formativo in autonomia.

Quindi il curricolo, in termini di monte ore, è formato da una **quota nazionale comune** che garantisce il carattere unitario del sistema di istruzione e una **quota riservata alla scuola** che valorizza il pluralismo culturale e territoriale. Per la scuola del primo ciclo, il rapporto è normativamente fissato all'80% del monte ore annuale riservato al curricolo nazionale e il 20% (quota massima) riservata all'autonomia. Nella scuola secondaria superiore, questa percentuale varia a seconda della tipologia di istituto, tenendo conto che anche le Regioni possono formulare indirizzi alle scuole per adattare il curricolo alle realtà territoriali.

Ad esempio, nei licei è previsto un monte ore massimo di autonomia del 20% nel primo biennio, del 30% nel secondo biennio e del 20% nell'ultimo anno. Un liceo classico, dunque, non potrà autonomamente rinunciare alle ore destinate all'insegnamento del latino o del greco, ma può ridurle (fino alle quote prefissate) ed integrare la propria offerta con un potenziamento, ad esempio, di diritto, di educazione finanziaria etc.

Nella determinazione della quota di autonomia, occorre tener conto dei seguenti fattori:
— la conoscenza del livello di partenza degli allievi;
— l'analisi delle motivazioni al lavoro scolastico;
— il quadro generale degli obiettivi formativi (definito su scala nazionale);
— la disponibilità delle risorse didattiche;

— l’attenzione agli elementi culturali e alle forze sociali presenti nell’ambiente;
— i sistemi di valutazione.

Da questa prospettiva la pianificazione del curricolo si configura come **mediazione tra obiettivi e contenuti ufficiali ed effettive capacità ed esigenze situazionali degli alunni**: non contrapposizione bensì interazione continua, mirata alla messa a fuoco delle strutture disciplinari e delle finalità generali contenute nel testo programmatico ufficiale, per raccordarle alle peculiarità della realtà in cui si opera.

Secondo lo **schema classico** elaborato negli anni Settanta del Novecento dai didatticisti **A. e H. Nicholls**, la programmazione è un processo circolare che, dopo aver preso atto delle indicazioni contenute nei programmi ufficiali d’insegnamento, comprende le seguenti fasi:
— *analisi del contesto socio-culturale e della situazione di partenza degli alunni*;
— *definizione degli obiettivi* (generali e specifici, a lungo e a breve termine);
— *definizione delle attività*, dei contenuti, dei collegamenti interdisciplinari da proporre agli allievi;
— *definizione dei tempi e delle metodologie* con cui organizzare l’attività didattica;
— *osservazione* sistematica dei processi di apprendimento;
— *verifica e valutazione* del processo didattico attuato.

A questo punto, considerati gli esiti della valutazione, il processo ricomincia con l’analisi della situazione raggiunta dagli alunni, con la scelta di nuovi obiettivi etc. Quello della programmazione può, dunque, essere considerato un **processo ciclico**, che si svolge come mostrato nello schema che segue.

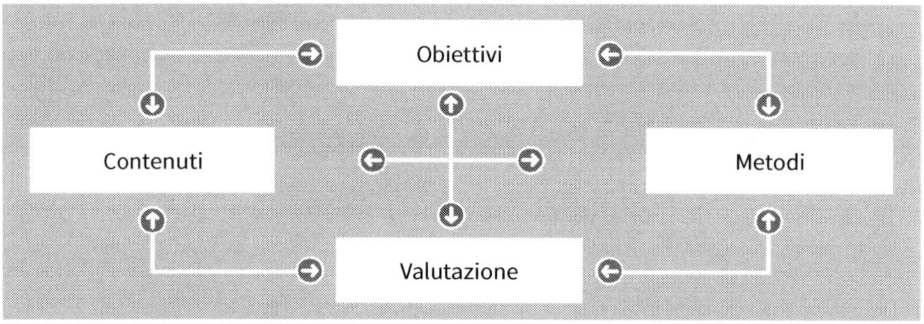

Una volta definito il curricolo, l’attività di programmazione di una scuola si esplica, come visto, in quattro momenti fondamentali:
— **programmazione d’istituto elaborata dal Consiglio di Istituto** che individua le finalità educative generali dopo aver acquisito tutte le informazioni provenienti dal contesto territoriale su cui si insedia la scuola, e le risorse interne a disposizione della stessa, anche attraverso l’integrazione tra diversi sistemi formativi, in conformità a accordi, protocolli di intesa, convenzioni e contratti con enti e/o istituzioni pubbliche e/o private;
— **programmazione educativa elaborata dal Collegio dei docenti**, la quale progetta i percorsi formativi correlati agli obiettivi e alle finalità nei programmi,

della scuola nel suo complesso. La programmazione educativa si riferisce agli obiettivi che riguardano lo sviluppo della personalità: area sociale (le relazioni interpersonali), area cognitiva (sapere e saper fare), area motoria (educazione all'uso corretto del proprio corpo nello spazio), area affettiva (saper essere);

— **programmazione curricolare**, nasce, come visto, dall'esigenza di superare la rigida astrattezza dei "programmi" che non devono più essere visti come istruzioni valide per tutti e in tutte le situazioni senza tener conto delle specifiche esigenze degli allievi, ma istruzioni che ogni scuola può e deve, nell'ambito della propria autonomia, reinterpretare ed adattare alle esigenze contingenti del contesto. A tal fine, i docenti non devono più avere un approccio da esecutore materiale, ma un approccio creativo avente la finalità di progettare scelte educative e didattiche mirate al contesto e alla classe in cui si trovano ad operare;

— **programmazione didattica elaborata e approvata dal Consiglio di classe**, che delinea il percorso formativo della classe e del singolo alunno, adeguando ad essi gli interventi operativi. La programmazione didattica funge da collegamento della programmazione educativa agli obiettivi e ai contenuti delle singole discipline; essa traduce gli obiettivi educativi in attività da compiere in classe per raggiungere i traguardi prefissati.

2 Programmazione d'istituto

La programmazione di istituto ha inizio con l'**analisi del territorio** condotta dal **Consiglio d'istituto** attraverso contatti e raccordi con enti locali, distretto scolastico, associazioni culturali, dopodiché tale analisi è trasmessa al Collegio dei docenti, dove si svolge un'analisi integrativa di carattere più specificatamente didattico, che a sua volta s'intreccia con un'analisi interna dei bisogni e delle risorse della scuola.

Alla raccolta dei dati deve far seguito un attento lavoro di lettura e interpretazione degli elementi analizzati, sia per individuare le esigenze reali, sia per programmare e promuovere tutte le attività di competenza dei vari organi collegiali.

Nella programmazione d'istituto è necessario **acquisire e valutare le informazioni e le conoscenze che si ritiene possano avere qualche rapporto con le scelte didattiche da effettuare**; ad esempio:

— dotazione della scuola in termini di spazi (presenza di laboratori, spazi da utilizzare per aule speciali, aule per proiezioni a grandi gruppi etc.);
— dotazione della scuola per quanto riguarda il personale docente (indipendentemente dalla titolarità dell'insegnamento: disponibilità di insegnanti per attività integrative, censimento di particolari competenze etc.);
— dotazione della scuola in riferimento ai materiali (consistenza della biblioteca, audiovisivi, materiale di laboratorio, materiale di consumo etc.);
— numero degli alunni per classe, presenza di classi parallele;
— rendimento scolastico complessivo e nelle singole materie;
— provenienza socio-culturale degli alunni, motivazioni, interessi, partecipazione etc.

3 Programmazione educativa

L'organo fondamentale della programmazione educativa è il **Collegio dei docenti**. Il lavoro del Collegio, che inizia il 1° settembre di ogni anno, ha come momento di partenza la programmazione d'istituto e traduce le finalità educative in obiettivi generali (educativi e didattici) che costituiranno il punto di riferimento dei vari operatori scolastici.

Nella programmazione educativa si possono mettere in risalto quattro aspetti:

1. composizione socio-culturale della popolazione della località in cui ha sede la scuola;
2. atteggiamenti culturali ed educativi dei genitori e loro grado di partecipazione alla vita della scuola;
3. presenza e funzionamento di servizi culturali e sociali extrascolastici (biblioteche pubbliche, cinema, servizi socio-sanitari, impianti sportivi ecc.);
4. livelli di partecipazione sociale e politica nel territorio (dibattiti, presenza di associazioni culturali ecc.).

4 La programmazione curricolare

Il *curricolo d'istituto*, di esclusiva competenza della singola istituzione scolastica (spesso dell'intero istituto comprensivo), è, come abbiamo già visto, l'insieme di tutte le attività didattiche progettate, realizzate e valutate per l'esperienza formativa degli allievi. Si tratta dell'autonoma elaborazione, da parte della scuola, sulla base delle esigenze e delle caratteristiche degli allievi, delle abilità e conoscenze che gli studenti devono raggiungere nei diversi ambiti disciplinari e anni di corso, in armonia con quanto indicato nei documenti ministeriali.

In particolare, il **curricolo d'istituto verticale** contiene gli elementi di sviluppo graduale e progressivo delle conoscenze, abilità e competenze dell'allievo; esso si riferisce a quegli allievi che abbiano frequentato le "scuole comprensive" per la durata dei due cicli di istruzione e, per questo motivo, si caratterizza per elementi di continuità ed orientamento nello sviluppo della personalità del discente. In esso sono indicati i **traguardi per lo sviluppo delle competenze**, ossia ciò cui tende l'azione educativa, e gli **obiettivi di apprendimento**, ossia le conoscenze e le abilità indispensabili al raggiungimento delle competenze attese.

L'organo di elezione per l'elaborazione del curricolo verticale è il **Dipartimento disciplinare**, articolazione del Collegio dei docenti, luogo in cui si predispongono tutte le misure necessarie all'articolazione del curricolo verticale, partendo dalla disciplina o dall'area disciplinare. È in sede dipartimentale che, insieme alla progettazione e alla programmazione, si predispongono gli strumenti di verifica e di valutazione comuni, fondamentali per la valutazione delle competenze ed anche le modalità del recupero e le prove parallele.

5 Programmazione didattica

Il lavoro del Consiglio d'istituto e del Collegio dei docenti è preposto a quello del **Consiglio di classe**, al quale compete un'analisi più realistica della situazione di partenza degli alunni. Infatti, ogni classe evidenzia caratteristiche, risorse, bisogni diversi, cosicché ciascun Consiglio di classe deve adattare l'attività programmatoria alle esigenze degli allievi. La programmazione annuale del Consiglio di classe viene elaborata ad inizio anno scolastico. Ogni docente provvede poi alla sua *programmazione annuale disciplinare*.

La prima azione da compiere è la valutazione della situaziuone di partenza della classe con la **verifica dei prerequisiti e delle abilità**, dopodiché occorre individuare **interventi didattici mirati**.

In linea generale si può dire che la **programmazione didattica** consista in una serie di operazioni compiute dall'insegnante (o dagli insegnanti) per organizzare il proprio lavoro didattico, in un tempo definito, all'interno della scuola in cui si opera.

Pertanto tale programmazione:
— è compiuta direttamente dall'insegnante, singolo o in gruppo;
— deve essere svolta prima di realizzare concretamente gli interventi didattici;
— prevede un'unità di tempo entro la quale portare a termine il lavoro didattico;
— riguarda una situazione particolare.

La programmazione didattica è sottoposta sistematicamente a **momenti di verifica e di valutazione** dei risultati, al fine di adeguare l'azione didattica alle esigenze formative che emergono in itinere. La scelta dei comportamenti e delle procedure da utilizzare per eseguire le necessarie verifiche al termine di una singola unità di lavoro didattico risulta fondamentale nella programmazione.

Il controllo deve essere previsto nel quadro della programmazione didattica generale, per cui non si può pensare di stabilirne termini e procedure a lavoro didattico già iniziato: al contrario, la scelta dei contenuti (oggetto) e delle procedure (test, relazioni, prove orali etc.) di controllo è strettamente correlata alla tipologia degli obiettivi e degli strumenti prescelti.

6 Individuazione degli obiettivi per la programmazione didattica

La scelta della **programmazione per obiettivi** ha il vantaggio di consentire una migliore organizzazione scolastica, dovendo essere essa tutta tesa al loro raggiungimento. Ciò consente di finalizzare gli insegnamenti proposti alle competenze richieste agli studenti in uscita e di proporre contenuti anche diversi purché accomunati dallo stesso fine (il raggiungimento dell'obiettivo appunto). Attraverso gli obiettivi è, inoltre, possibile individuare i *risultati attesi*, verificare in itinere lo "stato dell'arte", rimodulare la programmazione ove tali risultati sono ancora lontani. Essi, infine, fanno sì che l'offerta formativa di un istituto scolastico sia davvero trasparente e nota fin dall'inizio ai soggetti coinvolti nel processo di formazione/apprendimento, oltre che consentire la programmazione anche finanziaria.

Gli obiettivi didattici da determinare nella stesura di una programmazione didattica si dividono in:

- **obiettivi generali**: i fini generali di un processo educativo (capacità critica, sviluppo armonico della personalità ecc.);
- **obiettivi intermedi**: una serie di abilità a livello *intellettuale* (capacità di sintesi, di analisi, di valutazione, di interpretazione ecc.), *affettivo* (comportamento di risposta agli stimoli, capacità di agire secondo le proprie possibilità ecc.), *psicomotorio* (capacità percettive, capacità fisiche, abilità motorie, comunicazione non verbale ecc.);
- **obiettivi immediati**: strategie da attuare nell'immediato avvio delle attività che scaturiscono *dall'analisi della situazione di partenza* riscontrabile attraverso l'individuazione dei **prerequisiti** (ciò che gli alunni devono già possedere in termini di competenze e abilità). L'analisi dei prerequisiti può essere effettuata attraverso la somministrazione di **prove strutturate**, volte alla verifica del possesso da parte degli allievi dei presupposti indispensabili per l'inizio del percorso di apprendimento programmato. Un esito non pienamente soddisfacente dell'analisi dei prerequisiti pone l'insegnante di fronte all'esigenza di programmare una fase di recupero o riallineamento propedeutica al percorso programmato per l'anno scolastico;
- **obiettivi operativi**: cioè modelli e strumenti per l'attuazione della programmazione didattica, come meglio delineata nel prossimo paragrafo.

Nell'individuazione di tutti gli obiettivi è necessario che il docente consideri:

— le specificità della disciplina;
— la valenza formativa della disciplina;
— quali legami stabilire fra i contenuti da proporre all'alunno per l'acquisizione di competenze;
— quali conoscenze far acquisire agli allievi in funzione del reinvestimento delle stesse;
— gli atteggiamenti mentali da potenziare (autonomia di pensiero e scelte personali, autonomia organizzativa, capacità di lavorare in gruppo nel rispetto reciproco ecc.).

Il *"programma ministeriale"*, *rectius* le *Indicazioni nazionali* e le *Linee guida* rimane sempre il punto di riferimento per ogni docente, in quanto prescrive le finalità culturali di base, i contenuti essenziali, le abilità e le competenze che tutti gli alunni devono conseguire alla fine del percorso scolastico. *Con la programmazione didattica degli obiettivi tutte le indicazioni e le prescrizioni del programma trovano una concreta attuazione*: calandole nella realtà viva e dinamica della scuola o della classe, la programmazione le individualizza, le contestualizza e le rende massimamente differenziate secondo le molteplici variabili che contraddistinguono e condizionano ogni singola realtà scolastica.

7 Attuazione della programmazione didattica: le unità di apprendimento (UdA)

Nella pratica didattica, cioè nell'esplicazione in classe della programmazione didattica elaborata dal docente, vale il principio della **gradualità dell'apprendimento**: questo avviene attraverso una serie di tappe rappresentate dalle singole **lezioni**, ciascuna delle quali prevede la verifica dei propri obiettivi e consente di recuperarli (se mancanti), in modo da evitare il cosiddetto *deficit cumulativo*.

In presenza di evidenti carenze nei risultati diventa necessario procedere ad una **ri-programmazione**, al fine di rivedere gli obiettivi che non appaiono ben calibrati per il gruppo classe, prendendo anche in considerazione, eventualmente, strategie didattiche alternative, più consone alle caratteristiche e alle esigenze degli alunni.

Lo strumento individuato, in seno alla Riforma Moratti (L. n. 53/2003) per scandire le fasi della programmazione didattica è l'**unità di apprendimento (UdA)** che ha sostituito in tale funzione l'unità didattica (UD).

L'*unità di apprendimento* tiene conto non solo degli aspetti contenutistici della disciplina, ma anche del contesto specifico in cui essa verrà calata: capacità cognitive degli allievi, contesto logistico-organizzativo della scuola, potenzialità interdisciplinari dell'argomento oggetto di studio. L'*unità didattica*, invece, si astraeva da tale contestualizzazione andando a individuare riguardo ogni singola disciplina una porzione autonoma e autoconsistente di contenuti e i relativi obiettivi, tempi, strumenti e i metodi.

L'unità didattica pertanto, pur avendo il pregio di applicare la **didattica modulare** o **per percorsi autoconsistenti** che consentiva al docente di organizzare la programmazione, senza vincolarsi alla didattica, sequenziale degli argomenti (che imponeva un accesso alla conoscenza per incrementi successivi di nozioni), si astraeva dal contesto rendendosi, in linea di principio, genericamente applicabile.

L'unità di apprendimento, invece, tendendo ad affermare la centralità della persona, dei suoi bisogni, delle sue motivazioni, aumenta la flessibilità della programmazione, aprendosi alla **personalizzazione dei percorsi formativi**.

In questo nuovo quadro, la programmazione didattica si organizzerà in un processo di apprendimento delineato in *percorsi autoconsistenti* (*moduli*) che affrontano temi specifici delle discipline o porzioni autonome di contenuti disciplinari. I moduli si articolano, al loro interno, in UdA che individuano un argomento e organizzano l'attività didattica in vista del conseguimento di obiettivi formativi e operativi che si suddividono in base all'appartenenza a una delle aree del *sapere* (le **conoscenze**), *saper fare* (le **abilità**), *saper essere* (gli atteggiamenti, più in generale le **competenze**).

Nel corso dell'UdA gli obiettivi sono tradotti operativamente in attività proposte all'allievo; per esempio in una disciplina come l'Italiano si articoleranno in: lettura, comprensione e memorizzazione di un argomento esposto in modo organico e suddiviso in elementi essenziali disposti in sequenza; lettura e comprensione di approfondimenti e spunti interdisciplinari; valutazione attraverso forme varie di esercizi, laboratori, momenti di rielaborazione delle conoscenze acquisite, ecc.

È importante tener presente che, nell'ambito della didattica curricolare, il **modulo** non è un nucleo chiuso ma il **nodo di una rete di relazioni** e "interferenze" disciplinari e interdisciplinari che intenzionalmente vengono proposte agli allievi.

La modularità così intesa consente di ricollocare al centro dell'attività didattica, il binomio insegnamento/apprendimento prioritario rispetto al "programma" inteso come semplice sequenza descrittiva di argomenti da trattare.

In questa ottica la programmazione dovrà tener conto di molteplici fattori, fra cui la personalità dell'allievo, costituita dal suo retroterra sociale e culturale, le sue abilità psico-fisiche, le sue attitudini e i suoi talenti, le sue fragilità e debolezze, le sue aspirazioni e capacità: il tutto in vista di una formazione adatta alle richieste della società e del mercato del lavoro.

A tal fine occorre che gli insegnanti siano in grado di riconoscere le potenzialità di ogni alunno e si mostrino capaci di aiutarlo a individuare e realizzare un proprio **progetto di vita**, non solo motivante e concreto in rapporto alle proprie capacità, ma che abbia pure una significativa ricaduta nel sociale. Tutto ciò si realizza, come detto, con il passaggio da un programma unico e indistinto a una **programmazione personalizzata**, di cui sono artefici il Consiglio di classe (in un'ottica trasversale) e ciascun docente (nell'ambito disciplinare). Una programmazione fatta non solo di contenuti, ma anche di strategie adeguate a raggiungere quegli obiettivi generali e specifici che permettano di sviluppare competenze certificabili e spendibili in tutti gli Stati dell'UE.

Infatti, anche da parte dell'**Unione Europea**, la necessità di mantenere sempre alta l'attenzione sullo sviluppo della persona è stata espressa, ripresa e ribadita in numerosi atti, fra i quali la Raccomandazione del Parlamento Europeo e del Consiglio del 18 dicembre 2006 relativa alle *Competenze chiave per l'apprendimento permanente* e la Raccomandazione del Parlamento Europeo e del Consiglio del 23 aprile 2008 sulla costituzione del *Quadro europeo delle qualifiche per l'apprendimento permanente* (*EQF - European Qualifications Framework*).

Nell'ambito della sua attività di progettazione, dunque, l'insegnante è tenuto ad attivare le **competenze chiave** fissate dal Parlamento europeo per l'apprendimento permanente, al fine di realizzare lo sviluppo personale, la cittadinanza attiva, l'inclusione sociale e l'occupazione. Secondo la *Raccomandazione europea*, lo sviluppo di tali competenze deve costituire parte integrante dei progetti educativi, e dunque anche scolastici, attivati nei Paesi membri.

8 Programmare per competenze

Le competenze possono essere definite come "il patrimonio complessivo di risorse di un individuo nel momento in cui affronta una prestazione lavorativa o il suo percorso professionale" (G. Di Francesco); nel mondo della scuola la **programmazione per competenze** individua ciò che si sa fare (abilità, capacità di applicare le conoscenze alla soluzione di problematiche) utilizzando ciò che si sa (conoscenze, ossia ciò che si è appreso durante il percorso di apprendimento a livello di nozioni) per raggiungere determinati obiettivi (competenze).

La necessità di una programmazione per competenze è derivata dal fatto che, essendo inseriti in ambito europeo, bisogna tendere a far raggiungere lo stesso livello a tutti gli studenti che dovranno inserirsi nel mondo del lavoro o in ambito universitario. A tal fine, nell'ambito del processo di Lisbona, sono state declinate le **competenze chiave per la cittadinanza europea**, che sono: *comunicazione nella madrelingua*; *comunicazione nelle lingue straniere*; *competenza matematica e competenze di base in scienza e tecnologia*; *competenza digitale; imparare a imparare*; *competenze interpersonali, interculturali e sociali e competenza civica*; *imprenditorialità; espressione culturale*.

La **didattica delle competenze** si fonda sul presupposto che gli studenti apprendono meglio quando costruiscono il loro sapere in modo attivo, attraverso situazioni di apprendimento fondate sull'esperienza. Essa si basa su alcuni assunti fondamentali:

— il discente deve essere impegnato in soluzioni di problemi e/o gestione di situazioni *ancorate alla realtà*;
— il processo di apprendimento è posto all'inverso, si parte dall'*osservazione del reale fino ad arrivare alla costruzione di un modello teorico*;
— viene valorizzata la didattica della cooperazione e del lavoro di gruppo con conseguente assunzione di responsabilità rispetto alle consegne date; l'assunzione costante di responsabilità di fronte ai compiti da gestire in autonomia, individualmente ed in gruppo.

La metodologia di elezione è quella della **didattica del prodotto** (compito di realtà o prova esperta, v. *amplius* Cap. 5 par. 4) con elemento strutturale di base l'UDA .

Nell'ambito della macrocategoria delle competenze occorre fare, infine, alcune precisazioni:

— le *competenze chiave europee*, sopra elencate, individuano le competenze da acquisire per lo sviluppo del soggetto;
— le *competenze di base per l'assolvimento dell'obbligo di istruzione* (D.M. 139/2007);
— indicano i saperi di base che si devono possedere al termine dell'obbligo scolastico e sono riferite ai *quattro assi culturali*: dei linguaggi, matematico, scientifico-tecnologico, storico-sociale e devono essere acquisite in genere al termine del secondo anno di istruzione superiore;
— le *competenze di indirizzo* caratterizzano l'indirizzo di studio prescelto e si potenziano generalmente nel secondo biennio e all'ultimo anno delle superiori;
— le *competenze di fine percorso scolastico* sono quelle che lo studente deve dimostrare di aver acquisito, anche attraverso l'esame di Stato.

5
La didattica per percorsi autoconsistenti

1 Percorsi autoconsistenti e lezioni

La conoscenza delle Indicazioni nazionali e delle Linee Guida è, senza dubbio, requisito essenziale per ogni docente, anche se, il più delle volte, chi non ha ancora dimestichezza con il mondo della scuola commette l'errore di considerare prioritario il contenuto disciplinare rispetto alla metodologia di insegnamento.

In realtà ciò che conta, sia nell'impostare una lezione in aula, che nell'impostazione di una lezione simulata, non è tanto fornire le nozioni e le competenze, quanto le modalità con cui queste sono offerte al corpo classe: in pratica, accanto al *cosa si insegna*, conta anche il *come si insegna*, dato che i programmi non si riducono ad un'elencazione di nozioni da acquisire ma sono il frutto di un'interazione di contenuti, strategie metodologiche, tecniche di accertamento e di verifica delle competenze acquisite, individuazione dei debiti formativi e recupero.

A tali obiettivi si presta la **didattica per percorsi autoconsistenti**, adottata ancora nell'ambito di quella che abbiamo chiamato la scuola della programmazione (→ Cap. 2 par. 2). Anche l'organizzazione per *sezioni autonome dei testi di studio* consente all'insegnante di adeguare le scelte formative alle esigenze di flessibilità che il corpo classe richiede, di verificare periodicamente gli standard di apprendimento e di strutturare, se necessario, percorsi formativi individualizzati.

In sostanza si tratta di organizzare il processo di apprendimento in **percorsi autoconsistenti** che raccolgono intere branche di disciplina o porzioni autonome di contenuti disciplinari, a loro volta organizzati in **lezioni**, poste in modo da superare la tradizionale sequenzialità e in grado di garantire un consistente grado di autosufficienza. La singola lezione individua un argomento, ne circoscrive l'area di intervento e organizza l'attività didattica in vista del conseguimento di uno o più **obiettivi specifici** (formativi e operativi).

Questa metodologia si struttura come un percorso a tappe in cui ogni argomento, individuato come oggetto di una lezione, assurge al ruolo di singolo obiettivo formativo che, se raggiunto, consente di integrarsi e correlarsi ad un complesso armonico di conoscenze e abilità.

La **lezione** è, dunque, un'esperienza di apprendimento che consiste nella traduzione pratico-operativa degli obiettivi educativi. È costituita da un argomento esposto in modo organico e suddiviso nei suoi elementi costitutivi disposti in sequenza, corredato di esempi, approfondimenti, differenze con istituti similari, spunti interdisciplinari, spunti di attualità, documentazioni, letture, schemi riepilogativi, esercizi.

A tal fine, momenti fondamentali della programmazione didattica (li analizzeremo anche più avanti al Cap. ??) sono:

- la valutazione della situazione iniziale degli allievi (verifica della sussistenza dei prerequisiti);
- la definizione degli obiettivi educativi e didattici e dei relativi metodi e strumenti;
- la scelta dei materiali;
- l'organizzazione degli argomenti secondo una difficoltà progressiva;
- la verifica finale dei livelli di apprendimento raggiunti a coronamento della lezione.

L'ITER DELL'ATTIVITÀ DI PROGRAMMAZIONE DIDATTICA

2 Dalla programmazione collegiale alla programmazione individuale

Il documento di **programmazione didattico-formativa** che ogni docente formula all'inizio dell'anno scolastico è stato definito il **punto di raccordo tra un processo di carattere collegiale** che vede il docente coinvolto nell'attività programmatoria di carattere generale negli organi collegiali a ciò deputati, **e il processo di insegnamento/apprendimento**, che si svolgerà in classe con interazione continua tra docente e studenti.

Nel corso del primo processo (**programmazione collegiale**), come visto, verranno definiti finalità, obiettivi trasversali ad ogni disciplina, modalità di verifica degli esiti e del processo di apprendimento/insegnamento, e quant'altro abbia rilevanza generale. L'esito di questo primo processo troverà spazio in un'apposita sezione del PTOF.

In sede di analisi disciplinare (**programmazione dipartimentale**) verranno poi individuati gli snodi essenziali della materia, che costituiscono la mappa di base per i futuri apprendimenti, e verranno fissati gli standard minimi accettabili di apprendimento.

Il **piano di lavoro individuale**, infine, deve essere frutto di attento ripensamento e di adattamento di quanto emerso in fase collegiale alla realtà concreta della classe, in cui il docente si troverà a lavorare e ai tempi curricolari a disposizione. La mancata considerazione, infatti, del *monte ore annuale* destinato alla disciplina, può portare il docente ad uno squilibrio nella trattazione della materia, con approfondimento sproporzionato delle prime tematiche, e omissione di argomenti essenziali solo per la loro dislocazione nella parte finale del programma.

In definitiva, sulla scorta delle indicazioni contenute nel Piano triennale dell'offerta formativa della scuola, tenuto altresì conto delle indicazioni provenienti dalle riunioni dipartimentali, nonché degli obiettivi e delle strategie deliberate dal Consiglio di classe e degli eventuali percorsi pluridisciplinari elaborati, il docente potrà procedere, all'elaborazione del proprio piano di lavoro individuale secondo il solito schema che connota qualunque tipo di programmazione/progettazione.

3 La verifica degli apprendimenti

Al termine della trattazione di ogni singolo argomento di studio che presenta una certa rilevanza e autosufficienza, di regola, ma non necessariamente, al termine di una lezione o di un percorso (cd. *verifica in itinere*), così come al termine dell'intero corso di studi (cd. *verifica finale*), si pone il delicato momento della verifica, cioè della valutazione e certificazione delle abilità conseguite: di ogni alunno e del corpo classe nel suo complesso, il docente deve accertare la quantità e la qualità delle acquisizioni attraverso **prove oggettive di profitto**, di regola scritte, che, rispetto alle tradizionali interrogazioni o ai temi, presentano il vantaggio di evitare parzialità di giudizio da parte del docente, e di offrire a tutti gli allievi le stesse condizioni per dimostrare la loro preparazione.

La tanto discussa *soggettività di valutazione del docente* (ne parleremo *amplius* al Cap. 6, par. 4) viene così fortemente ridimensionata: se è vero che egli mantiene una certa discrezionalità nella scelta del tipo e del contenuto delle prove, è altrettanto vero che detta discrezionalità è stemperata nel momento in cui il docente indica le modalità di valutazione nonché i punteggi che saranno attribuiti ad ogni prova superata.

Rientrano nella categoria delle prove oggettive, innanzitutto, le cd. **prove strutturate** in cui, seppure con differenti modalità, gli alunni sono guidati nella risposta (*vero o falso, quesiti a completamento, quiz a risposta multipla* ecc.). Queste prove hanno il limite di non consentire una verifica della produttività e della creatività dei discenti, ma soltanto il raggiungimento degli obiettivi di conoscenza e comprensione, ma al contempo risultano altamente efficaci sul piano dell'*oggettività delle valutazioni*, oltre che particolarmente veloci e quindi in grado di economizzare il tempo che nell'insegnamento non può dirsi mai troppo.

Le cd. **prove semistrutturate**, invece, si caratterizzano per l'assenza di risposte predefinite: pertanto, esse hanno pregi e difetti esattamente all'opposto di quelle strutturate.

Posto, dunque, che nessuna strada è preferibile all'altra, una *verifica realmente apprezzabile dovrebbe contenere sia prove vincolate che prove libere*.

Naturalmente questo tipo di verifica non risulta incompatibile con le **tradizionali prove orali** che però, come vedremo, sono finalizzate ad accertare il raggiungimento di altri obiettivi.

Nella classificazione tradizionale individuiamo **diverse modalità di valutazione** delle prove di verifica:

- **normativa**, in cui la valutazione della prestazione del singolo è posta in relazione con quella di altri soggetti di riferimento (ad esempio il gruppo classe o tutti gli altri studenti italiani dello stesso grado di scuola ecc.);
- **criteriale**, in cui la valutazione delle prestazioni del singolo è posta in relazione ad un livello oggettivo di abilità o competenza stabilito aprioristicamente: si confronta cioè la presentazione dell'allievo con quella che il docente si era prefigurata;
- **di progresso**, in cui la valutazione è fatta comparando tra loro le prove dello stesso allievo, svolte nel tempo.

Nell'esperienza scolastica si ritiene preferibile la seconda modalità, pur non disdegnando, in piccole dosi, di favorire il confronto tra i singoli e una sana competizione nell'ambito del corpo classe.

3.1 I vari tipi di prova di verifica: prove tradizionali, strutturate, semistrutturate e pratiche

- **Le prove "tradizionali"**

La prova scritta più diffusa e più tradizionale è il **tema**, particolarmente in Italiano, ma utilizzabile in tutte le discipline. Ha il vantaggio di richiedere poco tempo per la sua preparazione da parte del docente, e contribuisce a stimolare gli alunni a riflettere e a organizzare il loro sapere. Serve inoltre a verificare le abilità espressive. Non può considerarsi una prova oggettiva, in quanto come l'interrogazione, è fortemente condizionata dallo stato dell'alunno al momento della prova e dalla situazione soggettiva del docente al momento della valutazione. Per evitare questi condizionamenti, il docente potrebbe:

- comunicare agli allievi l'obiettivo della prova e il tipo di svolgimento richiesto (lunghezza, stile ecc.);
- preparare una *lista di controllo* che contenga gli elementi che si vogliono prendere in considerazione (qualità e quantità delle idee, ricchezza del vocabolario, organizzazione del contenuto, originalità, aspetto formale, sia dal punto di vista

dell'ordine e della grafia, sia sotto l'aspetto grammaticale, punteggiatura, uso dei tempi ecc.);

— correggere i temi e ricontrollarli a distanza di qualche giorno;
— limitarsi a valutare ciò che è stato scritto solo dal punto di vista letterale e di coerenza del ragionamento, senza entrare nel merito delle ideologie esposte;
— cercare infine di leggere il nome del ragazzo solo dopo aver espresso un giudizio sull'elaborato[1] (Silvio di Pietro, *Compendio di didattica*).

Il **dettato**, anche se sempre meno usato, è utile per abituare gli alunni a tradurre i suoni in segni; quindi, è utile ovviamente nelle prime classi ma anche nell'insegnamento delle lingue straniere.

Le **traduzioni**, o **versioni**, sono sempre invece molto utilizzate nell'insegnamento delle lingue sia straniere che classiche. È sempre bene che, prima della prova, l'insegnante comunichi agli alunni quali sono gli aspetti della versione che egli prenderà in considerazione al momento della correzione, e come verranno giudicati.

I problemi e le esercitazioni di matematica. Potrebbero sembrare delle prove oggettive ma in realtà non lo sono, in quanto diversi sono i criteri di valutazione: ad esempio se un alunno risolve un problema seguendo un procedimento diverso da quello spiegato in classe dall'insegnante, alcuni docenti considerano positiva la prova per la sua originalità, altri invece la considerano negativa. Lo stesso vale per esercizi come espressioni ecc., in cui può incidere negativamente la forma (ordine, organizzazione del foglio ecc.), che per altri invece è irrilevante.

Le **tradizionali prove orali** (le *interrogazioni*) sono finalizzate ad accertare il raggiungimento di altri obiettivi, come la padronanza espressiva e linguistica, la velocità nell'individuazione corretta delle soluzioni, la capacità relazionale ecc. La prova orale presenta alcuni **difetti** in quanto non lascia traccia nè documento, penalizza gli alunni più emotivi e ha bisogno di tempi più lunghi.

- **Le prove strutturate**

Le prove strutturate sono, invece, considerate **oggettive**. Esse però non possono essere utilizzate in via esclusiva: se possono andare bene per le verifiche iniziali e intermedie, *nelle verifiche complessive* devono essere *affiancate agli altri tipi di prova* più "classici".

Richiedono molto tempo all'insegnante in fase di preparazione ma sveltiscono le fasi di correzione e misurazione. Sono costituite da quesiti che hanno risposte predefinite, per cui l'alunno può rispondere solo in maniera corretta o errata, senza possibilità di ambiguità o equivoci.

[1] S. di Pietro, *Compendio di didattica*, Edizioni Simone, 2013.

Le tipologie di prove strutturate sono molte (a scelta alternativa come *vero/falso*, *corretto/sbagliato*, *sì/no*; a scelta multipla; di riordinamento; di completamento ecc.).

Le prove strutturate presentano il difetto di essere **poco attendibili per la verifica degli obiettivi cognitivi** perché l'alunno potrebbe superare il test, anche rispondendo in maniera del tutto casuale ad alcuni quesiti.

- **Le prove semistrutturate**

Sono le **prove «a risposta breve o aperta»** in cui cioè l'alunno deve rispondere per iscritto alle domande formulate dal docente. Bisogna porre molta attenzione nel formulare la domanda, che non deve essere ambigua e deve rendere accettabile una sola risposta.

Tra queste prove potremmo inserire anche il **saggio breve** che ha *caratteristiche intermedie fra le prove semistrutturate e il tema*. La lunghezza della risposta viene indicata all'alunno da chi prepara il saggio e di solito prevede un numero di righe non troppo elevato.

Tra le prove semistrutturate rientrano anche i **riassunti**, molto efficaci per valutare la capacità di comprensione del testo, di lettura, scrittura e sintesi.

Anche le prove orali possono essere condotte come colloqui (o interviste) semistrutturati.

- **Le prove grafiche e pratiche**

Sono costituite da **disegni, elaboratori tecnici, esperimenti di laboratorio, prestazioni pratiche** (→ anche infra sui compiti di prestazione o di realtà par. 4).

3.2 La costruzione di un test

Terminato l'esame delle diverse prove strutturate, bisogna sapere come utilizzarle per misurare il raggiungimento degli obiettivi da parte degli alunni.

Esse vengono proposte generalmente **riunendo in un test un certo numero di prove** che, con termine inglese alquanto diffuso, vengono dette *item*; possono appartenere a un solo tipo o a tipi diversi fra quelli sopra descritti.

Il numero di quesiti da inserire nella prova dipende:

— dallo scopo del test;
— dal tipo di quesiti utilizzati;
— dalla classe.

Relativamente allo scopo del test si può *suggerire di somministrare* 5-10 quesiti per ogni obiettivo in fase di valutazione formativa o diagnostica, 1-2 per ognuno dei principali obiettivi nella valutazione complessiva.

Per quanto riguarda il tipo di quesiti è stato dimostrato che, in linea di massima, un quesito a scelta multipla o a risposta breve equivale a tre o quattro quesiti a scelta alternativa, e un quesito a corrispondenza equivale a due o tre quesiti a risposta multipla.

Rispetto all'**età degli alunni** il criterio da usare è quello di aumentare il numero dei quesiti all'aumentare dell'età, così che in prima elementare ci si ferma a 4-5 quesiti, tutti dello stesso tipo, con figure e linguaggio semplicissimo; nelle successive classi delle scuole elementari si aumenta il numero degli *item*; nelle scuole medie e superiori di solito il numero è determinato dal tempo che si ha a disposizione o che si vuole assegnare per la prova.

Molta attenzione va posta anche in fase di montaggio del test. I quesiti vanno raggruppati: per tipo di obiettivo da verificare; dal più facile al più difficile; a seconda della tipologia[2].

3.3 Il momento della verifica

In relazione al momento in cui viene effettuata la valutazione, la prova si distingue in:

- **iniziale** al fine di motivare, aiutare, sollecitare, identificare i bisogni (es. le *verifiche dei prerequisiti* posti a monte di una UdA);
- **intermedia** o *in itinere* al fine di recuperare, sostenere, approfondire, modificare il percorso didattico, adattandolo alle esigenze che via via possono emergere;
- **finale** ovvero la ratifica del percorso formativo per prendere in considerazione l'efficacia e l'efficienza dell'intervento didattico.

Riguardo al **momento della verifica** degli esiti del processo di apprendimento/insegnamento, viene particolarmente raccomandato il ricorso a **verifiche formative in itinere**, senza voto, le quali, fatte con strumenti di rapido impiego, quali test a scelta multipla, test aperti, test a completamento (lo strumento di verifica sarà ovviamente diverso a seconda degli obiettivi il cui raggiungimento si intende testare), consentano la raccolta, in tempi brevi, di informazioni generalizzate sull'andamento del processo didattico e dei suoi esiti. Le informazioni raccolte tramite questo tipo di verifiche permettono al docente di assumere decisioni didattiche tempestive, di differenziare eventualmente la proposta formativa per adeguarla alle reali esigenze che emergono nel corso dell'anno scolastico, e di apportare *modifiche all'iter didattico progettato*, inserendo, se del caso, attività di recupero per approssimare il più possibile i risultati formativi attesi.

Gli stessi strumenti utilizzati per le verifiche formative potranno essere impiegati anche per le **verifiche sommative di fine percorso**.

Il numero delle verifiche sommative non potrà mai essere inferiore, tenuto conto dei tempi a disposizione, a due per quadrimestre.

[2] S. di Pietro, cit.

Gli studenti spesso vivono il confronto non come un momento di verifica e di autoverifica, ma come una difficoltà, un ostacolo da superare e che porterà a una precisa selezione.

Questo sembra deresponsabilizzarli e far perdere loro la capacità di autovalutarsi e quindi di considerare la *verifica un momento di apprendimento* in contrapposizione alla percezione di giudizio esterno più o meno condivisibile.

Lo scopo precipuo di una valutazione autentica dell'apprendimento scolastico non dovrebbe proporre classificazioni rigide, ma piuttosto dovrebbe *favorire la consapevolezza personale*, vale a dire la difficile pratica del saper giudicare se stessi.

La valutazione rappresenta il confronto tra i risultati raggiunti e gli obiettivi prefissati; è il confronto degli eventi osservati e di quelli aspettati, tra le potenzialità che si hanno alla partenza del percorso con i risultati ottenuti alla fine.

La valutazione, come già accennato, ha rappresentato, per lungo tempo il momento finale di un percorso didattico che ha sempre riguardato soltanto l'allievo e la sua prestazione e che ha determinato come conseguenza quello di essere un puro e semplice strumento di selezione e di esclusione.

Il punto di vista era quello del binomio *premio/punizione* dove i risultati erano legati all'*intelligenza* intesa come dono naturale ed il successo dovuto solamente a meriti individuali.

Nella scuola del programma (e non *programmazione*), questo veniva rappresentato da una erogazione indifferenziata di informazioni ed una differenziata valutazione dell'acquisizione (conoscenza = nozione), con conseguente discriminazione attraverso un voto che esprimeva la valutazione attraverso una misura.

4 La didattica del prodotto: progettare compiti di realtà e/o prove esperte

Si parla di **prova esperta**, **compito di realtà o di prestazione** in riferimento a quelle prove nelle quali gli allievi vengono messi di fronte alla soluzione di problematiche o, come si suol dire, "in situazione"; i docenti devono valutare ciò che gli studenti sanno fare, quando messi di fronte alla soluzione di problemi pratici o in situazione di studio o di lavoro.

Le *prove possono essere di vario tipo*. Ci sono *prove strutturate di breve durata* che servono ad indagare e valutare una sola competenza, attraverso la somministrazione di alcune domande (in genere non più di tre) da svolgersi in due ore: la valutazione avviene secondo una scala utilizzata a livello nazionale (base per quesiti V/F, intermedio per quesiti a risposta multipla, avanzato per quesiti a risposta aperta). Tali prove sono particolarmente utili se elaborate a livello dipartimentale e somministrate da diversi docenti a diverse classi, in modo da poter comparare i livelli raggiunti per rimodulare l'approccio didattico ove dovessero emergere differenze notevoli o risultati deludenti.

Una *prova esperta di lunga durata*, elaborata dal Consiglio di classe, si svolge in un arco temporale che arriva anche ad alcuni mesi e, in genere, si struttura in tre fasi: fase laboratoriale, fase di elaborazione, fase di produzione.

Nella prima fase, che si sovrappone alla seconda, i docenti preparano un plico in cui raccolgono tutti i documenti che possono servire all'elaborazione del prodotto: gli studenti sono invitati, in genere in gruppo, ad esaminare ed elaborare i materiali proposti (al termine il docente di ogni singola materia attribuisce un livello che poi viene tradotto in voto di disciplina); è durante questa fase che agli studenti viene effettuata la consegna, ovvero il compito da risolvere.

L'ultima fase, quella della produzione, è quella in cui gli alunni devono produrre quanto elaborato e al suo termine si valuta la prestazione degli alunni. Al primo biennio le prove sono per i quattro assi delle competenze di base, al secondo biennio si valutano le prove sia dell'area comune che per le materie di indirizzo.

Il ruolo del docente, durante la somministrazione di una prova esperta, è essenzialmente di *mediatore*: il docente dovrà rafforzare, monitorare e facilitare il lavoro degli studenti.

5 La valutazione

La verifica è propedeutica alla **valutazione**. Nei processi formativi, infatti, l'operazione di verifica serve al docente per raccogliere dati e informazioni sui risultati conseguiti dall'allievo per effetto dell'esperienza fatta, allo scopo di costruire un quadro di elementi su cui fondare la valutazione. A questa operazione di raccolta, di confronto nello spazio e nel tempo di dati e della loro interpretazione, deve seguire il momento della valutazione. Il docente è chiamato a formulare un giudizio di stima sulla prestazione dell'allievo, confrontando i risultati attesi, dichiarati all'inizio del percorso formativo, e i risultati ottenuti. Si tratta, in altri termini, di un giudizio di accettabilità della prestazione dell'allievo e, nel contempo, elemento di conferma o motivo di revisione della programmazione del docente.

In relazione alla distinzione sopra formulata con riguardo al momento della verifica, anche con riguardo a quello della valutazione si suole analogamente distinguere la valutazione formativa da quella sommativa.

La **valutazione formativa** si sostanzia in un giudizio circa il livello degli apprendimenti acquisiti in un determinato momento del processo, previo confronto degli stessi con i risultati attesi al termine del percorso. Scopo della valutazione formativa è di registrare se e in che misura sono stati raggiunti gli obiettivi ed eventulmente procedere con più impegnativi piani di insegnamento.

La **valutazione sommativa** si esprime, invece, al termine del processo formativo (al termine di un percorso, di un trimestre o quadrimestre, oppure dell'intero anno) ed è diretta a «tirare le somme», circa il livello delle competenze raggiunte in riferimento ai traguardi formativi attesi e alla progettazione educativo-didattica del Consiglio di classe.

Si suole distinguere anche:

— una **valutazione diagnostica**, la quale viene effettuata prima di affrontare un nuovo processo di formazione ed è finalizzata esclusivamente a rilevare la situazione iniziale degli allievi circa il grado di conoscenze e di competenze già acquisite;

— una **valutazione in itinere**, la quale accompagna il processo di insegnamento/apprendimento durante il suo sviluppo, assumendo anche la valenza di monitoraggio quando realizzata in modo sistematico, sulla base di indicatori predefiniti, e con l'introduzione di eventuali correttivi per facilitare il raggiungimento dei risultati prefissati;
— una **valutazione finale**, che si effettua al termine del processo di formazione ed esprime il giudizio sia sui risultati dell'apprendimento sia sull'efficacia del processo di insegnamento. La valutazione finale ha, infatti, una funzione di conferma o di revisione della progettazione iniziale e dell'organizzazione degli spazi e dei tempi, dell'uso delle metodologie, delle strategie e delle risorse umane e materiali sulla base del rapporto costi/benefici. La valutazione finale si prefigge, altresì, lo scopo di fornire indicazioni agli allievi e ai docenti per eventuali attività di recupero e sostegno e/o di approfondimento e sviluppo.

Tratteremo ancora di valutazione e verifica degli apprendimenti, con un taglio più orientato agli aspetti giuridici e a quelli più prettamente docimologici, nel prossimo capitolo.

5.1 Cosa bisogna valutare: la valutazione autentica

In Italia la valutazione ha avuto per decenni ad oggetto gli apprendimenti degli studenti, intesi come *saperi e conoscenze* da lui acquisiti.

Oggi gli apprendimenti degli studenti sono espressi da obiettivi educativi e disciplinari declinati, come è noto, in:
— **conoscenze** ovvero l'insieme di elementi cognitivi necessari per lo svolgimento di determinate esecuzioni (*saperi*);
— **abilità** ovvero l'esecuzione corretta e finalizzata a determinati compiti osservabili e misurabili che danno certezze delle conoscenze acquisite (*saper fare*);
— **competenze** ovvero l'insieme di abilità che concorrono alla soluzione di una situazione problematica (*saper essere*) che includono anche **atteggiamenti** che riguardano principalmente l'area emotivo-affettiva e socio-collaborativa.

Come vedremo, normalmente in Italia la valutazione del profitto scolastico avviene attribuendo quei **voti** che emergono dal confronto tra i risultati ottenuti dall'allievo, con risultati attesi (gli obiettivi): è quella che è stata definita *valutazione di tipo criteriale*, ma prendendo a modello il sistema statunitense impostato su *test di profitto*, anche da noi si vanno diffondendo le cd. *prove standardizzate* (come le prove INVALSI).

Di fatto però la pedagogia scolastica negli ultimi decenni, partendo soprattutto dagli studi di Wiggins[3] e in Italia Comoglio[4], è sempre più critica nei confronti dei modelli di valutazione tradizionali che controllano e verificano la *riproduzione* ma non la *costruzione* e lo *sviluppo* della conoscenza. Si propende, invece, verso un

[3] G. Wiggins, *Educative assessment. Designing assessments to inform and improve student performance*. San Francisco, CA: Jossey Bass, pagg. 22-24.

[4] M. Comoglio, *La valutazione autentica*, in Orientamenti pedagogici, vol. 49, n. 2, 2002.

nuovo tipo di valutazione: la **valutazione autentica** o **alternativa** secondo cui l'apprendimento scolastico non si dimostra con l'accumulo di nozioni, ma con la capacità di generalizzare e di riutilizzare la conoscenza acquisita in contesti reali[5].

Dunque la valutazione autentica si basa su verifiche che non possono più consistere in test, bensì su *prestazioni*, **compiti di realtà** in cui la valutazione, come visto, passa attraverso l'osservazione di come gli studenti svolgono il compito simulando la realtà.

6 Valutare le competenze

La valutazione delle competenze ha come punto nodale la promozione della capacità di autovalutazione degli studenti, il che avviene attraverso, innanzitutto la *redazione di diari di bordo* che tengano conto di tutta l'attività svolta dallo studente; molto importanti sono anche i *questionari di autopercezione* volti a sviluppare nei discenti strategie autovalutative.

A sua volta il docente dovrà elaborare modelli di osservazione in itinere, questionari, prove di verifica e, soprattutto, rubriche valutative. Tali rubriche dovranno essere strutturate in maniera tale da prevedere delle dimensioni da osservare, cd. *indicatori* (spirito critico, capacità di problem solving, capacità di lavorare in gruppo, ragionamento ecc.) e dei livelli (solitamente quattro o cinque) che indichino il grado di raggiungimento della competenza osservata.

Esempio di rubrica di valutazione delle competenze

Dimensioni	Livello I nsufficiente 3-4	Livello Mediocre 5	Livello Base 6	Livello Intermedio 7-8	Livello Avanzato 9-10
	Anche se guidato e sotto precise indicazioni	*Solo se guidato, sotto la costante e diretta supervisione*	**In modo non completamente autonomo, e dietro precise** *indicazioni*	**Operando in modo autonomo e sapendosi adattare al contesto** *presentato*	*In piena autonomia e sapendo fronteggiare anche compiti inediti*
D1 Saper lavorare in gruppo					
D2					
D3					
...					

[5] L. Gallo, I. Pepe, (a cura di) pag. 198.

6
La programmazione educativa e l'attività docimologica

1 Specificità della valutazione scolastica

La valutazione scolastica ha connotati specifici riconducibili al fatto che il *corpo docente*, com'è stabilito e confermato nella normativa dal Regolamento n. 275/1999 al D.Lgs. n. 66/2017, *è responsabile del successo formativo degli stessi studenti che valuta*.

La **valutazione scolastica** si configura come il confronto metodico, mediante *indicatori di profitto*, tra gli obiettivi educativi e didattici programmati e la situazione di fatto dell'apprendimento di ciascun allievo e della classe. L'insegnante che valuta il livello al quale i suoi studenti hanno conseguito gli obiettivi programmati è lo stesso che quegli obiettivi ha contribuito a programmare, e che verso essi guida gli studenti. Ogni considerazione docimologica[1] va, quindi, fatta precedere da un accenno almeno sulla programmazione degli obiettivi educativi e didattici della scuola attinenti sia i saperi disciplinari sia la funzione educativa che abbiamo fin qui trattato.

Com'è noto, nel programmare gli obiettivi educativi e didattici, le scuole guardano alle linee di indirizzo nazionali elaborate dal MIUR, ai sensi del già citato D.P.R. n. 275/1999 (art. 8, co. 1).

L'art. 8, comma 1, del D.P.R. n. 275/1999 sancisce: "Il Ministro della pubblica istruzione ... stabilisce per i diversi tipi e indirizzi di studio:

a) gli *obiettivi generali* del processo formativo;
b) gli *obiettivi specifici* di apprendimento relativi alle competenze degli alunni;
c) le *discipline* e le attività costituenti la quota nazionale dei curricoli e il relativo monte ore annuale;
d) l'*orario obbligatorio annuale* complessivo dei curricoli comprensivo della quota nazionale obbligatoria e della quota obbligatoria riservata alle istituzioni scolastiche;
e) i limiti di flessibilità temporale per realizzare compensazioni tra discipline e attività della quota nazionale del curricolo;
f) gli *standard relativi alla qualità del servizio*;
g) gli *indirizzi generali circa la valutazione degli alunni*, il riconoscimento dei crediti e dei debiti formativi;

[1] La *docimologia* (dal greco *dochimàzo*, «giudico») esamina i processi formativi al fine di elaborare efficaci metodi di verifica e criteri di valutazione degli obiettivi; la *docimastica* studia l'assetto degli esami in riferimento a: sistemi di valutazione; comportamento di esaminatori ed esaminati; formulazione dei quesiti; codifica dei punteggi.

h) i criteri generali per l'organizzazione dei percorsi formativi finalizzati all'educazione permanente degli adulti, anche a distanza, da attuare nel sistema integrato di istruzione, formazione, lavoro, sentita la Conferenza unificata Stato-regioni-città ed autonomie locali".

Nell'esercizio della propria autonomia, con riguardo alla normativa nazionale, all'esigenze formative degli alunni e alle attese espresse dalle famiglie, dagli enti locali e dai contesti sociali, culturali ed economici del territorio, il corpo docenti di ciascuna istituzione scolastica individua, dunque, in seno al Collegio docenti e ai Consigli di classe, gli obiettivi della propria attività educativa e didattica, e li formalizza nel PTOF.

In ordine alle scelte didattiche e docimologiche, la *competenza collegiale dei Consigli di classe è centrale*, ed è sostanzialmente esclusiva in materia di programmazione disciplinare (obiettivi educativi e didattici, contenuti disciplinari e trasversali, criteri didattici e criteri docimologici).

Nella prima fase dell'anno scolastico, in vista della programmazione, gli insegnanti sono impegnati nella rilevazione delle caratteristiche cognitive degli studenti, dei bisogni formativi, delle abilità, delle attitudini, degli interessi culturali, della motivazione e delle aspettative in ordine allo studio, del loro stile di apprendimento nonché dei prerequisiti.

Nel corso dell'anno scolastico, il Consiglio di classe, avendo osservato sistematicamente il profitto disciplinare e il *trend* di apprendimento della classe, può rivedere ed aggiornare la programmazione educativa e didattica; può anche programmare, per singoli studenti, interventi didattici finalizzati a colmare quel *deficit cumulativo* (carenze inizialmente rimediabili) che, se non rimosso, può compromettere il *percorso* dell'apprendimento.

2 Normativa sulla valutazione

La legge regolamenta le modalità e i criteri per la valutazione periodica degli studenti. Così, ad es.:

— l'*art. 5, comma 7, del decreto n. 297/1994* stabilisce la funzione che i Consigli di classe hanno in fatto di valutazione;
— il *decreto n. 59/2004* dispone che i Consigli di classe ammettano allo scrutinio conclusivo dell'a.s. e agli esami, soltanto gli studenti che abbiano frequentato almeno i 3/4 del curricolo annuale *personalizzato*, cioè comprendente le attività obbligatorie e opzionali programmate dalla scuola, e quelle facoltative scelte dal discente;
— il *decreto n. 62/2017* innova le procedure e criteri docimologici; tra altro, rende meno drastico il criterio di valutazione per il passaggio degli studenti alla classe successiva e per l'ammissione agli esami (il Consiglio di classe può, a certe condizioni, deliberarle anche a favore dello studente che abbia conseguito solo parzialmente gli obiettivi di apprendimento programmati).

In materia di riconoscimento dei **crediti scolastici e formativi** e di **recupero dei debiti scolastici**, la normativa emanata con il D.P.R. n. 323/1998 è stata ripetutamente modificata, da ultimo con il già citato decreto n. 62/2017. Nello scrutinio di fine anno scolastico delle classi del triennio secondario superiore, il Consiglio di classe calcola il *credito scolastico* di ciascuno studente, con riferimento ai seguenti parametri:

— profitto (media dei voti);
— assiduità nella frequenza delle attività curricolari e dell'area di progetto;
— impegno nella partecipazione al dialogo educativo;
— partecipazione alle attività di ampliamento dell'offerta formativa;
— eventuali *crediti formativi*. Ai fini del riconoscimento di questi ultimi, il Consiglio di classe prende in considerazione gli attestati presentati dagli allievi relativi ad attività ed esperienze coerenti con gli obiettivi formativi dell'indirizzo scolastico frequentato (musicali, sportive, informatiche, linguistiche, di cooperazione, di volontariato sociale o ambientale, lavorative etc.), documentate con l'indicazione dell'ente, associazione o istituzione presso cui si è compiuta l'esperienza, con la descrizione dell'esperienza stessa e con la valutazione conseguita. Nella determinazione del credito scolastico, il credito formativo concorre, in corrispondenza della media dei voti riportati dallo studente nello scrutinio conclusivo di ciascun anno scolastico, all'interno della forchetta (minimo/massimo) riportata nelle tabelle ministeriali.

In tema di **valutazione del comportamento scolastico** occorre poi richiamare il dispositivo del *decreto n. 249/1998, Statuto delle studentesse e degli studenti.* Gli studenti sono tenuti:

— a frequentare regolarmente i corsi e ad assolvere assiduamente agli impegni di studio;
— ad avere nei confronti del capo d'istituto, dei docenti, del personale tutto della scuola e dei loro compagni lo stesso rispetto, anche formale, che chiedono per sé;
— ad utilizzare correttamente le strutture, i macchinari e i sussidi didattici, e a comportarsi nella vita scolastica in modo da non arrecare danni al patrimonio della scuola.

Il *D.P.R. n. 122/2009* rimarca l'incidenza, sulla carriera scolastica, della valutazione del comportamento degli alunni (l'adempimento dei doveri scolastici, il rispetto delle regole sociali nei rapporti interpersonali nella comunità scolastica, l'esercizio dei diritti propri e il rispetto di quelli altrui); resta fermo che in nessun caso la sanzione disciplinare possa condizionare la valutazione del profitto.

In sede di scrutinio conclusivo dell'anno scolastico, l'eventuale attribuzione, nel comportamento, di un voto inferiore alla sufficienza va motivata con riferimento a provvedimenti disciplinari pregressi, irrogati formalmente per gravi mancanze degli alunni (compiute in violazione dei doveri disciplinari di cui agli artt. 3 e 4 del già citato decreto n. 249/1998).

A seconda della gravità delle mancanze disciplinari e dell'entità massima della sanzione irrogabile, è il **Regolamento d'istituto** a stabilire, scuola per scuola, le attribuzioni decisionali del dirigente scolastico, quelle del Consiglio di classe (allargato alle componenti elettive degli studenti e dei genitori, nella funzione di *Consiglio di disciplina*) e quelle del Consiglio d'istituto. Si può decidere di allontanare lo studente dalla comunità scolastica, quando abbia tenuto comportamenti tali da violare la dignità e il rispetto delle persone, e/o da costituire pericolo; l'allontanamento è disposto per periodi di durata commisurata alla gravità del reato e al permanere della situazione di pericolo. L'*allontanamento* va comunque considerato un provvedimento estremo, da adottare quando si ritenga che altri provvedimenti risulterebbero inefficaci. Nei casi di recidiva di atti di violenza grave o che ingenerino allarme sociale, ove non sia esperibile l'inserimento responsabile dello studente nella comunità scolastica, la sanzione è costituita dall'allontanamento fino al termine dell'anno scolastico e, nei casi più gravi, dall'esclusione dallo scrutinio finale (o non ammissione all'esame di Stato). In effetti, a partire dall'anno scolastico 2008-2009, la valutazione sulla condotta comporta, se inferiore a sei decimi, la non ammissione all'esame di Stato (art. 2, comma 3, del D.L. 137/2008).

Norme specifiche regolamentano la valutazione degli studenti disabili e di quelli con DSA e con BES, e degli alunni stranieri.

3 Strumenti della valutazione

Sul *registro*, gli insegnanti appongono **voti** che esprimono il livello di padronanza degli *obiettivi a breve e medio periodo,* raggiunta dai singoli alunni. Queste valutazioni hanno anche una funzione *formativa,* nella misura in cui orientano i discenti nella valutazione del proprio apprendimento; e gli insegnanti ne traggono elementi per la *valutazione sommativa*; così come accade per formulare le valutazioni quadrimestrali e quelle finali.

La trasposizione dai voti alla valutazione sommativa non è automatica, bensì mediata dalla considerazione dell'importanza maggiore o minore che l'insegnante stesso ha attribuito, in sede di programmazione, agli obiettivi oggetto delle diverse verifiche. Accade che punteggi bassi riportati dagli alunni in determinate verifiche possano incidere poco sulla valutazione sommativa, essendo riferita a obiettivi di apprendimento secondari e/o aggiuntivi rispetto agli obiettivi educativi e didattici prioritari prospettati in seno al Consiglio di classe, e che le valutazioni formative possano, per la stessa ragione, concorrere in misura differente in quella sommativa. Da quanto detto, si evince la necessità che, nel predisporre le prove di verifica e le griglie di valutazione, gli insegnanti abbiano ben chiari gli obiettivi da verificare e la loro importanza relativa.

Quelli che nella fase di programmazione sono gli *obiettivi a breve termine*, nella fase di verifica possono fungere da **indicatori del profitto**. Nell'interfacciarsi con la programmazione degli obiettivi e l'individuazione dei criteri docimologici, i docenti possono proficuamente avvalersi della *Taxonomy of Educational Objectives - Handbook I Cognitive domain* (1956), nella quale B.S. Bloom ha classificato gli obiettivi dell'apprendimento articolati in *domini di crescente di complessità*:

— la *padronanza (conoscenza* e *comprensione)*;
— la *competenza* (la capacità di utilizzare un proprio bagaglio di conoscenze e abilità), articolata in obiettivi di *applicazione*, di *analisi,* di *sintesi* e di *valutazione;*
— e l'*espressione* (la capacità di formulare proprie idee con competenza metadisciplinare, abilità euristica, autonomia concettuale e creatività).

La dimensione collegiale della programmazione degli obiettivi propizia l'adozione di *obiettivi interdisciplinari*. È noto che le marcate differenze fra i criteri docimologici adottati da insegnanti di una stessa disciplina possono compromettere l'equità nell'assegnazione dei voti. La dimensione collegiale in seno ai dipartimenti disciplinari dovrebbe favorire l'omogeneità dei criteri docimologici. Non è raro che Consigli di classi parallele adottino talvolta criteri assai diversi, e che studenti che si siano trasferiti di corso o di scuola, conseguano valutazioni scolastiche molto differenti; fare questa esperienza o osservarla in altri produce smarrimento nella coscienza degli studenti e può avere effetti diseducativi, deludendo l'aspettativa di equità che è molto forte negli adolescenti.

Da ciò l'utilità che i dipartimenti adottino, per disciplina e per classi parallele, **tecniche di moderazione docimologica dei criteri di valutazione** (attribuzione dei punteggi; loro trasposizione in voti; definizione degli *standard* delle conoscenze e delle competenze richieste agli alunni). La "*moderazione*", che in docimologia mira a evitare gli eccessi di severità o di generosità nelle valutazioni scolastiche, si consegue mediante procedure tali da *rendere confrontabili le valutazioni* tra diversi docenti e scuole, a parità di grado e ordine di istruzione[2]; resta ai singoli docenti il compito di interpretare il senso della propria collocazione rispetto ai colleghi, nella scala che ha per estremi la massima indulgenza e la massima severità.

3.1 La funzione valutativa dei test INVALSI

Negli ultimi due decenni, nella scuola italiana sono state introdotte forme di valutazione degli studenti riferite a *standard* e a progetti di ricerca internazionali (quali il *Programme for International Student Assessment,* il *Trends in International Mathematics and Science Study* e il *Progress in International Reading Literacy Study*) finalizzati a rilevazioni comparative dei livelli di apprendimento. Queste valutazioni sono eseguite, su base censuaria, nelle classi seconda e quinta della scuola primaria, prima e terza della scuola secondaria di primo grado, seconda e ultima della scuola secondaria di secondo grado, e riguardano, per lo più l'Italiano, la Matematica, le Scienze e l'Inglese.

[2] Cfr. G. De Landsheere, *Elementi di docimologia. Valutazione continua ed esami*, Université de Liège, 1974; trad. it. La Nuova Italia, Firenze, 1979.

Permanendo la finalità documentativo-comparativo-statistica di sistema (protocollo *Europa 2020*), queste attività valutative conservano ancora adesso la loro importanza e sono confermate. Non pienamente confermata é, invece, l'altra forma delle prove nazionali che il MIUR commissiona all'INVALSI: *predisporre, nell'ambito delle prove previste per l'esame di Stato conclusivo dei cicli di istruzione ... prove a carattere nazionale, sulla base degli obiettivi specifici di apprendimento ... ed in relazione alle discipline di insegnamento dell'ultimo anno di ciascun ciclo*[3]. L'**INVALSI** ha effettuato per circa un decennio la valutazione dei singoli studenti, in sede di esame di Stato conclusivo del I ciclo, mediante test il cui risultato ha inciso sull'esito complessivo finale, secondo criteri preordinati ai quali le commissioni d'esame hanno dovuto uniformarsi. Poiché i test vengono predisposti senza tenere conto degli obiettivi effettivamente programmati e della specificità del contesto socio-culturale delle singole scuole, gli esiti ne sono inattendibili ai fini della valutazione individuale, pur se attendibili per quella *di sistema*. Segnaliamo, infine che, a volte, l'uso dei *test* all'esame di Stato ha prodotto una distorsione nella didattica: il c.d. *teaching for test.*

L'*abrogazione della prova INVALSI all'esame di Stato* è stata disposta nel già citato decreto n. 62/2017*;* il decreto dispone, comunque, che gli alunni debbano, durante l'anno scolastico, sottoporsi ai test documentativo-comparativi. L'**abrogazione della funzione valutativa dei test INVALSI** è stata disposta perché contraddiceva ai principi docimologici tassativi in ordine alla valutazione scolastica dei discenti; del resto, anche la normativa dispone che, nel valutare il profitto scolastico degli alunni, gli insegnanti non debbano attenersi strettamente alla media aritmetica dei punteggi e che debbano tenere conto realisticamente delle potenzialità dell'apprendimento dei singoli studenti. La sentenza del Consiglio di Stato n. 9413/2010 ha, infatti, riconosciuto ai Consigli di classe una *potestà pubblica nella valutazione degli studenti con margini di discrezionalità particolarmente ampi, rimessi sia alla sensibilità che all'esperienza del personale docente.* Nessuna normativa vigente vincola rigidamente le determinazioni conclusive del Consiglio di classe.

3.2 Le prove strutturate

L'adozione delle prove strutturate (→ Cap. 5 par. 3.1), se praticata nell'articolato contesto delle differenti prove di verifica, scritte e orali, è molto utile, ai fini della valutazione scolastica, già per il fatto stesso che consente di minimizzare l'incidenza della casualità sulla valutazione, e di controllare celermente l'intero gruppo-classe e ripetere il test in tempi ravvicinati. Un assioma, in docimologia, è

---

[3] La disposizione, prospettata nel D.Lgs. 19 novembre 2004, n. 286, *Istituzione del Servizio nazionale di valutazione del sistema educativo di istruzione e di formazione, nonché riordino dell'omonimo istituto,*è stata implementata con il D.L. 7 settembre 2007, n. 147, *Disposizioni urgenti per assicurare l'ordinato avvio dell'anno scolastico 2007-2008,* e confermata nel già citato decreto n. 122/2009. È stata abrogata poi con il D.Lgs. n. 62/2017.

che la **obiettività della valutazione è correlata all'alto numero delle prove di verifica**; la normativa stessa dispone che le verifiche non siano sporadiche e che la valutazione sommativa scaturisca da un "*congruo numero*" di verifiche.

Altri pregi delle prove *strutturate* sono:

— la possibilità di valutare tutti gli studenti di una classe con le stesse domande;
— la funzione di evidenziare ai discenti le carenze di preparazione, in quanto, nel corso della prova, sono impegnati a compiere scelte di convenienza circa i quesiti da affrontare;
— la *trasparenza docimologica,* in ordine ai criteri di attribuzione del *punteggio grezzo delle prove* e al *tempo di esecuzione*, riduce l'ansia dei discenti e facilita il compito di evidenziare all'alunno e ai suoi genitori le carenze in ordine al conseguimento degli obiettivi didattici ed educativi programmati dalla scuola.

Le *metodiche di trattamento dei test* sono procedure che, impiegando strumenti statistici, quantificano il livello di fedeltà (la proprietà di fornire sempre i medesimi risultati, quando venga ripetuto a parità di condizioni), e di validità (l'effettivo riferimento all'obiettivo da verificare) dei test, nonché l'indice di difficoltà complessiva; prima di essere applicati, i test vanno "saggiati" per valutare il grado di difficoltà e di selettività di ogni item (*item analysis*).

In tutte le tipologie di **prove** «**vero/falso**» l'allievo ha una probabilità su due di fornire casualmente la risposta corretta; occorre, pertanto, minimizzare l'incidenza della casualità, impartendo allo studente la consegna di motivare la scelta effettuata, oppure penalizzandolo nel punteggio in caso di risposta sbagliata.

Il tipo più noto di prova strutturata è quella **a scelta tra alternative multiple** (di solito 4 o 5); in tali prove vengono inserite alternative, denominate *distrattori*, scelte fra gli errori più comuni e frequenti commessi dagli alunni).

Altri modelli di test strutturati sono quelli:

— *a comparazione;* propongono due elenchi di nozioni (ad es., uno di date, l'altro di eventi; oppure uno di cause e l'altro di effetti) che l'esaminando deve collegare con frecce direzionali;
— *a interpolazione guidata*: richiedono che, in un testo, l'esaminando inserisca, al posto giusto, termini tra quelli di un elenco predisposto dal valutatore;
— *a ripartizione di elementi o di frasi* che il valutatore ha assemblato ad arte e che l'esaminando deve distinguere secondo l'appartenenza originaria;
— *a cancellazione e/o correzione di errori*: richiedono che, in un testo, l'esaminando cancelli e/o sostituisca un certo numero di termini o di concetti che il valutatore ha inserito arbitrariamente;
— *a completamento di frasi* che l'insegnante ha interrotto o ha privato di alcuni passaggi concettuali (è preferibile che la prova sia fatta su brani già noti agli studenti);

— *a ricostruzione*: richiedono che l'esaminando ripristini la sequenza logica di un brano in cui il valutatore ha modificato la struttura logica.

Per la verifica del conseguimento di obiettivi posti a livelli tassonomici più elevati, alle prove *strutturate* sono da preferire quelle **semi-strutturate** (→ Cap. 5 par. 3.1), le quali, pur utilizzando quesiti in forma «aperta» (le risposte non sono prefigurate), sono accompagnate dall'indicazione di vincoli e di consegne che risultano poi funzionali alla valutazione obiettiva.

Tra le prove semi-strutturate segnaliamo quelle in cui si richiede di produrre *mappe concettuali*, quelle in cui si chiede di lavorare su un brano ottemperando a vincoli e consegne quali: parafrasare, attribuire il titolo, selezionare e spiegare i passaggi-chiave, ricondurli a luoghi letterari simili (dello stesso autore o di altri), riformulare concetti presenti nel brano proposto, classificare i codici stilistici e lessicali del brano.

Anche il *saggio breve* è una prova *semi-strutturata*, in quanto l'allievo lo produce, avvalendosi di materiali forniti dal valutatore e ottemperando a precise consegne.

4 L'obiettività valutativa

Nelle scuole, la valutazione degli studenti è condizionata da molteplici **ostacoli**, il primo dei quali è il fatto che studenti e famiglie, per effetto della modesta aspettativa che la pubblica opinione ripone nella valutazione scolastica, pongono in essere comportamenti che ne ostacolano l'obiettività (compiti a casa fatti dai genitori o commissionati a esperti; ricerche copiate dal web, simulazioni di ogni genere, in classe ecc.); è come se gli utenti trovassero maggiormente conveniente conseguire un buon voto scolastico (e il titolo di studio), piuttosto che ottenere, attraverso la valutazione scolastica, indicazioni in ordine alla propria condizione culturale e ai saperi da acquisire.

Se all'obiettività del giudizio sul profitto degli studenti ci tiene più il docente che gli allievi e le famiglie, ciò spiega perché la valutazione scolastica operi in svantaggio rispetto ad altre (ad es. rispetto alla valutazione diagnostica richiesta ai medici), e perché sia più esposta all'*imprecisione*.

In tema di **imprecisione valutativa** distinguiamo due ordini di osservazioni: quelle riferite alla consuetudine di non pochi docenti che procedono empiricamente alla valutazione, e quelle riferite a fattori intrinseci di imprecisione, peculiari della valutazione scolastica.

Il *carattere empirico, sporadico e improvvisato* della verifica/valutazione scolastica consegue al fatto che alcuni insegnanti non la preparino in funzione degli obiettivi programmati, e al fatto che la concludano adottando un approssimativo *criterio comparativo*: il rendimento medio nella classe.

Al primo ordine di osservazioni attiene anche la gestione della *scala valutativa formata dai primi dieci numeri naturali*, da parte dei docenti che omettono di utilizzare, in ogni caso, i voti 1 e 2, e quasi mai il 9 e il 10. Questo comportamento produce un'aberrazione valutativa; ad esempio, si rifletta sul fatto che il 9 adoperato come voto massimo ha una connotazione che assorbe quella del 10, e una denotazione di casi potenzialmente doppia, rispetto a quella che avrebbe se l'insegnante adoperasse anche il 10.

Si aggiunga l'effetto distorto che si produce quando si passa a calcolare la media tra entità numeriche che hanno un peso connotativo differente, perché certi voti non sono stati mai usati o perché alcuni tratti della scala valutativa (in genere quelli tra il 5 e il 7) vengono gonfiati mediante i segni + (più) e – (meno) introducendo tra un numero e il successivo connotazioni valutative intermedie.

Spesso le conseguenze di queste consuetudini valutative si fanno evidenti all'atto dell'attribuzione del voto conclusivo agli esami di Stato, quando il non avere adoperato durante l'anno scolastico tutti i primi dieci numeri naturali, impedisce l'attribuzione di un voto finale conclusivo corrispondente all'effettiva valutazione elaborata dal Consiglio di classe.

Quanto al secondo ordine di osservazioni, quello che individua eventuali **fattori intrinseci di imprecisione valutativa**, si considerino tre aspetti tipici del rapporto pedagogico:

- Il primo aspetto è quello che Rosenthal ha denominato *effetto Pigmalione*[4]. Consiste nella tendenza delle persone a conformarsi all'attesa che di essi hanno gli altri; in ambito scolastico, questo *effetto* può produrre una correlazione positiva tra la distribuzione del profitto individuale degli alunni e l'attesa dei docenti verso di essi.
- Il secondo aspetto è denominato "*stereotipia*". Consiste nella *viscosità* per la quale il valutatore contamina il giudizio su una singola verifica con quelli dati alle prove precedenti dello stesso allievo; ciò perché, inavvertitamente, si attende dallo studente *performance costanti*. Una certa viscosità nelle valutazioni è utile per limitare l'incidenza nelle stesse dei fattori contingenti che intervengono nelle singole verifiche, ma può anche distogliere l'insegnante dall'apprezzamento delle variazioni del profitto, positive o negative degli allievi.
- Il terzo aspetto consiste nel vantaggio di fatto che gli studenti traggono, prima di essere interrogati, dall'ascoltare l'insegnante correggere inesattezze e colmare le risposte incomplete dei compagni sottoposti all'interrogazione. Anche in questo caso, si tratta di un effetto ineliminabile perché in sede di interrogazione è preciso compito del docente correggere, integrare e approfondire coralmente gli argomenti oggetti di studio.

[4] R. Rosenthal - L. Jacobson, *Pigmalione in classe*, New York, 1968; trad. italiana, Franco Angeli, Milano, 1974.

7
La programmazione individualizzata per i BES

Nell'ordinamento scolastico italiano l'integrazione degli alunni con disabilità viene attuata da diversi anni, ma solo recentemente si è affermato il concetto di **inclusione** che comporta il riconoscimento e l'adozione di strategie volte a rispondere, in maniera diversificata, alle esigenze educative e didattiche degli alunni che presentano determinate difficoltà, prevenendole ed eliminando le barriere che ostacolano l'apprendimento e la partecipazione di ciascuno.

L'**area dello svantaggio scolastico** è, dunque, molto più ampia di quella riferibile esplicitamente alla presenza di deficit.

La realtà scolastica odierna si confronta, così, quotidianamente con l'esigenza di promuovere il successo formativo di **alunni con bisogni educativi speciali**, che, pur non essendo in possesso di una diagnosi medica o psicologica (la cosiddetta «certificazione»), presentano difficoltà tali da richiedere un intervento specifico. Si tratta di alunni che presentano una richiesta di speciale attenzione per una varietà di ragioni: svantaggio sociale e culturale, disturbi specifici di apprendimento e/o disturbi evolutivi specifici, difficoltà derivanti dalla non conoscenza della cultura e della lingua italiana perché appartenenti a culture diverse ecc.

1 La complessità del gruppo-classe

L'inclusione ha reso evidenti tante diversità, di cui si compone il gruppo-classe che differenziano gli alunni rendendo sempre più impegnativa la realtà quotidiana del fare scuola.

La professionalità docente implica, infatti, la possibilità/necessità di "apprendere ad apprendere", in quanto la complessità e la problematicità dell'agire educativo sollecitano una costante apertura a nuove interpretazioni dell'esperienza, a nuove e diverse modalità operative, a nuove conoscenze e competenze, in una prospettiva di *lifelong learning*.

Nelle classi si trovano, infatti, molti alunni con difficoltà di apprendimento e nello sviluppo di competenze. In questa grande categoria possiamo includere varie problematiche:

- **disturbi specifici dell'apprendimento** (dislessia, disgrafia, discalculia);
- **disturbo da deficit attentivo con o senza iperattività**;
- **difficoltà visuo-spaziali**;
- **difficoltà motorie**;
- **disprassia evolutiva**,

- **ritardo mentale o rallentamenti nello sviluppo**;
- **difficoltà di linguaggio o nella fonazione**.

Accanto a tali disturbi e difficoltà, correlate talora a stati patologici dell'apprendimento e dello sviluppo, troviamo anche alunni che hanno «soltanto» un *apprendimento difficile, rallentato*, uno *scarso rendimento scolastico* o con varie *difficoltà emozionali:* timidezza, collera, ansia, inibizione, depressione.

Forme più complesse di difficoltà sono, invece, quelle riferibili alla dimensione psichica: *disturbi della personalità, psicosi, disturbi dell'attaccamento o altre condizioni psichiatriche*.

Più frequenti sono le **difficoltà comportamentali**: dal semplice *comportamento aggressivo*, ad *atti autolesionistici, disturbi del comportamento alimentare, disturbi della condotta ecc.*

In molti casi si tratta di elementi del comportamento e della condotta riferibili a **situazioni temporanee**, ad eventi che hanno inciso negativamente sulla vita emotiva e a situazioni traumatiche di tipo personale o familiare.

1.1 La "speciale normalità"

L'eterogeneità che caratterizza un gruppo classe impone al docente il riconoscimento dei bisogni educativi, soprattutto quando questi si trasformano in bisogni educativi "speciali", tali da richiedere risposte altrettanto speciali o di "speciale normalità".

I bisogni educativi speciali costituiscono una **categoria ampia** al cui interno si riscontrano, come abbiamo visto, vari tipi di difficoltà, *indipendentemente dal fatto che essi siano riconosciuti da una diagnosi medica o meno.*

La **speciale normalità** si potrebbe definire come l'insieme delle aspettative, degli obiettivi, delle prassi, delle attività rivolte a tutti gli alunni, nessuno escluso, nell'ordinaria offerta formativa, che però si arricchiscono di una specificità tecnica non comune, fondata sui dati scientifici e richiesta dalla complessità dei bisogni educativi speciali.

Il concetto di speciale normalità ci porta a una condizione mista e complessivamente intrecciata di normalità e di specialità, che coesistono, si influenzano reciprocamente, in cui la specialità qualifica la normalità e quest'ultima ne viene assimilata e arricchisce ulteriormente l'essere speciale.

Per realizzare una buona qualità dell'azione inclusiva per i molti alunni con *bisogni educativi speciali*, secondo *Dario Ianes* è necessario rendere sempre più "speciale" la "normalità" del far scuola tutti i giorni. La normalità della didattica e delle attività educative e formative va decisamente arricchita di strategie efficaci e aspetti tecnici che provengono dalla pedagogia speciale e dalla psicologia dell'educazione. In questo modo, per l'alunno con bisogni educativi speciali, la normalità del relazionarsi e dell'imparare con tutti gli altri alunni gli dà identità, appartenenza, sicurezza, autostima e riesce anche ad essere efficace nel produrre apprendimenti[1].

Si potrebbe dire che nella speciale normalità alcuni aspetti tecnici modificano le normali prassi educative e didattiche, rendendole più speciali, più efficaci, più rispondenti alle qualità speciali di alcuni bisogni educativi.

La speciale normalità riesce a rispondere a due fondamentali bisogni dell'alunno in difficoltà:

— un **bisogno di normalità**, ossia di fare le stesse cose degli altri, nelle normali attività didattiche, un bisogno cioè di appartenenza, di identità, di conformità in senso positivo, di accoglienza;
— un **bisogno di specialità**, di poter fare le cose che la personale, specifica condizione anche molto complessa, chiede per poter funzionare al meglio delle sue possibilità in senso educativo-apprenditivo.

2 Come nasce il bisogno educativo speciale

È ormai universalmente riconosciuto che il bambino nasce, non solo naturalmente curioso, cioè portato a conoscere il mondo, ma anche naturalmente portato a sviluppare le sue capacità, i suoi atteggiamenti, le sue conoscenze. Non solo il bambino piccolo pone domande per sapere, ma è portato a svolgere tutte quelle attività che producono lo sviluppo delle sue capacità, siano esse motorie che comunicative, espressive, linguistiche, cognitive, estetiche ecc.". Ne costituiscono un esempio:

- il bisogno di sviluppare competenze
- il bisogno di appartenenza
- il bisogno di identità
- il bisogno di valorizzazione
- il bisogno di accettazione.

In qualsiasi momento della vita, possono capitare delle difficoltà di varia natura che, intervenendo nel processo di crescita, determinano un impedimento, trasformando il bisogno educativo normale in un bisogno educativo speciale.

In questi casi i normali bisogni educativi che tutti gli alunni hanno (bisogno di sviluppare competenze, bisogno di appartenenza, di identità, di valorizzazione, di accettazione, solo per citarne alcuni) per cause diverse (deficit motori, difficoltà familiari ecc.) diventano più complessi e impediscono di vivere positivamente il processo di crescita.

Può capitare, ad esempio, che il bisogno normale di sviluppare competenze di autonomia sia complicato dalla presenza di deficit motori, cognitivi, oppure

[1] D. Jones, *La speciale normalità. Strategie di inegrazione e inclusione per le disabilità e i bisogni educativi speciali*, Erickson,2006.

a causa di difficoltà familiari che incidono negativamente sull'autonomia e sulla crescita: in questo senso il bisogno educativo diventa «speciale».

In tali casi si evidenzia la necessità di competenze e **risorse «speciali»**, migliore, più efficaci, per poter rispondere in modo più adeguato alle varie difficoltà, senza correre il rischio di discriminare ed emarginare.

La terminologia **BES** ha origine nella cultura scientifica anglosassone in quanto già nel 1996 veniva normativamente definito un bambino con bisogni educativi speciali, quello con "difficoltà di apprendimento per il quale si richiedono interventi di educazione speciale". Con provvedimenti successivi, la legislazione inglese ha ulteriormente approfondito il concetto di BES, specificando che un bambino, in età della scuola dell'obbligo, ha una difficoltà di apprendimento quando:

— ha una difficoltà significativamente maggiore nell'apprendere rispetto alla maggioranza dei bambini della stessa età;
— ha una disabilità che gli impedisce o lo danneggia nell'uso delle risorse educative fornite ai bambini della stessa età.

3 L'ICF come strumento di lettura dei bisogni di bambini e adolescenti

Rispetto ai bisogni educativi speciali, l'**ICF** (*Classificazione internazionale del funzionamento della disabilità e della salute*) si pone come utile strumento di ricognizione e, nell'esaminare tutte le componenti della salute, ne specifica capacità e performance, per individuarne le modalità di intervento. Si tratta di uno strumento, elaborato dall'Organizzazione Mondiale della Sanità nel 2001, allo scopo di:

- fornire una base scientifica per la comprensione e lo studio della salute, delle condizioni, conseguenze e cause determinanti ad essa correlate;
- stabilire un linguaggio comune per la descrizione della salute e delle condizioni ad essa correlate, allo scopo di migliorare la comunicazione fra i diversi utilizzatori;
- rendere possibile il confronto fra i dati raccolti in Paesi, discipline sanitarie, servizi e periodi diversi;
- fornire uno schema di codifica sistematico per i sistemi informativi sanitari.

Il modello concettuale dell'ICF, applicato in ambito scolastico, costituisce una "griglia di prima lettura" dei BES, per tracciare una mappa utile a mettere in atto un piano didattico personalizzato, nei casi più semplici, o ad elaborare un piano educativo personalizzato, nel caso in cui il soggetto abbia una diagnosi medica.

Questo approccio parla di salute e di funzionamento globale, non di disabilità o patologie. Secondo l'Organizzazione Mondiale della Sanità, infatti, la situazione di una persona va letta e compresa profondamente in modo olistico e complesso da diverse prospettive, e in modo interconnesso e reciprocamente causale.

La concettualizzazione dell'ICF nell'esaminare lo stato di salute e di funzionamento della persona, indaga *sette aree* di riferimento che consentono una lettura globale della situazione individuale:

1 **Condizioni fisiche**: malattie croniche (diabete, allergie, ecc.), malattie acute (stati febbrili persistenti, sinusiti/otiti gravi ecc.), ospedalizzazioni, lesioni, fragilità, anomalie cromosomiche ecc.
2 **Contesto personale**: problemi comportamentali, scarsa autostima, scarsa autoefficacia, stili attributivi distorti, problemi emozionali, mancanza di motivazione, difficoltà nell'identità e nella percezione di sé ecc.
3 **Strutture corporee**: anomalie in varie parti anatomiche, anomalie strutturali, mancanza di arti ecc.
4 **Funzioni corporee**: problemi cognitivi (difficoltà attentive, mnemoniche ecc.), difficoltà sensoriali, difficoltà motorie ecc.
5 **Attività personali**: capacità di apprendimento, utilizzazione delle conoscenze, organizzazione delle azioni, comunicazione/linguaggi, capacità di relazione, autonomia personale ecc.
6 **Contesto ambientale**: famiglia con problemi, pregiudizi culturali, difficoltà socioeconomiche, ambienti deprivati o devianti, mancanza di servizi, scarsa disponibilità degli insegnanti, materiali di apprendimento inadeguati ecc.
7 **Partecipazione sociale**: difficoltà d'integrazione, difficoltà nel rivestire vari ruoli nei contesti della vita extrascolastica ecc.

In uno o più di questi ambiti si può generare un bisogno educativo speciale specifico, che poi interagirà con gli altri ambiti, producendo la situazione globale e complessa di un determinato alunno.

Ovviamente, il peso dei singoli ambiti varierà da alunno ad alunno, anche all'interno di una stessa condizione biologica originaria o contestuale ambientale.

L'ufficializzazione dell'ICF ha comportato un nuovo modello di *diagnosi funzionale*, valida come mappa di ricognizione dei bisogni educativi speciali: a differenza del modello precedente stabilito dalla L. 104/1992 in cui dominava una impostazione di tipo clinico-medico, essa utilizza una modalità conoscitiva globale dell'alunno in modo da aiutare realmente nella costruzione della progettazione individualizzata.

4 La macroarea dei BES e le sottocategorie

La macroarea dei BES comprende tre grandi sottocategorie: *disabilità, disturbi evolutivi specifici, svantaggio socio-economico, linguistico, e culturale.*

Nella prima categoria, quella della **disabilità**, sono inclusi gli studenti diversamente abili certificati ai sensi della L. 104/92. Essi hanno diritto alle provvidenze e alle misure previste dalla stessa legge quadro, compreso il docente specializzato sul sostegno[2].

Nella seconda categoria, comprendente i **disturbi evolutivi specifici**, sono inclusi gli studenti con problematiche non certificabili ai sensi della L. 104/92 che non danno diritto, ad esempio, al docente di sostegno. Rientrano in questa categoria i **DSA**, Disturbi Specifici dell'Apprendimento (dislessia, disortografia, disgrafia, discalculia), che sono stati oggetto di importanti interventi didattico-educativi esplicitati nella L. 170/2010.

La terza categoria dell'area dei BES comprende lo **svantaggio socio-economico, linguistico e culturale**. Si tratta di una categoria molto ampia e meno definita rispetto a quelle precedentemente considerate sul piano sia normativo sia didattico-educativo, che include disagi di natura emozionale, relazionale/comportamentale, motivazionale, traumatica. Comprende, inoltre, difficoltà legate all'ambito sociale ed economico (povertà, situazioni precarie di vita, deprivazione culturale ecc.) e difficoltà di natura linguistica e culturale (stranieri di recente immigrazione).

Tali tipologie di BES dovranno essere individuate sulla base di elementi oggettivi (segnalazione degli operatori dei servizi sociali, ben fondate considerazioni pedagogico-didattiche da parte dei docenti ecc.).

In alcuni casi il bisogno educativo speciale si manifesta per limitati periodi di tempo. La presenza di **bisogni educativi speciali temporanei** può verificarsi per le seguenti cause:

— per condizioni fisiche: ospedalizzazioni, malattie acute o croniche, lesioni;
— per contesto ambientale: famiglia problematica, pregiudizi o ostilità culturali, difficoltà socioeconomiche, ambienti deprivati, scarsa preparazione o disponibilità degli insegnanti, recente immigrazione;
— per contesto personale: problemi emozionali o comportamentali, scarsa motivazione, scarsa curiosità;

---

[2] A seguito delle novità introdotte dal D.Lgs. n. 66/2017 e in vigore dal 1° gennaio 2019, tre sono i documenti di progettazione dell'inclusione scolastica degli allievi con disabilità certificata:

— il *Progetto individuale*, predisposto dal Comune di intesa con la ASL e la famiglia, indica i vari interventi sanitari, socio-sanitari e socio-assistenziali di cui possa aver bisogno il ragazzo disabile;
— il *Piano educativo individualizzato* (PEI), elaborato e approvato all'inizio dell'anno scolastico dal Consiglio di classe che programma, insieme al docente di sostegno e con la collaborazione dei genitori, le strategie didattico-educative per il successo formativo dell'alunno. Nelle scuole superiori di secondo grado, nel caso di grave disabilità di tipo cognitivo, è possibile definire anche un *PEI differenziato* in cui gli obiettivi sono difformi da quelli dell'ordinamento di studi tradizionale. In questo caso però il disabile non può conseguire il titolo di studi al termine del ciclo scolastico;
— il *Piano per l'inclusione*, il principale documento programmatico, predisposto dalla scuola e all'interno del PTOF di cui è parte integrante, per progettare e programmare gli interventi di miglioramento della qualità e dell'inclusione scolastica. È deliberato dal Collegio dei docenti.

— per attività personali: difficoltà di applicazione, mancanza di autonomia personale.

5 L'importanza dell'identificazione precoce

Ogni volta che ci si trova di fronte ad un alunno che presenta difficoltà nell'apprendimento, è necessaria una comprensione tempestiva e, al tempo stesso, profonda della difficoltà che manifesta, senza fermarsi a una pura constatazione o all'applicazione di espedienti didattici più o meno adeguati alla situazione in esame.

I bisogni educativi speciali determinano, in ambito scolastico, difficoltà di apprendimento a livelli diversi, richiedendo perciò risposte speciali da parte della scuola.

Una scuola davvero inclusiva dovrebbe essere in grado di leggerli tutti (individuando così il reale «fabbisogno» di risorse aggiuntive) e su questa base generare la dotazione di risorse adeguata a dare le risposte necessarie. C'è però bisogno di una cornice forte che orienti questa lettura, una cornice concettuale e antropologica unica per cogliere le varie dimensioni dei bisogni «forti» e di quelli «deboli», che rischiano di non essere riconosciuti con piena dignità.

Occorre una mappa di ricognizione dei bisogni educativi e dei bisogni educativi speciali, al fine di intervenire in modo adeguato, supportando il processo di crescita dell'alunno che va posto in un ambiente strutturato di aiuti, in una classe resiliente dove tutti possano sperimentare il successo sul piano cognitivo, emotivo e interpersonale.

L'identificazione precoce e in tempo utile degli alunni con BES consente di definire le strategie e le necessarie risorse ai fini dell'inclusione e dell'individualizzazione didattica.

Il concetto di bisogno educativo speciale, innanzitutto, deve tenere in giusta considerazione il concetto di "**problematicità**".

La situazione va rilevata non quando crea difficoltà al docente ma *quando crea un problema all'alunno stesso*. Qui il concetto di problematicità resta legato a tre criteri: *il danno, l'ostacolo al suo benessere, lo stigma sociale*.

- **per danno** si intende quello effettivamente vissuto dall'alunno e prodotto su altri (alunni, genitori, insegnanti);
- **per ostacolo al suo benessere** si intende ogni ostacolo allo sviluppo futuro dal punto di vista cognitivo , affettivo, relazionale e sociale;
- **lo stigma sociale** si identifica con il pregiudizio sociale, culturale, familiare conseguente allo scarso funzionamento educativo/apprenditivo.

Il bisogno educativo speciale deve essere rilevato attraverso un'azione che abbia le caratteristiche della "sensibilità", cioè riesca a *cogliere in tempo e precocemente il maggior numero possibile di condizioni di difficoltà degli alunni*.

Vanno, inoltre, tenute ben presenti le caratteristiche della *reversibilità* e della *temporaneità* della definizione di bambino con bisogno educativo speciale. Come abbiamo visto, molte situazioni che si configurano senz'altro come bisogni educativi speciali non sono affatto stabili e permanenti, anzi sono soggette a forti mutamenti nel tempo, a miglioramenti e di conseguenza alla reversibilità.

Si ritiene, infatti, che la definizione di bisogno educativo speciale possa portare con sé proprio questo senso di **provvisorietà e di reversibilità**, non in tutti i casi, ma certo in più casi rispetto alle etichette diagnostiche tradizionali, decisamente rigide e stabili.

6 I disturbi specifici di apprendimento

DSA è, come detto, l'acronimo con cui si indicano i disturbi nell'apprendimento di alcune abilità specifiche che, soprattutto a livello scolastico, determinano molteplici difficoltà nell'acquisizione di competenze necessarie nella lettura, nella scrittura e/o nel far di conto.

La caratteristica di questi disturbi è che sono presenti in *soggetti di intelligenza nella norma*, le cui caratteristiche fisiche e mentali non sono compromesse.

I soggetti affetti da tali disturbi hanno anche una buona capacità di imparare, ma presentano limiti in aree specifiche di apprendimento, con conseguenti disagio personale e penalizzazioni scolastiche.

È possibile sintetizzare gli aspetti fondamentali che contraddistinguono la problematica e ne rendono molto complesso il campo d'indagine:

- i DSA **non sono facilmente pronosticabili** prima dell'età scolare;
- accompagnano il soggetto **nel corso del suo sviluppo**;
- non sono "guaribili", ma le conseguenze funzionali **si modificano** attraverso adeguate misure rieducative e didattiche;
- spesso sono accompagnati da **manifestazioni psicologiche e relazionali disturbate**;
- spesso sono associati a **disturbi dell'attenzione e dell'attività**.

Si tratta di un disturbo dettato da una differenza, che oggi viene definita *neurodiversità*: un termine che indica l'assenza di malattie, di lesioni o situazioni patologiche ed implicano uno **sviluppo neurobiologico atipico**.

Le ricerche più recenti sull'argomento confermano l'ipotesi che una base genetica e biologica dà la predisposizione al disturbo, anche se ancora non ne sono stati precisati i meccanismi esatti. Su di essa contribuisce in modo significativo l'*ambiente* (inteso anche come contesto affettivo e socio-culturale), che può amplificare o contenere il disturbo. In particolare, i momenti di maggiore rischio risultano essere i passaggi da un ordine di scuola all'altro e tutte quelle situazioni che richiedono all'individuo la messa in atto di meccanismi di adattamento a contesti diversi.

Senza entrare nello specifico delle classificazioni internazionali, la **classificazione generale dei disturbi evolutivi specifici di apprendimento** considerata dalla normativa italiana, comprende:

- il disturbo specifico della lettura (*dislessia*)
- il disturbo specifico della scrittura (*disortografia, disgrafia*)
- il disturbo specifico del calcolo (*discalculia*)

cui sono correlati

- il disturbo specifico della compitazione
- il disturbo della comprensione del testo.

La denominazione "disturbo specifico dell'apprendimento" è dovuta al fatto che tali problematiche riguardano "*uno specifico dominio di abilità, in modo significativo ma circoscritto, lasciando inalterato il funzionamento intellettivo generale*"[3].

Nella maggior parte dei casi, questi disturbi sono associati, cioè un bambino che generalmente fatica a leggere, presenta difficoltà anche nella scrittura, nel calcolo, nella comprensione del testo, caratterizzando quello che viene definito *disturbo misto di apprendimento.*

6.1 La dislessia

Il più noto tra i DSA è la **dislessia**. Con questo termine si fa riferimento a una difficoltà che riguarda la capacità di leggere in modo corretto e fluente.

La dislessia evolutiva è un disturbo settoriale della lettura che si manifesta in un bambino privo di problemi: neurologici, cognitivi, sensoriali, relazionali.

Tale problema si manifesta nonostante il soggetto abbia avuto normali opportunità scolastiche. Di solito si accompagna a difficoltà nella scrittura e nei processi di letto-scrittura del numero e del calcolo.

Riguardo alla correttezza nella lettura possono verificarsi i seguenti errori "tipici":

- **errori di tipo visivo**, consistenti nello scambio di lettere che hanno tratti visivi simili o speculari (d, b), inversione di sillabe, lettura al contrario;
- **errori di tipo fonologico**, riguardanti lo scambio di lettere che hanno suoni simili (d/t, m/n, g/c);
- **errori di "anticipazione"**: una parola viene letta al posto di un'altra, cui si accomuna o per le lettere iniziali o per il significato;
- **difficoltà di memorizzazione di informazioni in sequenza** (lettere dell'alfabeto, giorni della settimana, mesi dell'anno).

[3] P.E. Tressoldi e C. Vio (a cura di), *Diagnosi dei disturbi dell'apprendimento scolastico*. Ed. Erickson, 2008.

Alla luce delle recenti ricerche scientifiche in materia di DSA, nel disturbo specifico della lettura il mal funzionamento può riguardare una o entrambe le strategie con le quali possiamo leggere:

- **la strategia lessicale**: guardiamo una parola, la riconosciamo, quindi la pronunciamo scegliendola tra tutte le parole che conosciamo;
- **la strategia fonologica**: riconosciamo visivamente le singole lettere, che vengono poi fuse per formare la parola.

È stato rilevato, nei soggetti affetti da dislessia, l'anomalo funzionamento delle parti posteriori dell'emisfero sinistro durante la lettura e durante compiti di elaborazione visiva.

Studi clinici hanno poi confermato che la dislessia ha un'origine **genetica**, dovuta ad un'alterazione del cromosoma 15: mutazione di un gene con produzione di una proteina alterata che può perdere la sua funzione di neurotrasmettitore. Ad accertarlo sono stati alcuni studi compiuti su gemelli omozigoti che hanno evidenziato un tasso di concordanza del 65%[4].

È possibile classificare la dislessia in:

- **superficiale**: sono compromesse le vie lessicali ma la lettura, seppur stentata, è possibile;
- **fonologica**: è compromessa la via fonologica perché manca una corretta associazione grafema/fonema, ma la via ortografica non è compromessa;
- **profonda**: la via semantica è compromessa e si effettuano delle parafasie semantiche.

6.2 I disturbi specifici della scrittura: disortografia e disgrafia

Similmente alla lettura, anche la scrittura è un'abilità complessa che richiede di gestire informazioni visive e fonologiche. Per scrivere è, inoltre, necessario pianificare ed eseguire coordinatamente una serie di movimenti che coinvolgono dinamicamente dita, polso, avambraccio e, in generale, l'intera postura.

Nel disturbo specifico della scrittura si devono quindi distinguere due diverse componenti:

- una **motoria**, che riguarda i movimenti e gli aspetti grafici della scrittura;
- una **linguistica**, che riguarda la trasformazione dei suoni di una parola nella corretta sequenza delle corrispondenti lettere scritte.

I principali disturbi specifici della scrittura sono: la *disgrafia*, disturbo della realizzazione dei pattern motori (disprassie) che genera una grafia spesso illeggibile; la *disortografia*, difficoltà specifica nei processi di trasformazione di stringhe di fonemi in stringhe di grafemi.

---

[4] I. Riccardi Ripamonti, *Le difficoltà di letto-scrittura*, Ed. Erikson, 2003.

Secondo il modello evolutivo della scrittura, la **competenza ortografica**, ossia l'acquisizione delle regole e delle eccezioni che caratterizzano la scrittura delle parole nella nostra lingua, è una fase che si raggiunge dopo l'acquisizione di competenze alfabetiche, con cui si impara ad associare ogni suono ad una lettera o gruppo di lettere. Sono numerosi i bambini che raggiungono in ritardo la competenza ortografica e presentano errori nella struttura di parole particolari, dai suoni "difficili" (gn-sc-gl), ma se la cavano benissimo con le parole più semplici. Successivamente la maggioranza dei bambini supera queste difficoltà e gli errori si riducono fino a quasi scomparire.

I **bambini disortografici** hanno difficoltà persistenti non solo con le parole "insidiose", ma anche con le parole che nella norma non presentano alcuna difficoltà. In particolare presentano: errori di tipo fonologico (scambi, omissioni/aggiunte, inversioni di lettere, grafema incompleto), errori di tipo non fonologico (uso dell'h, attaccatura staccatura delle parole, errori di doppie e di accenti).

La **disgrafia** è, invece, un disturbo a carico della componente grafica della scrittura; si presenta nella riproduzione di segni alfabetici e numerici e determina una grafia poco chiara, disordinata e difficilmente comprensibile che si associa ad una produzione poco fluida e rallentata del testo. Inoltre può emergere una significativa lentezza nella scrittura, riconducibile ad una scarsa coordinazione motoria.

Può essere legata a un quadro di disprassia (disturbo che riguarda la coordinazione e il movimento) oppure può essere secondaria a una lateralizzazione incompleta.

"La mano dei bambini disgrafici scorre con fatica sul piano di scrittura e la capacità di utilizzare lo spazio a disposizione per scrivere è, solitamente, molto ridotta: il bambino non rispetta i margini del foglio, non segue la linea di scrittura e procede in "salita" o in "discesa" rispetto al rigo" [5].

La pressione della mano sul foglio non è adeguatamente regolata; talvolta è eccessivamente forte e il segno lascia un'impronta marcata o è estremamente debole.

Il bambino disgrafico presenta difficoltà notevoli anche nella *copia*; in particolare la copia dalla lavagna o da un testo è ancora più difficile, in quanto richiede più compiti contemporaneamente: distinzione della parola dallo sfondo, spostamento dello sguardo dalla lavagna o dal libro al foglio, riproduzione dei grafemi.

Nel disgrafico le dimensioni delle lettere non sono rispettate, la forma è irregolare, l'impostazione invertita, il gesto è scarsamente fluido, i legami tra le lettere risultano scorretti. Tutto ciò rende spesso la scrittura incomprensibile al bambino stesso, il quale non può quindi neanche individuare e correggere eventuali errori ortografici. Anche il ritmo di scrittura risulta alterato; il bambino scrive con velocità eccessiva o con estrema lentezza; le forme grafiche sono frammentate, le prassie scollegate tra loro.

---

[5] C. Cornoldi (a cura di), *I disturbi dell'apprendimento*, Il Mulino, 2007.

6.3 Le difficoltà di calcolo

Le difficoltà dei bambini con **disturbo specifico dell'aritmetica** non riguardano tutta la matematica, ma solo l'apprendere o l'automatizzare alcuni compiti numerici e aritmetici di base. Sebbene i simboli numerici siano quantitativamente inferiori rispetto a quelli alfabetici, piuttosto complessa è la loro combinazione che si basa sul valore posizionale. Ne consegue che molti bambini, pur essendo in grado di denominare le singole cifre, non riescono ad attribuire significato alla loro posizione all'interno dell'intero numero.

Spesso alla base ci sono difficoltà di orientamento spaziale e di organizzazione sequenziale che si evidenziano sia nella lettura sia nella scrittura dei numeri. Di solito è presente la capacità di numerare in senso progressivo, ma non quella di numerare in senso regressivo; piuttosto problematico può essere il processo numerico (dire velocemente quale numero viene prima o dopo un altro, leggere, scrivere, ripetere correttamente i numeri, riconoscerne la grandezza) e il calcolo (nei suoi algoritmi di base, cioè eseguire addizioni, sottrazioni, moltiplicazioni, a mente e scritte, con sufficienti rapidità e precisione). Un altro ostacolo che crea al soggetto situazioni di disagio è la difficoltà a memorizzare la tavola pitagorica e conseguente impossibilità ad eseguire correttamente moltiplicazioni e divisioni.

Il profilo neuropsicologico di questi soggetti è selettivamente compromesso in alcune aree: si parla, allora, di **discalculia evolutiva**. Queste difficoltà interferiscono significativamente con gli apprendimenti scolastici e la vita quotidiana del bambino. Spesso compaiono in individui intelligenti, privi di danni neurologici, sensoriali o di disturbi psicopatologici primari e significativi.

6.4 Il disturbo specifico della compitazione

Un disturbo correlato ai principali DSA è il disturbo specifico della compitazione che consiste nella **difficoltà nel pronunciare distintamente le sillabe**, staccando le lettere e le sillabe di ciascuna parola, spesso associato a problemi di disgrafia, ma non fonetici.

Secondo la definizione dell'OMS (Organizzazione Mondiale della Sanità), il disturbo non è dovuto ad un'età mentale immatura, a problemi di vista o ad un inadeguato livello scolastico.

Il soggetto che ne è affetto mostra un livello scolastico inadeguato in relazione all'età cronologica e al quoziente intellettivo. È un disturbo a base biologica, derivante da deficit a livello di computazione neurologica di una serie di processi implicati nella comunicazione delle informazioni. Si tratta di una serie di anomalie derivate dal percepire ed elaborare con precisione, e in modo efficiente, le informazioni in ingresso.

Il disturbo specifico della compitazione si manifesta nel momento in cui il bambino inizia ad approcciarsi alla scrittura e alla lettura di parole o numeri. Generalmente, durante il primo anno di scuola primaria chi soffre di disturbo specifico della compitazione manifesta i primi segni.

6.5 Il disturbo della comprensione del testo

Un disturbo correlato ai principali DSA riguarda la **comprensione del testo** che concerne la capacità di coglierne efficacemente il significato, coinvolgendo compiti complessi: per poter comprendere quanto letto o ascoltato, è necessario possedere un buon lessico e il lessico si acquisisce e arricchisce leggendo; la comprensione richiede una capacità inferenziale e una memoria di lavoro che permettono di mettere in relazione più elementi costitutivi del testo.

I bambini che ricevono maggiori stimoli dalla famiglia e dall'ambiente socio-culturale hanno, in genere, buone capacità di comprensione dei testi narrativi, non sempre dei testi problematici o di altra natura.

Il soggetto affetto da tale disturbo può apparire distratto nella situazione educativa, può avere difficoltà ad assimilare adeguatamente i contenuti proposti, lento ad afferrare determinati concetti o passaggi del testo, non riuscire a cogliere i problemi con una visione di insieme.

Come disturbo specifico di apprendimento è stato a lungo escluso dalla ricerca e incluso, invece, in altre diagnosi quali: disturbi del linguaggio, dislessia, ritardo mentale lieve, difficoltà aspecifiche di memoria e studio.

L'approfondimenti diagnostico consente di distinguere il disturbo dalle difficoltà di comprensione ascrivibili a fattori quali: istruzione, contesto familiare, livello socio-culturale, vale a dire a fattori temporanei e reversibili che riguardano o il bambino o il suo contesto familiare.

Nei disturbi di comprensione, invece, l'influenza di questi fattori non è rilevante. I disturbi di comprensione non sono, dunque, conseguenza di situazioni svantaggianti.

Nello studio dei disturbi di comprensione del testo sono stati identificati deficit a livello delle seguenti capacità: memoria di lavoro, elaborazione lessicale, elaborazione sintattica della frase, elaborazione a livello del testo, abilità metacognitive, aspetti linguistici della comprensione.

7 La procedura diagnostica

Vista la complessità dei problemi afferenti all'area dei DSA, risulta chiaro che ciò che si può fare all'interno della scuola e in famiglia è molto importante, ma non sufficiente; è quindi necessario un processo diagnostico e terapeutico personalizzato, per poter davvero ottenere risultati soddisfacenti.

Attualmente **non si dispone di marker fisici per individuare i DSA**; tali disturbi vengono diagnosticati sulla base di un quadro complesso di valutazioni cliniche, di risultati ai test standardizzati, di osservazioni dirette, sia del clinico, sia della famiglia sia della scuola; alla fine la diagnosi viene emessa sulla base del giudizio clinico dello specialista.

Come abbiamo già detto, la diagnosi precoce offre indiscutibilmente buone garanzie per la riduzione dei disturbi.

Occorre dedicare particolare importanza all'indagine anamnestica perché consente la raccolta di informazioni generali utili allo scopo diagnostico, nonché di indagare lo sviluppo visivo e uditivo e, dunque, di individuare eventuali altri deficit. Bisogna, infatti, escludere da questi disturbi le difficoltà determinate da scarse capacità intellettive, presenza di deficit sensoriali, inadeguata esposizione ai contenuti curriculari, importanti difficoltà di ordine emotivo.

É necessario preliminarmente effettuare una puntuale verifica strumentale per definire l'esatta corrispondenza di tutti i sintomi di inclusione del deficit da DSA.

In una fase successiva vengono disposte quelle indagini cliniche necessarie per la conferma diagnostica, mediante l'esclusione della presenza di patologie o anomalie sensoriali, neurologiche, cognitive e/o di gravi psicopatologie.

Per passare dalla diagnosi clinica a quella funzionale, occorre un'analisi accurata di tutte le componenti, sia delle funzioni deficitarie sia delle funzioni integre. Ciò comporta un approfondimento valutativo di altre abilità fondamentali o complementari (linguistiche, percettive, prassiche, visuomotorie, attentive, mnemoniche) oltre che dei fattori ambientali e delle condizioni emotive e relazionali per una presa in carico della persona nella sua globalità.

Le difficoltà nelle competenze comunicativo-linguistiche, motorio-prassiche, uditive e visuospaziali in età prescolare rappresentano indicatori di rischio di DSA, soprattutto in presenza di un'anamnesi familiare positiva.

Gli **screening degli indicatori di rischio** possono essere effettuati dagli stessi insegnanti sotto la supervisione dei professionisti del campo: tale attività costituisce una vera e propria ricerca-azione.

É chiaro che lo screening richiede un'attività di formazione e di costruzione condivisa di strumenti con gli operatori sanitari o di centri specializzati, al fine di mettere gli insegnanti nella condizione di riconoscere gli indicatori di rischio e di favorire in modo ottimale lo sviluppo delle competenze implicate nell'apprendimento della letto-scrittura e del calcolo.

La diagnosi va comunque effettuata in momenti specifici e, come affermano gli studiosi, "*nonostante sia prematuro fare diagnosi conclamata di dislessia, disgrafia prima della seconda primaria e discalculia prima della terza primaria, è possibile, già alla fine della prima elementare o all'inizio della seconda elementare porre il forte sospetto diagnostico di rischio di DSA. In questo caso è opportuno mettere in atto tutte quelle procedure che siano utili a ridurre le difficoltà riscontrate*"[6].

[6] R. Medeghini, *Perché è così difficile imparare? Come la scuola può aiutare gli alunni con disturbi specifici di apprendimento*, Ed. Vannini, 2005.

7.1 Indicatori per i docenti

Quando c'è un sospetto di DSA è importante coinvolgere, dunque, la famiglia e riferirsi ai professionisti per una diagnosi precoce.

Ancor prima dell'inizio del percorso scolastico, i genitori possono rilevare alcune difficoltà a svolgere semplici funzioni quotidiane relative alla cura di sé e al rapporto con l'ambiente di vita. Ne costituiscono un esempio i seguenti segnali precursori del disturbo in età prescolare:

— il bambino fa fatica ad usare le posate;
— non riesce ad allacciare i bottoni;
— esce dai margini nella colorazione di un disegno;
— fa fatica a collocare al posto giusto formine e giochi ad incastro.

Qui di seguito vengono riportati alcuni **indicatori per i docenti**, utili per rilevare eventuali difficoltà nei propri alunni nelle diverse fasi scolastiche.

Al riguardo è opportuno precisare che le rilevazioni sono da considerarsi elementi di allarme, solo se inquadrate nel contesto evolutivo generale dell'alunno e qualora si manifestino in maniera non isolata ma associata ad altri fattori, siano evidenziati con continuità e se non si rilevi una tendenza al superamento della difficoltà. Ogni individuo, infatti, ha i suoi ritmi di sviluppo, scandito da fasi non sempre coincidenti con quelle di altri soggetti.

Elementi da osservare nella Scuola dell'Infanzia:

- difficoltà nel linguaggio;
- inadeguatezza nei giochi meta-fonologici;
- difficoltà a memorizzare filastrocche;
- difficoltà nella manualità fine;
- goffaggine nel vestirsi, allacciarsi le scarpe ecc.;
- inadeguato riconoscimento destra/sinistra.

Elementi da osservare nella Scuola Primaria:

- difficoltà nel memorizzare sequenze (mesi, giorni, ordine alfabetico ecc.);
- difficoltà a copiare dalla lavagna;
- utilizzo difficoltoso dello spazio-pagina;
- lentezza nell'acquisizione del codice alfabetico e della corrispondenza grafema/fonema;
- scrittura speculare di grafemi e numeri;
- errori fonologici nella fase alfabetica della scrittura (inversioni, sostituzioni, omissioni, intrusioni);
- difficoltà con i digrammi e trigrammi;
- scarsa competenza meta-fonologica;
- difficoltà grafo-motorie;

- lettura lenta con errori (salti di riga, ripetizione di riga, confusione tra grafemi p/b/d; a/e/o; u/n; m/n);
- difficoltà di calcolo a mente entro il 10;
- lentezza ed errori nella enumerazione all'indietro da 20 a 0;
- difficoltà nella lettura e scrittura dei numeri ad una cifra;
- difficoltà a memorizzare le procedure delle operazioni aritmetiche;
- difficoltà di attenzione;
- difficoltà nella lettura dell'orologio;
- difficoltà nel ricordare le date importanti o il proprio numero di telefono;
- difficoltà nella gestione del tempo;
- poca autostima e sicurezza di sé.

Elementi da osservare nella Scuola Secondaria di 1° e di 2° grado:

- lentezza esecutiva;
- problemi legati alla comprensione e alla stesura testo;
- problematiche emotive e comportamentali;
- divario tra potenzialità cognitive e richieste della scuola;
- problemi di disistima e frustrazione causati dal perdurare degli insuccessi;
- problemi di apprendimento;
- rischio di abbandono degli studi.

Nel corso del secondo ciclo d'istruzione è possibile distinguere:

- **dislessici recuperati**
  I *dislessici recuperati* non mostrano più alcuna difficoltà di lettura. Di solito *recuperano entro il termine della scuola secondaria di primo grado* e non presentano problemi evidenti nel corso del secondo ciclo d'istruzione.

- **dislessici compensati**
  I *dislessici compensati* scompongono la categoria più numerosa e presentano:
  - difficoltà rispetto alla decodifica di parole nuove, di sigle e formule;
  - difficoltà rispetto a ragionamenti astratti (teoremi matematici) e nello studio delle lingue straniere in forma scritta;
  - a causa dello sforzo che compiono per leggere, tendono a leggere testi una sola volta, ad avere difficoltà di comprensione e organizzazione dello studio individuale, nonché a isolarsi e a sentirsi diversi dagli altri.

- **dislessici persistenti**
  I *dislessici persistenti* mantengono consistenti difficoltà di lettura e non sono in grado di leggere a una velocità sufficiente per comprendere il testo.
  In genere a causa delle loro evidenti difficoltà, vengono riconosciuti come soggetti con disturbi di apprendimento, anche se non sempre appare chiaro il motivo di tali difficoltà.

I DSA in età scolare avanzata (quelli in particolare del secondo ciclo) spesso sono accompagnati da **manifestazioni psicologiche**, come ansia da prestazione, perdita dell'autostima, fobia scolastica, disturbi del comportamento, tendenza ad assumere comportamenti aggressivi, depressione ecc.

Per tali ragioni risultano indispensabili le *strategie didattiche*, le *misure dispensative* e gli *strumenti compensativi* opportunamente definiti e concordati dalla scuola in collaborazione con la famiglia di cui tratteremo nei prossimi paragrafi.

8 La disciplina in materia di DSA

Negli ultimi venti anni le iniziative e gli interventi di carattere legislativo, sociale e pedagogico in favore delle persone con DSA hanno assunto un'importanza sempre maggiore.

Le trasformazioni culturali hanno contribuito a produrre una maturazione critica nel campo della pedagogia speciale che, dallo studio delle tecniche e dei *metodi speciali,* nel giro di pochi anni è passata allo studio dei *bisogni specifici* e alla progettazione di risposte che si collocano nella prospettiva dell'*inclusione sociale*.

A partire dal 2004 sono state emanate alcune note di indirizzo da parte del MIUR, dapprima con carattere di consiglio e di possibilità, poi nelle ultime formulazioni assai più prescrittive.

La **legge** sui disturbi specifici di apprendimento, **n. 170 del 8-10-2010**, è indubbiamente un documento innovativo che ha determinato un radicale cambiamento del contesto operativo per la gestione dei DSA nella scuola italiana.

Rappresenta un punto di svolta poiché apre un diverso canale di cura educativa, concretizzando i principi di personalizzazione dei percorsi di studio enunciati nella Legge n. 53/2003, nella prospettiva della "*presa in carico*" dell'alunno con BES da parte di ciascun docente curricolare e di tutto il team di docenti coinvolto.

La legge è giunta ad approvazione dopo un iter lungo e controverso in quanto è cresciuta gradualmente la consapevolezza sociale dell'importanza dei DSA, dell'inadeguatezza della situazione italiana rispetto a quella degli altri Paesi europei, e della necessità di un cambiamento di prospettiva che investa in particolare la scuola, in quanto se i DSA richiedono l'intervento degli operatori sanitari per stabilirne la presenza (diagnosi, trattamenti riabilitativi) è, però, nel contesto scolastico che si realizza l'intervento educativo, mediante la messa in campo di competenze didattiche e pedagogiche specifiche ad opera dei docenti. La legge stabilisce il riconoscimento ufficiale dei DSA, enumerando quei disturbi che hanno un solido status scientifico (dislessia, disgrafia, disortografia, discalculia).

La legge citata identifica, di fatto, un percorso di segnalazione del disturbo che prevede che la scuola metta in atto interventi tempestivi per l'individuazione di casi sospetti, cui seguono attività di *"recupero didattico mirato"*. Sottolinea, inoltre, che l'esito e gli *"interventi tempestivi idonei a individuare i casi sospetti di DSA"* non costituiscono una diagnosi.

Nel caso di persistenti difficoltà, la scuola trasmette *"apposita comunicazione alla famiglia"*.

Si individuano, pertanto, precisi doveri per la scuola, ma la decisione di rivolgersi ai servizi sanitari per ottenere un inquadramento diagnostico è ovviamente affidata alla famiglia, la quale poi ne comunicherà alla scuola l'eventuale esito.

Quanto alla diagnosi, essa è di pertinenza del Servizio Sanitario Nazionale.

Un elemento fondamentale della legge è l'aver sancito che è un diritto per le persone con diagnosi di DSA l'uso di **strumenti compensativi** e **dispensativi di** flessibilità didattica, che sono sommariamente descritti più a livello di categoria generale che nello specifico, pur dando comunque alcune indicazioni di rilievo come la necessità di tener conto di caratteristiche come il bilinguismo, o la possibilità anche di esonero dallo studio della lingua straniera. Il diritto riguarda anche le forme di verifica e di valutazione, che sono garantite in tutto il percorso scolastico.

Un dato qualitativamente importante stabilito dalla legge è la possibilità per i familiari dei ragazzi con DSA di poter usufruire di orari di lavoro flessibili per l'assistenza nelle attività scolastiche a casa; tale diritto è limitato al primo ciclo e le modalità di realizzazione sono demandate ai contratti collettivi nazionali di lavoro.

Il **D.M. n. 5669 del 12-07-2011** ha, poi, introdotto nella legislazione italiana le *Linee Guida per il Diritto allo studio degli alunni e degli studenti con DSA*.

Le Linee Guida indicano il livello essenziale delle prestazioni richieste alle istituzioni scolastiche per realizzare il *processo di inclusione* e garantire il *diritto allo studio e al successo formativo attraverso*:

- la formazione del personale docente e dirigente di scuole di ogni ordine e grado, e degli atenei;
- la realizzazione di interventi didattici individualizzati e personalizzati;
- l'uso gli strumenti compensativi e applicazione di misure dispensative;
- l'Individuazione di compiti e ruoli di *USR, dirigenti, docenti, alunni, famiglie*.

La capacità di osservazione degli insegnanti assume un ruolo fondamentale in tutto il percorso scolastico.

Quando un docente osserva determinate caratteristiche *atipiche* nelle prestazioni scolastiche di un alunno, secondo il suo personale stile di apprendimento, predispone specifiche attività di recupero e potenziamento.

Se, anche a seguito di tali interventi, l'atipia permane, sarà necessario comunicare alla famiglia quanto riscontrato, consigliandole di ricorrere ad uno specialista per accertare la presenza o meno di un disturbo specifico di apprendimento.

L'art. 6 stabilisce che "*...Solo in caso di particolari gravità del disturbo di apprendimento, anche in comorbilità con altri disturbi o patologie, risultanti dal certificato diagnostico, l'alunno o lo studente possono – su richiesta delle famiglie e conseguente approvazione del consiglio di classe – essere esonerati dall'insegnamento delle lingue straniere e seguire un percorso didattico differenziato.*"

"*... In sede di esami di Stato, i candidati con DSA che hanno seguito un percorso didattico differenziato e sono stati valutati dal consiglio di classe con l'attribuzione di voti e di un cre-*

dito scolastico relativi unicamente allo svolgimento di tale piano, possono sostenere prove differenziate, coerenti con il percorso svolto, finalizzate solo al rilascio dell'attestazione di cui all'art. 13 del DPR n.323/1998."

Ai fini della corretta interpretazione delle disposizioni contenute nel decreto attuativo, è opportuno precisare che l'"esonero" riguarda l'insegnamento della lingua straniera nel suo complesso, mentre la "dispensa" concerne unicamente le prestazioni in forma scritta.

L'esonero totale dallo studio della lingua straniera nella scuola secondaria di secondo grado non consente il rilascio di un diploma quinquennale e di ciò le famiglie devono essere esplicitamente avvertite e devono firmare uno specifico documento in tal senso, di cui una copia viene conservata agli atti della scuola.

Ricevuta la diagnosi di DSA, il Consiglio di classe può procedere allo schema di un **Piano didattico personalizzato (PDP)**, in accordo con la famiglia e lo specialista di riferimento. Il PDP deve essere personalizzato per metodologia, ma non per obiettivi che devono essere gli stessi del gruppo classe (a differenza di quanto avviene per il PEI per i disabili). In alcuni casi sono sufficienti solo alcune indicazioni generali, comuni a tutte le discipline. In altri casi, invece, il Consiglio di classe deve identificare strategie compensative specifiche per ogni disciplina.

8.1 Strumenti compensativi e dispensativi per gli studenti con DSA

La legge sui disturbi specifici di apprendimento n. **170/2010**, è indubbiamente un documento innovativo che ha determinato un radicale cambiamento del contesto operativo per la gestione dei DSA nella scuola italiana.

Un elemento fondamentale della legge è l'aver sancito che è un diritto per le persone con diagnosi di DSA l'uso di **strumenti compensativi e dispensativi di flessibilità didattica**, che sono sommariamente descritti più a livello di categoria generale che nello specifico.

I principali **strumenti** che consentono di compensare difficoltà di esecuzione di compiti derivanti da una disabilità specifica, sono:

- *Il computer per il controllo sintattico, ortografico e per la sintesi vocale*
- *La tabella dei mesi, dell'alfabeto e dei vari caratteri*
- *La tabella delle misure, delle formule geometriche*
- *La tavola pitagorica*
- *La calcolatrice*
- *L'audio registratore o lettore MP3* (ora disponibili anche su tutti gli smartphone)
- *Il vocabolario multimediale e i software interattivi*
- *L'enciclopedia multimediali e Wiki online*
- *L'audiolibro*
- *I testi scolastici con espansioni online specifiche per BES e DSA*
- *Internet*

Parallelamente, in maniera commisurata alle necessità individuali e all'entità del disturbo di apprendimento, si dovrà garantire la **dispensa da alcune attività**:

- lettura a voce alta;
- scrittura veloce sotto dettatura;
- copia dalla lavagna;
- uso del vocabolario;
- uso mnemonico delle tabelline;
- studio delle lingue straniere in forma scritta.

È opportuno poi intervenite a livello di **programmazione didattica**, prevedendo:

- tempi più lunghi per lo svolgimento di prove scritte;
- tempi adeguati di elaborazione;
- riduzione del carico di lavoro;
- interrogazioni programmate;
- uso e scelta dei mediatori didattici che facilitano l'apprendimento;

Le tabelle, gli schemi, le registrazioni e le mappe sono utili mediatori didattici in quanto:

- stimolano e supportano l'apprendimento
- sollecitano le generalizzazioni
- aiutano ad appropriarsi di quadri d'insieme
- sollecitano i processi di pensiero, la riflessione.
- valutazione delle prove scritte ed orali che tengano conto del contenuto e non della forma.

9 Il quadro normativo sui BES

Per quanto riguarda i BES, il riferimento normativo principale è la **Direttiva MIUR 27 dicembre 2012** "*Strumenti di intervento per alunni con BES e organizzazione territoriale per l'inclusione scolastica*".

La Direttiva ridefinisce e completa il tradizionale approccio all'integrazione scolastica, basato sulla certificazione della disabilità, estendendo il campo di intervento e di responsabilità di tutta la comunita educante all'intera area dei bisogni educativi speciali (svantaggio sociale e culturale, disturbi specifici di apprendimento e/o disturbi evolutivi specifici, difficoltà derivanti dalla non conoscenza della cultura e della lingua italiana per l'appartenenza a culture diverse).

La Direttiva sottolinea una visione globale della persona, con riferimento alla classificazione internazionale del funzionamento (ICF), distinguendo, come sappiamo, tra disabilità, disturbi evolutivi specifici e svantaggio socio-economico, linguistico e culturale.

Più dettagliate indicazioni sulla gestione delle diverse problematiche dell'inclusività, concepita come categoria concettuale molto ampia, caratterizzata da diversificate esigenze educative e didattiche, sono contenute nella **C.M. n. 8 del 6 marzo 2013** *"Strumenti di intervento per alunni con bisogni educativi speciali e organizzazione territoriale per l'inclusione scolastica".*

La circolare stabilisce quanto segue:

- I casi di disabilità e di DSA rimangono soggetti a obbligo di certificazione;
- viene richiamato, per gli anni terminali, la data del **31 marzo** come limite per la presentazione della certificazione da parte delle famiglie;
- lo svantaggio socio-economico, linguistico e culturale va individuato sulla base di elementi oggettivi.
- Nelle more del rilascio della certificazione di DSA da parte di una struttura pubblica, si raccomanda di **adottare preventivamente** le misure previste dalla legge 170/2010;
- per altri BES, in assenza di certificazione clinica o di diagnosi, il Consiglio di classe, sulla base di considerazioni pedagogiche e didattiche, decide se e quando è necessaria la personalizzazione della didattica, **motivando opportunamente e verbalizzando, le decisioni assunte;**
- i percorsi personalizzati vanno attivati per il tempo necessario al superamento del bisogno;
- a differenza delle situazioni di disturbo documentate da diagnosi, **le misure dispensative hanno carattere transitorio** e attinente aspetti didattici, privilegiando strategie educative e didattiche attraverso percorsi personalizzati.

9.1 Linee guida per l'accoglienza degli alunni stranieri

Il costituirsi dell'Unione Europea e, su scala mondiale, la globalizzazione dei rapporti economici e delle influenze culturali determinano nuove esigenze di integrazione.

Sul piano nazionale, fino alla fine degli anni Novanta, le tematiche dell'interculturalità erano essenzialmente compensative, finalizzate cioè al tema specifico dell'**inserimento** dell'alunno straniero e delle misure necessarie per garantirlo.

Le **Linee Guida per l'accoglienza e l'integrazione degli alunni stranieri**, emanate dal MIUR nel febbraio 2014 individuano alcuni punti fermi sul piano normativo, alla luce di uno scenario profondamente mutato che ha richiesto di aggiornare le indicazioni operative per le scuole.

Uno degli aspetti sui quali le linee guida insistono molto è, naturalmente, l'**apprendimento dell'italiano come seconda lingua**, soprattutto nelle scuole medie e superiori. I ragazzi stranieri che non parlano italiano devono poter fruire di **laboratori linguistici dedicati.**

Il Miur precisa nelle Linee guida che il Piano annuale per l'inclusione deve essere inteso come un momento di riflessione di tutta la comunità educante, non dunque come un ulteriore adempimento burocratico, ma quale integrazione del Piano dell'offerta formativa, di cui è parte sostanziale.

In base alle Linee guida ogni scuola deve redigere un **Protocollo di accoglienza per l'inserimento degli alunni stranieri**; tale documento contiene indicazioni condivise e concertate per facilitare l'ingresso a scuola e sostenere gli studenti nella fase di adattamento al nuovo ambiente, per entrare in relazione con la famiglia immigrata e per promuovere la comunicazione e la collaborazione tra le scuole e il territorio sui temi dell'accoglienza e dell'educazione interculturale.

Ogni scelta didattica è effettuata dal Consiglio di classe/interclasse lungo tutto il percorso scolastico anche successivamente alla prima fase di inserimento e deve essere contenuta nel **Piano di studio personalizzato** che costituisce il punto di riferimento essenziale per la valutazione dell'alunno straniero.

Le Linee guida raccomandano di privilegiare la **valutazione formativa** rispetto a quella certificativa, prendendo in considerazione il percorso dell'alunno, i passi realizzati, la motivazione, l'impegno e soprattutto le potenzialità dimostrate.

La decisione in merito al passaggio alla classe successiva o al successivo grado di istruzione prevede una valutazione diluita in un arco di tempo più lungo, almeno **due anni**, che faccia riferimento ad una pluralità di elementi fra cui la previsione di sviluppo dell'alunno.

II La lezione simulata

Sommario Parte II

1
La lezione simulata come prova di concorso

1 La prova orale nel concorso a cattedre

Negli ultimi due concorsi a cattedre del 2012 e del 2016, la prova orale è coincisa con la presentazione di una **lezione simulata**. In particolare nelle precedenti selezioni, la lezione verteva su una *traccia estratta dal candidato 24 ore prima* della data programmata per la sua prova orale, traccia estratta tra 3 preparate dalla Commissione. Ad essa seguiva un **colloquio**, della durata massima di 30 minuti, nel corso del quale approfondire i contenuti, le scelte didattiche e metodologiche della lezione.

Per la presentazione della lezione simulata erano previsti 30/35 minuti, che costituivano un vincolo temporale intrinseco alla modalità di svolgimento della lezione. Non erano, dunque, né un tempo massimo, né un tempo minimo ma un *tempo da rispettare*. Ciò vuol dire che le commissioni hanno valutato anche la capacità del candidato di riuscire a regolare i tempi della sua presentazione.

Per il colloquio successivo, invece, il candidato aveva un vincolo massimo di pochi minuti (30 minuti nel 2012, 10 nel 2016) e quindi l'intero colloquio poteva svolgersi anche in un tempo inferiore.

Anche nel concorso 2018 per il reclutamento di docenti abilitati nella scuola secondaria di primo e secondo grado è previsto, come prova unica, un **colloquio di natura didattico-metodologica**, consistente in una *lezione simulata* e nell'esplicitazione delle scelte didattiche e metodologiche fatte dall'aspirante docente, in relazione ai contenuti disciplinari e al contesto scolastico indicato dalla commissione. La durata massima complessiva della prova (quindi lezione + colloquio successivo) è **45 minuti** come nel concorso 2016.

La prova orale articolata in questo modo ha, dunque, l'obiettivo di valutare *la padronanza delle discipline* e soprattutto la *capacità di trasmissione delle stesse*.

Durante i 45 minuti della lezione simulata verrà anche accertata la conoscenza, da parte del candidato, delle **tecnologie informatiche**, sia implicitamente (come nel caso in cui in il candidato, nell'esposizione della lezione simulata, presenti la lezione in PowerPoint dimostrando così di sapersi servire del PC o della LIM), sia esplicitamente, con domande mirate a verificare il possesso di tali competenze (facendo ad esempio utilizzare concretamente il PC per acquisire informazioni o per sviluppare materiali didattici) (→ Parte III, Cap. 4).

Durante la prova orale verrà accertata anche la capacità di comprensione e conversazione nella **lingua straniera** scelta dal candidato (tra inglese, francese, spagnolo e tedesco) almeno al livello B2 del Quadro Comune europeo di riferimento per le lingue (→ Parte III, Capp. 1, 2 e 3).

Riportiamo qui di seguito l'art. 6 del bando pubblicato in G.U. 16 febbraio 2018, n. 14:

«6. *Prova orale*.— 1. La presente procedura concorsuale prevede lo svolgimento di una **prova orale di natura didattico-metodologica**.

2. La prova orale consiste in una **lezione simulata** e nell'esplicitazione delle scelte didattiche e metodologiche in relazione ai **contenuti disciplinari e al contesto scolastico** indicati dalla commissione. La commissione nell'interlocuzione con il candidato accerta anche la conoscenza della *lingua straniera* secondo quanto indicato al comma 3 e al comma 4.

3. La prova orale per i posti comuni, distinta per ciascuna classe di concorso, ha per oggetto il programma di cui all'Allegato A del decreto ministeriale n. 95 del 2016, limitatamente alle parti e per i contenuti riguardanti le classi di concorso della scuola secondaria di primo e secondo grado, e *valuta la padronanza delle discipline in relazione alle competenze metodologiche e di progettazione didattica e curricolare*, anche mediante l'utilizzo delle tecnologie dell'informazione e della comunicazione. La prova orale valuta altresì la capacità di comprensione e conversazione nella lingua straniera prescelta dal candidato almeno al livello B2 del Quadro comune europeo di riferimento per le lingue. Per le classi di concorso di lingua straniera la prova orale si svolge interamente nella lingua stessa, inclusa l'illustrazione delle scelte didattiche e metodologiche in relazione ai contenuti disciplinari indicati dalla commissione.

4. La prova orale per i posti di sostegno verte sul programma di cui al predetto Allegato A del decreto ministeriale n. 95 del 2016 applicato solo per le parti e per i contenuti riguardanti le classi di concorso della scuola secondaria di primo e secondo grado, valuta la competenza del candidato nelle attività di sostegno alla studentessa e allo studente con disabilità volte alla definizione di ambienti di apprendimento, alla progettazione didattica e curricolare per garantire l'inclusione e il raggiungimento di obiettivi adeguati alle possibili potenzialità e alle differenti tipologie di disabilità, anche mediante l'impiego delle tecnologie normalmente in uso presso le istituzioni scolastiche. La prova orale valuta altresì la capacità di comprensione e conversazione nella lingua straniera prescelta dal candidato almeno al livello B2 del Quadro comune europeo di riferimento per le lingue.

5. Per la prova orale relativa a classi di concorso afferenti agli **ambiti disciplinari verticali** si rinvia alle disposizioni dell'Allegato A del decreto ministeriale n. 95 del 23 febbraio 2016, che prevede la *prova orale comune*».

2 Che cosa è una lezione simulata

La **lezione simulata** è un modello di prova concorsuale, come abbiamo visto, non nuovo nelle selezioni degli aspiranti docenti.

La prova consiste in una *simulazione di una lezione*: con essa gli esaminatori valutano non tanto le competenze disciplinari del candidato quanto le sue capacità didattiche, le competenze seppure elementari di pedagogia, oltre che la conoscenza della normativa scolastica da applicare. Si tratta di una prova in cui, cioè, *si fondono aspetti disciplinari, psicopedagogici e giuridici*.

Nel precedente concorso a cattedre, in particolare, le **tracce** predisposte dalle commissioni erano formulate in modo tale che il candidato potesse dimostrare le seguenti competenze:

a) padronanza delle discipline di insegnamento in prospettiva multi e interdisciplinare;
b) conoscenza delle *metodologie tipiche disciplinari*, *delle strategie didattiche*, degli strumenti digitali e interattivi nell'ottica dell'inclusione e della personalizzazione dell'offerta formativa; capacità di predisporre e organizzare l'ambiente di apprendimento;
c) *conoscenza delle tematiche relative alla valutazione* con riferimento alle rilevazioni nazionali e internazionali; adozione di strumenti di verifica e valutazione dell'insegnamento e dell'apprendimento;
b) *capacità di comunicazione*; l'insegnamento è una forma di comunicazione in cui è fondamentale catturare e mantenere l'attenzione dell'allievo/destinatario;
c) *capacità di progettazione didattica* anche con riferimento alle TIC e agli alunni con bisogni educativi speciali. Nella lezione simulata l'aspirante docente deve, dunque, dimostrare di saper strutturare una lezione inquadrandola all'interno di una programmazione didattica e facendo riferimento ai bisogni specifici dei componenti di una ipotetica classe;
d) per la *lingua straniera*, capacità di cogliere le idee fondamentali degli argomenti richiesti e di comunicare con scioltezza, nel rispetto delle strutture grammaticali e dell'adeguatezza lessicale.

Anche nella formulazione delle tracce, risulta chiaramente che la lezione simulata non serve per esporre un argomento «come se ci si rivolgesse a degli studenti», la qual cosa risulterebbe anche artificiosa, ma deve servire per *consentire al candidato di dimostrare di essere in grado di progettare un'attività didattica reale*, esplicitandone gli elementi essenziali:

— l'argomento prescelto;
— l'ordine o l'indirizzo scolastico;
— l'età degli alunni;
— la durata della lezione;
— gli strumenti e i materiali previsti anche con riferimento a tecnologie avanzate e alla presenza eventuale di alunni con bisogni educativi speciali.

Ad esempio, nel precedente concorso a cattedre 2012 fu assegnata da una Commissione per la classe di concorso *A12 Discipline letterarie negli istituti di istruzione secondaria di secondo grado*, un lezione simulata del seguente tenore «*Caratteristiche peculiari di una canzone. Il contesto scelto è quello di un III anno del Liceo Scientifico, in cui l'argomento viene affrontato nel secondo quadrimestre. Il contesto classe è composto da 18 alunni e tra di essi sono presenti due alunni con DSA.*»

TRACCE UFFICIALI

Riportiamo qui di seguito alcune delle tracce ufficiali per la lezione simulata, sorteggiate dai candidati del precedente concorso a cattedre.
Tra i diversi ordini e gradi di scuola e le varie classi di concorso, ci sono state notevoli differenze per impostazione e struttura.
Alcune tracce (soprattutto quelle relative alla scuola dell'infanzia e primaria) hanno previsto il riferimento alla problematica dell'inclusione e alle conseguenti scelte metodologiche per realizzare una didattica differenziata, altre si sono limitate alla proposta di tematiche o argomenti di studio.

In molti casi di fronte a tracce puramente disciplinari, sono stati gli stessi candidati a inserire spunti relativi ai BES, ai DSA, alle dinamiche dell'inclusione in genere (nella realtà in ogni classe è presente una certa percentuale di alunni con problematiche riferibili alle diverse aree dei bisogni educativi speciali, cui deve essere rivolta l'attenzione del docente), e anche alle nuove tecnologie didattiche.
In questo modo la Commissione ha potuto valutare appieno le competenze metodologico-didattiche dei candidati nonché quelle informatiche, oltre alla conoscenza di tutti gli aspetti giuridici, ordinamentali e pedagogici che concernono le attività dell'insegnante.

A08: Discipline geometriche, architettura, design d'arredamento e scenotecnica

- Un'importante distinzione, da cui derivano diversi sistemi di rappresentazione, si ha tra proiezioni centrali e proiezioni parallele: delineare le differenze e le affinità.
- Il rilievo architettonico ed il metodo diretto.

A12: Discipline letterarie negli istituti di istruzione secondaria di II grado

- Analisi e commento dell'articolo 7 della Costituzione Italiana: rapporti tra Chiesa e laicità.
- La politica culturale in Italia nel periodo del fascismo.
- Peculiarità stilistiche e tematiche in un'opera di Carlo Goldoni.
- Le origini di Roma e la transizione dalla Monarchia alla Repubblica in una classe prima.
- Il candidato simuli un'unità di apprendimento sulla tematica "L'età dei lumi e delle rivoluzioni". Nel corso della simulazione il candidato dovrà esplicitare la progettazione didattica nelle sue fasi che si avvarrà anche dell'utilizzo di strumenti informatici, specificandone obiettivi e scelte metodologiche.
- Il candidato simuli un'unità di apprendimento relativa alla tematica: "*Diritti e doveri all'istruzione e allo studio*". Nel corso della simulazione il candidato dovrà esplicitare la progettazione didattica nelle sue fasi che si avvarrà anche dell'utilizzo di strumenti informatici, specificandone obiettivi e scelte metodologiche.
- Il candidato, partendo da un testo o da un documento tratto da un manuale di letteratura italiana, progetti un'unità di apprendimento sulla tematica "La polemica classico-romantica", indicando: la classe, il livello di competenza dei destinatari, il contesto di insegnamento, i tempi, gli obiettivi di apprendimento, i prerequisiti, i metodi, i sussidi didattici, la verifica, la valutazione, il percorso didattico articolato in fasi.

Costruisca un'attività dettagliata e completa di istruzioni per lo studente e una prova che verifichi il conseguimento degli obiettivi di apprendimento predefiniti.

- Il candidato evidenzi gli elementi significativi e imprescindibili della trattazione del seguente argomento inerente all'insegnamento di Italiano: "L'influenza di Kafka nel romanzo italiano del '900", nell'ambito di un'articolata progettazione didattica che contempli: l'indirizzo, la classe; l'articolazione dei contenuti e la durata; gli obiettivi specifici di apprendimento e i traguardi per lo sviluppo di competenze; la metodologia scelta per la trattazione dell'argomento, anche con riferimento all'eventuale presenza di alunni con bisogni educativi speciali; l'utilizzo delle tecnologie multimediali; le modalità di verifica e valutazione e l'eventuale ricorso a strategie di recupero e potenziamento.
- Il candidato predisponga una lezione sull'argomento di seguito riportato: "Medioevo, Umanesimo e Rinascimento: analogie e differenze nei contenuti e nello stile della produzione letteraria". La lezione sarà preceduta dall'illustrazione delle scelte contenutistiche, didattiche e metodologiche. Il candidato specifichi inoltre la classe destinataria della lezione.

A13: Discipline letterarie, latino e greco

- Il candidato predisponga un'articolata progettazione didattica sull'uso dello zeugma e del nesso relativo alla prosa di Sallustio, con riferimento a più testi ritenuti significativi.

A17: Disegno e storia dell'arte negli istituti di istruzione secondaria di II grado

- Un'intersezione di grande efficacia: L'iperbole.
- Le Coniche.
- Giorgio Morandi: la solennità della natura morta e del paesaggio.

  Il Candidato proponga una lezione, che potrà avere la forma della lezione frontale, della lezione partecipata, dello studio di caso, di altra metodologia attiva, dell'esercitazione, del laboratorio o di altro tipo di intervento didattico, avente la finalità di trasmettere le competenze di cui alla traccia sorteggiata.

  Durante lo svolgimento della prova, il candidato simulerà la lezione, facendola precedere dalla presentazione del contesto di svolgimento e della connessa progettazione didattica. Nel caso di interventi che prevedano anche l'intervento degli studenti, il candidato può nel corso dell'intervento, inframmezzare la lezione con una descrizione di ciò che dovrebbero fare nel frattempo gli ipotetici discenti.

A19: Filosofia e storia

- Alla luce del periodo storico di riferimento il candidato illustri cosa intende Arendt con "vita activa", si facciano gli opportuni riferimenti con la polis greca.
- I principi a fondamento della democrazia occidentale: libertà, uguaglianza e fraternità».

A21: Geografia

- I fattori umani e territoriali che influenzano le aree di popolamento.

A22: Italiano, storia, geografia, nella scuola secondaria di I grado

- Il candidato predisponga una lezione volta a favorire la comprensione dei testi narrativi e la capacità di immaginazione degli alunni di una classe seconda della scuola secondaria di primo grado.
- Il testo narrativo: il racconto.
- Le regole della comunicazione (emittente, messaggio, destinatario, canale, situazione, registri, funzioni).
- Delineare un percorso di lettura per una classe di scuola secondaria di primo grado, selezionando 3, 4 testi, anche stranieri, sul tema del profugo e dello straniero.
- I fattori umani e territoriali che influenzano le aree di popolamento.

A24: Lingue e culture straniere negli istituti di istruzione secondaria di II grado (FRANCESE)

- Il candidato simuli una lezione rivolta ad una classe prima della scuola secondaria di secondo grado sul seguente argomento: C'est/il est
  La lezione deve essere corredata dei testi, documenti e siti internet eventualmente utilizzati, oltre che delle attività e degli esercizi da proporre agli allievi. Si tenga conto della presenza nella classe di un allievo DSA o BES o HC a scelta del candidato che, per la presentazione, può avvalersi di strumenti multimediali.
- Le XIX siècle, Verlaine, Sagesse "La Bise".
- Présentez, en 35 minutes au maximum, une séance didactique ayant le but de développer des connaissances et des compétences linguistiques/culturelles pour la classe et le sujet indiqués.
  Justifiez également le choix des objectifs, des contenus, des supports et des méthodes.
  Classe: Istituto Professionale (indirizzo a scelta) 5° anno
  Suject: La religion et la laïcité en France
- Présentez, en 35 minutes au maximum, une séance didactique ayant le but de développer des connaissances et des compétences linguistiques/culturelles pour la classe et le sujet indiqués.
  Justifiez également le choix des objectifs, des contenus, des supports et des méthodes.
  Classe: Liceo (indirizzo a scelta) 2° biennio
  Suject: Una visite au musée d'Orsay.

A25: Lingua inglese e seconda lingua comunitaria nella scuola secondaria di primo grado (INGLESE)

- Il candidato/La candidata prepari una lezione in classe terza della scuola secondaria di primo grado che abbia come titolo "Present Perfect and Past Simple".

  La lezione deve essere contestualizzata nel percorso didattico di apprendimento di cui fa parte, avendo cura di specificare:

  - ordine di scuola, anno di studi ed età degli studenti
  - competenze da acquisire
  - prerequisiti

- obiettivi
- contenuti
- metodologia
- strumenti
- attività
- verifica/verifiche
- valutazione.

A28: Matematica e Scienze (scuola secondaria I grado)

- Il candidato predisponga una lezione sull'argomento di seguito riportato.
  Organizzazione degli invertebrati: Molluschi ed Echinodermi.
  La lezione dovrà avere una durata massima di 35 minuti e sarà preceduta dall'illustrazione delle scelte contenutistiche, didattiche e metodologiche.
- Il candidato predisponga una lezione sull'argomento di seguito riportato, individuando la classe di riferimento.
  Frazioni come operatori: classificazione e confronto.
  La lezione dovrà avere una durata massima di 35 minuti e sarà preceduta dall'illustrazione delle scelte contenutistiche, didattiche e metodologiche.
- In una lezione simulata, preceduta da una illustrazione delle scelte contenutistiche, didattiche e metodologiche, con riferimento alle Indicazioni nazionali per il curricolo e alle tecnologie dell'informazione e della comunicazione, il candidato espliciti, attraverso una progettazione didattica contestualizzata, il seguente argomento: "Strumenti di osservazione: gli strumenti dello scienziato".

A31: Scienze degli alimenti

Il candidato evidenzi gli elementi significativi ed imprescindibili della trattazione del seguente argomento inerente all' insegnamento di Scienze degli alimenti: "Funghi microscopici: Muffe e Lieviti in alimentazione.

A34: Chimica

- Il trasferimento dei geni nei microrganismi: coniugazione, trasduzione , trasformazione e trasposizione.

A45: Scienze economico - aziendali

- L'impresa simulata.
- La classificazione delle operazioni bancarie.
- Le scritture di integrazione.
- Il candidato evidenzi gli elementi significativi ed imprescindibili della trattazione del seguente argomento: "Remunerazione del credito: l'interesse", nell'ambito di un'unità di apprendimento specifica e articolata.

A48: Scienze motorie e sportive negli istituti di istruzione secondaria di II grado

- Il candidato presenti un modulo didattico composto da 5/6 lezioni consecutive per una classe seconda di scuola secondaria di II grado, relativa al "Rifiuto di ciò che può creare dipendenze comportamentali" come devices, videogiochi e social, educando a stili di vita alternativi e maggiormente dinamici. Illustri gli obiettivi da perseguire, i contenuti da sviluppare, la metodologia didattica da utilizzare e i criteri di valutazione dell'apprendimento degli studenti.

A49: Scienze motorie e sportive nella scuola secondaria di I grado

- Nell'ambito di una progettazione didattica per una classe di scuola secondaria di I grado, il candidato presenti una lezione per il miglioramento della capacità di equilibrio attraverso l'uso dei grandi attrezzi.
- Il candidato presenti una lezione destinata ad una classe seconda della scuola secondaria di primo grado rispetto al seguente argomento: pallamano, semplice schema di difesa. Nella trattazione il candidato evidenzi in particolare:
  - la progettazione educativo-didattica
  - la tecnica dei comunicazione adottata
  - l'eventuale utilizzo della tecnologia informatica
- In una classe terza di una scuola secondaria di primo grado, sulla base del tema "Il gioco, lo sport e le regole" il candidato utilizzi una UDA che abbia come obiettivo lo sviluppo delle capacità coordinative e di adattamento alle situazioni di gioco in forma originale e creativa. Descriva gli strumenti di verifica.
- Pallamano, i fondamentali di squadra.

Sostegno scuola secondaria di 1° grado

- Il candidato predisponga una lezione simulata relativa sull'argomento: "Il corpo umano" per una classe in cui sia presente un alunno affetto da lieve disturbo dell'apprendimento.
- In una lezione simulata sull'argomento "La corretta alimentazione", rivolta ad una classe in cui sia presente un alunno con disabilità intellettiva di grado lieve e disturbo dell'apprendimento, il candidato espliciti le scelte contenutistiche, didattiche e metodologiche e gli elementi di una progettazione didattica contestualizzata ed individualizzata, con riferimento alle Indicazioni nazionali per il curricolo e alle tecnologie dell'informazione e della comunicazione.
- Il candidato, dopo aver illustrato le scelte contenutistiche, didattiche e metodologiche, simuli una lezione sulle relazioni tra i corpi celesti presenti nel Sistema solare, con una metodologia volta a migliorare l'apprendimento di un alunno con lieve disabilità intellettiva.
- Il candidato simuli una lezione rivolta ad una classe sull'argomento "Le frazioni", tenendo conto della presenza di un alunno affetto da un disturbo rientrante nello spettro autistico che comporta problematiche moderate di tipo cognitivo, comunicazione linguistica ristretta e difficoltà nello sviluppo delle relazioni sociali.
- Nell'ambito di una laboratorio didattico di Italiano, il candidato predisponga una lezione per una classe in cui sia presente un alunno affetto da paralisi cerebrale, codificata

G80 secondo le classificazioni ICD. Ne espliciti le scelte contenutistiche, didattiche e metodologiche.

B11: Laboratorio di scienze e tecnologie agrarie

- Il candidato, dopo aver illustrato le scelte contenutistiche, didattiche e metodologiche, simuli una lezione preceduta da un richiamo alla sicurezza nei laboratori in una classe a sua scelta un Istituto Professionale o Tecnico per l'Agricoltura sul tema: "Macchine per la raccolta dei foraggi".

B18: Laboratori di scienze e tecnologie tessili, dell'abbigliamento e della moda

- *"Colletti piatti - montanti e leggermente montanti su abiti da giorno"*

B20: Laboratori di servizi enogastronomici, settore cucina

- Il candidato presenterà una lezione simulata sui cocktail I.B.A. pre-dinner, con particolare riferimento al "Negroni", "Americano" e al Dry Martini".
  Egli illustrerà la storia dei suddetti cocktail e le relative tecniche di preparazione nonché le tecniche di produzione degli ingredienti utilizzati.
  La lezione sarà destinata ad una classe quinta di 20 alunni, tra cui uno studente con DSA, per il quale dovranno essere indicati gli opportuni strumenti compensativi/dispensativi: il candidato indicherà le metodologie adottate per accrescere la motivazione e favorire la partecipazione attiva dei discenti.

  Il candidato, in riferimento all'argomento oggetto del colloquio e/o alle esperienze didattiche maturate, dovrà dimostrare di possedere:
  - Adeguate capacità di comprensione e conversazione nella lingua straniera prescelta;
  - Conoscenze nel campo dei media per la didattica e degli strumenti interattivi per la gestione della classe;
  - Competenze digitali inerenti all'uso e le potenzialità delle tecnologie e dei dispositivi elettronici multimediali più efficaci per potenziare la qualità dell'apprendimento, anche con riferimento al Piano Nazionale Scuola Digitale.

3 I criteri di valutazione della lezione simulata

Nel precedente concorso a cattedre la valutazione finale della commissione era legata a determinati parametri differenti da Regione in Regione. Queste, infatti, hanno elaborato delle griglie di valutazione *diverse*, prendendo anche, talvolta, in considerazione parametri differenti.

In generale, però, le commissioni hanno fatto riferimento ad alcuni **criteri generali** comuni e ricorrenti.

Qui di seguito riassumiamo alcuni punti tratti dalle varie griglie di valutazione dei precedenti concorsi, che in sede di costruzione di una lezione simulata è bene tener presente, in quanto sicuramente saranno oggetto di valutazione in sede di esame.

Criteri di valutazione di una lezione simulata sono:

- *Padronanza dei contenuti della disciplina* di *insegnamento*, anche in funzione multi e interdisciplinare
- *Capacità di trasmissione delle discipline di insegnamento*, attraverso un'esposizione organica ed esauriente
- *Capacità di progettazione didattica e organizzativa*, ossia capacità di pianificare e realizzare un percorso di insegnamento/apprendimento adatto ai bisogni specifici degli alunni e della classe
- Conoscenza delle *metodologie tipiche disciplinari*, delle *strategie didattiche*, degli strumenti digitali e interattivi, nell'ottica dell'inclusione e della personalizzazione dell'offerta formativa
- *Padronanza delle problematiche relative alla valutazione* con riferimento alle rilevazioni nazionali e internazionali
- *Conoscenze pedagogico-didattiche e di legislazione scolastica*
- *Competenze comunicazionali* tese a motivare e suscitare interesse e curiosità nella classe, e in particolare la *capacità di stabilire una relazione* con gli alunni, attraverso gli strumenti comunicativi: approccio relazionale verbale e non; approccio comunicativo di tipo empatico (soprattutto nelle classi con studenti più piccoli), fluidità espositiva; pertinenza lessicale; capacità di analisi, sintesi e interazione
- *Originalità e creatività* dell'impianto espositivo/comunicativo
- *Conoscenze e competenze nell'ambito della didattica personalizzata* (BES, DSA, multiculturalità)
- Capacità nell'*uso delle tecnologie informatiche in chiave didattica*
- *Conoscenza dei compiti inerenti al profilo professionale docente* che caratterizzano le attività individuali, collegiali e orientate alla pianificazione/erogazione dell'offerta formativa.

Qui di seguito si riporta un esempio di griglia di valutazione del concorso 2016.

MINISTERO DELL'ISTRUZIONE, DELL'UNIVERSITÀ E DELLA RICERCA
UFFICIO SCOLASTICO REGIONALE PER LA CAMPANIA

GRIGLIA DI VALUTAZIONE DELLE PROVE ORALI 2016
CLASSE CONCORSO A54 – STORIA DELL'ARTE - SCUOLA SECONDARIA DI II GRADO

Griglia di valutazione delle prove ORALI (Decreto Ministeriale 23 febbraio 2016 n. 95).
I livelli sono declinati secondo i criteri di "padronanza dei contenuti disciplinari - capacità di comunicazione - capacità di progettazione didattica - riferimento alle tecnologie dell'informazione della comunicazione - capacità di comprensione e conversazione nella lingua straniera.
Il punteggio attribuito a ciascun descrittore è riportato in tabella.
Ai sensi dell'art. 400, comma 6, del Testo Unico, la prova orale è finalizzata all'accertamento della preparazione del candidato secondo quanto previsto dall'Allegato A, che costituisce parte integrante del presente decreto.

[...]
La commissione assegna alla prova di cui all'art. 7 un punteggio massimo complessivo di 40 punti. La prova è superata dai candidati che conseguono un punteggio non inferiore a 28 punti.

La Commissione stabilisce di predisporre la traccia della lezione simulata in modo tale che sia possibile valutarla sulla base dei seguenti criteri:

a) la padronanza dei contenuti disciplinari;
b) la capacità di comunicazione;
c) la capacità di progettazione didattica;
d) il riferimento alle tecnologie dell'informazione e della comunicazione;
e) la capacità di comprensione e conversazione nella lingua straniera.

[...].
La Commissione, inoltre, stabilisce i seguenti criteri di valutazione delle prove orali e relativi punteggi. Ad ogni criterio assegna un peso diverso in ragione della rilevanza che la Commissione ad esso attribuisce. La valutazione complessiva della prova orale (espressa in quarantesimi) sarà la somma delle valutazioni attribuite a ciascun criterio (A, B, C, D, E).

CANDIDATO	**PUNTEGGIO TOTALE**		
A) padronanza dei contenuti DISCIPLINARI	**1 - 12 Peso 12/40**	**Punteggio**	**Punteggio Attribuito**
Conoscenza organica e approfondita dei contenuti disciplinari	Livello ottimo	12	
Conoscenza completa dei nuclei fondamentali della disciplina e metodi di ricerca	Livello buono	11-10	
Conoscenza completa ma non approfondita dei contenuti disciplinari	Livello sufficiente	9-8-7-6	
Conoscenza lacunosa e parziale dei contenuti disciplinari	Livello insufficiente	5-4-3-2-1	
Conoscenza Nulla	Livello Nullo	0	

B) capacità di comunicazione	**1-12 Peso 12/40**	**Punteggio**	**Punteggio Attribuito**
Esposizione fluida ed efficace con padronanza del linguaggio specifico	Livello ottimo	12	
Esposizione sicura con uso appropriato del linguaggio specifico	Livello buono	11-10	
Esposizione corretta con lessico pertinente ed adeguato	Livello sufficiente	9-8-7-6	
Esposizione imprecisa e confusa; difficoltà ad utilizzare il linguaggio specifico	Livello insufficiente	5-4-3-2-1	
Esposizione Nulla	Livello Nullo	0	

C) capacità di progettazione didattica	**1 - 11 Peso 11/40**	**Punteggio**	**Punteggio Attribuito**
Progettazione didattica organica con spunti originali interattivi, digitali	Livello ottimo	11	
Progettazione didattica articolata con approfondimenti autonomi	Livello buono	10-9	
Progettazione didattica semplice ma completa	Livello sufficiente	8-7-6	
Progettazione didattica lacunosa e parziale	Livello insufficiente	5-4-3-2-1	
Progettazione Nulla	Livello Nullo	0	

D) capacità di utilizzo delle tecnologie dell'informazione e della comunicazione			**1-2 peso 2/40**	**Punteggio**	**Punteggio Attribuito**
Livello buono				2	
Livello sufficiente				1	
Livello Nullo				0	
E) capacità di comprensione e conversazione nella lingua straniera			**1-3 peso 3/40**	**Punteggio**	**Punteggio Attribuito**
			□ **Inglese**		
			□ **Francese**		
			□ **Spagnolo**		
			Livello ottimo	3	
			Livello buono	2	
			Livello sufficiente	1	
			Livello Nullo	0	

2
La lezione in classe

1 Come si imposta una lezione

Prima di approfondire come organizzare e costruire una lezione simulata, è bene soffermarci su, come di fatto, si svolge una lezione in classe: è vero che in sede di concorso piuttosto che far finta di rivolgersi a una classe, si deve dimostrare di saper progettare dal punto di vista didattico e disciplinare una lezione, ma è altrettanto vero che non può del tutto prescindersi da quello che effettivamente avviene nelle aule delle nostre scuole.

Le variabili che incidono sulla progettazione e la conduzione di una lezione in classe sono praticamente infinite: *ogni classe è diversa dall'altra*, ogni studente all'interno della classe è diverso dai suoi compagni, così come ogni docente è diverso dai suoi colleghi; una materia speculativa e teorica come la Filosofia è molto diversa da una materia applicata di un istituto professionale in cui devono prevalere gli aspetti pratici, così come è differente insegnare Matematica in una scuola secondaria di primo grado, dall'insegnare Matematica al triennio di una scuola secondaria di secondo grado.

Ogni «lezione», dunque, *è diversa da qualunque altra lezione, perché diverse sono le metodologie proprie di ciascuna disciplina.*

Alcuni elementi comuni da considerare per impostare una lezione, però, esistono e cercheremo di trattarli in queste pagine.

L'**apprendimento**, come è noto, è un processo personalissimo che coinvolge la psiche, l'intelligenza, l'ambiente in cui il ragazzo vive nonché il grado di maturazione fisico e intellettuale dell'individuo. **Compito del docente** è, quindi, **stimolare l'apprendimento degli alunni**, mettendoli nelle migliori condizioni per l'accrescimento delle loro conoscenze e abilità, in considerazione della loro età, del loro sviluppo cognitivo e del loro stile di apprendimento.

In questa sua funzione di stimolo all'apprendimento, il docente deve decidere il tipo di approccio da utilizzare in classe nonché le strategie didattiche più efficaci per stimolare un apprendimento significativo. Una categorizzazione generale di questi approcci, come detto, non è possibile, in quanto ogni studente è un *unicum*, così come personali sono i ritmi e gli stili di apprendimento, ma in generale si possono individuare delle strategie proprie di ciascuna fascia di età, in relazione anche alle diverse fasi di sviluppo, che sia pure nel rispetto delle differenze individuali, presentano aspetti specifici comuni [1].

In particolare, *l'insegnante delle scuole superiori deve confrontarsi con ragazzi che vivono un momento molto particolare della loro crescita personale,* un momento in cui fisiologicamente si crea il conflitto con la figura adulta, non solo genitoriale ma anche scolastica.

2 Le competenze relazionali del docente

La lezione, in qualunque forma essa si svolga, si sviluppa attraverso l'incontro tra più soggetti: le **relazioni interpersonali** che si creano tra insegnante e gruppo classe, come tra insegnante e singolo alunno sono quindi alla base dei processi formativi.

Una corretta «comunicazione» da parte del docente, quindi, favorirà senz'altro l'apprendimento degli studenti e la gestione del gruppo classe.

Come è noto, gli **elementi fondamentali** di ogni processo comunicativo sono:

a) un **emittente**: la «fonte», il produttore di un messaggio (nel caso della lezione, l'insegnante);
b) un **messaggio** (una frase, un discorso, un segno, un testo ecc.): ossia il **contenuto** di ciò che si comunica. Importante per la sua comprensione è che il ricevente abbia tutti gli elementi per decifrare il messaggio. Ciò è fondamentale per gli insegnanti che si rivolgono ad alunni che non hanno le sue stesse conoscenze di base;
c) un **destinatario**: il soggetto cui deve pervenire il messaggio, qualificato spesso anche come **ricevente**. Le due definizioni non coincidono però totalmente, in quanto l'atto di ricezione del messaggio può effettivamente avvenire o, al contrario, fallire. Il destinatario diventa di fatto «ricevente» nel momento in cui effettivamente recepisce e comprende il messaggio: è possibile però che il messaggio ricevuto differisca da quello inviato, differenza che si determina in base al livello di attenzione ma soprattutto in rapporto ai criteri di selezione, decodifica e interpretazione usati, consapevolmente o meno, dal ricevente. Il processo della comunicazione comporta anche che il ricevente rimandi un altro segnale, con cui rende noto che il messaggio è stato (o non è stato) ricevuto e compreso (*feedback*).

Questi, che possiamo definire i *tre pilastri della comunicazione*, si intersecano con altri non meno importanti elementi:

d) un **mezzo** (*medium*) o **canale**: ciò entro cui e in virtù del quale viene trasmesso il messaggio. Un canale può essere la **voce** con la quale si inviano messaggi

---

[1] Per approfondimento dei temi concernenti la pedagogia e le metodologie didattiche, si rinvia al manuale *Metodologie e tecnologie didattiche* (a cura di L. Gallo e I. Pepe), Edizione Simone, 2018.

verbali. In una comunicazione prettamente verbale come quella del docente, quest'ultimo dovrebbe prestare particolare attenzione al canale, ossia alla sua voce, che deve essere usata per mantenere desta l'attenzione della classe;

e) un **codice**. Il «codice» è un sistema di segni e regole di utilizzo dei segni usato nel processo comunicativo (sono codici un certo idioma, la lingua, un determinato gesto ecc.). Per l'effettiva riuscita dello scambio comunicativo, l'emittente e il destinatario devono condividere il medesimo codice. Quindi il messaggio della comunicazione, il suo contenuto, è elaborato, dal lato dell'emittente mediante una *codifica*; all'emissione del messaggio corrisponde poi, come aspetto complementare della comunicazione, una (adeguata o meno) *decodifica* da parte del destinatario. L'insegnante, come detto, se vuole raggiungere l'obiettivo dell'apprendimento ed evitare fraintendimenti, deve badare ad utilizzare un codice che sia facilmente decodificabile dagli alunni in considerazione dell'età e delle conoscenze di questi;

f) un **contesto** o **ambiente**: è il «luogo», fisico o sociale, dove avviene lo scambio comunicativo. A seconda delle situazioni può essere di aiuto e incentivare la comunicazione o, al contrario, può inibirla;

g) il ***feedback***: l'interscambio che avviene tra ricevente ed emittente e che permette all'emittente di capire se il messaggio è stato **ricevuto** e compreso nella maniera da lui desiderata (se emittente e ricevente sono presenti nello stesso luogo basta un cenno della testa di quest'ultimo per fornire un feedback).

Per quanto rileva in questa trattazione, all'interno della comunicazione si possono inoltre distinguere tre diverse forme di interazione:

1) **«faccia a faccia» (interpersonale)**: sua caratteristica fondamentale è la compresenza dei comunicanti nello stesso luogo e nello stesso momento (la *lezione* è sicuramente una forma di comunicazione interpersonale); la direzione è verso destinatari individuati;
2) **interazione mediata:** c'è separazione dei contesti, e non identità di luogo/spazio tra i soggetti coinvolti; l'emittente concepisce un messaggio che passa al destinatario attraverso un media (es. lettera, telefono, chat, email);
3) quando la comunicazione mediata è rivolta ad un vasto pubblico, quindi a destinatari non individuati, si ha la **comunicazione di massa** (stampa, Internet, televisione).

Senza avere pretesa di completezza, cercheremo qui di approfondire la cd. *comunicazione face to face* che, come abbiamo visto, è quella che vede coinvolti insegnanti e alunni.

In generale quella **interpersonale** è una forma di *comunicazione a carattere lineare e simmetrico*: una «linea diretta» congiunge i comunicanti; entrambi rivestono i ruoli di emittente e di ricevente.

Essa avviene per il tramite di un *linguaggio*: linguaggio del corpo mimico-gestuale, linguaggio puramente vocale consistente nell'emissione di suoni o segnali sonori, linguaggio orale o verbale scritto.

Nel caso del *linguaggio gestuale e puramente vocale* agisce in primo piano l'elemento della «fisicità», e si delinea così una comunicazione di natura immediata che utilizza la dinamica espressiva del corpo medesimo. Nel quadro di una comunicazione «faccia a faccia», ruoli importanti, dunque, sono rivestiti dalla **prossemica**, ossia dall'analisi della disposizione dei corpi nello spazio, e dalla **cinesica**, che si occupa dei movimenti che accompagnano e «potenziano» la comunicazione (il contatto visivo, la mimica facciale, i gesti delle mani e della testa, la postura): sono tutti fattori non verbali molto rilevanti poiché interferiscono direttamente sui meccanismi di codifica e decodifica (e di feedback).

Tra le caratteristiche fondamentali o costanti della comunicazione e dell'interazione interpersonale «faccia a faccia» mediante qualsiasi forma di linguaggio, c'è l'identità di spazio e di tempo, vi è quindi *condivisione di luogo e simultaneità tra i soggetti comunicanti*.

La comunicazione mediante il linguaggio verbale si configura, quindi, essenzialmente come **dialogo**, come un logos-discorso che si sviluppa attraverso la trasmissione di messaggi da un soggetto a un altro. Su questo piano emerge come fondamentale il fatto che i ruoli o le posizioni dell'emittente e del destinatario-ricevente sono interscambiabili (di qui il senso della «simmetria»), e rivestono alternativamente i ruoli di emittente e destinatario.

Si può, però, pensare anche ad un tipo di **comunicazione «faccia a faccia» unidirezionale**, quindi, non in senso stretto dialogica, come, ad esempio, un comizio o appunto una lezione in cui i ruoli di emittente e destinatario-ricevente rimangono fissi e non interscambiabili. Nel caso della lezione, inoltre, c'è quella *individuale*, che prevede un docente e un discente o allievo, e quella *collettiva*, come le lezioni scolastiche e universitarie, con un insegnante che invece si rivolge a un pubblico di studenti. Questi sono, quindi, casi di comunicazioni tradizionali interpersonali, unidirezionali, rispettivamente del tipo da «uno a uno» (*one-to-one*) e da «uno a molti» (*one-to-many*), modalità che caratterizza radio, cinema, televisione ecc.

In più la comunicazione unidirezionale del docente è inevitabilmene «*asimmetrica*».

Se la maggioranza delle forme di comunicazione vede emittente e ricevente allo stesso livello (si pensi a ciò che avviene tra amici, tra colleghi, tra coniugi ecc.), nella comunicazione didattica la interrelazione avviene tra soggetti che non sono «pari» e l'insegnante deve confrontarsi con le conoscenze e le competenze inevitabilmente lacunose dei ragazzi. Nell'ambito della comunicazione didattica vi è, dunque, un'**asimmetria relazionale**: non vi è identità nei codici comunicativi (quelli degli studenti sono parziali e ancora in evoluzione) mentre gli insegnanti si trovano in una posizione di oggettiva supremazia.

In passato ciò determinava un processo di insegnamento-apprendimento che potremmo definire *dirigistico*: l'insegnamento era una forma di comunicazione unidirezionale dall'insegnante allo studente in cui quest'ultimo assumeva un *ruolo passivo* (si pensi alla classica *lezione frontale accademica*).

Oggi, invece, si tende sempre più a riferirsi a un modello di apprendimento più attivo, basato sul dialogo e l'interazione (anche emotiva) tra docente e allievo.

3 I vari tipi di lezione: frontale, dialogata, partecipata

La *lezione della scuola secondaria* rientra tra i modelli di insegnamento definiti **espositivi** (come la conferenza, la trattazione, la dissertazione). È sicuramente il modello didattico più diffuso ma non sempre è il metodo più efficace per ogni disciplina e per l'apprendimento di ciascun allievo.

Il termine **lezione** deriva da *legere,* vocabolo di origine indoeuropea, in latino, *raccogliere, tenere insieme* o ancora, *interpretare segni convenzionali o naturali,* o anche *comprendere, intuire i pensieri e i sentimenti di qualcuno: gli si leggeva il terrore sugli occhi, leggere nel pensiero, negli occhi, nell'animo* (Dizionario Zanichelli, 1999). Esso presenta un'ampia polisemia di significati. In ambito scolastico si può definire come un insieme di atti educativo-didattici multipolari che nascono e si sviluppano in una situazione stimolo, attraverso la quale ogni allievo esprime la sua affettività verso il compito, verso sé e verso gli altri.

In realtà in ogni disciplina (da quelle più teoriche a quelle pratiche) la didattica più evoluta invita all'**attivazione di più metodi** (per scoperta, per azione, per problemi ecc.), al fine di garantire un'offerta formativa quanto più personalizzata in base alle esigenze dell'allievo.

Come già abbiamo visto, esistono varie tipologie di lezione: lezione trasmissiva, logocentrica, psicocentrica, empiriocentrica, integrale ecc. Nella pratica, però, questi modelli si fondono tra loro prendendo spunto l'uno dall'altro, per dar vita a nuovi schemi didattici. Sta, infatti, all'abilità e alla competenza dell'insegnante confezionare la lezione in modo tale da suscitare l'interesse e la partecipazione degli allievi.

La **lezione logocentrica** è la classica lezione basata sui contenuti che il docente deve trasmettere ai suoi allievi. È centrata quindi sull'insegnante.

La **lezione psicocentrica** è, invece, incentrata sull'allievo, ossia sul soggetto che apprende. Il docente in questo metodo didattico espositivo presta attenzione al processo e agli stili di apprendimento degli studenti: il suo ruolo non è quello di trasmettere contenuti, ma quello di progettare ambienti favorevoli all'apprendimento e di facilitare le attività degli allievi.

La **lezione empirocentrica** è basata sull'azione: l'insegnante progetta e organizza laboratori di ricerca in cui gli studenti realizzano attività di studio, applicano procedure, avviano attività di ricerca e sperimentazione guidate. Il docente si limita a dirigere i lavori.

La classificazione funzionale alla nostra trattazione è, però, quella che distingue tra *lezione frontale, lezione dialogata e lezione partecipata*.

3.1 La lezione frontale

La didattica tradizionale è impostata, come abbiamo già più volte detto, sulla **lezione frontale**, in cui l'insegnante, «solo» di fronte alla classe, trasmette *ex cathedra* i saperi, cercando di farsi comprendere e di mantenere alto l'interesse dei ragazzi.

La lezione frontale è impostata su un *modello unidirezionale*, in cui vi è la trasmissione del sapere dal docente, che è l'attore principale, agli allievi che hanno un ruolo sostanzialmente passivo.

Le informazioni vengono trasferite attraverso la parola del docente e la lettura di un libro di testo, ma oggi sempre più anche attraverso l'uso di strumenti multimediali (LIM, software dedicati all'insegnamento della disciplina ecc.).

La lezione frontale, che recentemente sembra essere particolarmente invisa ai didatticisti (anche se rimane l'attività d'aula preferita dagli insegnanti) presenta indubbi **vantaggi**: essa permette, infatti, di trasferire i contenuti in maniera logica e consequenziale, in un tempo variabile ma calibrato sulle esigenze della classe (ciò è particolarmente funzionale quando si introduce un argomento del tutto nuovo); permette inoltre di mantenere un maggiore controllo degli allievi che tendenzialmente sono costretti al silenzio. Per l'insegnante, l'organizzazione della lezione è sicuramente più facile, in quanto il suo sforzo è limitato a «spiegare» determinati contenuti, limitandosi a individuare solo le strategie utili per tenere viva la tensione d'apprendimento e catturare l'attenzione. Per far ciò, trattandosi di un modello comunicativo prevalentemente verbale, l'insegnante in genere si affida a semplici mutazioni del registro comunicativo, come l'inserimento di una storiella, la problematizzazione del contenuto proposto, l'interazione verbale con gli allievi. Possono essere molto utili anche alcuni supporti visivi come schemi, mappe ecc.

Per poter realizzare un'efficace lezione frontale, il docente deve avere, dunque, oltre che competenze disciplinari, una buona competenza comunicativa, quasi quanto quella di un attore davanti al suo pubblico, e deve principalmente insegnare agli studenti come utilizzare il libro di testo per trarre da esso tutti i contenuti più importanti (lettura, sottolineatura, realizzazione delle attività proposte nel testo ecc.).

Lo **svantaggio** principale della lezione frontale è l'impossibilità di verificare il *feedback* dell'apprendimento da parte della classe, in quanto agli allievi non sempre è permesso di interagire.

Essa è caratterizzata da *uniformità della comunicazione didattica* (ci si rivolge al gruppo classe e non ai singoli allievi con i loro bisogni specifici di apprendimento, oltre che dalla *verticalità della comunicazione* (che è evidentemente asimmetrica; gli allievi/riceventi svolgono un ruolo prevalentemente passivo, secondo uno schema tradizionale, ormai superato, in cui l'insegnamento è il semplice trasferimento di conoscenze da docente a studenti.

La lezione frontale di per sé non è un modello didattico negativo ma soffre il limite dell'eccessiva dipendenza della lezione dalle competenze e dalla capacità comunicativa e didattica dell'insegnante.

Alcuni di questi limiti possono essere superati introducendo approcci più orientati al confronto, allo scambio e all'apprendimento cooperativo.

Vantaggi della lezione frontale	Svantaggi della lezione frontale
— permette di trasferire in breve tempo numerosi contenuti, dati e informazioni; — l'argomento o il tema della lezione è delimitato, viene esposto in **maniera logica e consequenziale** e può essere calibrato sulle esigenze del gruppo classe; — permette di personalizzare l'esposizione, rapportandola alle caratteristiche del gruppo e adattando i codici linguistici, semantici ed esperienziali; — permette di mantenere un maggiore controllo degli allievi che tendenzialmente sono costretti al silenzio; — il docente svolge un ruolo propositivo, in quanto può contribuire, ad esempio, a mettere in luce gli aspetti principali di un certo argomento, sopperendo all'eventuale incapacità da parte degli studenti di discriminare l'importanza dei vari concetti; — la programmazione e organizzazione della lezione è meno impegnativa per il docente, in quanto lo sforzo è limitato a "spiegare" determinati contenuti, limitandosi a individuare solo le strategie utili per tenere viva la tensione d'apprendimento e catturare l'attenzione.	— non tiene conto degli interessi e delle motivazioni degli allievi; — è un modello didattico impostato sulla trasmissione verticale dei contenuti e su un tipo di comunicazione unidirezionale e verbale; — se prolungata oltre tempo, risulta noiosa per gli interlocutori, con ciò disincentivando l'apprendimento; — la sua efficacia dipende soprattutto dalle competenze personali e comunicazionali del docente, ossia da quanto egli sia capace di costruire interventi interessanti, ricchi e articolati nei contenuti; — l'interazione tra insegnante e allievi è minima, ed è quasi nulla l'interazione tra gli studenti; — sviluppa negli allievi prevalentemente la memoria verbale e riproduttiva in quanto gran parte dell'apprendimento è demandato alla lettura dei libri di testo; — non permette la verifica immediata del feedback dell'apprendimento (almeno secondo il suo schema classico); — sviluppa esclusivamente le funzioni intellettive.

3.2 La lezione dialogata (o socratica)

La **lezione dialogata** non è altro che l'applicazione dell'antichissima *maieutica* socratica; essa, infatti, basa l'insegnamento sul *dialogo*, che diventa lo strumento per la trasmissione del sapere: *gli allievi sono gli attori della lezione*, mentre l'insegnante ne è il regista che aiuta i singoli allievi a «partorire la loro verità».

La lezione dialogata (una sequenza di domande e risposte che a poco a poco portano gli studenti a conquistare delle conoscenze) è, quindi, **centrata sullo studente** e permette di costruire apprendimenti personalizzati e modellati sui reali bisogni del singolo e del gruppo classe. Nella lezione centrata sull'allievo l'elemento di riferimento non è la disciplina, bensì il soggetto che apprende (i suoi bisogni, i suoi interessi).

Fondamento di questo tipo di lezione è la possibilità fornita agli studenti di confrontarsi con un nuovo sapere, partendo dalle proprie **conoscenze pregresse** (che devono essere ben acquisite), analizzandole e facendone sintesi: le nuove «conoscenze» emergono, infatti, dal dibattito della classe provocato dal docente. Al contrario della lezione frontale, il suo obiettivo principale non è solo la trasmissione di determinati contenuti, ma soprattutto lo sviluppo delle capacità di ragionamento e di analisi dei concetti, nonché lo sviluppo delle capacità espositive e relazionali.

Il ruolo e le capacità dell'insegnante, che sembra ricoprire una posizione defilata, sono in questo caso determinanti per la buona riuscita del processo di apprendimento: il docente deve non solo stimolare le domande e le risposte degli studenti nonché l'interazione della classe, ma deve saper «improvvisare» e riprogettare in corsa il suo percorso didattico.

L'insegnante deve, in particolare, preoccuparsi di garantire un **costante coinvolgimento** del gruppo (attraverso discussioni, esercitazioni applicative, *role play*, lavori di gruppo, attività pratiche) e l'interazione costante con gli allievi (sollecitando racconti di esperienze personali, brainstorming ecc.).

È innegabile che la lezione socratica sia un modello didattico affascinante e molto stimolante per gli studenti: essi sono incoraggiati a pensare e a esprimere il loro pensiero, mentre consapevolmente acquisiscono nuove conoscenze. Di fatto questo modello di lezione presenta però anche alcuni **svantaggi**: in primo luogo essa è concretamente applicabile *solo per argomenti analizzabili in via logico-deduttiva* (ne è un tipico esempio la filosofia). Il docente che progetta questo tipo di lezione deve avere inoltre ben chiari gli aspetti su cui i ragazzi dovranno focalizzarsi: la non linearità della lezione porta con sè il rischio di divagazioni e di generare confusione sui contenuti. Si tratta poi di un modello didattico che richiede un tempo per l'apprendimento «maggiore» rispetto a quello della lezione frontale.

Senza contare che la buona riuscita di questo tipo di lezione dipende anche dal *livello cognitivo e motivazionale della classe*: non sempre allo stimolo del docente, i ragazzi rispondono con domande utili per proseguire la discussione (a volte rispondono con il silenzio, spesso con battute) o al contrario, se fortemente interessati, può essere difficile controllare che il dialogo tra gli allievi si sviluppi con un ordine che favorisca la comprensione.

Vantaggi della lezione dialogata	Svantaggi della lezione dialogata
— risulta particolarmente stimolante per gli allievi che si sentono parte attiva, interagendo non solo con l'insegnante ma anche tra loro, scambiandosi conoscenze, opinioni, idee; — l'apprendimento è facilitato dalla partecipazione attiva; — stimola l'atteggiamento propositivo da parte degli studenti che intervengono discutendo dell'argomento oggetto della lezione; — si presta al contemporaneo perseguimento di più obiettivi: trasmissione di conoscenze specifiche, sviluppo delle capacità di ragionamento e di analisi; sviluppo della creatività; sviluppo della capacità espositiva.	— è applicabile solo ad argomenti analizzabili in via logico-deduttiva; — richiede tempi di apprendimento lunghi e vi è sempre il rischio di divagazioni non pertinenti; — richiede inevitabilmente l'esistenza negli studenti di conoscenze pregresse e ben sedimentate, correlate all'argomento prescelto; — risente moltissimo del clima d'aula: essendo gli studenti parte attiva, la riuscita della lezione dialogata dipende molto dal gruppo classe, che non deve essere né apatico né troppo esuberante; — allo stesso modo dipende dalle capacità relazionali del docente (che opera da moderatore) e dalla sua «genialità» nel rispondere a qualsiasi domanda degli allievi.

3.3 La lezione partecipata

Per compensare vantaggi e svantaggi della lezione frontale e dialogata, normalmente gli insegnanti ricorrono a un tipo di lezione «mista» che qui definiamo **partecipata** (ma che a volte viene chiamata anche «dialogata»): l'insegnante conduce una lezione di tipo «trasmissivo», ma gli studenti di volta in volta sono sollecitati a rispondere a domande specifiche, a porre interrogativi, a esporre idee. L'insegnante, che determina, come nella lezione tradizionale, tempi, argomenti e percorsi da svolgere, apporta però dei correttivi alla rigidità dello schema della lezione frontale, stabilendo una **interazione con gli studenti** che quindi, in determinanti momenti, sono chiamati a partecipare.

Questo tipo di lezione è probabilmente quello più efficace: il docente imposta il lavoro e gli studenti partecipano con i loro contributi; tutti collaborano alla costruzione dei contenuti. Tale tipo di lezione rientra, infatti nei modelli che si ispirano ai principi dell'*apprendimento collaborativo* (*cooperative learning*) e, dunque, gode di tutti i benefici derivanti da questo metodo di apprendimento/insegnamento.

3.4 La lezione costruttivista

Nella didattica gli studiosi hanno individuato anche altri modelli di lezione: tra questi vi è quello della lezione di taglio costruttivista.

Secondo il **costruttivismo**, la conoscenza è una forma di ricostruzione continua delle conoscenze che ognuno possiede. La tradizionale lezione frontale mal si adatta a questa teoria pedagogica che presuppone che l'apprendimento avvenga attraverso il confronto delle varie mappe cognitive presenti in ogni studente e nel gruppo classe. Nella lezione costruttivista al centro del processo vi è lo studente che è il vero protagonista dell'apprendimento.

Sicuramente oggi anche il docente che predilige la forma classica della lezione frontale tende a utilizzare ma soprattutto a far utilizzare agli allievi, strumenti (schemi, slide, mappe, Internet, ma anche molteplici codici comunicazionali come quello verbale, visivo e audiovisivo) per stimolare nella classe il processo di costruzione del proprio sapere.

Anche la metodologia del *problem solving* può migliorare, nell'ottica costruttivista, l'apprendimento: così l'insegnante si limita a presentare la situazione problematica, fornendo ipotesi di lavoro e materiali da cui ricavare risposte; gli allievi si esprimono proponendo procedimenti risolutivi, cercando soluzioni alternative, confrontando procedure ecc.

Di fatto però raramente si può adottare con metodicità il modello della lezione costruttivista: la costruzione personale del sapere richiede, infatti, molto tempo, e mal si concilia con le esigenze di orario tipiche della scuola.

4 Gli obiettivi educativi e didattici

Come abbiamo già visto nelle pagine precedenti, se nel passato la scuola è stata soprattutto, sebbene non esclusivamente, trasmissione di conoscenze consolidate e sostanzialmente statiche, oggi occorre affiancare alla trasmissione di dati, il metodo, la sollecitazione delle capacità critiche, lo stimolo alla ricerca e all'approfondimento, coniugando quanto più possibile il momento cognitivo con quello operativo e di indagine.

La moderna didattica ragiona, perciò, per **obiettivi**, ponendo cioè i traguardi formativi e conoscitivi da raggiungere e su cui canalizzare l'attività educativa e il metodo. L'obiettivo è, dunque, una «dichiarazione di intenti» per il cui perseguimento si stenderà un percorso formativo, al termine del quale si procederà ad una valutazione oggettiva dei risultati ottenuti. In sostanza, posti degli obiettivi, si individuano metodi e strumenti per perseguirli e contenuti funzionali al raggiungimento di essi.

Il traguardo formativo, però, non può consistere solo nel fare acquisire *nozioni*, ma anche *competenze* ed *abilità pratiche*, così da sviluppare abitudini mentali orientate alla risoluzione dei problemi ed alla gestione delle informazioni.

Le indicazioni ministeriali proprie di ogni disciplina dividono pertanto gli obiettivi didattici in due categorie: **competenze ovvero obiettivi teorici**, e **abilità ovvero obiettivi pratici**. Queste due sfere cognitive vengono altresì indicate come *sapere* e *saper fare*.

Occorre inoltre distinguere fra **obiettivi educativi** ed **obiettivi didattici**: i primi sono riferibili alla crescita umana dell'alunno ed oggetto di un lavoro globale del corpo docente, i secondi, invece, sono relativi alla crescita culturale e professionale del discente e propri di ogni singola disciplina, anche se correlati, laddove possibile, ad esperienze interdisciplinari.

4.1 Competenze, conoscenze e abilità

I nuovi orientamenti della ricerca metodologico-didattica mettono al centro del processo formativo lo sviluppo e l'acquisizione delle **competenze**.

Secondo M. Pellerey, gli elementi fondamentali che compongono una competenza sono almeno tre:

— **le conoscenze**, cioè l'organizzazione dei concetti direttamente o indirettamente coinvolti nel compito o nei compiti da affrontare, *il sapere cosa*;
— **le abilità**, cioè la capacità di utilizzare strumenti operativi, *il sapere come*;
— **gli atteggiamenti** o disposizioni interne che coinvolgono convinzioni, atteggiamenti, motivazioni, che permettono non solo di dare senso e valore all'attività da svolgere, ma anche di sostenere la volontà nello svolgerla, *il sapere verso dove.*

In una competenza «*si possono distinguere tre dimensioni fondamentali: la prima è di natura cognitiva e riguarda la comprensione e l'organizzazione dei concetti che sono direttamente coinvolti; la seconda è di natura operativa e concerne le abilità che la caratterizzano; la terza è di natura affettiva e coinvolge convinzioni, atteggiamenti, motivazioni ed emozioni, che permettono di darle senso e valore personale*[2]».

Viene evidenziato l'intreccio delle diverse dimensioni e la **natura dinamica della competenza,** riconoscibile proprio nella interazione dialettica tra il proprio patrimonio conoscitivo e il compito di realtà su cui applicarlo. Essa, pertanto, essendo una qualità che si mostra in azione non la si può decontestualizzare dalla persona e dalla situazione reale in cui questa la manifesta. E, soprattutto, non la si può considerare al pari di qualsiasi conoscenza o abilità, perché implica già la trasformazione di queste in un patrimonio personale che va oltre gli aspetti cognitivi, coinvolgendo tutti gli aspetti della persona. In altre parole, se **le conoscenze e le abilità** possono essere correlate all'**asse del sapere e del saper fare**, le **competenze** si correlano all'**asse della persona** nella sua interezza.

Le conoscenze e le abilità sono elementi fondamentali per l'acquisizione di competenze. Bisogna per questo, esplicitarle in maniera chiara e precisa al fine di offrire agli allievi la possibilità di riconoscere se sono state conseguite.

La prima caratteristica che connota una competenza è la **conoscenza**, vale a dire l'acquisizione di una serie di nozioni relative a una determinato tema o problema.

[2] M. Pellerey, *"Il portfolio formativo progressivo per la valutazione delle competenze"*, in *Orientamenti pedagogici*, anno XLVII, n. 5, 2000, pagg. 853-75.

Gli **obiettivi** rappresentano, lo «scopo» che si vuole raggiungere e l'**abilità** la trasformazione del sapere in saper fare.

5 Fasi fondamentali di progettazione di una lezione

Ogni lezione è, dunque, un'esperienza di apprendimento che va pensata e realizzata all'interno di un percorso unitario precedentemente organizzato, che si configura come parte significativa altamente omogenea ed unitaria, occasione di studio e di ricerca su una tematica di riferimento e/o su un problema dell'alunno. Essa, quindi, altro non è che un tessera significativa di questo insieme coeso, in grado di assolvere a funzioni specifiche. Ogni lezione pertanto va inserita in un contesto preliminarmente definito, tenendo presente sia le componenti pedagogiche: chi è il mio alunno, quale la natura della disciplina, quali le strategie?, che didattiche: inserire il contenuto nel contesto, scomporlo in elementi costitutivi, presentare le abilità necessarie e gli obiettivi da raggiungere

Abbiamo già visto come sul piano più strettamente operativo i punti da tener presente nella **progettazione di una lezione** sono i seguenti:

— la valutazione della situazione iniziale degli allievi;
— la definizione degli obiettivi educativi e didattici e dei relativi metodi e strumenti;
— l'organizzazione degli argomenti secondo una difficoltà progressiva (tassonomia degli obiettivi);
— la verifica finale dei livelli di apprendimento raggiunti.

Analizziamo più dettagliatamente questo percorso.

5.1 Analisi della situazione di partenza

La **valutazione della situazione di partenza** comprende *l'analisi delle caratteristiche psicologiche, sociali e culturali* di ciascun alunno e del gruppo classe nel suo complesso. All'inizio dell'attività di programmazione, pertanto, l'insegnante effettuerà, in collaborazione con gli altri docenti, tale analisi, individuando la sussistenza o meno dei **prerequisiti generali** indispensabili all'apprendimento della materia.

Un po' per tutte le materie sono da considerare:

— la comprensione della lettura;
— il pensiero logico concreto ed astratto;
— il senso critico;
— la capacità di comprendere l'esatto significato delle parole, soprattutto del lessico proprio della disciplina.

Ovviamente ogni singola disciplina prevede poi l'esigenza di valutare anche altre abilità pregresse dell'alunno, come per esempio la capacità di calcolo nella matematica.

In funzione dei risultati raggiunti da tale verifica, il docente dovrà calibrare gli interventi didattici e formativi nei confronti del gruppo classe.

I prerequisiti vanno valutati anche sul *piano dei contenuti*: ciò sarà possibile misurando la continuità scolastica degli alunni fra scuole secondarie di primo e secondo grado e singole classi degli istituti secondari.

Lo stesso discorso va fatto per le singole «lezioni» inserite in un «programma di studi». È stato già sottolineato che se il **programma** può essere definito una *sequenza rigida di indicazioni ritenute valide per tutti gli allievi*, la **programmazione** costituisce una interpretazione di esso, un sistema di pianificazione delle attività didattiche, in funzione del quale il programma costituisce solo un punto di riferimento da adattare alle necessità educative e didattiche proprie di ogni singola esperienza.

Tutto ciò assume ancora più rilevo nel contesto dell'**autonomia didattica**: quest'ultima, infatti, è sì finalizzata al perseguimento degli obiettivi generali del sistema nazionale di istruzione, ma nel *rispetto della libertà di insegnamento, della libertà di scelta educativa da parte delle famiglie e del diritto ad apprendere*. Essa si sostanzia nella scelta libera e programmata di *metodologie* (ad esempio l'interdisciplinarità, la compresenza), *strumenti, organizzazione* (ad esempio gli accordi di rete fra più istituti scolastici) e *tempi di insegnamento* (adattabilità del calendario scolastico, flessibilità di orario, percorsi formativi individuali per ogni alunno), da adottare nel rispetto delle esigenze formative degli studenti (cultura professionale e cultura disinteressata).

Ultimo aspetto da non sottovalutare nella metodologia didattica è quello della **scansione dei tempi**. È evidente che aprioristicamente non è possibile determinare con esattezza quale sarà il tempo necessario perché il corpo classe acquisisca un soddisfacente grado di approfondimento, ma è pur vero che, seppure a grandi linee, è possibile programmare un numero di ore massime per lezione, ridistribuendo il monte ore complessivo per i singoli blocchi tematici oggetto di programma in considerazione della loro difficoltà e degli obiettivi da raggiungere: in particolare, bisogna considerare se fra questi ultimi ci sono anche **obiettivi operativi** (**abilità**) che richiedono naturalmente un tempo maggiore e se determinati argomenti hanno uno specifico rilievo in funzione del prosieguo degli studi.

Dopo la trattazione del singolo blocco disciplinare e l'eventuale spazio di recupero (2/3 ore), occorrerà procedere alle **verifiche finali**: possibili diseguaglianze fra singoli discenti saranno il segnale di un *debito formativo individualizzato* che non dovrà assolutamente penalizzare chi ha già raggiunto un elevato grado di acquisizione.

La programmazione didattica, pertanto, ha spazio anche negli interventi di recupero da individuare verificando, prima dell'inizio di ogni lezione, la *sussistenza delle competenze di base* per affrontare quel singolo argomento. A tal fine, in alcuni casi sarà opportuno predisporre dei **test di ingresso** in forma di *prove strutturate*. I test di ingresso sono imprescindibili per lezioni su argomenti che normalmente si affrontano ad inizio anno scolastico, soprattutto ad inizio «ciclo» (in prima media o in prima superiore), allo scopo di conoscere meglio la nuova classe.

In particolare, il docente dovrà verificare che ogni alunno abbia ben inseriti nel proprio bagaglio di conoscenze i concetti della disciplina trattati negli anni precedenti, individuati nei **prerequisiti minimi** per affrontare la lezione e costituenti la base per progredire nello studio della materia.

In particolare, con test aperti si verificherà la conoscenza dei principi; con la proposta di semplici problemi da risolvere verrà verificata la comprensione e la capacità di applicazione di tali principi, nonché la capacità di utilizzare le fonti relative e di interpretarle; con test a completamento potrà essere accertata l'acquisizione di codici linguistici corretti.

Ovviamente la verifica iniziale (così come quella finale) non darà sempre risultati omogenei su tutta la classe, ma potrà evidenziare **debiti formativi individualizzati**. Un valido strumento per conseguire livelli omogenei di rendimento è il **lavoro di gruppo**. Questo favorisce sia l'*analisi* che la *sintesi*: ciascun gruppo, infatti, nell'affrontare un argomento esamina un aspetto diverso da quello affrontato dagli altri; successivamente si procederà al confronto e all'integrazione fra i gruppi in una sintesi organica dell'argomento analizzato.

5.2 La descrizione degli obiettivi specifici di apprendimento

La descrizione degli **obiettivi** in termini di comportamenti oggettivamente osservabili e misurabili, che indichino il raggiungimento, da parte degli alunni, degli **obiettivi di sapere e di saper fare**, costituisce l'elemento più rilevante ai fini di una verifica puntuale e ne faciliterà l'effettuazione.

In ogni caso, in sede di definizione degli obiettivi, il docente non potrà fare a meno di considerare quelli che sono gli obiettivi individuati dalle Indicazioni nazionali e dalle Linee guida per la sua materia, oltre che quelli previsti dal curricolo d'istituto.

5.3 I contenuti e i metodi

I **contenuti** verranno organizzati in percorsi didattici autoconsistenti relativi agli snodi essenziali della disciplina che, a loro volta, potranno essere suddivisi in lezioni, con individuazione di obiettivi, argomenti, metodi e modalità di verifica. Sotto questo profilo, molti manuali scolastici sono strutturati per agevolare il docente nel lavoro di costruzione dei progetti formativi. Ovviamente, la programmazione dei vari percorsi potrà essere concordata con i docenti di discipline affini qualora si riferiscano ad argomenti comuni o strettamente collegati.

I **metodi** varieranno a seconda dei contenuti e degli obiettivi che si intendono perseguire. Brevi lezioni frontali sui principi teorici della disciplina si alterneranno alla proposta di analisi di casi concreti e di soluzione di problemi. In tutte le discipline il *ricorso sistematico alle fonti* come metodo di lavoro dovrà essere sempre privilegiato. Il *lavoro di gruppo*, pur richiedendo tempi lunghi, non potrà essere trascurato per il suo notevole potenziale formativo; sarà, comunque, opportuno che i gruppi di lavoro siano eteroequivalenti e che vengano impegnati solo su tematiche particolarmente significative il cui apprendimento meriti un rilevante grado di approfondimento.

5.4 La verifica degli apprendimenti: rinvio

Dell'importante momento della verifia degli apprendimenti e della valutazione, abbiamo già ampiamente trattato nelle pagine precedenti per cui ad esse si rinvia (→ Parte I, Capp. 5 e 6).

3
Come organizzare una lezione simulata

1 Cosa osserva la Commissione durante la lezione simulata

Abbiamo già trattato della valenza della lezione simulata come prova di concorso. Osservando come il candidato tiene la lezione, i commissari possono, infatti, ricavare valutazioni di ordine didattico e attitudinale, oltre, ovviamente, che di carattere culturale e disciplinare. In particolare:

- possono osservare se il candidato ha organizzato la lezione in modo che i contenuti proposti siano collegati alle conoscenze pregresse degli alunni, e se ha disposto l'eventuale **recupero di prerequisiti**.
- Possono valutare se il candidato sa **attualizzare i contenuti della lezione** in modo da richiamare temi appartenenti al vissuto degli studenti e/o favorire il conseguimento di *macro-obiettivi educativi trasversali*, riferibili alla formazione della persona.
- Possono osservare se il candidato ha un **eloquio efficace**, proprietà lessicale appropriata alla materia; possono altresì percepire eventuali incomprensioni nella comunicazione bidirezionale, alle quali sappia rimediare esplicitando passaggi concettuali e termini che ha erroneamente supposto noti alla classe.
- Possono valutare se il candidato ha **competenza nell'uso delle tecnologie** applicate alla didattica e se si avvale del corredo didattico-disciplinare in modo appropriato e proficuo dal punto di vista dell'insegnamento.
- Possono verificare se il candidato **conduce la lezione** in modo da suscitare quesiti, richieste di integrazioni e chiarimenti, e se avvalora, mediante riferimenti efficaci, gli argomenti che prospetta.
- Possono attingere elementi, meglio se in sede separata, per valutare se l'insegnante abbia inteso collocare la lezione in una **logica programmatoria degli obiettivi disciplinari** (decisi anche con riferimento alle Indicazioni nazionali), e se sia consapevole del tempo che la classe può dedicare al conseguimento degli obiettivi disciplinari, a seconda dell'importanza che egli stesso attribuisce ad essi. In questa discussione, la commissione potrà sollecitare il candidato ad esprimersi anche sui **modelli didattici che predilige** e su quelli che ritiene più congeniali a specifiche tipologie di studenti.
- I commissari che apprezzano la concezione costruttivista dell'insegnamento potranno osservare se il candidato sviluppa la **lezione in forma interattiva**, recependo gli apporti della classe e valorizzandoli, attraverso il collegamento al

proprio argomentare, come tasselli della costruzione «di senso» che si produce in aula.

Di tutte queste valutazioni deve tener conto il candidato nell'elaborazione della lezione simulata.

Nell'**impostazione di una lezione simulata** è, quindi, importante per prima cosa prefigurarsi la classe cui essa è destinata, l'età degli alunni, il loro livello cognitivo e la loro capacità di apprendimento. In funzione di ciò, sarà più facile determinare che tipo di lezione impostare e definire *prerequisiti* e *obiettivi*, che sono i primi elementi imprescindibili per strutturare una lezione e quindi ancor più una lezione simulata.

Va però fatta una considerazione preliminare: il limite intrinseco alla lezione simulata come prova concorsuale è che, per quanto la si voglia immaginare, la classe non c'è: manca, quindi, uno degli attori dell'azione didattica, soprattutto se si volesse preferire un modello di lezione partecipata o dialogata. L'assenza degli alunni determina il rischio di rendere, quindi, tutte le lezioni simulate delle lezioni «frontali» di impostazione meramente trasmissiva in cui è assente il momento dell'interazione con gli studenti (senza feedback, senza lavoro di gruppo, senza brainstorming ecc.). In effetti, nella realtà concorsuale, le lezioni simulate più che vere e proprie lezioni «simulate» si trasformano in **presentazioni di una lezione**: non a caso quasi sempre, il candidato ricorre all'ausilio di una presentazione in PowerPoint.

Infine, un consiglio: nell'organizzazione della propria lezione simulata può essere molto utile la consultazione di un **testo scolastico** relativo al tipo di scuola in cui la lezione si contestualizza. In questo modo potranno essere individuati facilmente sia gli obiettivi della lezione che i prerequisiti (in molti libri di testo per la scuola questi sono indicati espressamente per ogni unità di apprendimento), oltre ai percorsi didattici e agli strumenti di verifica e di valutazione finali.

2 Lo schema base di una lezione simulata

Dopo quanto detto fin qui, possiamo tracciare lo schema di una lezione simulata tipo. Gli elementi che non possono mancare sono:

— titolo;
— destinatari;
— durata;
— obiettivi finali;
— prerequisiti;
— obiettivi specifici della lezione;
— competenze chiave attivate;
— metodo;

— sussidi didattici;
— fasi della lezione;
— verifiche finali;
— altri punti da mettere eventualmente in evidenza.

Ricordiamo che nella prova orale del precedente concorso le commissioni sono state chiamate a valutare soprattutto le capacità di *progettazione didattica* degli insegnanti, tenendo conto dei punti qui di seguito elencati (i punti che seguono sono tratti dalle griglie di valutazione della prova orale):

— Rispetto del tema prescelto.
— Pertinenza dei contenuti ed originalità della proposta.
— Descrizione dell'ambiente di apprendimento.
— Riferimento ai traguardi dello sviluppo.
— Durata della proposta e scansione dei tempi, se individuate più fasi.
— Strumenti e materiali di valutazione.
— Giustificazione delle scelte metodologiche effettuate.
— Strumenti e materiali previsti anche alla presenza di alunni con bisogni educativi speciali.
— Conoscenza dei compiti inerenti al profilo professionale docente che caratterizzano le attività individuali, collegiali e orientate alla pianificazione/erogazione dell'offerta formativa.
— Strumenti e materiali previsti in riferimento a tecnologie avanzate.

Analizziamo ora qui, i vari elementi che non possono mancare in una lezione simulata ben strutturata.

a) **Titolo della lezione.**
Qui ovviamente non potremmo far altro che riproporre la traccia della Comissione di concorso;

b) **Destinatari.**
Specificare a chi è destinata la lezione. Per esempio «Destinatari: classe I Liceo classico, composta da 25 alunni di cui uno appartenente all'area BES (dislessico)».

c) **Durata.**
L'indicazione della durata è importante ma varia in relazione all'argomento. Ci sono argomenti che possono svilupparsi in 2 ore (tempo standard di una lezione) o anche in più ore tanto da essere svolti in più settimane. Nell'indicazione della durata, tener conto anche del quadro orario (se si tratta di una disciplina per la quale sono previste 2 ore di insegnamento a settimana prevedere «lezioni» che si sviluppano su 9/10 ore, quindi su 5 settimane, potrebbe non essere opportuno). Considerare, oltre al tempo della lezione «frontale» (1 ora è fin troppo per una lezione frontale) anche il tempo per la verifica dei prerequisiti, l'eventuale attività laboratoriale, le valutazioni finali ecc.

Può essere utile anche dare una scansione indicativa delle varie fasi in cui la lezione si articola (vedi *infra*): es. verifica dei prerequisiti (1/2 h), lezione frontale (1/2 o 1 h) o lezione partecipata con discussione e prove in itinere (2 h), verifica degli obiettivi (1 h) ecc.

d) **Obiettivi finali (di modulo, di unità di apprendimento)**.
Normalmente, essendo la lezione un percorso di apprendimento inserito all'interno di una programmazione più ampia, gli obiettivi non andrebbero specificati. Trattandosi però di una lezione simulata da esporre in una prova di concorso è meglio specificare gli obiettivi formativi da conseguire suddivisi in *conoscenze, competenze e abilità*. Per l'individuazione di questi obiettivi ispirarsi a quelli definiti dalle Indicazioni nazionali e le Linee guida.

e) **Prerequisiti**.
Elencare i prerequisiti richiesti per la comprensione e il corretto inquadramento dell'argomento della lezione. Nell'individuazione dei prerequisiti si può prendere spunto da un qualsiasi manuale scolastico della materia in cui normalmente ogni lezione prevede l'individuazione dei prerequisiti.

f) **Obiettivi specifici della lezione**.
Qui vanno elencati gli obiettivi che il docente intende raggiungere al termine della lezione. Tendenzialmente indicano le *conoscenze* (il *sapere*, cosa saprà l'alunno), le *abilità* (il *saper fare*, cosa saprà fare l'alunno) e le *competenze* (che comprendono conoscenze, abilità e, più in generale, il *saper essere* dell'individuo).
Indicare qui anche eventuali collegamenti interdisciplinari.

g) **Competenze chiave attivate**.
Citare quali delle competenze chiave fissate dalla *Raccomandazione* del Parlamento europeo (2006) vengono attivate nell'ambito della lezione.

h) **Metodo**.
Questa è la parte della lezione simulata più importante ai fini del concorso, in quanto, al di là dell'esposizione dei contenuti disciplinari (che potrebbero anche darsi per scontati), qui si misura la capacità didattica dell'aspirante docente. Attenzione, dunque, a specificare con misura e coerenza questi punti:
   - **Tipo di lezione**: *frontale, partecipata, dialogata*. Attenzione: i vari modelli non si prestano sempre per tutte le materie o per tutti gli argomenti.
   - **Metodologie didattiche** (cioè i metodi da utilizzare nello svolgimento delle attività didattiche): *cooperative learning, problem solving, role play, studio di casi, mappe concettuali, partecipazione di esperti, visite guidate* ecc.
   - **Metodologia della comunicazione:** verbale (lezione trasmissiva, letture, dibattiti), iconica (disegni, immagini, audiovisivi, film), grafica (schemi o

individuazione di parole chiave alla lavagna, test liberi, composizioni e rielaborazioni, ecc.).
- **Metodologie didattiche per eventuali stili di apprendimento diversi:** da strutturare nel caso in cui siano presenti alunni con BES o altro.

i) **Sussidi didattici.**
Qui andranno elencati gli strumenti di supporto didattico che il docente utilizzerà durante la lezione:
- libro di testo in adozione, dispense o fotocopie, mappe concettuali, diapositive animate, altro;
- lavagna, computer o LIM per illustrare presentazioni multimediali, per navigare in Rete, per visionare brevi audiovisivi o ascoltare brani, ecc.;
- logistica: aula, laboratorio;
- visite didattiche.

l) **Fasi della lezione.**
Illustrare qui la struttura della lezione che dovrebbe prevedere:
- **fase iniziale**: per esempio si introduce l'argomento alla classe con l'ausilio di una mappa concettuale; si espongono gli obiettivi da conseguire; si effettua una verifica dei prerequisiti (soprattutto se si tratta di lezioni da presentare a una prima classe del ciclo di studi);
- **nucleo della lezione**: è il *corpo della lezione*, quello in cui si espongono i **contenuti**. In questa sede si può proporre un'articolazione dei contenuti, specificando il ricorso ad esempi, letture, interazione e discussione con gli studenti, ripetizione degli elementi chiave (si possono individuare delle parole chiave da scrivere o far scrivere alla lavagna), utilizzo delle risorse didattiche, indicazione specifica delle metodologie didattiche applicate ai contenuti ecc. L'articolazione dei contenuti deve essere coerente, sequenziale e adatta alla classe di riferimento. Attenzione al lessico troppo tecnico: se da una parte, trattandosi di una prova di un concorso, è necessario mostrare di sapere, dall'altra verrà valutato anche il lessico usato dall'aspirante docente nel rivolgersi alla classe, quindi non deve essere troppo tecnico;
- **fase di chiusura**: in genere in questa fase si procede a un riepilogo di quanto fin qui illustrato, all'assegno dei compiti a casa, alla verifica degli obiettivi, magari anche attraverso l'analisi di un caso in gruppi (*cooperative learning*).
  Attenzione: sviluppare questa scansione in fasi tenendo conto della *durata* complessiva della lezione che si è individuata prima. «Durata» e «Fasi della lezione» devono essere coerenti. Nella scansione delle fasi tener presente che più complesso è l'argomento, più ridotti saranno i tempi di ascolto e di attenzione degli studenti. Il ritmo della lezione dovrà essere modulato anche sui tempi di apprendimento dei ragazzi.
  Attenzione anche che questa parte sia coerente con i punti della sezione «Metodo» e «Sussidi didattici».

m) **Verifiche finali e valutazione.**
Anche se in una classe reale le verifiche finali vengono fatte non alla fine di ogni lezione ma dopo la chiusura di un macro argomento (quindi al termine di più lezioni), nella nostra lezione simulata sarà utile illustrare, anche con esempi concreti, il sistema di verifiche dell'apprendimento che si vuole applicare: verifiche non strutturate (temi, elaborati di varia tipologia, problemi, esercizi di matematica, costruzione di mappe concettuali, interrogazioni, prove orali di varia tipologia); verifiche strutturate (test a risposta multipla, vero/falso, corrispondenze ecc.); verifiche semistrutturate (riassunti, saggi brevi, domande a risposta aperta).

n) **Altri punti (eventuali).**
Illustrare qui:
— Attività da intraprendere nel caso in cui, all'esito della verifica, risulti che gli obiettivi non sono stati raggiunti (recupero del debito formativo).
— Strategie didattiche mirate all'eccellenza con piani individuali per alunni.
— Strategie didattiche specifiche nel caso di alunni con BES, DSA, stranieri ecc. con individuazione degli obiettivi formativi personalizzati (OFP).

Riportiamo qui di seguito **un modello di lezione simulata** (disciplina: Italiano) realizzata secondo questa struttura.

UN MODELLO DI LEZIONE SIMULATA

Leggere “I Promessi sposi”

Destinatari

Scuola secondaria di II grado; secondo anno del primo biennio, formata da 24 alunni, uno dei quali appartenente all’area BES in quanto di origini straniere.

Durata

4 ore, così ripartite:

- verifica dei prerequisiti (½ h);
- lezione frontale (1 h)
- integrazioni e chiarimenti mediante discussione in classe (1 h);
- verifica degli obiettivi (1h ½).

OBIETTIVI FINALI

Competenze-chiave per l’apprendimento permanente

- Comunicazione nella madrelingua
- Imparare a imparare
- Competenza digitale
- Espressione culturale

Competenze di base

- Padroneggiare gli strumenti espressivi ed argomentativi indispensabili per gestire l’interazione comunicativa verbale in vari contesti
- Leggere, comprendere ed interpretare testi scritti di vario tipo
- Produrre testi di vario tipo in relazione ai differenti scopi comunicativi
- Utilizzare e produrre testi multimediali

PREREQUISITI

- Conoscere le principali caratteristiche del genere narrativo del romanzo storico
- Possedere gli strumenti di analisi di un testo narrativo
- Conoscere il profilo letterario e la poetica di Manzoni

OBIETTIVI SPECIFICI DELLA LEZIONE

Abilità/Capacità

- Cogliere i caratteri specifici dell’opera manzoniana in rapporto al tempo e alle linee culturali dell’epoca
- Formulare commenti coerenti e motivati
- Leggere con consapevolezza il testo e identificarne il messaggio
- Attualizzare le tematiche emerse dallo studio e dall’analisi del romanzo

Conoscenze

- Struttura, trama, temi del romanzo
- Caratteristiche e innovazioni dell’opera in rapporto al genere letterario del romanzo

METODO

- **Lezione frontale**, a carattere espositivo con l'utilizzo di una modalità comunicativa basata non solo sull'aspetto verbale, ma anche su una componente iconica (immagini, audiovisivi)
- Analisi di **mappe concettuali**
- Integrazioni e chiarimenti mediante **discussione con la classe**

ADATTAMENTO DIDATTICO NELL'IPOTESI DI ALUNNO CON BES (ORIGINI STRANIERE)

Ricorso ad una didattica personalizzata, mediante l'impiego di *strumenti compensativi* (utilizzo del PC e mappe concettuali, vocabolario anche multimediale) e *misure dispensative* da talune prestazioni non essenziali ai fini della qualità dei concetti da apprendere (ad esempio, lettura ad alta voce, prendere appunti, dettatura di testi). Allo studente straniero verrà inoltre data la possibilità di registrare le lezioni per facilitarne l'apprendimento, trasformando la lettura in ascolto. Le eventuali esercitazioni presentate in classe verranno lette dal docente per evitargli la lettura.

SUSSIDI DIDATTICI

- Libro di testo in adozione
- Mappe concettuali
- Proiezione diapositive
- LIM o computer per presentare e illustrare immagini, audiovisivi, filmati e supporti multimediali di vario tipo

Fasi della lezione

Fase iniziale
Presentazione del romanzo attraverso la visione di un'immagine dei due protagonisti: le illustrazioni di Francesco Gonin per l'edizione del 1840. Verifica orale dei prerequisiti, mediante il sistema della turnazione.

Nucleo della lezione

1. *I promessi sposi*: opera di tutta una vita (dal *Fermo e Lucia* alla quarantana)
2. Struttura, voce narrante e trama in breve
3. I personaggi principali
4. La poetica e la "visione del mondo" espresse nel romanzo
5. Lettura in classe dell'*incipit*

1. *I promessi sposi* costituiscono "l'opera di tutta una vita": Manzoni lavorò al suo romanzo storico instancabilmente, e con una dedizione impressionante, per ben vent'anni.
Iniziò la stesura intorno al 1821 per approdare, nel 1823, a una prima versione, che recava il titolo *Fermo e Lucia*. Il romanzo appariva più ampio dei successivi *Promessi sposi*, era ricco di digressioni e riservava ampio spazio ad alcuni personaggi secondari, come la monaca di Monza e il conte del Sagrato (il futuro Innominato delle versioni successive). Lo scrittore ne era insoddisfatto: lo riteneva troppo ampio e dispersivo. Diede vita così a una consi-

stente e capillare revisione, giungendo alla cosiddetta edizione ventisettana. Solo dopo un'attenta revisione linguistica giunse all'edizione definitiva: la cosiddetta quarantana. Manzoni, infatti, si rese conto che in Italia, in virtù della sua divisione politica, non esisteva una lingua nazionale. Per l'autore tale lingua poteva essere il fiorentino dell'uso vivo e ad esso uniformò la lingua del suo romanzo (la famosa "*risciacquatura in Arno*").

2. Il romanzo è suddiviso in 38 capitoli. Lo scrittore finge di aver ritrovato un manoscritto del Seicento e di volerlo riproporre con un linguaggio più adatto ai lettori suoi contemporanei. Le vicende sono raccontate, dunque, da un narratore onnisciente che non di rado si rivolge direttamente ai lettori e commenta quanto avvenuto, spesso con ironia. Grande caratteristica della narrazione manzoniana è infatti l'umorismo, che non è assolutamente finalizzato a esiti ridanciani e leggeri, bensì invita a meditare sui limiti dell'uomo.
La vicenda ha inizio nel 1628. Sullo sfondo storico (ricostruito con esattezza: dominazione spagnola, carestia, tumulto di San Martino, peste) si svolgono le vicende dei due protagonisti, Renzo Tramaglino e Lucia Mondella. Il loro matrimonio è ostacolato dal signorotto del luogo, Don Rodrigo, invaghitosi di Lucia. Dopo varie peripezie (i due sono costretti a separarsi) si giungerà al "lieto fine".

3. Intorno ai protagonisti ruotano numerosissimi personaggi, alcuni di pura invenzione, altri realmente esistiti come la monaca di Monza o il cardinale Federigo Borromeo. Tutti (dal curato don Abbondio, che viene minacciato per impedirgli di celebrare le nozze, ad Agnese, madre di Lucia, dal padre Cristoforo, il cappuccino che aiuterà i due giovani, a figure come la monaca di Monza, l'Innominato, Federigo Borromeo) sono delineati con una profonda e straordinaria attenzione ai loro comportamenti e alla loro psicologia.

4. Nel romanzo, dunque, l'invenzione è affiancata e "limitata" dal "vero storico", secondo quella fondamentale dichiarazione di poetica espressa nella *Lettera sul Romanticismo*: la letteratura deve avere «l'utile per scopo, il vero per oggetto e l'interessante per mezzo». Per lo scrittore, infatti, la letteratura deve inevitabilmente avere un carattere educativo, istruttivo. Il messaggio affidato dall'autore al suo capolavoro è quello della fede e della "speranza" cristiane: il male resta incombente sul mondo con tutto il suo carico di assurdità e di irrazionalità, ma gli uomini, in particolare i credenti, hanno uno strumento per dare un senso al dolore e al negativo, la fede, che trasferisce le misere vicende dei singoli sullo schermo di un orizzonte metastorico e provvidenzialistico. *I promessi sposi* sono sempre stati definiti "il romanzo della Provvidenza". Del resto eloquente è la celebre chiusa del romanzo: i «guai» arrivano, per colpa o anche senza colpa, ma la «fiducia in Dio» li rende "più dolci" e «utili per una vita migliore».

5. Il celebre *incipit* del romanzo è fortemente esemplificativo della poetica e dell'ottica manzoniane: è difatti funzionale a quella impostazione realistica voluta dallo scrittore per il suo romanzo. Delinea con chiarezza e ricchezza di dettagli l'ambientazione geografica della narrazione.

Fase di chiusura
Si potrebbe procedere al riepilogo mediante la visione di un breve audiovisivo: la presentazione del romanzo fatta dal noto conduttore Fiorello, reperibile nell'archivio Bignomi del sito *www.rai.tv*. Seguiranno integrazioni e chiarimenti mediante discussione in classe.

Materiali per la lezione

"Quel ramo del lago di Como, che volge a mezzogiorno, tra due catene non interrotte di monti, tutto a seni e a golfi, a seconda dello sporgere e del rientrare di quelli, vien, quasi a un tratto, a ristringersi, e a prender corso e figura di fiume, tra un promontorio a destra, e un'ampia costiera dall'altra parte; e il ponte, che ivi congiunge le due rive, par che renda ancor più sensibile all'occhio questa trasformazione, e segni il punto in cui il lago cessa, e l'Adda rincomincia, per ripigliar poi nome di lago dove le rive, allontanandosi di nuovo, lascian l'acqua distendersi e rallentarsi in nuovi golfi e in nuovi seni. La costiera, formata dal deposito di tre grossi torrenti, scende appoggiata a due monti contigui, l'uno detto di san Martino, l'altro, con voce lombarda, il *Resegone*, dai molti suoi cocuzzoli in fila, che in vero lo fanno somigliare a una sega: talché non è chi, al primo vederlo, purché sia di fronte, come per esempio di su le mura di Milano che guardano a settentrione, non lo discerna tosto, a un tal contrassegno, in quella lunga e vasta giogaia, dagli altri monti di nome più oscuro e di forma più comune. Per un buon pezzo, la costa sale con un pendìo lento e continuo; poi si rompe in poggi e in valloncelli, in erte e in ispianate, secondo l'ossatura de' due monti, e il lavoro dell'acque. Il lembo estremo, tagliato dalle foci de' torrenti, è quasi tutto ghiaia e ciottoloni; il resto, campi e vigne, sparse di terre, di ville, di casali; in qualche parte boschi, che si prolungano su per la montagna. Lecco, la principale di quelle terre, e che dà nome al territorio, giace poco discosto dal ponte, alla riva del lago, anzi viene in parte a trovarsi nel lago stesso, quando questo ingrossa: un gran borgo al giorno d'oggi, e che s'incammina a diventar città.

Ai tempi in cui accaddero i fatti che prendiamo a raccontare, quel borgo, già considerabile, era anche un castello, e aveva perciò l'onore d'alloggiare un comandante, e il vantaggio di possedere una stabile guarnigione di soldati spagnoli, che insegnavan la modestia alle fanciulle e alle donne del paese, accarezzavan di tempo in tempo le spalle a qualche marito, a qualche padre; e, sul finir dell'estate, non mancavan mai di spandersi nelle vigne, per diradar l'uve, e alleggerire a' contadini le fatiche della vendemmia. Dall'una all'altra di quelle terre, dall'alture alla riva, da un poggio all'altro, correvano, e corrono tuttavia, strade e stradette, più o men ripide, o piane; ogni tanto affondate, sepolte tra due muri, donde, alzando lo sguardo, non iscoprite che un pezzo di cielo e qualche vetta di monte; ogni tanto elevate su terrapieni aperti: e da qui la vista spazia per prospetti più o meno estesi, ma ricchi sempre e sempre qualcosa nuovi, secondo che i diversi punti piglian più o meno della vasta scena circostante, e secondo che questa o quella parte campeggia o si scorcia, spunta o sparisce a vicenda. Dove un pezzo, dove un altro, dove una lunga distesa di quel vasto e variato specchio dell'acqua; di qua lago, chiuso all'estremità o piùttosto smarrito in un gruppo, in un andirivieni di montagne, e di mano in mano più allargato tra altri monti che si spiegano, a uno a uno, allo sguardo, e che l'acqua riflette capovolti, co' paesetti posti sulle rive; di là braccio di fiume, poi lago, poi fiume ancora, che va a perdersi in lucido serpeggiamento pur tra' monti che l'accompagnano, degradando via via, e perdendosi quasi anch'essi nell'orizzonte. Il luogo stesso da dove contemplate que' vari spettacoli, vi fa spettacolo da ogni parte: il monte di cui passeggiate le falde, vi svolge, al di sopra, d'intorno, le sue cime e le balze, distinte, rilevate, mutabili quasi a ogni passo, aprendosi e contornandosi in gioghi ciò che v'era sembrato prima un sol giogo, e comparendo in vetta ciò che poco innanzi vi si rappresentava sulla costa: e l'ameno, il domestico di quelle falde tempera gradevolmente il selvaggio, e orna vie più il magnifico dell'altre vedute."

VERIFICHE FINALI

- **Verifiche orali** di varia tipologia (verifica immediata dopo la lettura del brano tratto dall'opera manzoniana, attraverso il sistema della turnazione; interrogazione tradizionale; interventi spontanei; discussione in classe).
- **Verifiche scritte** di varia tipologia: **prove strutturate** (test a risposta chiusa: risposta multipla, vero/falso, *matching*); **prove semistrutturate** (test a risposta aperta, anche di analisi del testo; saggio breve; riassunto); **prove non strutturate** (stesura di testi di varia tipologia, come il tema, la recensione o il testo informativo-espositivo, costruzione di una mappa concettuale ecc.).

ADATTAMENTO DIDATTICO NELL'IPOTESI DI ALUNNO CON BES (ORIGINI STRANIERE)

Per le attività di verifica scritta si terranno in considerazione, tra *le misure dispensative*, la produzione di testi complessi e i tempi standard di consegna delle prove (sarà concesso all'alunno un tempo maggiore per la consegna, almeno il 30% in più) in modo da consentirgli, nel caso delle prove semistrutturate, di rileggere i testi prodotti e, nel caso delle prove strutturate (preparate in forma semplificata con una riduzione del numero degli item e/o del numero delle opzioni di risposta), di controllare le risposte.

ESEMPI DI VERIFICA SCRITTA

A) Prova strutturata - Test a risposta chiusa

1 **A quale anno risale la stesura definitiva dei *Promessi sposi*?**

A) 1823 — 1840
B) 1827 — 1842

2 **Quali delle seguenti affermazioni sulle caratteristiche del romanzo sono vere e quali false?**

		Vero	Falso
a.	Manzoni finge di ritrovare un manoscritto del Seicento dove sarebbe contenuta la storia che si accinge e narrare		
b.	*I promessi sposi* si articolano in 40 capitoli		
c.	I personaggi del romanzo sono tutti inventati		

3 **Completa il testo con i termini mancanti utilizzando la seguente lista.**

Renzo - Don Abbondio - spagnola - Lombardia – Don Rodrigo - austriaca

La storia narrata nel romanzo si svolge in ...., durante l'occupazione ...., tra il 1628 e il 1630. I due protagonisti, Renzo Tramaglino e Lucia Mondella, desiderano sposarsi, ma a ...., il curato che deve celebrare il loro matrimonio, viene intimato di non farlo: .... infatti, signorotto locale, si è invaghito di Lucia e non vuole che la giovane sposi ....

B) Prova semistrutturata - Test a risposta aperta

1 **Dai una definizione della divina Provvidenza partendo dalla frase, riferita a Dio, che chiude la pausa lirica dell'*Addio ai monti*:**

"Chi dava a voi tanta giocondità è per tutto; e non turba mai la gioia de' figli suoi, se non per prepararne loro una più certa e più grande".

....

....

....

....

....

2 **Individua nel seguente stralcio, tratto dal capitolo I dei *Promessi sposi*, il passo in cui si manifesta l'ironia del narratore onnisciente.**

"Che i due descritti di sopra stessero ivi ad aspettar qualchedun, era cosa troppo evidente; ma quel che più dispiacque a don Abbondio fu il dover accorgersi, per certi atti, che l'aspettato era lui. Perché, al suo apparire, coloro s'eran guardati in viso, alzando la testa, con un movimento dal quale si scorgeva che tutt'e due a un tratto avevan detto: è lui; quello che stava a cavalcioni s'era alzato, tirando la sua gamba sulla strada; l'altro s'era staccato dal muro; e tutt'e due gli s'avviavano incontro"

....

....

....

....

....

C) Prova non strutturata - Recensione

Immagina che *I promessi sposi* siano appena stati pubblicati. Scrivi una recensione sul romanzo, avendo cura di esprimere le tue valutazioni personali (non necessariamente positive!) e di usare un linguaggio adeguato a un pubblico di media cultura.

VALUTAZIONE

La valutazione non può prescindere, oltre che delle conoscenze e competenze acquisite, dei progressi avvenuti rispetto ai livelli di partenza, della capacità di organizzare un lavoro in maniera autonoma, della partecipazione mostrata in classe, dell'impegno mostrato nel lavoro personale a casa.
Gli indicatori che possono essere utilizzati per la valutazione degli obiettivi raggiunti vanno distinti in base agli strumenti di verifica utilizzati.

Nel caso delle prove oggettive (**Prove strutturate**) ad ogni risposta esatta corrisponderà l'attribuzione di un punto, nel caso di risposta errata 0 punti; il punteggio finale verrà tradotto in voto. Ad esempio una prova strutturata costituita da 20 item potrà essere valutata secondo uno schema di questo tipo:

Punti	**Voto**
da 0 a 6	4
da 7 a 11	5
12 o 13	6
14 o 15	7
16 o 17	8
18 o 19	9
20	10

Nel caso delle prove a carattere soggettivo (**Prove semistrutturate** e **Prove non strutturate**) indicatori utili per la valutazione finale saranno non soltanto la correttezza dei contenuti ma anche:

- la coerenza e la coesione del testo
- la proprietà di linguaggio
- la correttezza ortografica
- la pertinenza e l'organicità dell'elaborato
- l'eventuale contributo personale (ricorso a un lessico ricercato, osservazioni personali ecc.).

OBIETTIVI NON RAGGIUNTI

Qualora si dovesse riscontrare il mancato raggiungimento degli obiettivi da parte della classe si dovranno individuare le tipologie e i motivi delle difficoltà incontrate, predisponendo nuove strategie didattiche, diverse dalle precedenti, in base al tipo di difficoltà rilevata.

4
La lezione simulata in PowerPoint

È sempre più diffuso alle prove orali del concorso a cattedre, illustrare la lezione simulata con una **presentazione** in **PowerPoint**. Questo perché il programma permette di agevolare il candidato nell'esposizione degli argomenti trattati e nello stesso tempo di dimostrare le proprie **competenze digitali** che verranno poi spese nella didattica in classe. Senza contare che PowerPoint è molto spesso usato dagli insegnanti per presentare sulla LIM i contenuti della lezione alla classe.

Qui di seguito proponiamo una breve guida all'uso del programma, peraltro uno dei più semplici da utilizzare del pacchetto Office.

Ovviamente l'uso di Power Point per la realizzazione della presentazione non è obbligatorio, ma se si decide di presentare la lezione simulata al PC o alla LIM è bene accertarsi di utilizzare un software che sia compatibile con i PC in uso nelle scuole. Oppure sarà opportuno utilizzare un proprio dispositivo.

1 L'interfaccia di PowerPoint

All'apertura di Power Point si apre una finestra simile a questa:

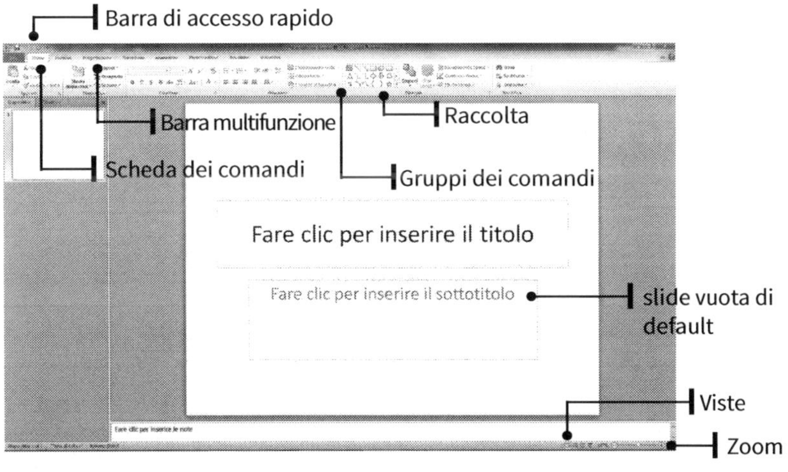

Figura 1 - La finestra di PowerPoint 2010

La **barra di accesso rapido** mostra tre icone: **Salva**, **Annulla** e **Ripristina**. Cliccando sulla punta di freccia all'estrema destra della barra si possono aggiungere altri strumenti, scegliendoli dal menu a discesa.

La **Barra multifunzione** occupa il lato superiore dell'area di lavoro e contiene le schede, da ognuna delle quali si accede ai gruppi di comandi contestuali all'operazione che si sta compiendo. All'interno di ogni scheda i comandi sono suddivisi in gruppi omogenei per funzione. Operando, poi, su particolari elementi del documento (ad esempio un grafico o una tabella) si attivano gli strumenti contestuali, che sono contenuti nelle schede **Layout** e **Progettazione** (figura 2).

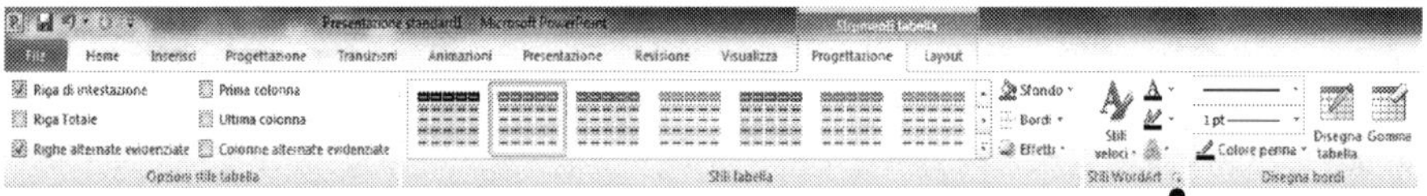

Figura 2 - Gli *Strumenti tabella* nella scheda Progettazione

In alcuni casi, per impartire determinati comandi, è possibile utilizzare le finestre di dialogo alle quali si può accedere cliccando sulla *piccola freccia* posta nell'angolo inferiore destro del gruppo dei comandi.

Nella parte bassa della finestra, infine, all'estrema destra della barra di stato appaiono i pulsanti che consentono di cambiare il **modo di visualizzazione** della presentazione e il *cursore per ingrandire o rimpicciolire il contenuto della finestra* mentre si sta lavorando. Gli stessi comandi (**Visualizzazioni presentazione** e **Zoom**) si possono trovare anche nella scheda **Visualizza**.

2 Creare una nuova presentazione

Per creare una nuova presentazione, selezionare la scheda **File** e scegliere la voce **Nuovo**: viene visualizzata una schermata (figura 3) che ci permetterà di creare uno slide show basato su una presentazione vuota, oppure su un modello esistente, reperibile tra quelli installati sul computer o tra quelli disponibili sul sito Office.com

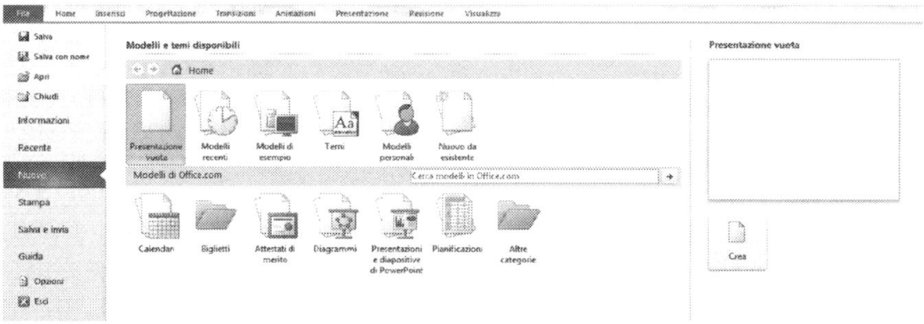

Figura 3 - Creazione di una nuova presentazione

3 Le modalità di visualizzazione

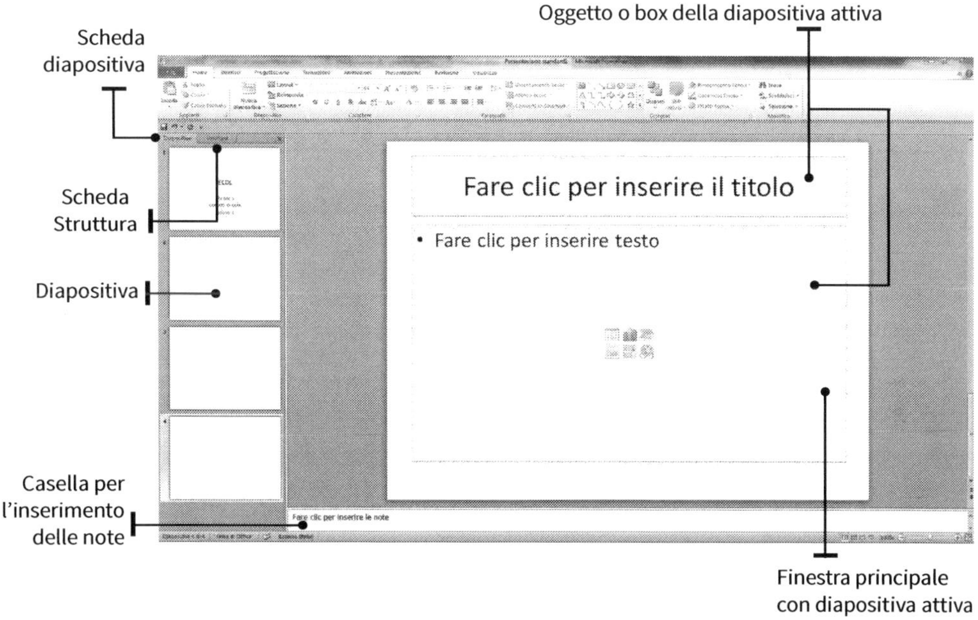

Figura 4 - La vista normale. Nella parte sinistra della finestra possiamo osservare le miniature delle slide comprese nella presentazione

PowerPoint offre *diversi punti di vista* sulla presentazione alla quale stiamo lavorando: possiamo così avere una visualizzazione che ci consente di operare sulle singole slide, oppure un'altra che ci dà la visione d'insieme del lavoro svolto o, infine, una terza modalità di visualizzazione che ci consente di vedere le note che abbiamo scritto in relazione a ogni diapositiva. A lavoro ultimato, oppure per verificare quanto fatto, possiamo, infine, lanciare la presentazione e vedere com'è venuta.

Per impostazione predefinita PowerPoint si apre in quella che si chiama la *vista normale*: la finestra, in questo caso, è suddivisa in tre parti: a sinistra abbiamo due schede (figura 4). La prima, chiamata **Diapositive**, ci mostra le miniature delle diapositive che realizzeremo ed evidenzia la slide attiva. In questa particolare vista possiamo selezionare una o più miniature, spostarle con il trascinamento del mouse o eliminarle.

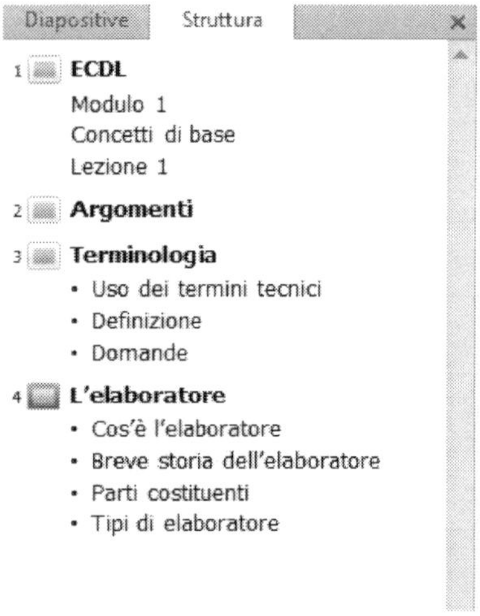

Figura 5 - La scheda *Struttura* della vista normale

Cliccando sulla scheda **Struttura** appare la struttura appunto, della presentazione, ossia i titoli delle diverse diapositive e gli eventuali elenchi puntati contenuti (figura 5). La scheda **Struttura** della vista normale ci permette di operare su questi elementi testuali modificandoli, correggendoli, eliminandoli o aggiungendone altri: le modifiche fatte nella struttura sono immediatamente riportate nelle slide.

A destra delle schede *Diapositive e Struttura* appare la **finestra principale di PowerPoint**: in essa è mostrata la diapositiva attiva; qui possiamo intervenire sui diversi elementi che la costituiscono: basta un clic su uno di essi per selezionarlo. L'oggetto scelto appare circondato da una cornice che presenta otto maniglie di ridimensionamento e una maniglia di rotazione, indicata da un pallino verde (figura 6).

Figura 6 - Un oggetto selezionato

L'oggetto selezionato può essere spostato, eliminato, modificato. In questa finestra, poi, possiamo aggiungere nuovi elementi alla diapositiva, utilizzando la scheda **Inserisci** della Barra multifunzione.

Nella parte bassa della finestra principale di PowerPoint vediamo un piccolo spazio orizzontale, nel quale appare la scritta **Fare clic per inserire le note**: in questa zona possiamo scrivere le note del relatore, ossia un testo che ci aiuti, ad esempio, a ricordare cosa dobbiamo dire quando viene presentata quella diapositiva. Le note possono essere stampate o visualizzate, in fase di presentazione, solo dal relatore: non sono mostrate al pubblico che assiste allo slide show.

Nel caso volessimo avere una visione d'insieme del nostro lavoro, abbiamo poi a disposizione la vista *Sequenza diapositive* (figura 7): per ottenere questa visualizzazione basta andare sulla scheda **Visualizza** della Barra multifunzione;

all'interno del gruppo di comandi **Visualizzazioni presentazione**, cliccare su **Sequenza diapositive**.

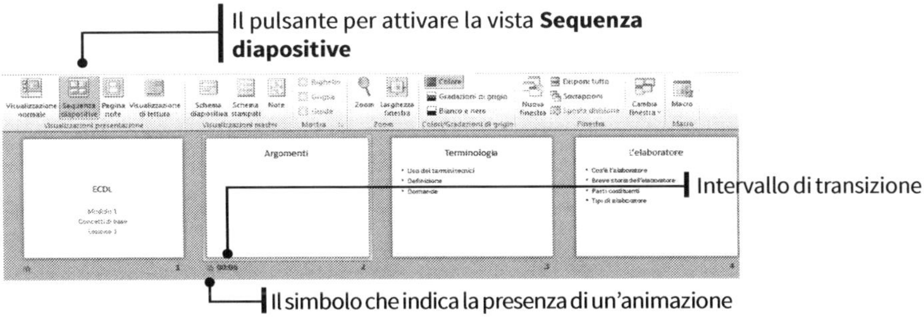

Figura 7 - La vista *Sequenza diapositive*

In alternativa possiamo usare i pulsanti delle viste, posti a fianco dello strumento **Zoom** nella barra di stato di PowerPoint: l'icona che ci interessa è la seconda da sinistra. In **Sequenza diapositive** possiamo selezionare una o più slide, sia per trascinamento che con il clic del mouse e i tasti **CTRL** o **SHIFT**, e spostarle in un'altra posizione; una linea verticale tra due diapositive ci indicherà il punto di rilascio.

La sequenza diapositive, oltre a permetterci di operare su un piano, spostando le slide o togliendole, ci fornisce anche informazioni sul loro stato: così, ad esempio, possiamo sapere se la slide ha *effetti di animazione* come, oppure se il passaggio tra una diapositiva e la successiva avviene dopo un intervallo di tempo predefinito (nella diapositiva 2, l'intervallo è di 6 secondi) o, ancora, se la diapositiva è nascosta, il che significa che, normalmente, non è mostrata nella normale sequenza delle diapositive, ma può essere visualizzata solo se necessario.

4 Le diapositive

Quando creiamo una presentazione nuova, la prima slide è di default una **diapositiva Titolo**, nella quale abbiamo due oggetti o *segnaposto*, o *box*: nel primo dobbiamo inserire il titolo della presentazione, nel secondo un eventuale sottotitolo (ad esempio il nome del relatore, un commento esplicativo al titolo o qualcosa di simile); l'aspetto della diapositiva titolo è quello che appare in figura 8.

Figura 8 - La diapositiva Titolo

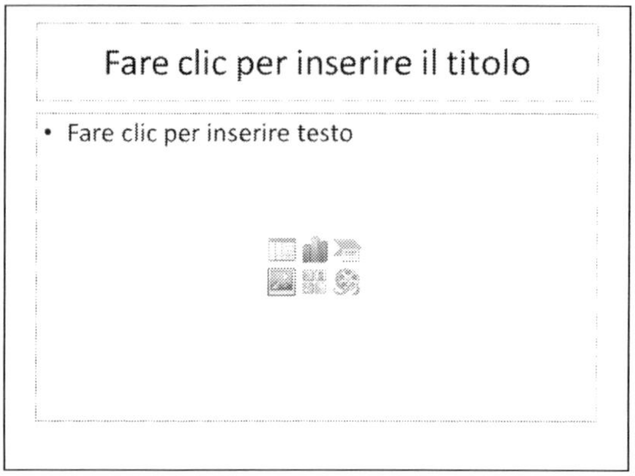

Figura 9 - La diapositiva Titolo e contenuto

Le diapositive successive, per impostazione predefinita, non saranno più di questo tipo ma avranno un *layout*, ossia un'impaginazione, differenti: in alto abbiamo ugualmente un segnaposto per il titolo, sotto uno più grande, che occupa tutta la parte rimanente della finestra, nel quale possiamo inserire un testo come elenco puntato, oppure un oggetto di altra natura, come indicato dalle icone che appaiono nel box, che sono dei veri e propri *pulsanti* che permettono di aggiungere un contenuto: tabella, grafico, diagramma, clip multimediale, clipart e immagine (figura 9).

Il layout predefinito, tuttavia, non è fisso, in quanto può essere modificato per adattarsi alle esigenze dell'autore: facciamo l'esempio di voler mettere un elenco su due colonne, o di voler inserire due immagini o due grafici affiancati per confrontarli. Per modificare l'impaginazione di una diapositiva bisogna andare nella Barra multifunzione, scheda **Home** e, nel gruppo **Diapositive**, cliccare sul pulsante **Layout**: si apre un menu nel quale possiamo scegliere tra diversi tipi di disposizione dei contenuti. Nel caso in esempio, selezioneremo il layout **Due contenuti** per disporre il testo su due elenchi affiancati, oppure **Confronto** per confrontare tra loro due contenuti (figura 10).

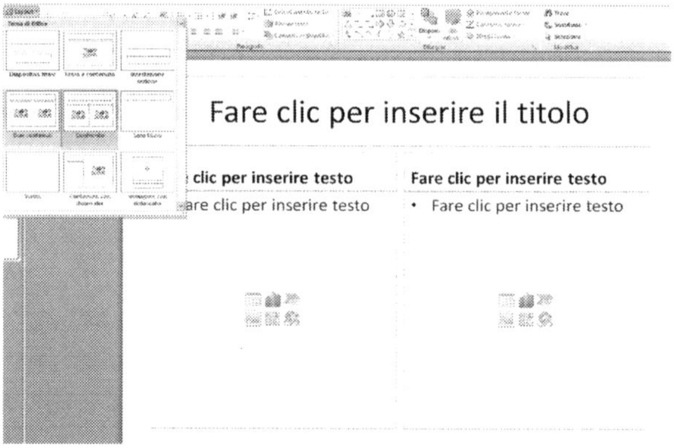

Figura 10 - La finestra per la scelta del layout della diapositiva

5 Diamo colore alla presentazione: scegliamo un modello

Un modello è una presentazione vuota, composta da elementi grafici, una combinazione di colori, un insieme di caratteri da usare nei diversi elementi testuali, e una formattazione, cioè una disposizione degli elementi grafici e testuali sulla superficie della slide.

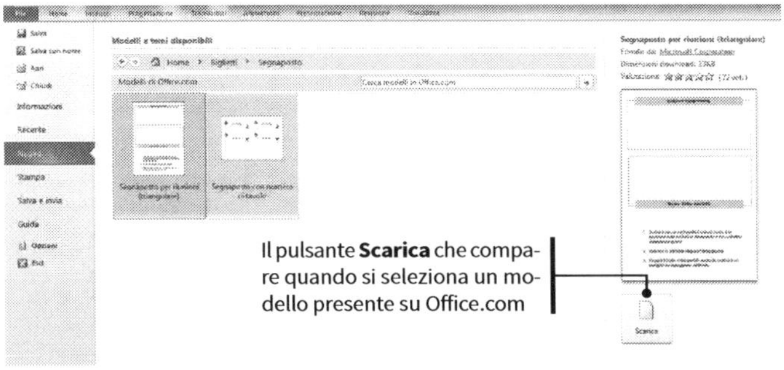

Figura 11 - La scelta del modello

Per applicare un modello occorre cliccare sulla scheda **File** e scegliere **Nuovo**: nella schermata che si apre possiamo scegliere tra i diversi modelli a disposizione, che possono essere installati in locale oppure scaricati dal sito di Office.com. (figura 11).

Scelto il modello verrà creata una nuova presentazione basata sul modello prescelto. Possiamo però fare anche altro, e cioè applicare un **tema** ad una presentazione esistente (figura 12). In questo caso dovremo aprire la presentazione, andare sulla scheda **Progettazione** della Barra multifunzione e scegliere il tema tra quelli presenti nel gruppo omonimo.

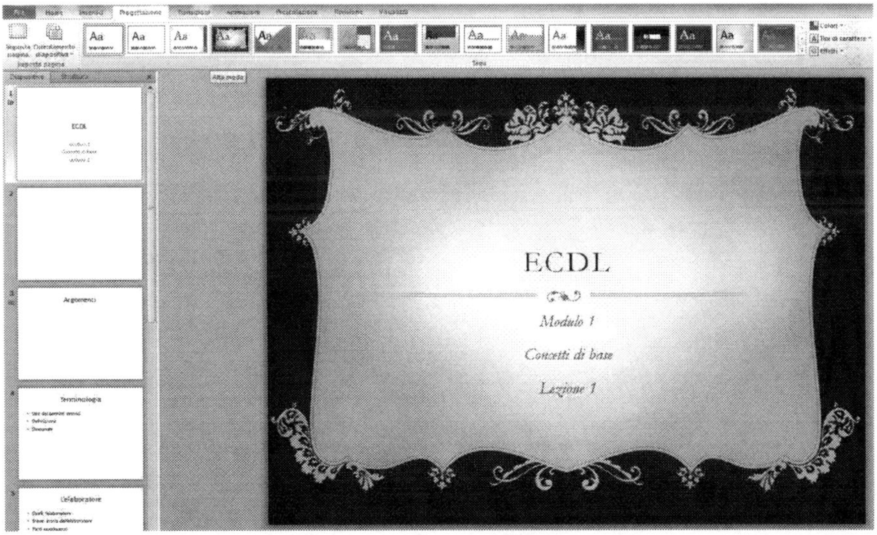

Figura 12 - Nella scheda *Progettazione* abbiamo scelto un tema e l'abbiamo applicato a una presentazione esistente

Cliccando sulla freccia posta all'estrema destra della finestra che mostra i temi, possiamo scorrere altre righe di modelli di struttura eventualmente presenti. Cliccando con il tasto destro del mouse sulla miniatura del tema, è possibile scegliere se applicare quest'ultimo a tutte le diapositive o solo a quelle selezionate.

Come si vede dal punto di vista grafico, Power Point risulta molto flessibile permettendo una notevole personalizzazione della presentazione.

6 Aggiungere ed eliminare diapositive

Per aggiungere o eliminare una dispositiva possiamo operare in diversi modi. Il più semplice è cliccare con il tasto destro del mouse sulla miniatura della diapositiva corrente; nel menu contestuale dovremo scegliere **Nuova diapositiva** per aggiungerla, oppure possiamo eliminarla, duplicarla ecc. con gli appositi comandi (figura 13).

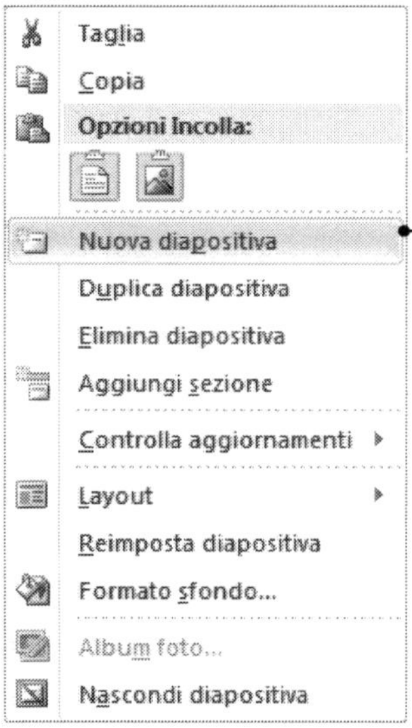

Figura 13 - Il menu contestuale alle miniature delle diapositive

7 La gestione dei testi: creazione dei contenuti

PowerPoint può servire a realizzare due diversi tipi di presentazioni: quelle rivolte a un pubblico, con un relatore (come un insegnante), che parla e illustra le sue tesi facendo scorrere le slide; e quelle destinate a funzionare «in automatico», senza relatore, in fiere, mostre o uffici. La gestione dei testi, nelle due situazioni, sarà molto diversa: poche parole, concetti chiari e concisi, espressi anche per punti, nel primo caso; uso di testi più ampi e descrittivi, ma non troppo lunghi e non disgiunti dalla parte iconografica, nel secondo.

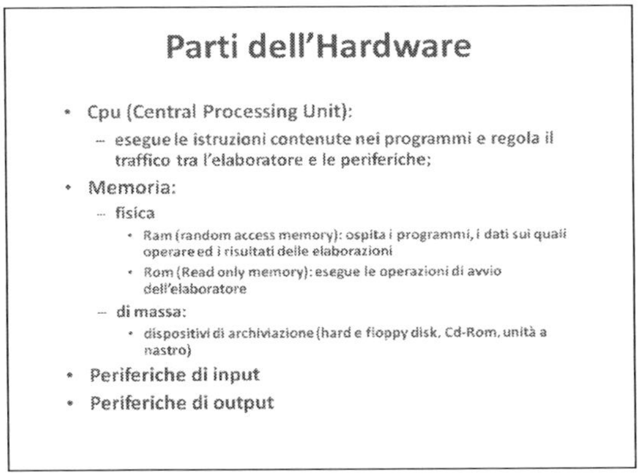

Figura 14 - Un esempio di elenco puntato

Partiamo dalla presentazione che serve a illustrare una lezione o un seminario. Le frasi devono essere semplici, brevi, non eccessivamente elaborate o descrittive per non distogliere l'attenzione dalle parole del relatore: possono essere un riassunto del concetto che sta esprimendo o citazioni, ma la sintesi deve essere la loro caratteristica principale.

Un modo efficace per inserire contenuti testuali nelle slide è quello di usare gli **elenchi puntati**: il relatore menziona i concetti dei quali vorrà parlare e, preferibilmente, a ognuno dei punti dell'elenco dedicherà una o più slide (figura 14).

Per inserire un testo in una diapositiva abbiamo a disposizione diversi metodi: iniziamo con un esempio relativo ad un elenco puntato. In figura 15 siamo di fronte a una slide mostrata in visualizzazione normale; a fianco della parola «Unità», nella terza riga del testo, appare una linea nera verticale lampeggiante: è il **punto di inserimento**, ossia la posizione nella quale si inserirà il testo. Man mano che scriviamo, il punto di inserimento si sposterà verso destra e il nuovo testo apparirà sulla diapositiva. Andando a capo verrà inserito automaticamente un nuovo punto elenco. PowePoint al contrario di Word, adatta automaticamente le dimensioni del carattere, alla lunghezza di contenuti: farà cioè in modo di far rientrare tutti i contenuti voluti all'interno della stessa slide, riducendo il corpo, il carattere, se molto lunghi.

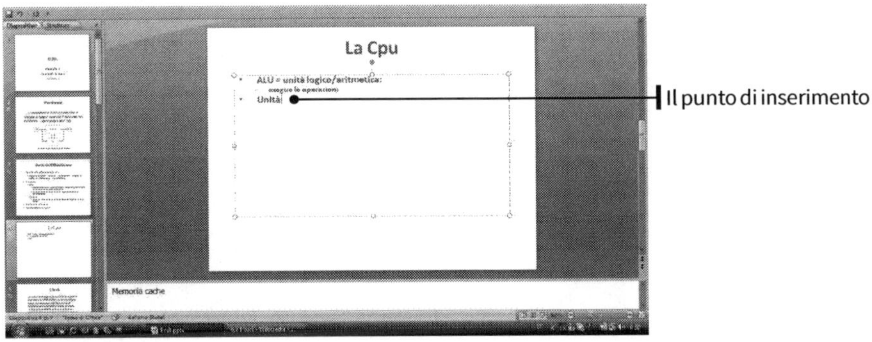

Figura 15 - Il punto di inserimento sulla diapositiva mostra dove scriveremo il nuovo testo

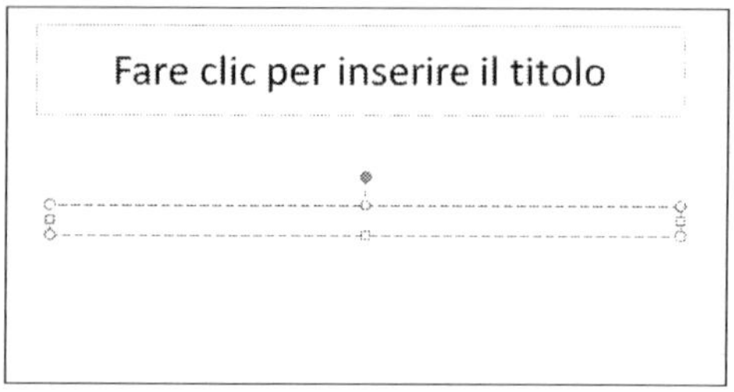

Figura 16 - Creazione di una casella di testo con larghezza predefinita

Un'altra possibilità per inserire del testo consiste nell'usare una **casella di testo** o una **forma**. La casella di testo è un oggetto che può essere aggiunto a un documento per evidenziare o dare maggior risalto a un testo: box esplicativi, ad esempio, sono contenuti in caselle di testo che, essendo indipendenti dal resto del documento, possono avere caratteristiche di impaginazione autonome, ma anche le didascalie che si associano alle figure possono essere contenute in oggetti di questo tipo. Vediamo, in pratica, come si opera: nella scheda **Inserisci**, sezione **Testo**, clicchiamo su **Casella di testo**; il cursore assume la forma di una croce rovesciata. Clicchiamo sulla slide nel punto in cui vogliamo inserire la casella e trasciniamo: creiamo così un segnaposto su un'unica riga, all'interno del quale appare il punto di inserimento (figura 16) e possiamo iniziare a scrivere. Giunti alla fine della larghezza della casella andremo a capo automaticamente.

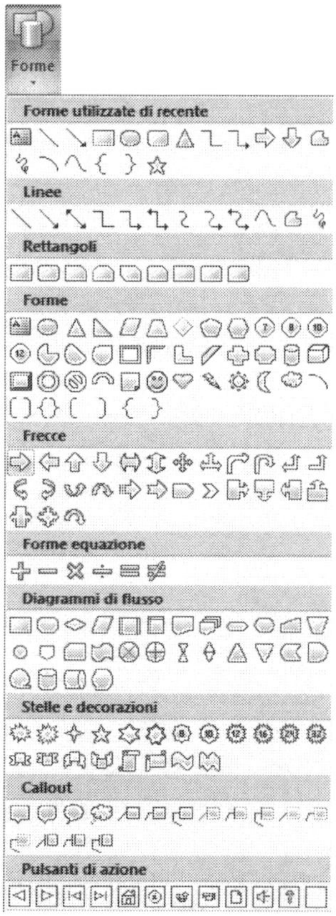

Figura 17 - La collezione delle forme disponibili in PowerPoint

Il testo, come abbiamo detto sopra, può essere inserito anche all'interno di un elemento grafico, la *forma*, ma vediamo come. Andiamo sulla scheda **Inserisci** e scegliamo **Forme** nel gruppo **Illustrazioni**: si apre la collezione delle forme disponibili (figura 17). Scegliamone una a caso (nell'esempio una freccia a destra), trasciniamo il cursore del mouse sulla slide e disegniamo l'elemento nella dimensione voluta. A questo punto possiamo iniziare a scrivere; il testo partirà dal punto centrale della forma e, arrivati al margine destro, andrà a capo automaticamente, centrandosi nella freccia (figura 17bis).

Le funzionalità di Power Point sono in generale abbastanza intuitive: basta cimentarsi un po' con i comandi qui illustrati per comprenderne appieno il loro funzionamento. Le funzioni di **Taglia**, **Copia** e **Incolla** di un testo sono poi identiche a quelle del Word.

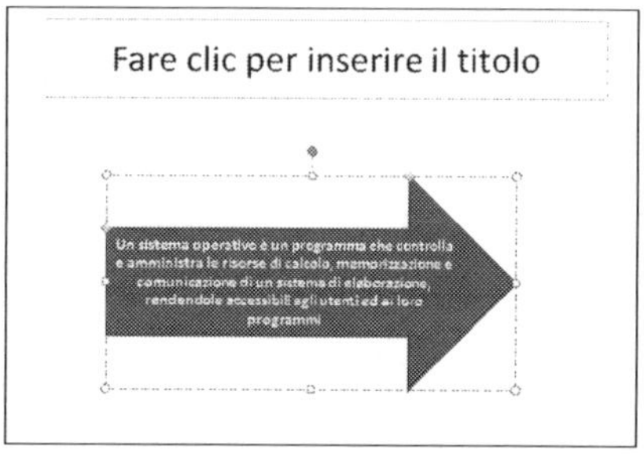

Figura 17bis - Testo scritto all'interno di una forma

8 Formattare i caratteri

Il modo più veloce per formattare i caratteri (cioè assegnare loro un tipo, una grandezza, uno stile ecc.) è quello di far ricorso al gruppo **Carattere** della scheda **Home** (figura 18).

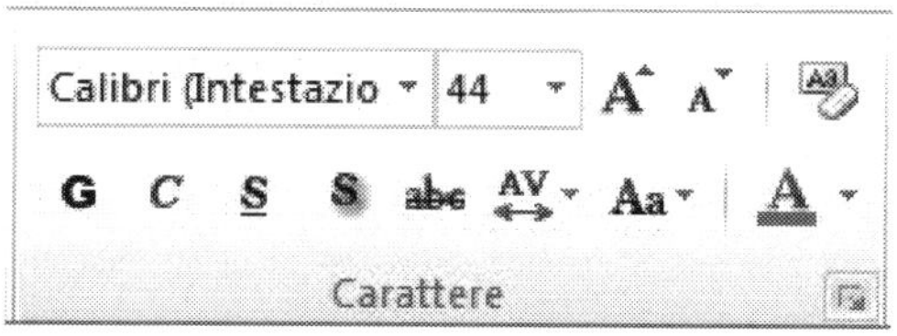

Figura 18 - Il gruppo *Carattere* della scheda *Home*

All'interno di questo gruppo troviamo innanzitutto il menu **Tipo di carattere**, mediante il quale possiamo, appunto, scegliere il font da assegnare al testo. A destra troviamo il menu **Dimensione carattere**, attraverso cui possiamo impostare la grandezza del carattere.

Si noti che, se abbiamo una porzione di testo selezionato, spostando il mouse sui tipi di carattere o sulle diverse grandezze, il testo della diapositiva si adegua automaticamente, mostrandoci un'anteprima di quelle che saranno le nostre scelte.

Nella parte inferiore del gruppo sono presenti quattro pulsanti, che ci permettono di modificare lo stile del carattere: da sinistra a destra troviamo i pulsanti **Grassetto**, **Corsivo**, **Sottolineato** e **Ombreggiato**.

Sempre nel medesimo gruppo, in basso a destra, è presente un menu mediante il quale possiamo modificare il colore del carattere (figura 19).

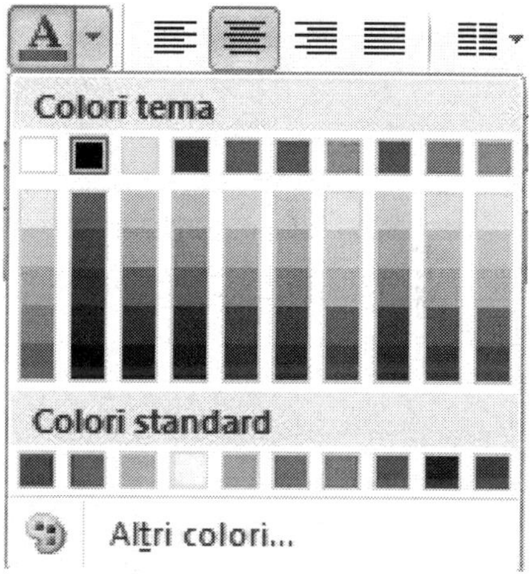

Figura 19 - Il menu *Colore carattere*

Per *allineare un testo* all'interno di un segnaposto, in una casella di testo o in una forma, dobbiamo posizionare il punto di inserimento su un punto qualsiasi del paragrafo che vogliamo allineare: non è infatti necessario selezionare tutto il testo perché l'allineamento è una proprietà del paragrafo e non del carattere.

Mettiamo quindi il punto di inserimento sul testo da allineare e andiamo nel gruppo **Paragrafo** della scheda **Home**; in basso a sinistra nel gruppo, troviamo una serie di icone delle quali una è selezionata: è quella che indica l'allineamento attuale del testo. Per cambiare tale allineamento basta cliccare su una delle altre e selezionarla: in figura 20 abbiamo cambiato l'allineamento da «a sinistra» a «centrato», cliccando sulla seconda icona da sinistra del gruppo.

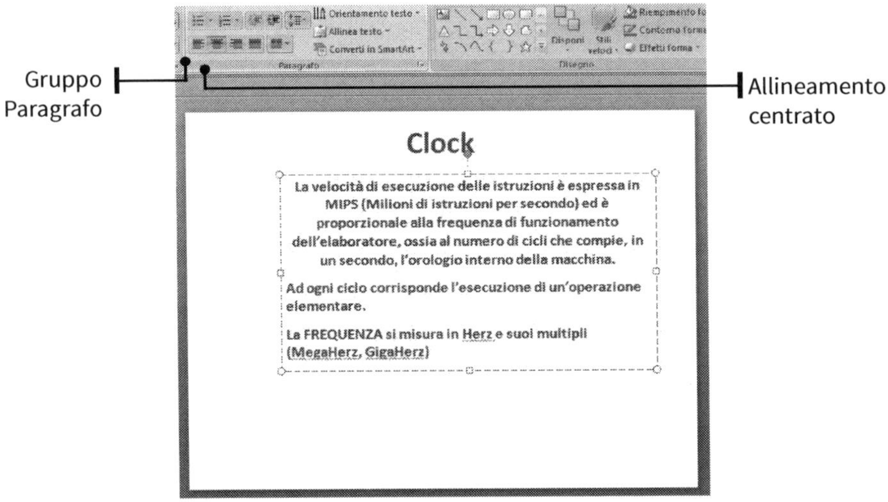

Figura 20 - L'allineamento del testo di un paragrafo: appare evidenziato l'allineamento adottato

9 Gli elenchi

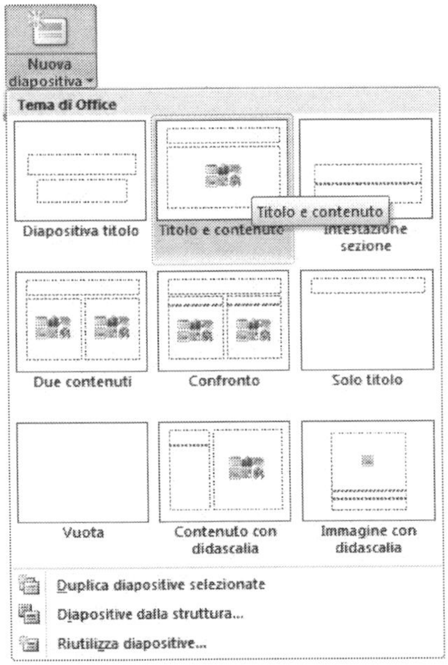

Figura 21 - La collezione dei layout; l'impaginazione scelta è evidenziata

Come abbiamo avuto modo di ribadire, gli elenchi sono forse il modo più usato per inserire un testo in una presentazione: infatti, consentono di enumerare gli argomenti da trattare e costituiscono, assieme ai titoli, il vero «scheletro» della presentazione.

Come si può inserire un elenco in una slide? Basta scegliere il layout appropriato e seguire le istruzioni. Inseriamo, ad esempio, una diapositiva (**Home → Diapositive → Nuova diapositiva**) e scegliamo il layout **Titolo e contenuto** (figura 21).

Nel segnaposto per il contenuto possiamo scegliere se inserire un testo, che per impostazione predefinita è un elenco puntato, oppure un contenuto di altro tipo (tabella, grafico ecc.). Quando clicchiamo per inserire un testo appare il punto di inserimento e possiamo iniziare a scrivere. Ogni volta che premiamo il tasto *Invio* andiamo a capo e aggiungiamo un nuovo punto elenco, che appare in colore più chiaro fino a quando non iniziamo a scrivere (figura 22).

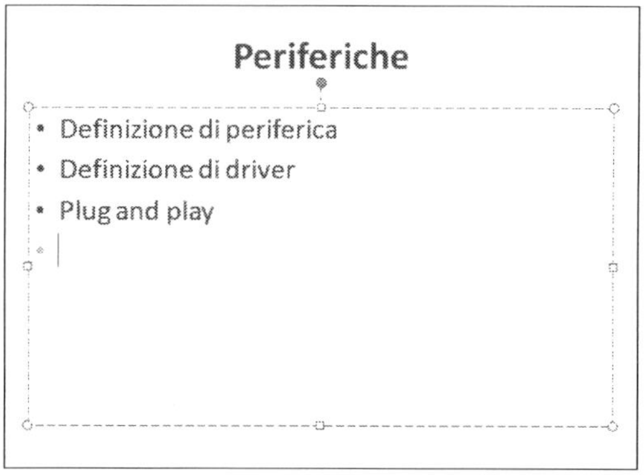

Figura 22 - Abbiamo iniziato a scrivere l'elenco. La pressione del tasto *Invio* crea un nuovo punto, che appare in colore più chiaro ed è affiancato dal punto di inserimento

PowerPoint ci dà anche la possibilità di scegliere tra diversi stili di elenco. Cliccando sulla freccia a fianco dell'icona **Elenchi puntati** (scheda **Home**, gruppo **Paragrafo**) si apre la raccolta degli stili elenco predefiniti (figura 23). In basso appare la voce **Elenchi puntati e numerati**: se la clicchiamo si apre la finestra di dialogo relativa. Nella scheda **Puntato** possiamo scegliere il punto elenco e cambiare il colore, scegliendolo tra quelli del tema, tra quelli standard, oppure nel selettore del colore (figura 24).

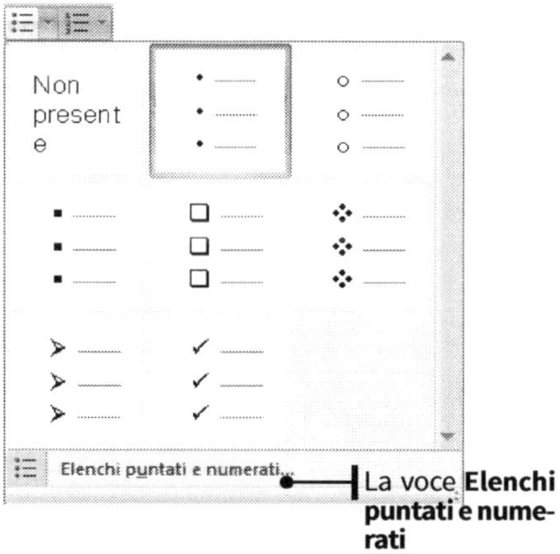

Figura 23 - La raccolta degli stili elenco predefiniti

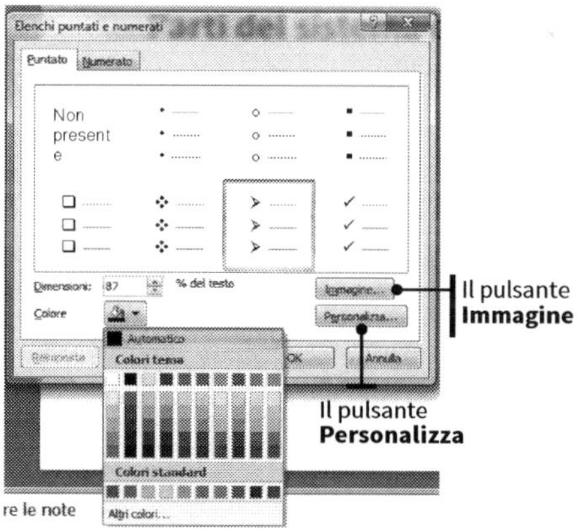

Figura 24 - La scheda *Puntato* nella finestra elenchi puntati e numerati

Possiamo anche cambiare il punto dell'elenco: clicchiamo sul pulsante **Personalizza** e si apre la finestra di dialogo **Simbolo**, nella quale possiamo scegliere un simbolo qualsiasi da usare come punto elenco (figura 25). Cliccando su **Immagine**, infine, possiamo scegliere tra punti diversi, scaricabili anche dal sito Office.com, e importare immagini a nostro piacimento (figura 26).

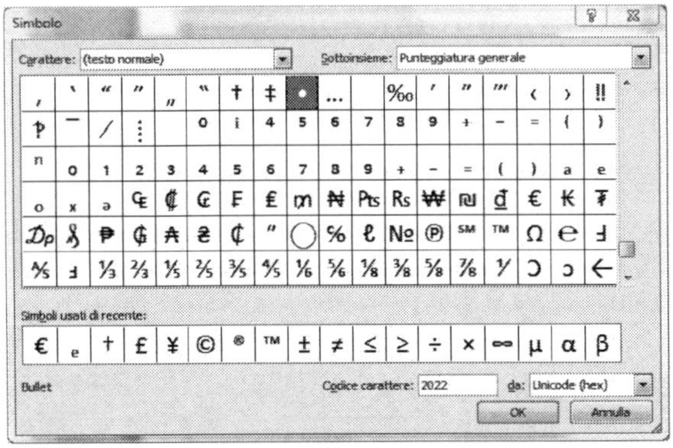

Figura 25 - La finestra Simbolo per scegliere un qualsiasi carattere da usare come punto elenco

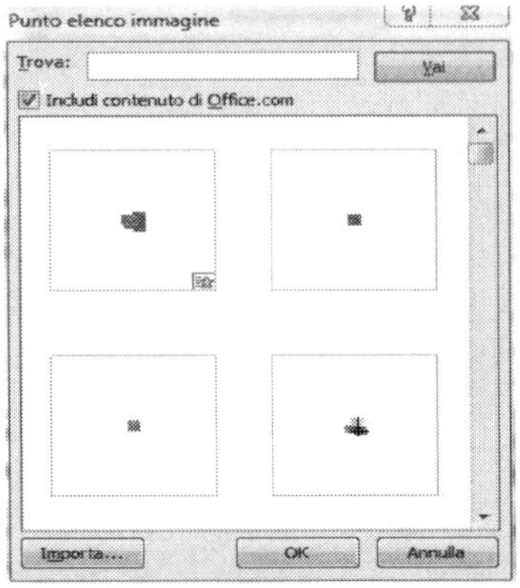

Figura 26 - La finestra di dialogo Immagine per poter scegliere un elemento grafico da usare come punto elenco

Per modificare l'aspetto di un elenco numerato la strada da seguire è esattamente la stessa: clicchiamo sulla freccia a fianco dell'icona **Elenchi numerati** per aprire la raccolta degli stili.

10 Le tabelle

Inseriamo una nuova diapositiva: oramai la strada la conosciamo (**Home → Diapositive → Nuova diapositiva**) e scegliamo, se già non è apparso di default, il layout **Titolo e contenuto**. Questa volta, però, anziché inserire un testo o un elenco, ci spostiamo sulle sei icone raggruppate nella parte centrale del segnaposto. Queste icone ci permettono di inserire all'interno della diapositiva contenuti diversi dal testo o da un elenco, quali possono essere immagini, clip multimediali, grafici e tabelle (figura 27).

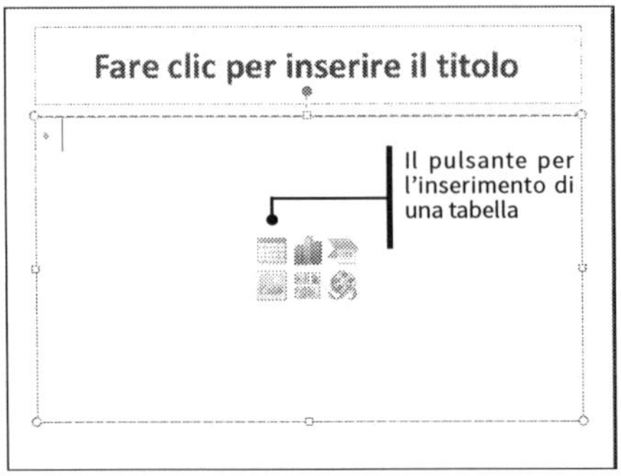

Figura 27 - Il layout *Titolo e contenuto*. Nella parte centrale sono visibili le icone che permettono di inserire contenuti diversi da quelli testuali

Per inserire una tabella, quindi, basterà un clic sull'icona corrispondente, la prima in alto a sinistra: si apre la finestra di dialogo **Inserisci tabella**, che permette di inserire una tabella con il numero desiderato di righe e di colonne (figura 28); per impostazione predefinita abbiamo la possibilità di creare una tabella con cinque colonne e due righe, ma possiamo operare sui pulsanti a freccia per aumentare/diminuire il numero di elementi che comporranno l'oggetto.

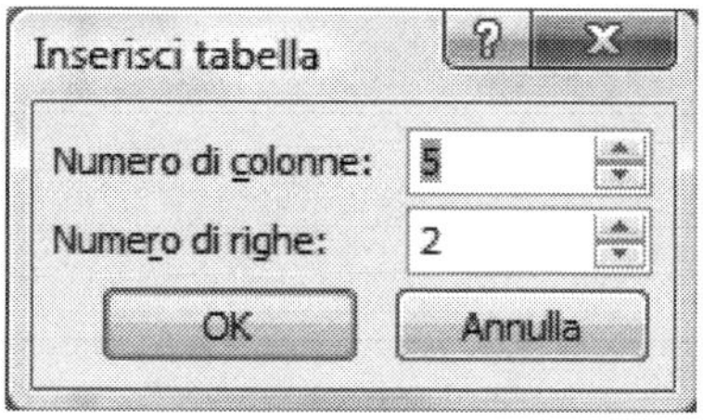

Figura 28 - La finestra di dialogo *Inserisci tabella*

Premendo il tasto **OK** creiamo la tabella: si attiva la scheda **Progettazione**, che ci mostra i diversi stili disponibili.

Per inserire o eliminare righe o colonne si opera esattamente come nel Word (figura 29).

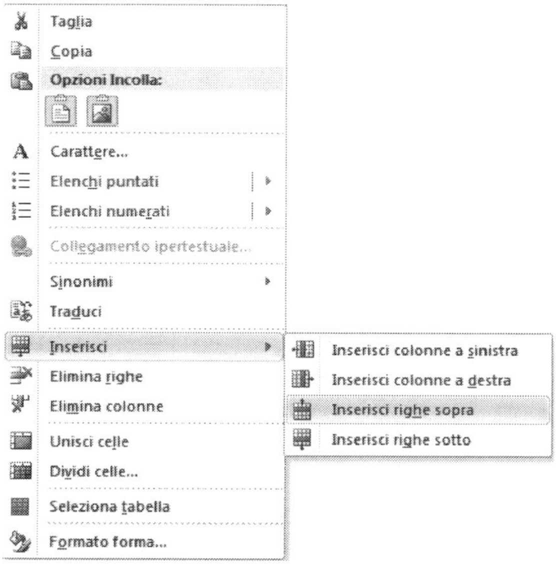

Figura 29 - I comandi di inserimento righe o colonne nel menu contestuale

11 Grafici e diagrammi

Inserire un grafico in una presentazione può essere molto utile, perché permette di rendere visivamente l'andamento di un fenomeno (ad esempio le temperature di una località in un periodo di tempo), oppure di confrontare tra loro determinate serie di dati (la densità di popolazione di paesi diversi) o, ancora, di visualizzare la composizione percentuale di una grandezza. A ciascuno di questi esempi corrisponde un tipo di grafico differente.

La procedura per la creazione di un grafico è piuttosto semplice: inseriamo una nuova diapositiva (**Home → Diapositive → Nuova diapositiva**) e attribuiamole il layout **Titolo e contenuto** (ricordiamo che la raccolta dei layout si trova sempre nel gruppo **Diapositive** della scheda **Home**). Nel segnaposto riservato al contenuto, clicchiamo sull'icona che rappresenta il grafico (figura 30): si apre la finestra **Inserisci grafico** che ci permette di scegliere il tipo di grafico che vogliamo utilizzare (figura 31).

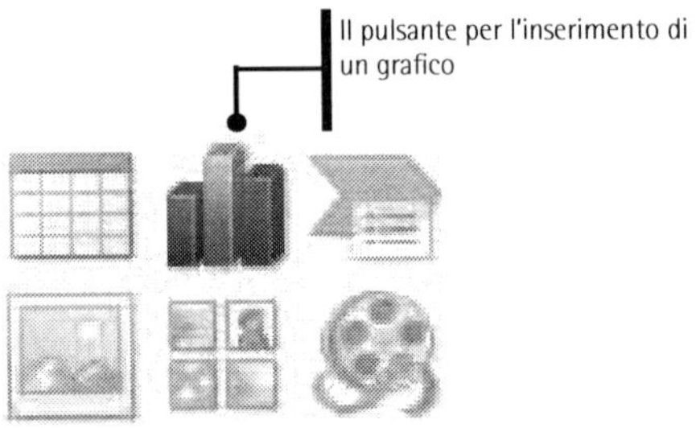

Figura 30 - Nel segnaposto per i contenuti scegliamo l'icona che ci permette di inserire un grafico

Il grafico da utilizzare dipende dal tipo di informazione che vogliamo evidenziare

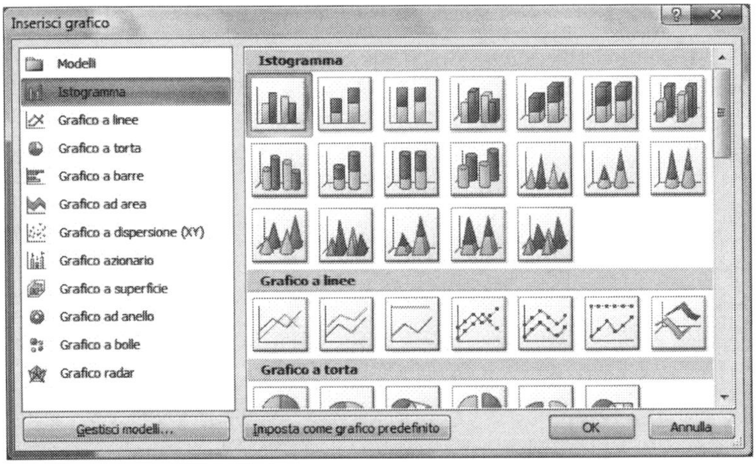

Figura 31 - La finestra di dialogo *Inserisci grafico*

Un altro tipo di elementi grafici che possono essere inseriti in una presentazione è costituito dai **diagrammi**, e, in particolare, dagli **organigrammi**. In

PowerPoint gli oggetti di questo tipo sono raggruppati nella categoria delle **SmartArt**.

Il modo più semplice per inserire un diagramma è quello di creare una nuova diapositiva con un layout che preveda l'inserimento di contenuti: **Home → Nuova diapositiva** ed eventualmente **Layout** per modificare l'impaginazione della slide qualora non sia del tipo che ci interessa. Cliccando sull'elemento che indica le **SmartArt** (figura 32) si apre la finestra **Scegli elemento grafico SmartArt**, suddivisa in tre parti (figura 33): a sinistra possiamo scegliere la categoria dell'oggetto da inserire, al centro il layout, mentre la parte di destra ci mostra l'anteprima del diagramma selezionato.

Figura 32 - Abbiamo inserito una diapositiva nuova e stiamo cliccando sull'icona *SmartArt*

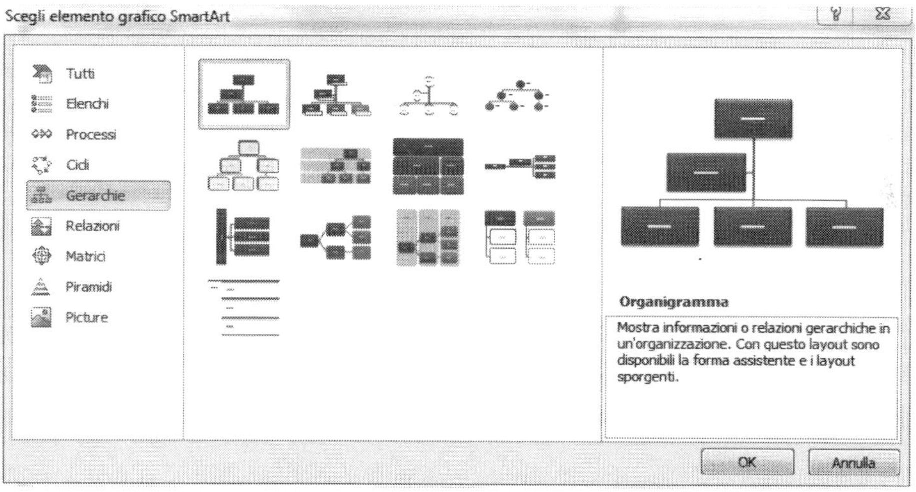

Figura 33 - La finestra *Scegli elemento grafico SmartArt*

Supponiamo, dunque, di voler inserire un organigramma.

Gli **organigrammi** sono i diagrammi che permettono di illustrare le relazioni gerarchiche esistenti all'interno di una struttura. Andiamo quindi nella categoria **Gerarchie** e scegliamo un layout appropriato; clicchiamo su **Ok**: nella diapositiva è stata inserita una struttura di base e, nella barra multifunzione, sono apparsi gli **Strumenti SmartArt** (figura 34).

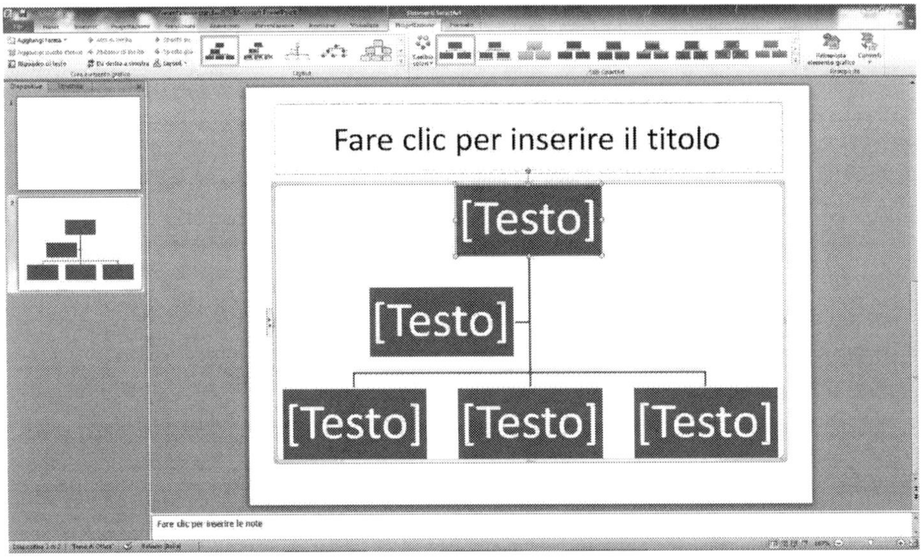

Figura 34 - La struttura di base dell'organigramma e la scheda *Progettazione* degli *Strumenti SmartArt*

Una volta selezionato l'organigramma, si può facilmente personalizzarlo scrivendo direttamente il testo all'interno delle caselle che lo compongono (figura 35).

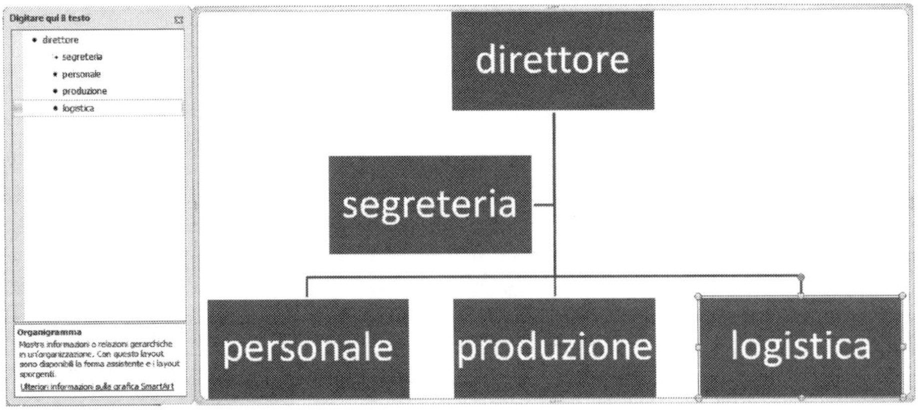

Figura 35 - Inseriamo testo in una casella dell'organigramma

Per ampliare l'organigramma inserendo nuove caselle, dovremo selezionare una forma con un clic e andare nella scheda **Progettazione**: nel gruppo **Crea elemento grafico** clicchiamo sulla freccia a destra del pulsante **Aggiungi forma** e scegliamo il tipo di rapporto gerarchico che il nuovo elemento ha con quello selezionato. **Aggiungi forma dopo** e **Aggiungi forma prima** (figura 36) inseriscono elementi allo stesso livello di quello selezionato, rispettivamente alla sua destra e alla sua sinistra; **Aggiungi forma sopra** inserisce un elemento di livello gerarchicamente più alto, mentre **Aggiungi forma sotto** include nell'organigramma un subordinato, ossia un elemento di livello gerarchicamente più basso, sempre in relazione alla forma selezionata. **Aggiungi Assistente** consente di inserire nella struttura un elemento di livello intermedio tra subordinato e superiore.

Figura 36 - Inseriamo un nuovo elemento nell'organigramma

Possiamo aggiungere elementi anche selezionando una forma e cliccando con il tasto destro del mouse: nel menu contestuale possiamo usare il comando **Aggiungi forma**.

Per eliminare un elemento dall'organigramma basta selezionarlo e premere da tastiera **Canc** o **Backspace**.

Per modificare l'aspetto dell'organigramma interverremo sulle raccolte comprese nei gruppi **Layout** e **Stili SmartArt** della scheda **Progettazione**; possiamo usare anche il bottone **Cambia colori**: si apre una raccolta che mostra diverse combinazioni di colore (figura 37). L'anteprima istantanea ci mostra immediatamente come apparirebbe l'organigramma con la combinazione di colori scelta.

Figura 37 - Il pulsante *Cambia colori* per modificare l'aspetto di un organigramma

12 Inserire e manipolare le immagini

Oltre a grafici e organigrammi, nelle nostre slide possiamo inserire anche oggetti grafici di altro tipo, come immagini (tipicamente file in formato jpg, derivati da fotografie digitali), ClipArt (immagini vettoriali liberamente ridimensionabili, raccolte in collezioni locali oppure on line) e disegni.

Per *inserire un'immagine* in una diapositiva abbiamo due possibilità. Cominciamo dalla prima: inseriamo una nuova slide con un layout adatto a ospitare contenuti diversi (**Titolo e contenuto**, **Due contenuti**, **Confronto**, **Contenuto con didascalia**, **Immagine con didascalia**) e clicchiamo sull'icona delle immagini (figura 38).

Figura 38 - Inserire un'immagine nel corpo della diapositiva

Dopo aver cliccato sull'icona dell'immagine si aprirà la finestra di dialogo **Inserisci immagine** (figura 39): navigando tra i collegamenti nella parte sinistra della finestra, oppure utilizzando la barra dell'indirizzo in alto, portiamoci nella directory che contiene le immagini che ci interessano e scegliamo quella che vogliamo inserire nella slide, dopodiché o la clicchiamo due volte oppure usiamo il pulsante **Apri** in basso a destra.

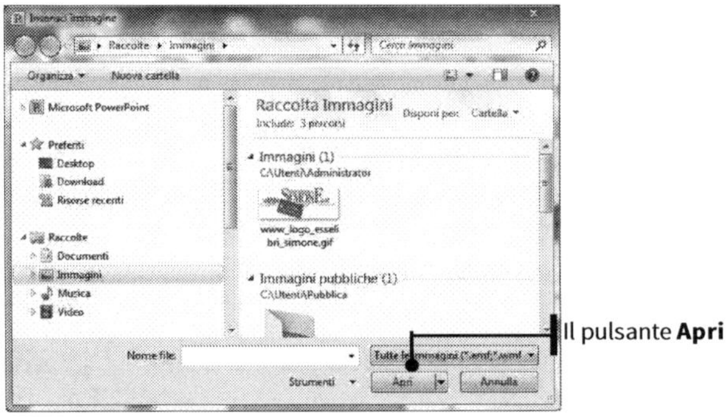

Figura 39 - La finestra di dialogo *Inserisci immagine*

Nell'esempio di figura 40 l'immagine è stata inserita ma è ruotata in modo sbagliato, cosa che spesso può succedere con fotografie prese con le fotocamere digitali o con i telefoni cellulari. Possiamo facilmente rimediare: l'immagine inserita è già selezionata, quindi mostra le maniglie di ridimensionamento e quella di rotazione. Posizioniamo il puntatore su quest'ultima (il pallino verde nella parte alta della selezione) e vediamo che assume la forma di una freccia circolare; muoviamo il mouse verso destra (per una rotazione in senso orario) o verso sinistra (senso antiorario) e diamo all'immagine l'orientamento desiderato.

Figura 40 - L'immagine appena inserita deve essere ruotata di 90° in senso orario

Per cambiare le dimensioni dell'immagine possiamo trascinare una delle maniglie di ridimensionamento, con l'avvertenza che quelle angolari agiscono in modo proporzionale, mentre quelle laterali provocano una distorsione dell'immagine nel senso del trascinamento.

Per spostare l'immagine in un altro punto della slide basterà selezionarla (qualora già non lo fosse) con un clic del mouse e posizionarvi il puntatore sopra: questo assumerà la classica forma di una croce con quattro frecce. Tenendo premuto il tasto sinistro del mouse e trascinando possiamo spostare l'oggetto dove vogliamo.

L'oggetto selezionato potrà essere eliminato premendo i tasti **Canc** o **Backspace** della tastiera oppure copiato o tagliato per essere spostato in un'altra slide o in un'altra presentazione.

Quanto descritto finora non cambia se, al posto di un'immagine, useremo una **ClipArt** o un disegno realizzato a mano libera o con l'uso delle forme.

Figura 41 - Inserire una ClipArt in una nuova diapositiva

L'oggetto ClipArt si comporta, infatti, in tutto e per tutto come l'oggetto immagine descritto finora: le procedure per ruotarlo, ridimensionarlo, spostarlo, selezionarlo e cancellarlo sono le stesse. Il ridimensionamento della ClipArt, però, non provoca perdita di nitidezza, come avviene ingrandendo molto un'immagine come una fotografia in formato jpg. Questo perché le ClipArt sono figure vettoriali e, quindi, scalabili, cioè dimensionabili a piacere senza perdita di qualità.

Abbiamo detto in precedenza che i modi per inserire un oggetto grafico in una diapositiva sono due, e fin qui ne abbiamo descritto uno solo, che prevede l'inserimento di una nuova diapositiva. Se invece vogliamo inserire un oggetto in una diapositiva già esistente possiamo usare la Barra multifunzione: selezioniamo la scheda **Inserisci** della barra; nel gruppo **Immagini** (figura 42) possiamo scegliere quale tipo di oggetto grafico inserire: se clicchiamo **Immagine** si aprirà il file manager per la scelta del file immagine, mentre con **ClipArt** apparirà il riquadro di attività a destra della finestra per poter scegliere l'illustrazione da inserire.

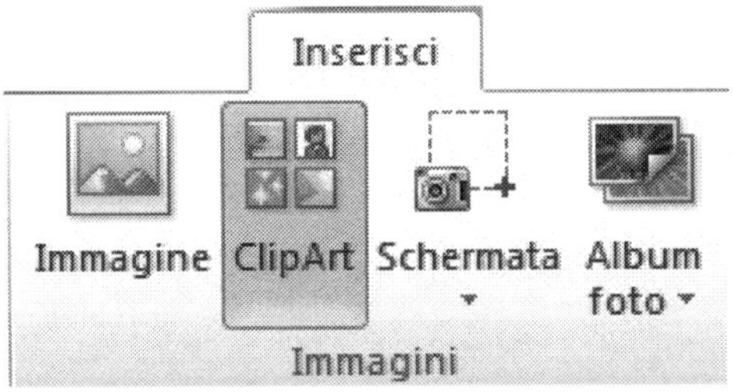

Figura 42 - Il gruppo *Immagini* della scheda *Inserisci* nella *Barra multifunzione*

13 Inserire forme

Nella scheda **Inserisci** della Barra multifunzione è presente il gruppo **Illustrazioni,** che contiene gli strumenti per disegnare.

Come si inserisce un disegno in una slide? Basta andare sulla scheda **Inserisci** della Barra multifunzione e, nel gruppo **Illustrazioni**, cliccare sull'icona **Forme**: si apre, come già sappiamo, la collezione delle forme che possiamo inserire, suddivise nelle seguenti categorie (figura 43):

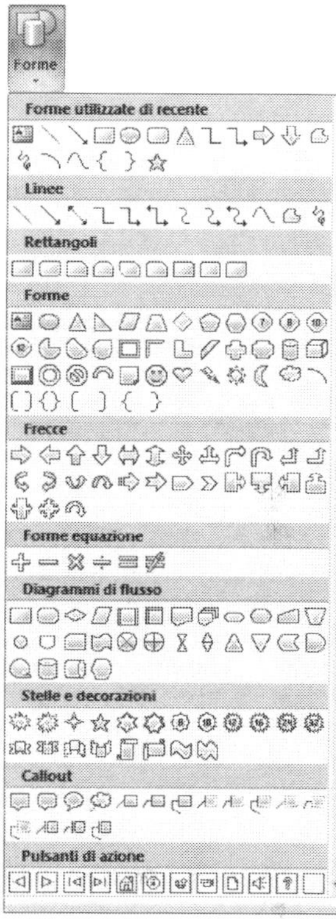

Figura 43 - La collezione delle forme che si possono usare per disegnare

- **Forme utilizzate di recente:** mostra le forme usate più di recente, nell'ipotesi che siano quelle più utilizzate dall'utente;
- **Linee:** contiene non solo le linee, rette, curve o a mano libera, ma anche le frecce e i *connettori*, linee particolari che collegano due forme e che restano collegate alle forme alle quali sono unite. Dopo aver scelto lo strumento, porremo il cursore nel punto dal quale vogliamo farlo partire e, tenendo sempre premuto il tasto sinistro del mouse, lo trascineremo nella direzione e per la lunghezza della linea che vogliamo ottenere. Giunti a destinazione rilasceremo il pulsante del mouse e, sulla nostra slide, comparirà la linea;
- **Rettangoli:** permette di creare rettangoli, quadrati o, più in generale, quadrilateri. Clicchiamo in corrispondenza di uno dei punti che corrisponderanno ad uno dei vertici e trasciniamo il mouse, tenendo sempre il tasto sinistro premuto, fino ad ottenere un rettangolo delle dimensioni desiderate. Il quadrato si otterrà abbinando la pressione del tasto **MAIUSC** a quella del pulsante sinistro del mouse;
- **Forme:** serve a inserire forme diverse nella slide; possiamo scegliere tra segnali di divieto, faccine sorridenti, poligoni, cuoricini e altro ancora. In questa categoria troviamo anche alcune forme che hanno caratteristiche particolari e che sono molto usate, come l'**Ovale**, che serve a creare ovali o cerchi. Anche in questo caso, con un clic del mouse selezioneremo il punto nel quale vogliamo inserire la forma e trascineremo il cursore fino ad ottenere un ovale delle dimensioni desiderate; la pressione abbinata del tasto **MAIUSC** ci consente di disegnare un cerchio. Un altro oggetto di uso frequente è la **Casella di testo**: con questo comando creiamo caselle rettangolari all'interno delle quali possia-

mo scrivere un testo, ad esempio una didascalia o un commento. La casella di testo può essere creata in due modi: con un semplice clic del mouse oppure per trascinamento. Nel primo caso avrà dimensioni molto ridotte, ma si adatterà al testo man mano che sarà inserito, nel secondo avrà la grandezza che le abbiamo assegnato e gestirà il ritorno a capo delle parole. In entrambi i casi, al termine delle operazioni di creazione, il cursore si trasformerà in punto d'inserimento e si porterà all'interno della casella;

- **Frecce a blocchi:** permette di inserire frecce a blocchi, da non confondere con quelle citate sopra a proposito delle linee: quelle, infatti, sono linee con estremità a punta di freccia, queste sono sagome dotate di margine e riempimento, all'interno delle quali è possibile scrivere un testo, cosa impossibile nel caso precedente;
- **Forme equazione:** inserisce nella diapositiva i segni «+», «-», «x», «÷», «=», «≠»;
- **Diagrammi di flusso:** detti anche *diagrammi a blocchi*, servono a rappresentare algoritmi in modo grafico. Le diverse operazioni sono rappresentate come uno schema in cui le diverse fasi del processo e le differenti condizioni che devono essere rispettate vengono rappresentate da simboli grafici, detti blocchi elementari, che sono quelli che possiamo trovare in questa collezione di forme. I blocchi elementari, nel diagramma, sono collegati tra loro tramite i connettori, che abbiamo descritto sopra a proposito delle linee;
- **Stelle e decorazioni:** gli oggetti di questa categoria rappresentano stelle (fino a 32 punte), festoni e pergamene;
- **Callout:** sono «fumetti» che si possono aggiungere a un'immagine di altro tipo per inserire commenti, spiegazioni o altro;
- **Pulsanti di azione:** servono a inserire nella slide delle figure a forma di *pulsante*, che consentono, ad esempio, di navigare all'interno della presentazione, oppure di *avviare un filmato*. Terminato l'inserimento dell'oggetto (che, come nei casi precedenti, avviene cliccando con il mouse sulla slide e trascinando, mantenendo premuto il tasto sinistro del mouse), si apre una finestra di dialogo (figura 44) che consente di associare un evento al pulsante. Cliccando su questo oggetto si verifica l'evento desiderato.

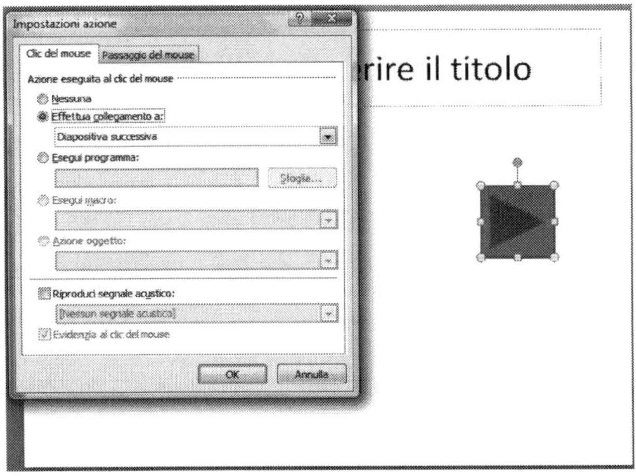

Figura 44 - La finestra che permette di associare un'azione a un elemento grafico (in questo caso un pulsante)

Come abbiamo detto in alcune occasioni, l'inserimento di una forma avviene per semplice trascinamento del mouse. Scegliamo l'oggetto che vogliamo disegnare, clicchiamo su un punto della slide e trasciniamo: in questo modo definiamo posizione e dimensione dell'oggetto.

Molte forme, oltre alle maniglie di ridimensionamento e a quella per la rotazione, ne presentano un'altra, raffigurata da un rombo giallo all'interno del disegno: questa maniglia serve a modificare la forma dell'oggetto (figura 45).

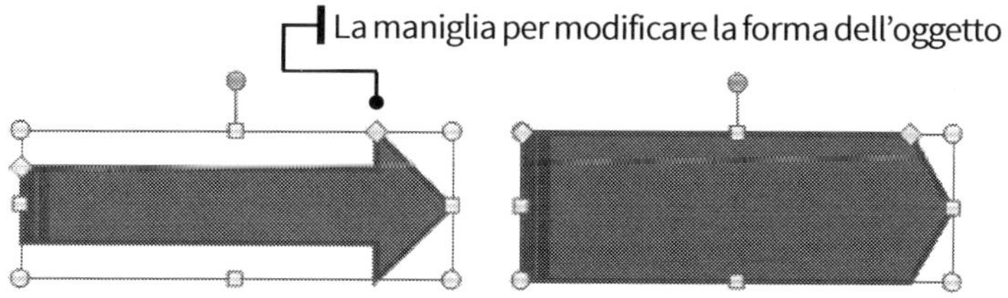

Figura 45 - A sinistra, una forma selezionata; a destra, la stessa forma modificata agendo sui rombi gialli tramite il mouse

Per inserire il testo in una forma, come abbiamo già visto, è sufficiente selezionarla e iniziare a scrivere: il testo partirà dal punto centrale della forma e, arrivato al margine destro, andrà a capo automaticamente, centrandosi nel disegno (figura 46). A questo punto possiamo usare gli strumenti di modifica del testo (il gruppo **Carattere** nella scheda **Home**) per attribuire un tipo di carattere, una dimensione, un colore e uno stile.

Figura 46 - Esempi di testo inserito in una casella di testo o in forme diverse

14 Le transizioni

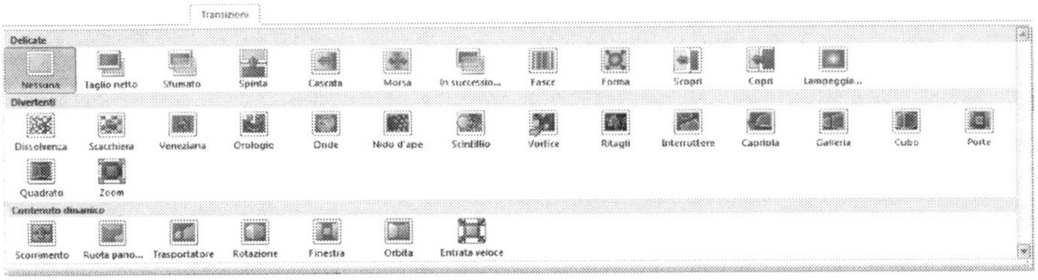

Figura 47 - La collezione delle transizioni

Nel momento in cui proiettiamo la presentazione su di uno schermo dobbiamo porci il problema di come gestire la **transizione**, ossia il passaggio, tra una diapositiva e l'altra. In PowerPoint 2010 questo passaggio può essere personalizzato e gestito dall'utente attraverso il gruppo **Transizione alla diapositiva** della scheda **Transizioni**. A questo punto non abbiamo che l'imbarazzo della scelta; la transizione attiva (nel caso in figura **Nessuna transizione**) è evidenziata da un riquadro colorato: spostandoci tra un effetto e l'altro l'anteprima immediata ci mostrerà il risultato.

Le transizioni, che sono, come gli effetti di animazione, molto utili per tenere desta l'attenzione soprattutto dei ragazzi durante la presentazione, sono suddivise in gruppi: **Delicate**, **Divertenti**, **Contenuto dinamico**. Ciascuna transizione può poi essere modificata e personalizzata cliccando sul pulsante **Opzioni effetto**.

Per aggiungere una transizione dovremo scegliere la diapositiva alla quale applicarla e cliccare sull'effetto desiderato: nella scheda **Diapositive** della **Visualizzazione normale** apparirà, sotto il numero della slide, una piccola icona che ci segnalerà la presenza di un effetto animato (figura 48). Per togliere la transizione da una diapositiva dovremo selezionarla, nella **Visualizzazione normale**, poi applicare **Nessuna transizione** dalla raccolta degli effetti.

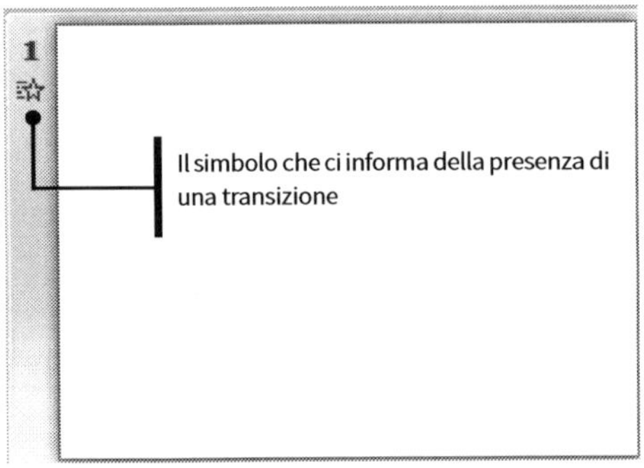

Figura 48 - Le piccole icone, poste sotto il numero della diapositiva, mostrano la presenza di un effetto animato

Per applicare un effetto di transizione a tutte le diapositive della presentazione non dovremo fare altro che scegliere l'effetto e poi cliccare sul pulsante **Applica a tutte** nel gruppo **Intervallo**. Allo stesso modo, per togliere le transizioni dovremo scegliere **Nessuna transizione** e cliccare **Applica a tutte**.

Il menu **Suono** consente di associare un effetto sonoro alla transizione, mentre **Durata** regola la velocità di esecuzione dell'effetto.

Infine, possiamo scegliere che il cambio di diapositiva sia gestito con un clic del mouse oppure che avvenga automaticamente dopo un intervallo di tempo prefissato. Spunteremo, di conseguenza, una delle due caselle di scelta nel gruppo **Intervallo**; potremo anche decidere di adottare entrambe le opzioni: in questo caso, se non ci sono stati clic del mouse, la presentazione avanzerà dopo l'intervallo prefissato (figura 49).

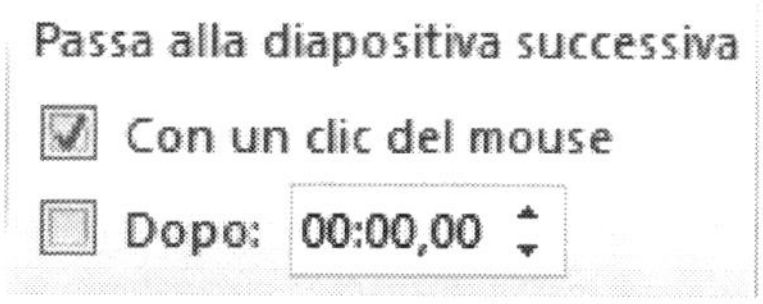

Figura 49 - Le caselle di scelta *Con un clic del mouse* e *Dopo*

15 Gli effetti di animazione

Abbiamo visto che una diapositiva può essere composta da numerosi segnaposti ed elementi testuali e grafici. Questi elementi possono essere animati, ossia si può fare in modo che non compaiono tutti assieme, ma al clic del mouse o dopo un intervallo di tempo, e con determinati effetti. Vediamo come fare. Innanzitutto bisogna selezionare, sulla Barra multifunzione, la scheda **Animazioni** (figura 50).

Figura 50 - La scheda *Animazioni*

In secondo luogo bisogna selezionare l'elemento da animare e scegliere un effetto nel gruppo **Animazione** (per visualizzare tutte le animazioni cliccare sul pulsante **Altro** in basso a destra). L'animazione può essere ulteriormente modificata cliccando sul pulsante **Opzioni effetto** e scegliendo tra le opzioni disponibili.

In teoria già così l'operazione potrebbe considerarsi compiuta, tuttavia PowerPoint permette di personalizzare completamente l'animazione di un oggetto. Se osserviamo la scheda **Animazioni**, infatti, vediamo il gruppo **Animazione avanzata** (figura 51), che consente di gestire diversi aspetti dell'animazione.

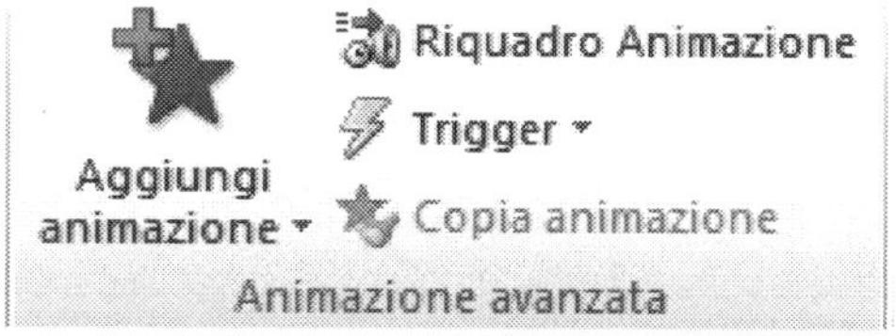

Figura 51 - Il gruppo *Animazione avanzata*

16 Le note

Abbiamo accennato alla possibilità di inserire note nella presentazione; in **Visualizzazione normale**, al di sotto della finestra contenente la diapositiva, abbiamo uno spazio riservato a questa operazione. In qualsiasi momento, con un clic attiviamo l'area delle note e possiamo iniziare a scrivere; le operazioni di modifica e di cancellazione sono altrettanto semplici: clicchiamo in un punto qualsiasi dell'area delle note ed iniziamo a modificare il testo.

Nel caso avessimo bisogno di più spazio o volessimo, ad esempio, inserirvi un'immagine dovremo passare alla **Pagina note**. Nello spazio riservato, infatti, potremo inserire non solo testo, come nella vista normale, ma anche immagini. Per usufruire di questa possibilità dobbiamo andare sulla scheda **Visualizza** e, nel gruppo delle **Visualizzazioni presentazione**, dobbiamo cliccare su **Pagina note**; al termine seguiremo la strada inversa, cliccando **Visualizzazione normale** o nella barra multifunzione o nelle viste a fianco dello **Zoom**.

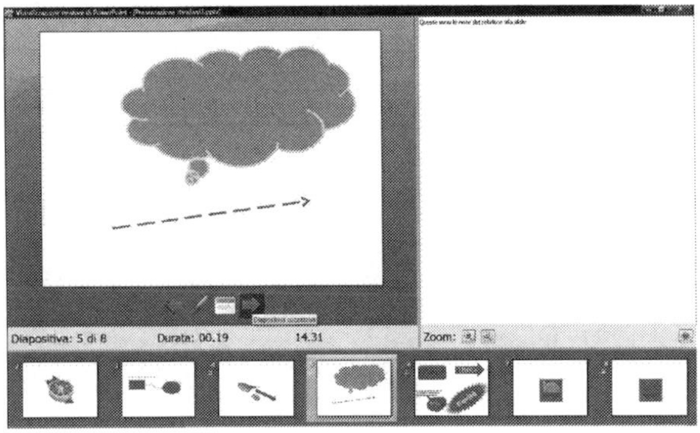

Figura 52 - La visualizzazione relatore

Le note non sono visibili nella normale presentazione, quindi il pubblico non le può vedere; il relatore, può però vederle dal suo PC durante la presentazione, le potrà stampare, usando il comando **Stampa** → **Pagina note**, oppure, qualora disponga di due monitor, potrà attivare la funzione **Visualizzazione relatore**, nel gruppo **Monitor** della scheda **Presentazione** della barra multifunzione (figura 52).

17 La presentazione

Prima di mostrare in pubblico la nostra presentazione è opportuno testarla: eseguiamo la sequenza delle diapositive e controlliamo tutti i cambi, verificando che non ci siano problemi, esponiamo i contenuti e, magari, aggiungiamo appunti nelle note; infine, cronometriamo la nostra esposizione.

Per avviare la presentazione possiamo premere la piccola icona **Presentazione** posta immediatamente a sinistra della barra dello zoom, in basso a destra della finestra di PowerPoint (in questo caso la presentazione prenderà avvio a partire dalla diapositiva corrente e terminerà una volta raggiunta l'ultima diapositiva), oppure aprire la scheda **Presentazione** nella Barra multifunzione e, dal gruppo **Avvia presentazione**, scegliere se vogliamo eseguirla dall'inizio o dalla diapositiva corrente; un'ultima possibilità per avviarla ci è offerta dal tasto **F5**. La presentazione parte dalla diapositiva corrente in **Visualizzazione normale**, oppure da quella selezionata in **Visualizzazione sequenza diapositive**, e quindi possiamo scegliere da che punto farla iniziare.

Per decidere se vogliamo che l'avanzamento sia manuale (al clic del mouse) oppure avvenga secondo intervalli predefiniti, dobbiamo usare il comando **Presentazione → Imposta → Imposta presentazione** della Barra multifunzione. Si apre la finestra di figura 53, nella quale possiamo indicare, tra l'altro, la modalità di avanzamento delle slide

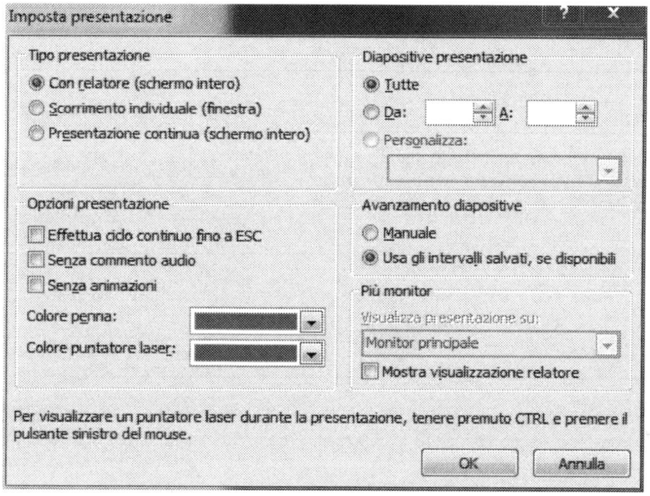

Figura 53 - La finestra *Imposta presentazione*

Per terminare la presentazione in qualsiasi momento basterà o premere **Esc**, oppure, dal menu contestuale o dalla barra degli strumenti della diapositiva, scegliere **Fine presentazione**.

Tra le espansioni online del volume è disponibile un **file .ppt** con la presentazione della lezione simulata di Italiano, riportata al Cap. 3 della Parte II, completa di immagini, animazioni, effetti ecc.

Espansione online
Una lezione in Power Point

Un *altro file .ppt* contiene il modello vuoto di una lezione simulata realizzato secondo la struttura tipo che abbiamo visto nel Cap. 3, par. 2 della Parte II completa di animazione ed effetti: andrà solo personalizzata con i contenuti propri della lezione che si vuole realizzare.

III
Il colloquio e l'accertamento delle competenze linguistiche e informatiche

Sommario Parte III

1
Competenze linguistiche

1 Cittadinanza europea e conoscenza delle lingue

La conoscenza delle lingue straniere è ormai diventata indispensabile per svolgere ogni attività di studio o di lavoro e per sentirsi partecipi come cittadini attivi all'interno dell'Unione Europea. La conoscenza delle lingue straniere diventa un veicolo essenziale anche per i contatti con il resto del mondo sempre più globalizzato, dove è necessario imparare a convivere e a collaborare in maniera costruttiva con culture diverse da quella di appartenenza.

Le più recenti riforme che hanno inciso sul mondo della scuola (da ultimo la L. 107/2015) prevedono un **potenziamento della didattica delle lingue straniere** e si pongono come obiettivo l'apprendimento di lingue differenti da quella madre fin dalla scuola dell'infanzia.

2 Le competenze linguistiche dei docenti

In un contesto scolastico e sociale in cui si chiede agli alunni di conoscere approfonditamente almeno un idioma straniero, anche per permettergli di acquisire le competenze utili per affrontare il mondo del lavoro, la conoscenza di una lingua straniera diventa, quindi, fondamentale per qualsiasi insegnante, a prescindere dall'ordine e grado di scuola e della materia insegnata. L'approccio alle risorse di approfondimento online (podcast, portali, blog, video etc.), spesso in lingua straniera, se è tendenzialmente «familiare» agli studenti, diventa dovuto anche per i docenti tutti.

La professionalità del docente necessita, infatti, di approfondire non solo le conoscenze disciplinari e didattiche ma di utilizzare tutti gli *strumenti che Internet offre di supporto per la didattica delle discipline anche stranieri*, di comunicare e collaborare in maniera proficua con colleghi ed esperti lontani, di partecipare a dibattiti e seminari su temi di interesse anche attraverso *webinar* (seminari online).

Senza contare l'incremento della metodologia **CLIL** (*Content and Language Integrated Learning* - apprendimento integrato di contenuto e lingua) ormai definitivamente introdotta nella scuola secondaria di secondo grado.

Ecco perché sono sempre più frequenti i **programmi di formazione per i docenti** per l'apprendimento e l'approfondimento di una lingua straniera ed ecco anche il perché dell'accertamento della conoscenza di una lingua straniera comunitaria a livello B2 del QCER, richiesto nelle prove selettive dei concorsi a cattedra (peraltro l'accertamento della conoscenza della lingua a livello B2 è richiesta in tutti i concorsi nella P.A. italiana ormai da anni).

Ricordiamo che il **Quadro comune europeo di riferimento (QCER)** è un sistema descrittivo messo a punto negli anni Novanta dal Consiglio d'Europa, che viene usato per indicare il livello di conoscenza conseguito da chi studia una lingua straniera comunitaria. Con il QCER, che prevede sei livelli di riferimento (A1, A2, B1, B2, C1 e C2) è possibile accertare le conoscenze linguistiche dei cittadini comunitari con criteri standard validi e riconosciuti in tutta l'Unione europea. Il Livello B2, che è un *livello intermedio*, è destinato a certificare che il candidato «*Comprende le idee principali di testi complessi su argomenti sia concreti che astratti, comprese le discussioni tecniche nel suo campo di specializzazione. È in grado di interagire con una certa scioltezza e spontaneità che rendono possibile un'interazione naturale con i parlanti nativi senza sforzo per l'interlocutore. Sa produrre un testo chiaro e dettagliato su un'ampia gamma di argomenti e spiegare un punto di vista su un argomento fornendo i pro e i contro delle varie opzioni*».

Senza contare che anche l'ipotesi di accordo del nuovo CCNL del Comparto scuola siglato nel febbraio 2018, inserisce tra le competenze del profilo professionale del docente (art. 27) oltre alle competenze:

— disciplinari;
— psicopedagogiche;
— metodologico-didattiche;
— organizzativo-relazionali e di ricerca;
— documentazione e valutazione,

anche le **competenze informatiche e linguistiche**, tutte competenze ormai richieste nelle normali e quotidiane attività di scuola.

Inoltre la certificazione linguistica B2 rientra tra i titoli, del D.M. 2 marzo 2012, n. 3899, che devono essere considerati dai dirigenti scolastici per la chiamata diretta dei docenti in ruolo.

Nei successivi capitoli proponiamo un breve riepilogo della grammatica inglese (→ Cap. 2) e alcuni consigli e frasi utili per affrontare la prova orale in merito all'accertamento delle competenze linguistiche (→ Cap. 3)[1].

[1] Per approfondire, si rinvia al volume 526/4A *Inglese per la prova orale*.

2
Schede grammaticali per il colloquio in lingua inglese

SCHEDA 1 Alfabeto, regole di pronuncia e segni d'interpunzione

Rispetto all'alfabeto italiano, formato da ventuno lettere, quello inglese ne contiene cinque in più: le tre consonanti ***j***, ***k***, ***x*** e le due semivocali ***w***, ***y***, per un totale, dunque, di ventisei lettere, di seguito elencate insieme con le rispettive trascrizioni fonetiche.

A	[ei]	**N**	[en]
B	[bi:]	**O**	[ou]
C	[si:]	**P**	[pi:]
D	[di:]	**Q**	[kju:]
E	[i:]	**R**	[a:ʳ]
F	[ef]	**S**	[es]
G	[dʒi:]	**T**	[ti:]
H	[eitʃ]	**U**	[ju:]
I	[ai]	**V**	[vi:]
J	[dʒei]	**W**	['d˄blju:]
K	[kei]	**X**	[eks]
L	[el]	**Y**	[wai]
M	[em]	**Z**	[zed]

In inglese la conoscenza dell'alfabeto è fondamentale per la *compitazione* dei vocaboli (cioè per poter leggere lentamente una parola, separando i singoli suoni o le sillabe che la compongono), ovvero per eseguire correttamente lo ***spelling*** (pronuncia distaccata delle singole lettere che compongono una parola), che può essere richiesto mediante una delle seguenti frasi: ***What's the spelling of...? / How do you spell...?*** (Qual è la compitazione di...?).

Si ricordi che durante lo *spelling*:

- le lettere maiuscole si fanno precedere dalla parola ***capital*** (*John Smith = capital dʒei – ou – eitʃ – en; capital es – em – ai – ti: – eitʃ*);
- se in una parola si susseguono due lettere uguali, se ne pronuncerà una sola preceduta da ***double*** (*What's the spelling of "book"? bi: – double ou – kei*).

L'ortografia inglese non è fonetica. La stessa lettera (o lo stesso gruppo di lettere) si può pronunciare in modo differente in parole diverse: *enough* (***gh*** = f); *eight* (***gh*** è muta); *ghost* (***gh*** = g).

Per fornire un aiuto ulteriore nella pronuncia delle parole inglesi molti dizionari riportano l'**alfabeto fonetico**, costituito da simboli che rappresentano i vari suoni.

CONSONANTI		
Suono inglese	**Esempi**	**Come in italiano...**
p	***p**en, ti**p***	**p**ane
b	***b**ut, we**b***	**b**ene
t	***t**wo, be**t***	**t**ipo
d	***d**o, o**dd***	**d**olce
tʃ	***ch**air, na**t**ure, tea**ch***	**c**inese
dʒ	***g**in, **j**oy, e**dg**e*	**gi**ardino
k	***c**at, **k**ill, **q**ueen, thi**ck***	**c**ambio
g	***g**o, **g**et, be**g***	**g**ara
f	***f**ool, enou**gh**, lea**f***	**f**aro
v	***v**oice, ha**v**e*	**v**ite
θ	***th**ing, wi**th***	**th** sonoro
ð	***th**is, brea**th**e*	**th** sordo
s	***s**ee, **c**ity, pa**ss**, li**s**ten*	**s**ole
z	***z**oo, ro**s**e*	re**s**o
ʃ	***sh**e, **s**ure, emo**ti**on, lea**sh***	**sc**irocco
ʒ	*plea**s**ure, bei**g**e*	fr. **G**eorge
h	***h**am, **h**ot*	**h** aspirata
m	***m**an, ha**m***	**m**usica
n	***n**o, ti**n***	**n**ave
ŋ	*si**ng**er, ri**ng***	fr. ci**n**q
l	***l**eft, fau**l**t*	**l**uce
r	***r**ipe, t**r**ue*	**r**iva
w	***w**e, **wh**ich*	**u**ovo
j	***y**es, be**y**ond*	**i**odio

VOCALI		
Suono inglese	**Esempi**	**Come in italiano...**
a:	*f**a**ther, st**ar**t*	**a** molto allungata
i:	*s**ee**, rec**ei**ve*	f**i**ne
i	*c**i**ty, pr**e**tty*	**i** molto breve
e	*b**e**d, s**ai**d*	b**e**llo
ə:	*b**ir**d, h**ear**d*	fr. h**eu**re
æ	*l**a**d, c**a**t*	suono aperto tra la **a** e la **e**
ʌ	*r**u**n, en**ou**gh*	**a** molto breve
ɔ	*n**o**t, w**a**sp*	r**o**sa
ɔ:	*l**aw**, c**augh**t*	c**o**rso
u	*p**u**t, b**oo**k*	**u** molto breve
u:	*s**oo**n, thr**ough***	l**u**na
ə	***a**bout, col**our***	**a** quasi muta

DITTONGHI		
Suono inglese	**Esempi**	**Come in italiano...**
ei	*d**ay**, st**ea**k*	sc**ei**cco
ou	*c**o**ke, c**oa**t*	**o** chiusa con la **u** molto breve
ai	*m**y**, s**igh**t*	m**ai** con la **i** molto breve
ɔi	*b**oy**, ch**oi**ce*	p**oi** con la **i** molto breve
au	*n**ow**, d**ou**bt*	ci**ao**
iə	*n**ear**, h**ere***	sp**ia** con la **a** quasi muta
ɛə	*h**air**, th**ere***	r**ea**le con la **e** aperta
uə	*t**our**, s**ure***	t**ua** con la **a** quasi muta

SEGNI D'INTERPUNZIONE		
Punteggiatura	**In inglese**	**In italiano**
.	*full stop*	punto
,	*comma*	virgola
:	*colon*	due punti
;	*semicolon*	punto e virgola
?	*question mark*	punto interrogativo
!	*exclamation mark*	punto esclamativo
'	*apostrophe*	apostrofo
-	*hyphen*	trattino
—	*dash*	lineetta
()	*brackets / parenthesis*	parentesi tonde
[ ]	*square brackets*	parentesi quadre
...	*dots*	punti di sospensione
“ ”	*inverted commas / quotation mark*	virgolette
*****	*asterisk*	asterisco

SCHEDA 2 Plurale dei sostantivi, count and non-count nouns, gen. sassone

1 Come formare il plurale

Quasi tutti i sostantivi in inglese hanno sia la forma singolare che quella plurale. Il plurale di solito si forma aggiungendo il **suffisso "s"**. Esistono inoltre alcune forme irregolari.

PARTE FINALE DEL SOSTANTIVO	FORMAZIONE DEL PLURALE	ESEMPI
-s, -sh, -ch, -x, -z, -o	**si aggiunge *-es***	***tax - taxes*** ***boss - bosses***
consonante + *y*	**si cambia *y* in *i* e s'aggiunge *-es***	***fly - flies*** ***baby - babies***
maggior parte degli altri	**si aggiunge il suffisso -s**	***cat - cats*** ***day - days***

2 Plurali irregolari

Sebbene la maggior parte dei sostantivi formi il plurale regolarmente, altri hanno plurali insoliti o irregolari.

TIPO DI SOSTANTIVO	FORMAZIONE DEL PLURALE	ESEMPI
termina con *-fe*	**cambia *f* in *v* e poi s'aggiunge *-s***	***knife - knives*** ***life - lives***
termina con *-f*	**cambia *f* in *v* e poi s'aggiunge *-es***	***half - halves*** ***wolf - wolves***
termina con *-us*	**cambia *-us* in *-i***	***cactus - cacti*** ***nucleus - nuclei***
termina con *-is*	**cambia *-is* in *-es***	***analysis - analyses*** ***crisis - crises***
termina con *-on*	**cambia *-on* in *-a***	***phenomenon - phenomena***
altri tipi	**cambia la vocale o cambia la parola o s'aggiunge una finale differente**	***man-men*** ***foot-feet*** ***tooth-teeth*** ***child-children*** ***person-people***
non cambia	**singolare e plurale sono gli stessi**	***sheep*** ***deer***

3 Sostantivi numerabili e non numerabili

In inglese ci sono due tipi di sostantivi: sostantivi numerabili (***count nouns***) e non numerabili (***non-count nouns***). I non numerabili di solito non hanno il plurale.

Di seguito sono illustrate le differenze tra i due tipi:

COUNT NOUNS	**Sono sostantivi che possono essere numerati. Inoltre, quando un *count noun* è singolare viene spesso preceduto dall'articolo indeterminativo *a/an***	***There are two books on the table.*** ***There is an elephant in my car.***
NON-COUNT NOUNS	**Sono di solito sostantivi che non possono essere numerati, come *riso* (*rice*) o *acqua* (*water*). I sostantivi non numerabili hanno la sola forma singolare; quando non compaiono da soli sono preceduti dalle forme *some, any, no***	***Could I have some water, please?*** ***I'd like rice with my steak.***

I sostantivi numerabili sono di solito oggetti che possono essere numerati, mentre quelli non numerabili sono spesso sostanze, come cibi e bevande, che non possono essere facilmente contate (*sand* "sabbia", *water* "acqua", *bread* "pane") o sono idee astratte (come *nature* "natura", *space* "spazio" o *entertainment* "divertimento"). Ecco alcuni esempi:

- COUNT NOUNS: *pen, table, car, idea, answer, class, exam, shoe*
- NON-COUNT NOUNS: *education, intelligence, clothing, soap, air, cheese, grass, literature*

4 Come numerare i *non-count nouns*

Talvolta possiamo avere il bisogno di numerare i sostantivi non numerabili per indicare una quantità. A tale scopo si possono usare delle parole di misurazione o di conteggio, come ad esempio:

- ***a bar*** *of chocolate* — **una barra** di cioccolato
- ***two loaves*** *of bread* — **due pagnotte** di pane
- ***three slices*** *of meat* — **tre fettine** di carne

È utile conoscere alcune delle più comuni parole di misurazione o di conteggio e saperle usare. Eccone degli esempi:

PAROLA DI MISURAZIONE E CONTEGGIO		SOSTANTIVI USATI CON ESSA
bar	*of*	***chocolate soap***
cube	*of*	***sugar ice***
game	*of*	***tennis football cards***
glass	*of*	***wine beer water juice***
piece	*of*	***advice information clothing furniture machinery***

È necessario conoscere la differenza tra i sostantivi numerabili e non numerabili per:

- usare gli articoli (*the, a/an*) correttamente
- usare i plurali dei sostantivi correttamente
- usare le forme *much/many* correttamente

MUCH (molto/a/i/e) e TOO MUCH (troppo/a/i/e) si usano con i **sostantivi non numerabili**.
MANY (molti/e) e TOO MANY (troppi/e) si usano con i **sostantivi numerabili**.

5 Genitivo sassone

Il GENITIVO SASSONE viene spesso usato in inglese per indicare il possesso, soprattutto quando il "possessore" è:

- **persona o animale**
  Es: *My brother's car is red* ("La macchina di mio fratello è rossa")
- **nazione o città**
  Es: *London's squares are large* ("Le piazze di Londra sono grandi")
- **avverbi di tempo**
  Es: *Today's match is at 4.00* ("La partita di oggi è alle 4")
- **espressione di distanza e peso**
  Es: *It's a 700 kilometers' journey* ("È un viaggio di 700 Km")
- **pronomi indefiniti**
  Es: *Everyone's body temperature is 37°C* ("La temperatura corporea di tutti è di 37°C")

Il GENITIVO SASSONE si costruisce secondo il seguente schema:

possessore + 's + persona/animale/cosa posseduta (senza articolo)

- Quando il possessore termina in *-s*, può essere seguito solo dall'apostrofo senza *s*:
  Es: *Is that the girls' room or the boys' room?* ("Quella è la stanza delle ragazze o la stanza dei ragazzi?")
- Quando vi sono più possessori:
  - si aggiunge *'s* solo all'ultimo possessore se il possesso è condiviso
    Es: *John and Mary's parents are in Sweden* ("I genitori di John e Mary sono in Svezia")
  - si aggiunge *'s* a ciascun possessore se il possesso è individuale
    Es: *John's and Mary's parents are in Sweden* ("I genitori di John e quelli di Mary sono in Svezia").

I seguenti sostantivi sono di solito omessi quando hanno la funzione di "cosa posseduta":

- ***house***
- ***restaurant***
- ***shop / store***
- ***hospital***
- ***church / cathedral***
- ***office***

Es: *She is going to Bob's* ("Lei sta andando a casa di Bob")
Es: *Where is the nearest chemist's?* ("Dov'è la farmacia più vicina?")
Es: *We visited St. Paul's* ("Abbiamo visitato la cattedrale di St. Paul")

SCHEDA 3 Pronomi personali, aggettivi e pronomi possessivi

L'inglese, come l'italiano, distingue nella forma i **pronomi personali** a seconda della funzione (di soggetto o di complemento) che hanno nella frase.

***SUBJECT PRONOUNS* (PRONOMI PERSONALI SOGGETTO)**		***OBJECT PRONOUNS* (PRONOMI PERSONALI COMPLEMENTO)**	
I	we	me	us
you	you	you	you
he she it	they	him her it	them

I **pronomi riflessivi** in inglese vengono generalmente utilizzati come in italiano.

***REFLEXIVE PRONOUNS* (PRONOMI RIFLESSIVI)**	
myself	ourselves
yourself	yourselves
himself herself itself	themselves

Per quanto concerne i **possessivi**, esistono forme distinte per i **pronomi** e per gli **aggettivi**.

***POSSESSIVE ADJECTIVES* (AGGETTIVI POSSESSIVI)**		***POSSESSIVE PRONOUNS* (PRONOMI POSSESSIVI)**	
my	our	mine	ours
your	your	yours	yours
his her its	their	his hers its	theirs

Mentre i possessivi italiani concordano per genere e numero con la cosa posseduta (*la mia chiave, le mie chiavi, il mio cappello, i miei cappelli*), i possessivi in inglese non concordano con il genere e il numero della cosa posseduta, ma con il genere e il numero del **possessore**:

Sayid's country → ***his country***

The others' intentions → ***their intentions***

singolare: ***my book*** → plurale: ***my books***

femminile: ***my daughter*** → maschile: ***my son***

SCHEDA 4 Le espressioni di quantità

Nella tabella seguente sono riportati i termini che l'inglese utilizza per esprimere la quantità.

CON I VERBI	**ESEMPI**
a lot	*I work a lot.*
not (very) much	*I don't work (very) much.*
a little (bit)	*I sometimes work a little (bit) in the evening.*

CON GLI AGGETTIVI E CON GLI AVVERBI	**ESEMPI**
very	*My car is very expensive.* *She speaks very slowly.*
not very	*My car isn't very expensive.* *She doesn't speak very slowly.*

CON GLI *UNCOUNTABLE NOUNS*	**ESEMPI**
a lot of, lots of, plenty of	*We have a lot of money.* *We have lots of money.* *We have plenty of money.*
not much	*We haven't got much money.*
(a) little	*We have a little money.* *We have very little money.*

CON I *COUNTABLE NOUNS*	**ESEMPI**
many, a lot of, lots of, plenty of	*He has many friends.* *He has a lot of friends* *He has lots of friends.* *He has plenty of friends*
not many	*He hasn't got many friends.*
(a) few	*He has a few good friends.* *He has very few good friends.*

SCHEDA 5 I numerali

1 Tabella dei numerali cardinali e ordinali

NUMERI	CARDINALI	ORDINALI	NUMERI	CARDINALI	ORDINALI
1	*one*	*the first*	**21**	*twenty-one*	*the twenty-first*
2	*two*	*the second*	**22**	*twenty-two*	*the twenty-second*
3	*three*	*the third*	**23**	*twenty-three*	*the twenty-third*
4	*four*	*the fourth*	**24**	*twenty-four*	*the twenty-fourth*
5	*five*	*the fifth*	**25**	*twenty-five*	*the twenty-fifth*
6	*six*	*the sixth*	**26**	*twenty-six*	*the twenty-sixth*
7	*seven*	*the seventh*	**27**	*twenty-seven*	*the twenty-seventh*
8	*eight*	*the eighth*	**28**	*twenty-eight*	*the twenty-eighth*
9	*nine*	*the ninth*	**29**	*twenty-nine*	*the twenty-ninth*
10	*ten*	*the tenth*	**30**	*thirty*	*the thirtieth*
11	*eleven*	*the eleventh*	**31**	*thirty-one*	*the thirty-first*
12	*twelve*	*the twelfth*	**40**	*forty*	*the fortieth*
13	*thirteen*	*the thirteenth*	**50**	*fifty*	*the fiftieth*
14	*fourteen*	*the fourteenth*	**60**	*sixty*	*the sixtieth*
15	*fifteen*	*the fifteenth*	**70**	*seventy*	*the seventieth*
16	*sixteen*	*the sixteenth*	**80**	*eighty*	*the eightieth*
17	*seventeen*	*the seventeenth*	**90**	*ninety*	*the ninetieth*
18	*eighteen*	*the eighteenth*	**100**	*a (one) hundred*	*the hundredth*
19	*nineteen*	*the nineteenth*	**1,000**	*a (one) thousand*	*the thousandth*
20	*twenty*	*the twentieth*	**1,000,000**	*a (one) million*	*the millionth*

2 I numeri cardinali

Di norma il **numero zero** si legge:

- ***nought*** in Gran Bretagna (0.56, *nought point five six*) e ***zero*** negli USA, in particolare nel conto alla rovescia (... 3, 2, 1, 0, ... *three, two, one, zero*);
- ***ou*** in numeri telefonici, prefissi, codici postali... (tel. 6204, *tel. six, two, ou, four*);
- ***nil*** nei risultati di partite sportive (Inter-Milan 2-0, *Inter-Milan two-nil*);
- ***love*** per i risultati delle partite di tennis (*forty-love*, quaranta a zero);
- ***zero*** come grado di temperatura (-5°C / 5 gradi sotto zero, *5 degrees below zero*).

I numeri di telefono e delle stanze d'albergo si leggono uno alla volta. Se il numero è doppio lo si fa precedere dalla parola ***double*** (38845, *three, double eight, four, five*).

Nei numeri da 21 a 99 le unità si uniscono alle decine con un **trattino** (54, *fifty-four*), mentre tra le centinaia e il resto del numero si inserisce ***and*** (375, *three hundred and seventy-five*), che però non si utilizza nell'inglese americano o *American English* (269, *two hundred sixty-nine*).

Si noti che in inglese i **decimali** sono separati da un punto (al posto della nostra virgola), che si legge ***point***, mentre le migliaia sono separate dalle centinaia da una virgola (al posto del nostro punto): 4,56 = *4.56* → quattro virgola cinquantasei, *four point five six*; 1.200 = *1,200* → milleduecento, *one thousand two hundred*.

Di regola ***dozen***, ***hundred***, ***thousand*** non prendono la *-s* del plurale, eccetto quando si usano come espressioni indefinite (*There were thousands of men and hundreds of women in the stadium*, Nello stadio c'erano migliaia di uomini e centinaia di donne).

Million resta invariato se è seguito da un altro numero o da un sostantivo (*two million men*, due milioni di uomini), mentre prende la *-s* del plurale se adoperato da solo (*two millions*, due milioni).

Dozen, *hundred*, *thousand* e *million*, impiegati da soli, possono essere preceduti sia da ***one*** (*one hundred people*, un centinaio di persone) che da ***a*** (*a dozen wounded*, una dozzina di feriti).

Nell'inglese britannico, o *British English*, ***a billion*** significa di solito "mille milioni", ossia "un miliardo", ma può anche significare "un milione di milioni", ovvero "mille miliardi".

Alcuni numeri possono essere confusi se non vengono pronunciati correttamente (ad esempio, 13 → *thirteen* e 30 → *thirty*): attenzione, quindi, all'accento e alla pronuncia!

3 I numeri ordinali

1st	*the* ***first***	10th	*the tenth*	20th	*the* ***twentieth***
2nd	*the* ***second***	11th	*the eleventh*	21st	*the* ***twenty-first***
3rd	*the* ***third***	12th	*the* ***twelfth***	22nd	*the* ***twenty-second***
4th	*the fourth*	13th	*the thirteenth*	23rd	*the* ***twenty-third***
5th	*the* ***fifth***	14th	*the fourteenth*	24th	*the twenty-fourth*
6th	*the sixth*	15th	*the fifteenth*		...
7th	*the seventh*	16th	*the sixteenth*	30th	*the* ***thirtieth***
8th	*the* ***eighth***	17th	*the seventeenth*	31st	*the* ***thirty-first***
9th	*the* ***ninth***		...		...

Nello schema proposto conviene memorizzare i numeri in grassetto, mentre gli altri si possono ricavare aggiungendo ai numeri cardinali il suffisso ***-th***.

Appare evidente che se il numero ordinale è costituito da cifre, queste devono essere seguite dalle ultime due lettere del numerale. Inoltre, nei numeri ordinali composti compresi fra venti e cento si usa il trattino come per i cardinali e si rende ordinale solo il secondo (*1st → the first*, primo; *2nd → the second*, secondo; *3rd → the third*, terzo; *4th → the fourth*, quarto; *24th → the twenty-fourth*, ventiquattresimo).

I numeri ordinali si usano anche nelle **date** e nei **nomi di sovrani** (*February 21 → February the twenty-first*, il 21 febbraio; *Henry VIII → Henry the eighth*, Enrico VIII).

Si noti che l'articolo ***the*** viene sempre pronunciato, anche se non sempre scritto, davanti ai numerali ordinali, tranne i casi in cui sono usati come aggettivi (*second hand*, seconda mano; *third time lucky*, la terza è la volta buona).

Per quanto riguarda le **frazioni** e le **percentuali**, illustriamo come si esprimono ricorrendo a dei semplici esempi:

1/2 → un mezzo, *a / one half*; 2/2 → due mezzi, *two halves*; 1/3 → un terzo, *a / one third*; 2/4 → due quarti, *two quarters / fourths*; 3/8 → tre ottavi, *three eighths*; 1/9 → un nono, *a / one ninth*.

70% → settanta per cento, *seventy per cent*; 6.45% → sei virgola quarantacinque per cento, *six point four five per cent*; 20½% → venti e mezzo per cento, *twenty and a half per cent*.

SCHEDA 6 Le forme dei verbi *to be*, *to have* e *to do*

1 Il verbo *to be*

In inglese, come in italiano, esistono verbi che di norma vengono utilizzati assieme a un verbo ordinario per esprimere una vasta gamma di forme (i tempi verbali, l'interrogazione e la negazione, l'obbligo, la capacità…). In virtù di questa loro funzione, questi verbi sono definiti **ausiliari**. Tali sono, ad esempio: *be*, *have*, *do*, *will*, *must*, *can* (*will*, *must*, *can…* sono chiamati, in particolare, *ausiliari modali*).

Nella tabella che segue sono riassunte le voci di *to be* (essere), utilizzabile non solo come ausiliare, ma anche come **verbo ordinario** (tra parentesi sono indicate le *forme contratte*).

	FORMA AFFERMATIVA	FORMA NEGATIVA	FORMA INTERROGATIVA	FORMA INTERROGATIVO-NEGATIVA
PRESENTE				
I sing.	*I am (I'm)*	*I am not (I'm not)*	*am I?*	*am I not? (aren't I?)*
II sing.	*you are (you're)*	*you are not (you aren't)*	*are you?*	*are you not? (aren't you?)*
III sing.	*he/she/it is (he/she/it's)*	*he/she/it is not (he/she/it isn't)*	*is he/she/it?*	*is he/she/it not? (isn't he/she/it?)*
I plur.	*we are (we're)*	*we are not (we aren't)*	*are we?*	*are we not? (aren't we?)*
II plur.	*you are (you're)*	*you are not (you aren't)*	*are you?*	*are you not? (aren't you?)*
III plur.	*they are (they're)*	*they are not (they aren't)*	*are they?*	*are they not? (aren't they?)*
PASSATO				
I sing.	*I was*	*I was not (I wasn't)*	*was I?*	*was I not? (wasn't I?)*
II sing.	*you were*	*you were not (you weren't)*	*were you?*	*were you not? (weren't you?)*
III sing.	*he/she/it was*	*he/she/it was not (he/she/it wasn't)*	*was he/she/it?*	*was he/she/it not? (wasn't he/she/it?)*
I plur.	*we were*	*we were not (we weren't)*	*were we?*	*were we not? (weren't we?)*
II plur.	*you were*	*you were not (you weren't)*	*were you?*	*were you not? (weren't you?)*
III plur.	*they were*	*they were not (they weren't)*	*were they?*	*were they not? (weren't they?)*

Il participio passato di *to be* è *been*, cosicché il **paradigma** completo del verbo essere è: ***to be - was / were - been***. La forma contratta si usa maggiormente quando si parla, ma è possibile adoperarla anche quando si scrive in maniera informale.

2 Il verbo *to have*

Nella tabella che segue sono riassunte le forme di *to have* (avere), anch'esso utilizzabile, alla pari di *to be*, sia come **ausiliare** che come **verbo ordinario** (tra parentesi le *voci contratte*).

	FORMA AFFERMATIVA	FORMA NEGATIVA	FORMA INTERROGATIVA	FORMA INTERROGATIVO-NEGATIVA
PRESENTE				
I sing.	*I have* (*I've*)	*I have not* (*I haven't*)	*have I?*	*have I not?* (*haven't I?*)
II sing.	*you have* (*you've*)	*you have not* (*you haven't*)	*have you?*	*have you not?* (*haven't you?*)
III sing.	*he/she/it has* (*he/she/it's*)	*he/she/it has not* (*he/she/it hasn't*)	*has he/she/it?*	*has he/she/it not?* (*hasn't he/she/it?*)
I plur.	*we have* (*we've*)	*we have not* (*we haven't*)	*have we?*	*have we not?* (*haven't we?*)
II plur.	*you have* (*you've*)	*you have not* (*you haven't*)	*have you?*	*have you not?* (*haven't you?*)
III plur.	*they have* (*they've*)	*they have not* (*they haven't*)	*have they?*	*have they not?* (*haven't they?*)
PASSATO				
I sing.	*I had* (*I'd*)	*I had not* (*I hadn't*)	*had I?*	*had I not?* (*hadn't I?*)
II sing.	*you had* (*you'd*)	*you had not* (*you hadn't*)	*had you?*	*had you not?* (*hadn't you?*)
III sing.	*he/she/it had* (*he/she/it'd*)	*he/she/it had not* (*he/she/it hadn't*)	*had he/she/it?*	*had he/she/it not?* (*hadn't he/she/it?*)
I plur.	*we had* (*we'd*)	*we had not* (*we hadn't*)	*had we?*	*had we not?* (*hadn't we?*)
II plur.	*you had* (*you'd*)	*you had not* (*you hadn't*)	*had you?*	*had you not?* (*hadn't you?*)
III plur.	*they had* (*they'd*)	*they had not* (*they hadn't*)	*had they?*	*had they not?* (*hadn't they?*)

Il participio passato di *to have* è *had*, cosicché il **paradigma** completo del verbo avere è: ***to have - had - had***.

Nel *British English* il verbo *to have* è normalmente seguito, soprattutto nella lingua parlata, dal rafforzativo ***got***, e la sua coniugazione nelle forme negativa, interrogativa e interrogativo-negativa avviene come indicato nella succitata tabella. Si tenga presente, inoltre, che la voce contratta seguita dal rafforzativo *got* si usa specialmente nel linguaggio informale.

Have you got the ticket to Boston?	Hai il biglietto per Boston?
Yes, I have. But my friend hasn't got one.	Sì, ce l'ho. Ma il mio amico no.

Nell'*American English*, invece, la coniugazione di *to have* nelle forme negativa, interrogativa e interrogativo-negativa segue le regole dei verbi ordinari, utilizzando cioè il verbo ***to do*** come ausiliare.

Do you have the ticket to Miami?	Hai il biglietto per Miami?
Yes, I do. But my friend doesn't have one.	Sì, ce l'ho. Ma il mio amico no.

3 Il verbo *to do*

Anche *to do*, al pari di *to be* e di *to have*, può essere utilizzato sia come **ausiliare** che come **verbo ordinario**; in qualità di ausiliare ne riassumiamo le forme nella tabella che proponiamo (tra parentesi indichiamo le contrazioni).

	FORMA AFFERMATIVA	FORMA NEGATIVA	FORMA INTERROGATIVA	FORMA INTERROGATIVO-NEGATIVA
PRESENTE				
I sing.	*I do*	*I do not (I don't)*	*do I?*	*do I not? (don't I?)*
II sing.	*you do*	*you do not (you don't)*	*do you?*	*do you not? (don't you?)*
III sing.	*he/she/it does*	*he/she/it does not (he/she/it doesn't)*	*does he/she/it?*	*does he/she/it not? (doesn't he/she/it?)*
I plur.	*we do*	*we do not (we don't)*	*do we?*	*do we not? (don't we?)*
II plur.	*you do*	*you do not (you don't)*	*do you?*	*do you not? (don't you?)*
III plur.	*they do*	*they do not (they don't)*	*do they?*	*do they not? (don't they?)*
PASSATO				
I sing.	*I did*	*I did not (I didn't)*	*did I?*	*did I not? (didn't I?)*
II sing.	*you did*	*you did not (you didn't)*	*did you?*	*did you not? (didn't you?)*
III sing.	*he/she/it did*	*he/she/it did not (he/she/it didn't)*	*did he/she/it?*	*did he/she/it not? (didn't he/she/it?)*
I plur.	*we did*	*we did not (we didn't)*	*did we?*	*did we not? (didn't we?)*
II plur.	*you did*	*you did not (you didn't)*	*did you?*	*did you not? (didn't you?)*
III plur.	*they did*	*they did not (they didn't)*	*did they?*	*did they not? (didn't they?)*

In funzione di ausiliare *to do* non ha alcun significato, ma costituisce semplicemente una forma obbligatoria per la composizione sia delle frasi negative, interrogative e interrogativo-negative, sia delle *short answers* di tutti i verbi ordinari (esclusi, cioè, gli ausiliari e i modali).

What does this word mean?	Che vuol dire questa parola?
He didn't understand the problem.	Lui non ha capito il problema.
Didn't they tell you?	Non te l'hanno detto?

Inoltre viene adoperato come ausiliare nei seguenti casi:

- nell'imperativo negativo (*Don't come here. I'll come there*, Non venire qui. Verrò io lì);
- per non ripetere un verbo già espresso in precedenza nella frase (*I saw Paul in the street, but you didn't*, Ho visto Paul per strada, ma tu non l'hai visto).

SCHEDA 7 Tempi, modi e forme dei verbi

1 Verbi regolari e irregolari

I verbi inglesi si contraddistinguono per *tre voci principali*, che ne costituiscono il cosiddetto "**paradigma**": l'**infinito** (*infinitive*), il **passato** (*past tense*) e il **participio passato** (*past participle*). A seconda di come formano questi ultimi due, i verbi si definiscono:

- **regolari**, se costruiscono il passato e il participio passato semplicemente **aggiungendo la desinenza *-ed* alla "forma base"**, cioè all'infinito senza il *to* (*to enjoy - enjoyed - enjoyed*, godere, gioire; *to listen - listened - listened*, ascoltare; *to watch - watched - watched*, guardare...);
- **irregolari**, se invece la composizione dels passato e del participio passato presenta appunto delle "irregolarità" di vario genere, che bisogna conoscere e, purtroppo, imparare a memoria. A tal proposito forniamo una **tabella** con i paradigmi e i significati dei più comuni *verbi irregolari*.

I VERBI IRREGOLARI			
INFINITIVE	***PAST TENSE***	***PAST PARTICIPLE***	***MEANING***
to be	*was*	*been*	essere
to become	*became*	*become*	divenire
to begin	*began*	*begun*	cominciare
to break	*broke*	*broken*	rompere
to bring	*brought*	*brought*	portare
to build	*built*	*built*	costruire
to buy	*bought*	*bought*	comprare
to catch	*caught*	*caught*	afferrare
to choose	*chose*	*chosen*	scegliere
to come	*came*	*come*	venire
to cost	*cost*	*cost*	costare
to cut	*cut*	*cut*	tagliare
to do	*did*	*done*	fare
to drink	*drank*	*drunk*	bere
to drive	*drove*	*driven*	guidare
to eat	*ate*	*eaten*	mangiare
to feel	*felt*	*felt*	sentire
to find	*found*	*found*	trovare
to fly	*flew*	*flown*	volare
to forget	*forgot*	*forgotten*	dimenticare
to forgive	*forgave*	*forgiven*	perdonare
to give	*gave*	*given*	dare

(*Segue*)

to go	*went*	*gone*	andare
to grow	*grew*	*grown*	crescere
to have	*had*	*had*	avere
to hear	*heard*	*heard*	udire
to hide	*hid*	*hidden*	nascondere
to hit	*hit*	*hit*	battere
to hold	*held*	*held*	tenere
to keep	*kept*	*kept*	mantenere
to know	*knew*	*known*	conoscere
to learn	*learnt / learned*	*learnt / learned*	imparare
to leave	*left*	*left*	lasciare
to let	*let*	*let*	permettere
to make	*made*	*made*	fare, creare
to mean	*meant*	*meant*	significare
to meet	*met*	*met*	incontrare
to pay	*paid*	*paid*	pagare
to put	*put*	*put*	mettere
to read	*read*	*read*	leggere
to ride	*rode*	*ridden*	cavalcare
to ring	*rang*	*rung*	suonare
to rise	*rose*	*risen*	sorgere
to run	*ran*	*run*	correre
to say	*said*	*said*	dire
to see	*saw*	*seen*	vedere
to sell	*sold*	*sold*	vendere
to send	*sent*	*sent*	mandare
to set	*set*	*set*	porre, mettere
to shoot	*shot*	*shot*	lanciare
to shut	*shut*	*shut*	chiudere
to sing	*sang*	*sung*	cantare
to sit	*sat*	*sat*	sedere
to sleep	*slept*	*slept*	dormire
to speak	*spoke*	*spoken*	parlare
to spell	*spelt*	*spelt*	compitare, sillabare
to spend	*spent*	*spent*	spendere, passare
to stand	*stood*	*stood*	stare in piedi
to swim	*swam*	*swum*	nuotare
to take	*took*	*taken*	prendere
to teach	*taught*	*taught*	insegnare
to tell	*told*	*told*	dire
to think	*thought*	*thought*	pensare
to understand	*understood*	*understood*	capire
to wear	*wore*	*worn*	indossare
to win	*won*	*won*	vincere
to write	*wrote*	*written*	scrivere

2 Il *simple present*

Il **presente semplice** (*simple present*) del modo indicativo di tutti i verbi, regolari e irregolari, si coniuga utilizzando la **forma base del verbo** (chiamata anche ***dictionary form***) per tutte le persone a eccezione della III singolare, alla quale viene aggiunta la desinenza ***-s***.

TO EAT	**MANGIARE**
I eat	io mangio
you eat	tu mangi
he / she / it eats	egli / ella / lui / lei / esso/a mangia
we eat	noi mangiamo
you eat	voi mangiate
they eat	essi/e / loro mangiano

L'aggiunta della desinenza *-s*, però, può provocare alcune modificazioni ortografiche, di seguito specificate.

- I verbi che terminano per ***-ss / -sh / -ch / -x / -o / -z*** aggiungono ***-es***.

to pass	(passare)	→	*I / you / we / you / they pass*	*he / she / it passes*
to push	(spingere)	→	*I / you / we / you / they push*	*he / she / it pushes*
to touch	(toccare)	→	*I / you / we / you / they touch*	*he / she / it touches*
to mix	(mescolare)	→	*I / you / we / you / they mix*	*he / she / it mixes*
to go	(andare)	→	*I / you / we / you / they go*	*he / she / it goes*
to buzz	(ronzare)	→	*I / you / we / you / they buzz*	*he / she / it buzzes*

- I verbi che terminano per ***-y*** preceduta da **consonante** cambiano la *-y* in ***-i*** e aggiungono ***-es***, mentre i verbi che terminano per ***-y*** preceduta da **vocale** aggiungono regolarmente ***-s***.

to try	(provare)	→	*I / you / we / you / they try*	*he / she / it tries*
to carry	(trasportare)	→	*I / you / we / you / they carry*	*he / she / it carries*

ma:

to pay	(pagare)	→	*I / you / we / you / they pay*	*he / she / it pays*
to play	(giocare)	→	*I / you / we / you / they play*	*he / she / it plays*

Le *forme negativa*, *interrogativa* e *interrogativo-negativa* del *simple present* si formano con l'ausiliare ***do*** (***does*** alla III persona singolare), secondo le costruzioni di seguito indicate.

Forma negativa:

soggetto + *do not (don't) / does not (doesn't)* + forma base del verbo

I / you / we / you / they do not (don't) want *he / she / it does not (doesn't) want*

Forma interrogativa:

***do / does* + soggetto + forma base del verbo**

do I / you / we / you / they want? *does he / she / it want?*

Forma interrogativo-negativa:

***don't / doesn't* + soggetto + forma base del verbo**

don't I / you / we / you / they want? *doesn't he / she / it want?*

Nella forma affermativa del *simple present* è da rimarcare l'**uso enfatico** di *do*, che dona una speciale forza alla frase, soprattutto quando l'interlocutore esprime un dubbio circa l'azione in oggetto (*You don't love me as before*, Non mi ami come prima → *I do love you as before*, Ti amo davvero come prima).

Si usa il *simple present*:

- per indicare un'**azione abituale** (*They play tennis three times a week*, Giocano a tennis tre volte alla settimana);
- per esprimere **verità generali** (*The sun rises in the East*, Il sole sorge a est);
- in riferimento a una **situazione permanente** (*Most people in London go to work by Tube*, La maggior parte delle persone a Londra va a lavoro con la metropolitana).

3 Il *present continuous*

Il **presente continuato** o **progressivo** (*present continuous*) equivale alla forma italiana "**io sto + gerundio**" e si costruisce con il:

presente indicativo di *to be* + *-ing form* del verbo da coniugare

La forma *-ing* traduce anche il **participio presente** e il **gerundio**.

Si ricordi, però, che **non sono coniugabili** nella *-ing form* i verbi di *percezione*, quelli indicanti *relazione* o *esistenza* e quelli che denotano *stati mentali* o *sentimenti*.

TABELLA DEI VERBI NON CONIUGABILI NELLA *-ING FORM*

VERBI DI PERCEZIONE

feel (toccare, sentire, percepire)	*hear* (sentire)	*see* (vedere)	*smell* (odorare)	*taste* (gustare)

VERBI INDICANTI RELAZIONE O ESISTENZA

be	(essere)	*depend on*	(dipendere da)	*matter*	(importare)
belong to	(appartenere a)	*deserve*	(meritare)	*owe*	(dovere)
concern	(riguardare)	*equal*	(uguagliare)	*possess*	(possedere)
consist of	(consistere di)	*fit*	(adattare)	*remain*	(rimanere)
contain	(contenere)	*have*	(avere)	*require*	(richiedere)
cost	(costare)	*involve*	(avvolgere)	*resemble*	(assomigliare)

Verbi che denotano stati mentali o sentimenti					
admire	(meravigliarsi)	*forget*	(dimenticare)	*realize*	(capire)
adore	(adorare)	*hate*	(odiare)	*recall*	(richiamare)
appreciate	(apprezzare)	*hope*	(sperare)	*recognize*	(riconoscere)
believe	(credere)	*imagine*	(immaginare)	*remember*	(ricordare)
care	(curarsi)	*know*	(conoscere)	*respect*	(rispettare)
desire	(desiderare)	*like*	(piacere)	*suppose*	(supporre)
detest	(detestare)	*love*	(amare)	*think / have an opinion*	(ritenere)
dislike	(non piacere)	*mean*	(significare)	*understand*	(capire)
doubt	(dubitare)	*mind*	(badare a)	*value*	(valutare)
fear	(temere)	*prefer*	(preferire)	*want*	(volere)

Le *forme negativa*, *interrogativa* e *interrogativo-negativa* del *present continuous* seguono le regole valide per *to be*. Ecco un esempio con il verbo *to walk*, "camminare" (tra parentesi indichiamo le *forme contratte*).

FORMA AFFERMATIVA	FORMA NEGATIVA
I am (I'm) walking	*I am not (I'm not) walking*
you are (you're) walking	*you are not (you aren't) walking*
he / she / it is (he / she / it's) walking	*he / she / it is not (he / she / it isn't) walking*
we are (we're) walking	*we are not (we aren't) walking*
you are (you're) walking	*you are not (you aren't) walking*
they are (they're) walking	*they are not (they aren't) walking*
FORMA INTERROGATIVA	**FORMA INTERROGATIVO-NEGATIVA**
am I walking?	*am I not (aren't I) walking?*
are you walking?	*are you not (aren't you) walking?*
is he / she / it walking?	*is he / she / it not (isn't he / she / it) walking?*
are we walking?	*are we not (aren't we) walking?*
are you walking?	*are you not (aren't you) walking?*
are they walking?	*are they not (aren't they) walking?*

Si utilizza il *present continuous*:

- per suggerire che **l'azione o lo stato espressi dal verbo continuano ancora "ora, nel presente"**, ovvero nel momento o nel periodo in cui se ne parla (*You are reading this sentence*, Stai leggendo questa frase; *Peter is driving to work this week*, Peter sta andando a lavorare con l'auto questa settimana);
- per esprimere **azioni di durata temporanea** (*I'm reading an interesting book*, Sto leggendo un libro interessante).

4 Il *simple past*

Il **passato semplice** (*simple past*) inglese traduce in italiano il **passato remoto**, l'**imperfetto**, il **passato prossimo** e il **congiuntivo imperfetto**.

Nei **verbi regolari** è **uguale per tutte le persone** e si forma aggiungendo la desinenza -***ed*** alla forma base del verbo.

TO WORK	**LAVORARE**
I worked	io lavorai (lavoravo, ho lavorato), che io lavorassi
you worked	tu lavorasti (lavoravi, hai lavorato), che tu lavorassi
he / she / it worked	egli / ella / lui / lei / esso/a lavorò (lavorava, ha lavorato), che egli / ella / lui / lei / esso/a lavorasse
we worked	noi lavorammo (lavoravamo, abbiamo lavorato), che noi lavorassimo
you worked	voi lavoraste (lavoravate, avete lavorato), che voi lavoraste
they worked	essi/e / loro lavorarono (lavoravano, hanno lavorato), che essi/e / loro lavorassero

Proprio l'aggiunta della desinenza ***-ed*** può tuttavia provocare alcune variazioni ortografiche, di seguito specificate:

- se il verbo termina per ***-e*** muta, questa cade e si aggiunge ***-ed*** (*to create*, creare → *created*; *to move*, muovere → *moved*; *to agree*, accordarsi → *agreed*);
- se il verbo è **monosillabo** o **bisillabo** con l'accento sull'ultima sillaba e termina con una sola consonante preceduta da una sola vocale, la **consonante finale raddoppia** (*to drop*, cadere → *dropped*; *to permit*, permettere → *permitted*; *to prefer*, preferire → *preferred*);
- se il verbo termina per ***-l***, nel *British English* questa viene sempre raddoppiata (*to travel*, viaggiare → *travelled*), mentre nell'*American English* ciò non avviene (*to travel* → *traveled*);
- se il verbo termina per ***-y*** preceduta da **consonante**, la *-y* si trasforma in ***-i*** prima di aggiungere ***-ed***; se la ***-y***, viceversa, è preceduta da una **vocale**, rimane invariata e si aggiunge normalmente ***-ed*** (*to hurry*, affrettarsi → *hurried*; *to cry*, gridare → *cried*; **ma** *to stay*, stare → *stayed*; *to play*, giocare → *played*).

Nei **verbi irregolari**, invece, il *simple past* corrisponde alla **II voce del paradigma** ed è **uguale per tutte le persone**.

*TO EAT - **ATE** - EATEN*	**MANGIARE**
I ate	io mangiai (mangiavo, ho mangiato), che io mangiassi
you ate	tu mangiasti (mangiavi, hai mangiato), che tu mangiassi
he / she / it ate	egli / ella / lui / lei / esso/a mangiò (mangiava, ha mangiato), che egli / ella / lui / lei / esso/a mangiasse
we ate	noi mangiammo (mangiavamo, abbiamo mangiato), che noi mangiassimo
you ate	voi mangiaste (mangiavate, avete mangiato), che voi mangiaste
they ate	essi/e / loro mangiarono (mangiavano, hanno mangiato), che essi/e / loro mangiassero

Le *forme negativa*, *interrogativa* e *interrogativo-negativa* del *simple past* sono **uguali per tutti i verbi**, sia regolari che irregolari, e si formano con l'ausiliare ***did*** in base alle costruzioni di seguito indicate.

Forma negativa:

soggetto + *did not (didn't)* + forma base del verbo

I / you / he (she / it) / we / you / they did not (didn't) eat

Forma interrogativa:

***did* + soggetto + forma base del verbo**

did I / you / he (she / it) / we / you / they eat?

Forma interrogativo-negativa:

***didn't* + soggetto + forma base del verbo**

didn't I / you / he (she / it) / we / you / they eat?

Il *simple past* **si usa** per esprimere **azioni compiute e finite nel passato**, e che quindi non hanno più nessun rapporto con il presente (*Wellington defeated Napoleon at Waterloo*, Wellington sconfisse Napoleone a Waterloo), rispetto alle quali può essere adoperato per precisare o per chiedere quando sono accadute (*I went to Australia two years ago*, Andai in Australia due anni fa; *When did you write this letter?*, Quando hai scritto questa lettera?).

5 Il *past continuous*

Il **passato progressivo** o **continuato** (*past continuous*) dei verbi *regolari* e *irregolari* corrisponde alla forma italiana "**io stavo + gerundio**" e si costruisce con il:

passato di *to be* + *-ing form* del verbo da coniugare

Le *forme negativa*, *interrogativa* e *interrogativo-negativa* seguono le stesse regole valide per *to be*. Ecco un esempio delle varie forme con il verbo *to drink*, "bere" (tra parentesi mostriamo le *forme contratte*).

FORMA AFFERMATIVA	FORMA NEGATIVA
I was drinking	*I was not (I wasn't) drinking*
you were drinking	*you were not (you weren't) drinking*
he / she / it was drinking	*he / she / it was not (he / she / it wasn't) drinking*
we were drinking	*we were not (we weren't) drinking*
you were drinking	*you were not (you weren't) drinking*
they were drinking	*they were not (they weren't) drinking*
FORMA INTERROGATIVA	**FORMA INTERROGATIVO-NEGATIVA**
was I drinking?	*was I not (wasn't I) drinking?*
were you drinking?	*were you not (weren't you) drinking?*
was he / she / it drinking?	*was he / she / it not (wasn't he / she / it) drinking?*
were we drinking?	*were we not (weren't we) drinking?*
were you drinking?	*were you not (weren't you) drinking?*
were they drinking?	*were they not (weren't they) drinking?*

Il *past continuous* **si usa** per esprimere **azioni che erano in corso di svolgimento in un certo momento del passato**. Il tempo dell'azione, a sua volta, può essere specificato:

- da un'azione passata avvenuta in quello stesso momento (*I met them when I was going to the basket match*, Li ho incontrati quando stavo andando all'incontro di pallacanestro);
- da un tempo determinato del passato (*Between 4 and 5 p.m. I was washing the car and listening to music*, Fra le 4 e le 5 del pomeriggio stavo lavando l'auto e ascoltando musica).

SCHEDA 8 La forma passiva

1 Quando si usa

Il passivo si usa in diversi casi in inglese, generalmente quando siamo più interessati ad un'azione e al suo oggetto piuttosto che al soggetto (o agente). Osserviamo le seguenti frasi:

Attiva	*Mary typed the letter on a Macintosh computer.*
Passiva	*The letter was typed on a Macintosh computer.*

2 Formazione del passivo

Ad ogni forma passiva corrisponde una forma attiva e viceversa. Il passivo si forma usando l'ausiliare ***to be*** e il ***past participle***. La tabella in basso descrive i passaggi per trasformare una frase attiva in una frase passiva:

1. Prendere una frase attiva	***Someone opens the door.***
2. Identificare il tempo del verbo	***PRESENT SIMPLE***
3. Trasformare il complemento oggetto in soggetto	***The door...***
4. Aggiungere be nello stesso tempo del verbo identificato nella frase attiva	***The door is...***
5. Cambiare il verbo principale al past *participle*	***The door is opened.***

Ecco alcuni esempi di trasformazione usando anche gli ausiliari **modali**:

Someone is opening the door.	***The door is being opened.***
Someone opened the door.	***The door was opened.***
Someone was opening the door.	***The door was being opened.***
Someone has opened the door.	***The door has been opened.***
Someone should open the door.	***The door should be opened.***
Someone must have opened the door.	***The door must have been opened.***

3 Il complemento d'agente

È possibile anche includere il *complemento d'agente* (il soggetto della frase attiva) nella frase passiva, facendolo precedere dalla preposizione ***by***:

Mary typed the letter.	***The letter was typed* by *Mary.***
The instructor will mark your test.	***Your test will be marked* by *the instructor.***

4 Verbi che non possono essere passivi

Il passivo si forma trasformando un complemento oggetto in soggetto. Pertanto i verbi intransitivi (verbi che non reggono un complemento oggetto) non possono essere usati nella forma passiva, tranne talune eccezioni. Alcuni esempi di verbi intransitivi sono ***arrive, sleep, die, walk, rain, snow* e *smile***.

Nemmeno alcuni verbi di stato (verbi che descrivono uno stato o una condizione, e che non hanno le forme progressive) possono essere usati nella forma passiva. Alcuni esempi sono ***have, belong to, resemble, suit* e *fit***.

5 Errori comuni con il passivo

Il passivo è qualche volta confuso con altre due strutture: le forme ***perfect*** and ***continuous*** (progressivo). Queste sono le differenze tra loro:

Passivo: *be + past participle*	*The door **is closed**.*
Perfect: *have + past participle*	*Someone **has closed** the door.*
Continuous: *be + -ING*	*Someone **is closing** the door.*

6 Esempio di coniugazione

Ecco un **esempio completo di coniugazione della forma passiva**, utilizzando il verbo *to praise* (lodare).

TABELLA RIASSUNTIVA DELLA FORMA PASSIVA		
TEMPO VERBALE	**FORMA ATTIVA**	**FORMA PASSIVA**
presente semplice	*praise / praises*	*am / are / is praised*
presente progressivo	*am / are / is praising*	*am / are / is being praised*
passato semplice	*praised*	*was / were praised*
passato progressivo	*was / were praising*	*was / were being praised*
passato prossimo	*have / has praised*	*have / has been praised*
trapassato prossimo	*had praised*	*had been praised*
futuro semplice	*will praise*	*will be praised*
futuro anteriore	*will have praised*	*will have been praised*
condizionale presente	*would praise*	*would be praised*
condizionale passato	*would have praised*	*would have been praised*
infinito presente	*to praise*	*to be praised*
infinito passato	*to have praised*	*to have been praised*
forma in *-ing*	*praising*	*being praised*
passato della forma in *-ing*	*having praised*	*having been praised*

Dopo i verbi modali la forma passiva si costruisce con ***be* + il *past participle*** (*Cars cannot be driven before you are 18 years old*, Non si può guidare la macchina prima dei 18 anni).

SCHEDA 9 Differenze tra *British English* e *American English*

CLOTHES **(INDUMENTI)**		
BRITISH ENGLISH	**AMERICAN ENGLISH**	**TRADUZIONE ITALIANA**
braces	*suspenders*	bretelle
dressing gown	*bath robe*	accappatoio
jumper / pullover / sweater / jersey	*sweater*	maglione
mac **(slang for *macintosh*)**	*rain coat*	impermeabile
nappy	*diaper*	pannolino
pants / underwear / knickers	*underwear / panties*	mutande
pinny / apron	*apron*	grembiule
polo neck	*turtle neck*	collo alto (di pullover)
swimming costume	*bathing suit*	costume da bagno
trousers	*pants*	pantaloni
vest	*undershirt*	canottiera
waistcoat	*vest*	gilè, panciotto
wellington boots / wellies	*galoshes*	stivali di plastica per la pioggia / galosce

AT SCHOOL **(A SCUOLA)**		
BRITISH ENGLISH	**AMERICAN ENGLISH**	**TRADUZIONE ITALIANA**
drawing pins	*pushpins or thumbtacks*	puntine da disegno
friend / mate	*friend*	amico/a, compagno/a
glue	*gum*	colla
holiday	*vacation*	vacanza
maths	*math*	matematica
open day / open evening	*open house*	festa / evento di tipo informale aperto a tutti
play time / break time	*recess*	intervallo
public school	*private school*	liceo o scuola privata
rubber	*eraser*	gomma per cancellare
staff room	*teachers lounge*	sala docenti
state school	*public school*	scuola pubblica

ON THE ROAD **(SULLA STRADA)**		
BRITISH ENGLISH	**AMERICAN ENGLISH**	**TRADUZIONE ITALIANA**
articulated lorry	*tractor trailer / trailer truck*	camion con rimorchio
car journey	*road trip*	viaggio in auto fatto assieme a più persone
car park	*parking lot*	parcheggio
fire engine	*fire truck*	autocarro dei vigili del fuoco
lorry	*truck*	camion
motorway	*freeway*	austostrada
pavement	*sidewalk*	marciapiede
petrol	*gas / gasoline*	benzina
petrol station	*gas station*	stazione di servizio
phone box	*telephone booth*	cabina telefonica
sleeping policeman	*speed bump*	dossi dissuasori di velocità
zebra crossing / pedestrian crossing	*cross walk*	strisce pedonali
BUILDINGS **(EDIFICI) /** ***SHOPS*** **(NEGOZI)**		
BRITISH ENGLISH	**AMERICAN ENGLISH**	**TRADUZIONE ITALIANA**
bungalow	*house / one storey / ranch house*	bungalow / casa di campagna / casa di montagna
cafe (not 24 hours)	*diner*	bar (dove si può anche mangiare)
chemist's shop	*drug store / pharmacy*	farmacia
flat / one storey	*apartment*	appartamento
semi-detached house	*duplex*	casa bifamiliare
terraced	*town house*	casa di città
FOODS **(CIBI)**		
BRITISH ENGLISH	**AMERICAN ENGLISH**	**TRADUZIONE ITALIANA**
aubergine	*eggplant*	melanzana
bill (at restaurant)	*check*	conto
biscuit	*cookie*	biscotto
chips / French fries	*French fries*	patatine fritte
courgette	*zucchini*	zucchina
crisps	*potato chips*	patatine fritte (croccanti)
eggy bread (fried)	*French toast*	fetta di pane bagnata nelle uova e nel latte e poi fritta, condita con zucchero, frutta o sciroppo
grill	*broil*	barbecue

jacket potato	*baked potato*	patate al forno
jam	*jelly*	marmellata
puddings / sweets	*dessert*	dolce
rasher	*a slice of bacon*	fetta di pancetta
runner beans	*green beans*	fagiolo rampicante
scone	*biscuit*	pasticceria (di crema e uova) al forno
starter	*appetizer*	stuzzichini serviti durante l'ape-ritivo
sweets	*candy*	caramelle
take-away	*take out*	da asporto
PARTS OF A CAR **(PARTI DI UN'AUTOMOBILE)**		
BRITISH ENGLISH	**AMERICAN ENGLISH**	**TRADUZIONE ITALIANA**
bonnet	*hood*	tettuccio
boot	*trunk*	bagagliaio
bumper	*fender*	paraurti
exhaust pipe	*tail pipe / muffler*	marmitta
reversing lights	*back-up lights*	luci posteriori
windscreen	*windshield*	parabrezza
IN AND AROUND THE HOUSE **(DENTRO E ATTORNO ALLA CASA)**		
BRITISH ENGLISH	**AMERICAN ENGLISH**	**TRADUZIONE ITALIANA**
bin / dust bin	*trash can*	cestino della spazzatura
cooker	*range / stove*	cucina
couch / sofa / settee	*sofa*	divano
garden	*backyard / yard*	giardino
hand basin / sink	*sink*	lavello da cucina
run the bath	*fill the tub*	riempire la vasca
tap	*faucet*	rubinetto
telly	*TV / television*	televisione
toilet / loo / wc	*bathroom / restroom*	toilette / bagno
wardrobe	*closet*	armadio
PEOPLE **(PERSONE)**		
BRITISH ENGLISH	**AMERICAN ENGLISH**	**TRADUZIONE ITALIANA**
boy / lad	*boy*	ragazzo
cashier	*teller*	cassiere
chemist	*druggist*	farmacista
dustman	*garbage man*	operatore ecologico

girl / lass	*girl*	ragazza
lady / woman	*lady*	donna
lollypop man	*crossing guard*	vigile che controlla l'attraversamento delle strisce pedonali
man / bloke / gentleman / guy / chap	*man / guy*	uomo / tizio
mum	*mom*	mamma
nutter	*crazy person*	pazzo / eccentrico
policeman / bobby / copper	*policeman / cop*	poliziotto
postman	*mailman*	postino
SPORTS		
British English	**American English**	**Traduzione italiana**
***bat* (*in table tennis*)**	*paddle* (*in ping pong*)	racchetta da ping pong
football	*soccer*	calcio
rounders	*baseball*	baseball
***OTHER WORDS* (ALTRE PAROLE)**		
British English	**American English**	**Traduzione italiana**
autumn	*fall*	autunno
bank holiday	*national holiday*	giorno festivo
cinema	*movie*	cinema
gaol	*jail*	carcere
lift	*elevator*	ascensore
luggage	*baggage*	bagaglio
off you go	*go ahead*	andare avanti
oueue	*stand in a line*	fare la fila
plaster	*band-aid*	cerotto
***quid* (slang for *pound*)**	*buck* (slang for *dollar*)	sterlina / dollaro
railway	*railroad*	ferrovia
surgery	*doctor's office*	studio medico
BRITISH SPELLING VS. AMERICAN SPELLING		
British English	**American English**	**Traduzione italiana**
aeroplane	*airplane*	aeroplano
apologise	*apologize*	scusarsi
centre	*center*	centro
cheque	*check*	assegno
colour	*color*	colore

defence	*defense*	difesa
favourite	*favorite*	preferito
grey	*gray*	grigio
harbour	*harbor*	porto, rifugio
honour	*honor*	onore
labour	*labor*	lavoro
licence	*license*	patente
metre	*meter*	metro
neighbour	*neighbor*	vicino (di casa)
offence	*offense*	offesa
plough	*plow*	aratro
programme	*program*	programma
theatre	*theater*	teatro
tonight	*tonite*	stanotte
travelled	*traveled*	viaggiato
waggon	*wagon*	carro

SCHEDA 10 False friends Inglese-Italiano

Parola inglese	Traduzione corretta in italiano	*False friend* in italiano	Traduzione corretta in inglese
accident	incidente	accidenti!, accidente	*damn!, shock/mishap*
actual	effettivo	attuale	*present / current*
annoyed	infastidito / seccato	annoiato	*bored*
ass	asino	asso	*ace*
(to) assist	aiutare	assistere	*to attend / to witness*
(to) attack	assalire	attaccare	*to stick / to fasten*
attitude	atteggiamento	attitudine	*aptitude / propensity*
barrister	avvocato	barista	*barman*
bell	campanello	bello	*beautiful*
brave	coraggioso	bravo	*good / clever*
camera	macchina fotografica	camera	*room*
canteen	mensa aziendale	cantina	*cellar / wine shop*
caramel	caramello	caramella	*candy (in general)*
case	scatoletta / valigetta	case	*houses*
casino	luogo di gioco d'azzardo	casino	*confusion*
cold	freddo	caldo	*hot*
confection	confetto	confezione	*wrapping*
conservatory	serra	conservatorio	*school of music*
consistent	coerente	consistente	*substantial / large*
constipated	stitico	costipato	*with a bad cold*
to control	comandare / dominare	controllare	*to check*
convenient	comodo	conveniente	*affordable*
cute	carino	cute	*skin*
disposable	usa e getta	disponibile	*available*
eventual	finale / conclusivo	eventuale	*possible*
eventually	alla fine / infine	eventualmente	*if necessary*
exhilarating	eccitante / stimolante	esilarante	*hilarious / very funny*
extenuating	attenuante	estenuante	*exhausting*
fame	celebrità	fame	*hunger*
familiar	ben conosciuto / noto	familiare	*related to family*

fare	prezzo del biglietto di un mezzo di trasporto	fare	*to do / to make*
fastidious	meticoloso / pignolo	fastidioso	*annoying*
firm	ditta	firma	*signature*
genial	cordiale / socievole	geniale	*brilliant / inspired*
genteel	signorile	gentile	*kind*
gymnasium	palestra	ginnasio	*high school*
implementation	realizzazione / attuazione	ampliamento	*enlargement*
nervous	pauroso / apprensivo	nervoso	*angry*
preoccupied	pensieroso / distratto	preoccupato	*worried*
remand	rimandare in carcere	rimandare	*postpone / put off*
sensible	sensato / ragionevole	sensibile	*sensitive*
trivial	insignificante / banale	triviale	*vulgar*

SCHEDA 11 Prospetto dei Phrasal Verbs

	Phrasal verb	Esempio	Significato	Traduzione in italiano
A	***to abide by***	*If you want to stay at this university, you must* ***abide by*** *the rules.*	*respect or obey (the law, a decision, a rule)*	rispettare, osservare
	to account for	*I hope you can* ***account for*** *all the money you spent!*	*explain, give a reason*	rispondere di
	to add up	*Their story just doesn't* ***add up****.*	*make sense, seem reasonable*	avere senso
	to agree with	*I totally* ***agree with*** *you on this subject.*	*have the same opinion as somebody else*	essere d'accordo
	to avail of	*When the company is privatized, you should* ***avail of*** *the opportunity and buy some shares.*	*take advantage of something (an opportunity)*	avvalersi
B	***to back down***	*Local authorities* ***backed down*** *on their plans to demolish his house.*	*withdraw, concede defeat*	recedere
	to back up	1) *If I tell the boss we've got too much work, will you* ***back*** *me* ***up****?* 2) *It is recommended to* ***back up*** *all files on a cd-rom.*	1) *give support or encouragement* 2) *make a copy of (file, program)*	1) supportare, incoraggiare 2) fare una copia
	to blow up	1) *The terrorists said the bomb would* ***blow up*** *at 7 o'clock.* 2) *The coach* ***blew up****, but luckily there was nobody in it.*	1) *explode* 2) *be destroyed by an explosion*	1) esplodere 2) essere distrutto da un'esplosione
	to break down	1) *Albert's scooter* ***broke down****, so he had to take the bus.* 2) *Her mother* ***broke down*** *when she heard the bad news.*	1) *go out of order, cease to function* 2) *lose control of one's emotions*	1) rompersi 2) crollare, abbattersi

(Segue)

	Phrasal verb	Esempio	Significato	Traduzione in italiano
	to break into	*Burglars **broke into** the house around midnight.*	*enter by force*	irrompere
	to break out	*Rioting **broke out** as a result of the strike.*	*start suddenly*	scoppiare
	to break out of	*Five prisoners **broke out of** prison.*	*escape from a place by force*	scappare
	to break up	*After his marriage **broke up**, George went to live in London.*	*come to an end (marriage, relationship)*	finire
	to bring up	*My sister stopped working in order to **bring up** her children.*	*raise (a child)*	crescere, allevare
	to brush up on	*George had to **brush up on** her English before going to Australia.*	*improve, refresh one's knowledge of something*	dare una ripassata, una spolveratina
	to bump into	*Martha **bumped into** her Spanish teacher at the cinema.*	*meet by accident or unexpectedly*	imbattersi

C	***to call off***	*The meeting was **called off** because of the strike.*	*cancel*	cancellare
	to call on / upon / by	*I now **call upon** the general manager to address the assembly.*	*formally invite or request*	fare appello, invitare
	to carry on	*He **carried on** working in spite of the rain.*	*continue*	continuare
	to carry out	*1) The plan was **carried out** very well.* *2) Tests are **carried out** to determine the efficiency of a new product.*	*1) do something as specified* *2) perform or conduct (test, experiment)*	1) realizzare 2) espletare, compiere
	to check in	*For security reasons, you have to **check in** at least two hours before your flight.*	*register at a hotel or airport*	check-in (controllo in ingresso in albergo / in aereoporto)
	to check out	*Is Mrs Stuart still at the hotel? No, she **checked out** at 9.30.*	*pay one's bill and leave (a hotel)*	pagare il conto e partire (da un albergo)

(Segue)

	Phrasal verb	Esempio	Significato	Traduzione in italiano
	to clamp down on	*The government decided to **clamp down on** smoking in public areas.*	*act strictly to prevent something*	porre freni a
	to close down	*When the firm **closed down**, the employees lost their jobs.*	*stop operating (company, restaurant)*	chiudere
	to come across	*1) Mary **came across** some photographs of her grandmother in the attic.* *2) The candidate **came across** as an active person during the interview.*	*1) find by chance* *2) appear, seem, make an impression*	1) trovare per caso 2) apparire, sembrare, dare l'impressione
	to come forward	*The police have asked any witnesses to **come forward**.*	*present oneself*	farsi avanti, presentarsi
	to come up against	*The project **came up against** a lot of criticism.*	*be faced with or opposed by*	incontrare difficoltà, affrontare
	to cross out	*In some exercises, you are asked to **cross out** the incorrect word.*	*remove by drawing a line through*	cancellare
	to cut down on	*The doctor told him to **cut down on** cigarettes and alcohol.*	*reduce in number or size*	ridurre il numero
D	**to deal with**	*The manager is good at **dealing with** difficult clients.*	*handle, take care of (problem, situation)*	trattare, prendersi cura di
	to die down	*When the applause **died down**, he started to act.*	*calm down, become less strong*	diminuire, attenuare
	to do without	*The shops are closed, so we'll have to **do without** milk.*	*manage without*	fare a meno
	to draw up	*An agreement was **drawn up** and signed by the two parties.*	*write (contract, agreement, document)*	redigere

(Segue)

Phrasal verb		**Esempio**	**Significato**	**Traduzione in italiano**
	to dress up	*1) Do people **dress up** to go to the theatre in your country?* *2) Children love to **dress up** at Carnival.*	*1) wear elegant clothes* *2) disguise oneself*	1) indossare vestiti eleganti 2) mascherarsi
	to drop in	*I sometimes **drop in** to see my parents on my way home from work.*	*visit (usually on the way to somewhere)*	fare una visita imprevista
	to drop out	*Tom decided to go back to school, then **dropped out** after the first term.*	*leave school without finishing*	ritirarsi da scuola
E	***to ease off***	*After Easter the workload generally **eases off**.*	*reduce, become less severe or slow down (pain, traffic, work)*	ridurre, rallentare
	to even out	*1) After a long discussion they managed to **even out** their differences.* *2) The road was **evened out** to make it safer.*	*1) eliminate differences of opinion* *2) become level or regular*	1) eliminare le differenze di opinione 2) pareggiare
F	***to figure out***	*We’ll have to **figure out** a way to deliver our products faster.*	*understand, find a solution*	immaginare, trovare una soluzione
	to find out	*I’m going to call the theatre to **find out** what time the show starts.*	*discover or obtain information*	scoprire
	to focus on	*The advertising campaign will **focus on** the quality of the new products.*	*concentrate on something*	concentrarsi
G	***to get at***	*What exactly are they trying to **get at**?*	*imply*	avere accesso a
	to get away	*The burglars **got away** in a red car.*	*escape*	scappare
	to get by	*It’s difficult to **get by** on a low income.*	*manage to cope or to survive*	farcela con quello che si ha
	to get in	*How did they **get in** without the key?*	*enter*	entrare

(Segue)

	Phrasal verb	Esempio	Significato	Traduzione in italiano
	to get off	1) *You should **get off** the bus at Hyde Park.* 2) *Mary can't **get** the stain **off** her skirt.*	1) *leave (bus, train, plane)* 2) *remove*	1) scendere, sbarcare 2) rimuovere
	to get on	*Sometimes you can pay when you **get on** the train.*	*board (bus, train)*	salire, montare
	to get on with *(something)*	*Be quiet and **get on with** your homework.*	*continue to do, make progress*	continuare, fare progressi
	to get on *(well)* ***with*** *(somebody)*	*I **get on** very well **with** my classmates.*	*have a good relationship with*	avere una buona relazione
	to get out	*How did Albert **get out**?*	*leave*	uscire
	to get out of	*Some home mates manage to **get out of** doing any housework.*	*avoid doing something*	evitare di fare
	to get over	*My father had a heart attack, but luckily he **got over** it.*	*recover from (illness, disappointment)*	guarire, riprendersi
	to get rid of	*It's difficult to **get rid of** bad habits.*	*eliminate*	eliminare
	to get together	*Let's **get together** for dinner on day.*	*meet each other*	incontrarsi
	to get up	*I usually **get up** at 8.30 o'clock.*	*rise, leave bed*	alzarsi
	to give up	*Martha **gave up** smoking 10 years ago, when her mother died.*	*stop doing something*	smettere
	to go through	*Mary **went through** a lot of pain after the car accident.*	*experience*	vivere, attraversare
	to grow up	*She **grew up** in a small village at the seaside.*	*spend one's childhood, develop, become an adult*	crescere
H	***to hand in***	*All application forms must be **handed in** before the end of the year.*	*submit (report, homework)*	consegnare

(Segue)

Phrasal verb		Esempio	Significato	Traduzione in italiano
	to hand out	*Samples will be **handed out** at the beginning of the demonstration.*	*distribute*	distribuire
	to hurry up	***Hurry up!** We'll miss the train.*	*be quick, act speedily*	sbrigarsi

I	***to iron out***	*The meeting tomorrow will be an opportunity to **iron out** problems.*	*resolve by discussion, eliminate differences*	risolvere attraverso la discussione, eliminare le differenze

J	***to jot down***	*I **jotted down** the phone number while listening to the radio.*	*take quick notes*	prendere appunti velocemente

K	***to keep on***	*She told her to be quiet, but she **kept on** making a lot of noises.*	*continue doing something*	continuare
	to keep up with	*Bob walks very fast; it's difficult to **keep up with** him.*	*stay at the same level as someone or something*	tenere il passo

L	***to leave out***	*My name was **left out** of the report.*	*omit, not mention*	omettere
	to look after	*A babysitter **looks after** her children when she goes to work.*	*take care of*	prendersi cura di
	to look ahead	*We have to forget the past and **look ahead**.*	*think of the future*	guardare avanti
	to look for	*Eveline went to the shops to **look for** a pair of boots.*	*try to find something*	cercare
	to look forward to	*I **look forward to** seeing you as soon as possible.*	*await or anticipate with pleasure*	in attesa di, non vedere l'ora di
	to look on	*Bob didn't take part in the discussion. He just **looked on**.*	*be a spectator at an event*	essere spettatore di un evento

M	***to make up***	*Some workers **make up** excuses when they arrive late for work.*	*invent (excuse, story)*	inventare (scuse, storie)

(Segue)

Phrasal verb		Esempio	Significato	Traduzione in italiano
	to mix up	*I don't know my students' names yet. I keep **mixing** them **up**.*	*mistake one thing or person for another*	confondere, scambiare
	to move in	*You've bought a new flat? When are you **moving in**?*	*arrive in a new home or office*	trasferirsi, traslocare
	to move out	*My neighbour is leaving. She's **moving out** next Monday.*	*leave your home or office for another one.*	andarsene, sgombrare

N	**to nod off**	*My brother often **nods off** in front of the television.*	*fall asleep*	appisolarsi
	to note down	*I'll call the coach station and **note down** the departure times.*	*write something*	prendere nota

O	**to opt out**	*I enjoy tennis but I'm so busy I had to **opt out** of the tournament.*	*leave a system or decide not to participate*	rinunciare
	to own up	*My friend **owned up**. He said he kicked the ball through the window.*	*admit or confess something*	ammettere, confessare

P	**to pass away**	*The old man **passed away** peacefully.*	*die*	morire
	to pay back	*I'll lend you 50£ provided you **pay** me **back** before the end of the month.*	*reimburse*	rimborsare
	to pick up	*I'll **pick** you **up** at the airport when you arrive.*	*collect somebody*	andare a prendere
	to put off	*The meeting was **put off** because of the strike.*	*postpone, arrange a later date*	rimandare, procastinare
	to put on	*Could you **put on** the radio please?*	*turn on, switch on*	accendere
	to put out	*It didn't take a long time to **put out** the fire.*	*extinguish*	spegnere
	to put up	*She can **put** you **up** if you'd like to come for a weekend.*	*accommodate, give somebody a bed*	dare alloggio

(Segue)

	Phrasal verb	**Esempio**	**Significato**	**Traduzione in italiano**
R	**to rely on**	*Don't worry. You can **rely on** me. I can keep a secret.*	*count on, depend on, trust*	fare affidamento
	to run away	*He **ran away** at the age of twelve.*	*escape from a place or suddenly leave*	scappare
	to run out of	*What a nuisance! We've **run out of** coffee and milk.*	*have no more of something*	terminare, finire
S	**to set off**	*Early Sunday morning we **set off** for the ski slopes.*	*start a journey*	avviarsi, partire
	to set up	*She **set up** her own company 25 years ago.*	*start a business*	costituire, fondare
	to show off	*There's brad **showing off** in his new sports car!*	*brag or want to be admired*	ostentare, fare sfoggio di
	to shut up	*Oh **shut up**, please!*	*be silent, stop talking*	stare zitti
	to sit down	*Please come in and **sit down**.*	*take a seat*	sedersi
T	**to take after**	*Jim really **takes after** his mother.*	*resemble (in appearance or character)*	assomigliare
	to take care of	*I'll **take care of** your garden while you're away.*	*look after*	prendersi cura
	to take off	*The plane **took off** at 10.30 a.m.*	*leave the ground*	decollare
	to take on	*Business is good, so the company is **taking on** extra personnel.*	*hire or engage staff*	prendere, accollarsi
	to try on	*Martha is not sure about the size. Can she **try** it **on**?*	*wear something to see if it suits or fits*	provare
	to turn down	*Bob can't **turn down** an offer like that!*	*refuse*	rifiutare
U	**to use up**	*The kids have **used up** all the shampoo.*	*finish a product (so that there's none left)*	finire / terminare un prodotto
V	**to vouch for**	*You can give the keys to Bob. I can **vouch for** him.*	*express confidence in or guarantee something*	esprimere fiducia, garantire

(Segue)

Phrasal verb		Esempio	Significato	Traduzione in italiano
W	***to wear out***	1) *Mary **wore out** her shoes visiting the city.* 2) *At the end of her holiday Mary was **worn out**.*	1) *become unusable* 2) *become very tired*	1) consumare 2) essere sfinito, essere molto stanco
	to wipe off	*My teacher asked me to **wipe off** the board.*	*clean (board, table)*	pulire (lavagna, tavolo)
	to work out	1) *I **work out** twice a week at the gym club.* 2) *It seems to be very expensive but I haven't **worked out** the exact cost yet.*	1) *do physical exercise* 2) *find a solution or calculate something*	1) fare attività fisica, allenarsi 2) elaborare, risolvere

SCHEDA 12 Espressioni idiomatiche di uso comune

ESPRESSIONE	TRADUZIONE IN TALIANO
a babe in the woods	un ingenuo
a bad penny	una persona inaffidabile
a bed of roses	un letto di rose (in senso fig.)
a bird in the hand is worth two in the bush	meglio un uovo oggi che una gallina domani
a chicken	fifone; vigliacco
a different kettle of fish; a horse of a different colour	un altro paio di maniche
a dog-eat-dog world	un mondo senza pietà
a friend in need is a friend indeed	un vero amico si riconosce nelle avversità
a penny saved is a penny earned	un euro risparmiato è un euro guadagnato
a picture is worth a thousand words	un'immagine vale mille parole
a piece of cake	(un compito) estremamente semplice
a pretty kettle of fish!	un bel pasticcio!
a red herring	un elemento fuorviante
a turkey [*American English*]	un insuccesso; un fiasco; un modello / un esemplare difettoso
a watched pot never boils	pentola guardata non bolle mai; il desiderio rende lunga l'attesa
a white elephant	una cattedrale nel deserto
a wild-goose chase	un'impresa inutile
a wink is as good as a nod (to a blind horse)	a buon intenditor poche parole [lett. "una strizzatina d'occhio vale quanto un cenno con il capo"]
a wolf in sheep's clothing	un lupo in veste d'agnello
absence makes the heart grow fonder	la lontananza fa intenerire il cuore
actions speak louder than words	le parole contano meno dei fatti; tra il dire e il fare c'è di mezzo il mare
all roads lead to Rome	tutte le strade portano a Roma
all that glitters (or "glistens") is not gold	non è tutt'oro ciò che luccica
all's fair in love and war	in amore e in guerra tutto è lecito
an apple a day keeps the doctor away	una mela al giorno leva il medico di torno
around the clock	ventiquattr'ore su ventiquattro

(Segue)

ESPRESSIONE	TRADUZIONE IN TALIANO
at the drop of a hat	subito
beauty is in the eye of the beholder	i gusti sono gusti; non è bello ciò che è bello ma è bello ciò che piace
between (or "twixt") the devil and the deep blue sea	fra l'incudine e il martello
birds of a feather flock together	gente dello stesso stampo sta insieme; dimmi con chi vai e ti dirò chi sei
Bob's your uncle	sei a cavallo
by the skin of one's teeth	per un pelo
can the leopard change his spots?	il lupo perde il pelo ma non il vizio
crocodile tears	lacrime di coccodrillo
cup of tea	cavallo di battaglia; argomento prediletto
don't count your chickens before they hatch	non contare su ciò che non è ancora sicuro; mai dire gatto se non ce l'hai nel sacco
don't cross your bridges before you come to them	non fasciarti la testa prima di essertela rotta
easy come, easy go	ciò che si guadagna facilmente, si perde altrettanto facilmente
every cloud has a silver lining	non tutto il male viene per nuocere
every dog has his day	ognuno avrà il suo momento di gloria / di successo
every man has his price	non c'è nessuno che non possa essere comprato; ognuno ha il suo prezzo
faint heart never won fair lady	chi non risica non rosica
fair's fair	ciò che è giusto è giusto
fall on one's feet	trovarsi in una situazione fortunata
fight fire with fire	combattere con gli stessi metodi
first come, first served	chi prima arriva è servito per primo; chi tardi arriva male alloggia
forewarned is forearmed	uomo avvisato mezzo salvato
from the horse's mouth	dalla fonte più autorevole
full of beans	pieno di energie [*British English* e *Australian English*]; contaballe [*American English*]
he can't say boo to a goose	è timidissimo
he can't see the wood (or forest) for the trees	è troppo attento ai dettagli e ha perso la prospettiva [lett. "non vede la foresta a causa degli alberi"]
he who hesitates is lost	chi esita è perduto

(Segue)

ESPRESSIONE	TRADUZIONE IN TALIANO
he who laughs last, laughs loudest	ride bene chi ride ultimo
home and dry / hosed	aver raggiunto l'obiettivo [lett. "rincasato e asciugato / risciacquato"]
honesty is the best policy	l'onestà è la miglior linea di condotta
horses for courses	(si sceglie) il cavallo a seconda dell'ippodromo (cioè l'elemento, normalmente una persona, più idoneo alle circostanze)
I smell a rat!	gatta ci cova!
in hot water	nei guai
in the doghouse	in disgrazia
it's an ill wind that blows nobody any good	non tutto il male vien per nuocere [lett. "deve essere un vento veramente cattivo che non torni utile a qualcuno"]
it's no skin off my nose	non mi riguarda; me ne frego
it's no use crying over spilt milk	non serve piangere sul latte versato
it's not my cup of tea	non è pane per i miei denti
it's six of one and half a dozen of the other	è praticamente la stessa cosa; se non è zuppa è pan bagnato
like looking for a needle in a haystack	come cercare un ago nel pagliaio
love all, trust no one	ama tutti, fidati di nessuno
necessity is the mother of invention	il bisogno aguzza l'ingegno
no pain, no gain	bisogna essere disposti a soffrire per raggiungere l'obiettivo; chi bello vuol sembrare, un pochino deve soffrire
nothing ventured, nothing gained	chi non risica non rosica
once bitten, twice shy	essendo stati morsi (danneggiati) una volta, la seconda si è più cauti; il gatto scottato teme l'acqua fredda
once in a blue moon	ogni morte di papa
one swallow does not make a summer	una rondine non fa primavera
out of sight, out of mind	lontano dagli occhi, lontano dal cuore
out of the frying-pan into the fire	dalla padella nella brace
patience is a virtue	dai tempo al tempo
red sky in the morning, the shepherd's warning; red sky at night, the shepherd's delight	rosso di mattina, brutto tempo s'avvicina; rosso di sera, bel tempo si spera
Rome was not built in a day	Roma non fu fatta in un giorno
rough and ready	approssimativo; basilare

(Segue)

ESPRESSIONE	TRADUZIONE IN TALIANO
slow and steady wins the race	chi va piano va sano e va lontano
the early bird catches the worm	chi dorme non piglia pesci
the last but not the least	l'ultimo ma non il meno importante
the pen is mightier than the sword	la penna è più forte della spada
the pot calls the kettle black!	senti chi parla!; senti da che pulpito viene la predica! [lett. "la pentola dà del nero al bollitore"]
there are no flies on him	è un tipo in gamba
there is none so deaf as he who will not hear	non c'è peggior sordo di chi non vuole sentire
time is money	il tempo è denaro
tip of the iceberg	la punta dell'iceberg
to bark up the wrong tree	sbagliare obiettivo
to be all ears	essere tutt'orecchi
to be born with a silver spoon in one's mouth	essere di famiglia ricca
to be caught red-handed	essere colti con le mani nel sacco / in flagrante
to be on one's / its last legs	essere spacciato / consumato / agli sgoccioli
to bend over backwards (to help)	farsi in quattro (per aiutare)
to bite off more than one can chew	fare il passo più lungo della gamba
to bite the hand that feeds you	mostrarsi ingrato; mordere la mano che ti nutre
to blow one's top	arrabbiarsi (come l'esplosione di un vulcano)
to break the ice	rompere il ghiaccio
to bring home the bacon	portare a casa la pagnotta
to burn one's bridges	bruciarsi i ponti alle spalle
to bury one's head in the sand	chiudere gli occhi davanti alla realtà; fare come lo struzzo
to bury the hatchet; to smoke the pipe of peace	fare la pace
to cut off one's nose to spite one's face	danneggiare sé stessi pur di far male a un altro
to dig in one's heels	impuntarsi
to get cold feet	prendersi paura
to get on one's high horse	darsi grandi arie; inalberarsi
to get out of the wrong side of bed	essere imbronciati
to get under someone's skin	irritare qualcuno
to give someone a piece of one's mind	dirne quattro a qualcuno
to give someone the boot / the sack	licenziare qualcuno
to give someone the cold shoulder	trattare qualcuno con freddezza
to go Dutch	fare alla romana; pagare ciascuno per sé

(Segue)

ESPRESSIONE	TRADUZIONE IN TALIANO
to go walkabout	andarsene a fare un giro (anche in senso fig.); come gli aborigeni australiani (nomadi)
to have a bee in one's bonnet (about...)	avere una fissazione (circa...)
to have a close shave	scamparla bella; cavarsela per un pelo
to have a soft spot for someone	avere un debole per qualcuno
to have green fingers	avere il pollice verde
to have one's head screwed on	avere la testa sulle spalle; avere il cervello a posto
to have the last laugh	ridere per ultimo
to hold one's tongue	stare zitto
to jump on the bandwagon	mettersi dalla parte del più forte; salire sul carro del vincitore
to keep a foot in both camps	tenere un piede in due staffe
to keep it under your hat!	acqua in bocca!
to keep one's eyes peeled / skinned	tenere gli occhi ben aperti
to keep one's fingers crossed	incrociare le dita
to keep one's nose to the grindstone	lavorare sodo
to keep the wolf from the door	tenere lontana la miseria
to kick the bucket; to fall off one's perch; to turn up one's toes	tirare le cuoia; morire
to kill the goose that lays the golden eggs	uccidere la gallina dalle uova d'oro; sacrificare la fonte certa di un guadagno futuro
to kill two birds with (the) one stone	prendere due piccioni con una fava
to let the cat out of the bag; to spill the beans	svelare un segreto; vuotare il sacco
to look down one's nose at someone	guardare qualcuno dall'alto in basso
to make a cat laugh	far ridere i polli
to make someone's hair stand on end	far rizzare i capelli a qualcuno
to paint the town red	folleggiare
to pull someone's leg	prendere qualcuno in giro
to pull up one's socks	darci sotto
to put one's foot down	dire "ora basta!"
to put the cat among the pigeons	provocare trambusto
to put two and two together	tirare delle conclusioni
to roll up one's sleeves	rimboccarsi le maniche
to rub elbows with...	essere in confidenza con... (ad esempio, persone importanti)

(Segue)

ESPRESSIONE	TRADUZIONE IN TALIANO
to save for a rainy day	risparmiare per i tempi difficili; mettere fieno in saccoccia
to save someone's bacon	salvare qualcuno
to sell like hot cakes	andare a ruba
to spend a penny	andare al gabinetto (a pagamento, una volta); urinare
to split hairs	essere pignolo / cavilloso [lett. "spaccare i capelli"]
to start from scratch	cominciare da zero
to strike while the iron is hot	battere il ferro finché è caldo
to take a leaf out of someone's book	seguire l'esempio di qualcuno [lett. "togliere una pagina dal libro di qualcuno"]
to talk turkey with someone	parlare chiaro; parlare di cose serie
you scratch my back, and I'll scratch yours	una mano lava l'altra

3
Come si svolge il colloquio in lingua inglese

In occasione di un colloquio orale come quello del concorso a cattedra nell'accantonamento della conoscenza della lingua, è possibile che la Commissione, al di là di qualche domanda diretta voglia sentir parlare il candidato dei propri studi, dei risultati conseguiti e delle esperienze nel settore educativo. È importante menzionare le principali conoscenze acquisite durante la propria vita professionale e, se gli studi sono stati completati con ottimi voti, è fondamentale non dimenticare di sottolinearlo.

Può essere consigliabile anche preparare alcune possibili domande/risposte in anticipo, per riuscire comunque a imbastire una risposta.

Di seguito proponiamo suggerimenti, nonché esempi di conversazione e di fraseologia tra i più ricorrenti, nell'intento di simulare il colloquio in lingua della prova orale.

1 Questions About You

1) "Tell me a little about yourself".

You should take this opportunity to show your communication skills by speaking clearly and concisely in an organized manner. Since there are no right or wrong answers to this question, it is important to appear friendly.

Short answers

A) "I attended the 'Federico II' University of Naples where I majored in Modern Literature. My hobbies include reading, basketball, and hiking".

B) "I grew up in Bologna where I graduated in History. I taught History for two years in a high school in Modena; and in my free time I enjoy tennis and jogging".

C) "I'm an easy going person who works well with everyone. I enjoy being around different types of people and always like to challenge and improve myself".

D) "I'm a hard worker and I like to take on a variety of challenges. I like pets, and in my spare time, I like to relax and read online newspapers in different languages".

E) "I've always liked being well-balanced. When I work, I like to do it the hard way; outside of work, I like to engage in personal activities such as golfing and fishing".

Long answer

"I went to the University of Rome and majored in English Literature. I went to a graduate school because I really enjoyed learning. Afterwards, I started my career at Boeing as a web content editor. I've been working there for 3 years now. Although my main interest is writing, I like numbers as well. I think solving logic problems and riddles is quite fun. I also enjoy reading, jogging, and watching movies".

There is no right or wrong answer to this question. The most important thing you should remember is how you deliver a message. The example above shows a short answer telling a little bit about the person. The answer went from education to career, and then to personal interests all in a smooth flow.

2) "Are you an organized person?".

You might think that this is a stupid question to ask since everyone will say they are organized. Who will admit otherwise? You should know that everyone will say similar things. Take this time to be creative with your answer. You can use these types of answers to leave a strong impression through an original answer. Or, if you are not inspired, then the best way to answer this question would be to give an example. Using a story is more believable and easier to remember. Feel free to mix in a little humour to make it more memorable.

Short answers

A) "I'm a very organized person. I like to know exactly what I'm going to do during the day and the week. So I outline my tasks and organize my work load. By doing so, I can arrange my time schedule and work better".

B) "I believe I'm very organized. I like to plan my work by priority and deadlines. This way I generate high quality work within the amount of time at my disposal".

C) "I think I'm quite organized. I like to file my documents and papers in such a way that I can retrieve them quickly. I also organize my work in a way where it's easy to see exactly what I'm doing".

D) "Organization has always come easy to me. I naturally organize things like my desk, time, assignments, and work. This helps me tremendously when I'm approaching a deadline".

Long answer

"I believe I'm actually a very organized person. It's funny that you mention this because just the other day, my roommate wanted to borrow my suitcase and saw my closet. He made fun of me for organizing my clothes by length and colour. I'm like that with everything. It's just so much easier to manage and find things.

However, I'm not picky and don't need to have things in a certain way at all costs. I just want things to be organized. So yes, I consider myself organized".

This example should only be used if you are confident enough of your communication abilities. If you appear awkward or if you sound like you have memorized the answer, it could have a negative effect. Instead, if you are uncomfortable with the subject, you should give a simple and generic answer.

3) "What are your strengths?".

This is a popular interview question. The interviewer wants to know what you think about yourself. Although this is a general question, there is still a wrong or right answer to it. The wrong answer would be a generic answer stating you are organized and friendly. Although it will not hurt you during the interview, it will certainly not help you either.

Short answers

A) "I believe my strongest trait is my attention to detail. This trait has helped me tremendously in this field of work".

B) "I've always been a great team player. I'm good at keeping a team together and producing quality work in a team environment".

C) "After having worked for a couple of years, I'm now aware of my capacity to accomplish a large amount of work within a short period of time. I got things done on time and my manager always appreciated it".

D) "In my previous job my strongest trait was dealing with school co-workers and parents. I listened and paid close attention to their needs and opinions, and made also sure they were all satisfied. For this reason, I think I can work very well with the students in a class".

Long answers

A) "My main strengths are planning, executing, and working with people. I've always been very good at arranging and detailing all the steps. Even in college, I would spend time organizing my week and planning a strategy to tackle each class or assignment. Executing a plan has always come easy to me as well and I believe it's due to a proper planning policy. I also work with people very well by using each team member's strengths to produce the best results. Because of my straight personality, I've often been told by my directors that I'm an easy person to approach".

B) "I'm very detail oriented, good at managing time, and very honest. I always incorporate managing time and being detailed together. By nature I've been detail oriented, and that resulted at times in committing too much time on a particular task. After incorporating time management into the mix, I found that my work and efficiency increased dramatically. I plan better and produce higher quality work in a time-constrained environment. Finally, I'm a very honest person. When I was working as a valet attendant during college, a lady gave me a twenty dollar bill to pay for a three dollar fee. She had almost driven off the lot, when I stopped her and said: 'here is your change'. My co-workers said I should have considered the change as tip, but I know what I did was honest and right. You can fool other people, but you can't fool yourself. That's what I believe".

The second example may seem a little wordy. But the power of an example is greater than any great words you can string together. Everyone can claim they are honest, but with an example it is much more believable.

4) "What are your weaknesses?".

This can be the most difficult question made by the interviewer with the purpose to check out your honesty and confidence level. An experienced interviewer will have heard every clichéd answer to this question and will know when you are not telling the truth. The aim is to see how you react to a stressful question, and, consequently, how you respond to it. The most important thing is to say something resolvable, or mention an area in which you can improve and show how you mean to solve those issues.

Short answers

A) "This might sound bad, but while I was in college I found that I was procrastinated a lot. I'm now aware of this problem, and I'm working on it by completing my tasks ahead of schedule".

B) "I believe my weakness is not being enough detail oriented. I'm a person who wants to accomplish as much as possible. I realize this could hurt the quality and now I'm working on finding a balance between quantity and quality".

C) "I feel my English language ability is my weakest trait. I know this is only a temporary problem. I'm, in fact, presently studying hard in order to communicate more effectively".

D) "The weakest trait I struggled with in the past was that of not wanting to ask for help. I always try to solve my own problems instead of asking a co-worker who might know the answer. This would save me more time and I would be more efficient. I'm working on knowing when it would be beneficial to ask for help".

Long answers

A) "I think my weakest trait is my impatience. Whenever I work in a team and a member is not performing up to my expectations, I get impatient and annoyed. I realize that they are working hard and their job is difficult, but there are times when a person can't just do their job, due to incompetence or laziness. In the past I would get frustrated and would start complaining, but I know now that I can help out by explaining and encouraging lazy people just reminding them of deadlines. I know it's bad to be impatient, but I'm definitely working on it".

B) "I'm too detail oriented. I never want to leave anything out and I want everything to be perfect. This is bad because it slows down my work. Initially, I tried to work faster to compensate, but only made me sloppy at times. So I decided to put more emphasis on priority and planning. By doing so, I'm hoping I can the proper decisions on what to work on and what to intentionally leave out".

Both of these examples give acceptable answers. Although being impatient is not a quality, it shows however that you like efficiency. The second answer displays a person who is detail oriented, which can be seen as a good trait. Finally, both answers identify the weakness and show what actions were taken to correct it.

5) "What are you passionate about?".

When, during a job interview, you're asked what you're passionate about, it's a good opportunity to show your dedication and ambition. Your response doesn't need to be work focused, but make sure that what you will say isn't something that could potentially cut into your working hours. For example, you don't want to say that you're a mountain climber with the goal of climbing Mount Everest or that you're getting ready for the Tour de France or looking to spend the winter skiing in Aspen.

Sample answers

A) "One of my greatest passions is helping others. When I was younger, I enjoyed helping mom with household repairs. As I grew older, that habit increased and I started to help others as well. I like helping people find solutions to their specific needs".

B) "I'm passionate about painting. I take an evening art class once a week and try to find time each weekend to do some painting. It's a good way for me to relax and even though I know I don't have much talent, I enjoy doing it".

C) "I lost my father due to pancreatic cancer and since then, I have spent time volunteering to help raise awareness and funding for cancer research. I volunteer for 'Pan Can', an advocacy group, and I'm part of their volunteer network".

D) "I'm passionate about making a difference. When I'm involved with a project at work I will do my best to achieve success. I feel the same way about my personal life".

E) "I'm an avid skier and I like to spend weekends and vacations on ski slopes".

6) "How would your best friend describe you?".

Use key words that show how you would be a good fit for this position. Most people will be honest and say what their best friend would actually say, but it is more effective to choose the right words relating to the job. The answer shouldn't be too long, and you should not give impression of having prepared the answer.

Sample answers

A) "Oh, let's see, I think my best friend would describe me as honest, detailed, and very organized".

B) "I think my best friend would say that I'm very responsible. Whenever our group of friends had to coordinate an activity, they always relied on me".

C) "My best friend would probably say that I'm warm, friendly, and understanding".

7) "How would your professor describe you?".

Just as for the preceding question, you should choose the answer related to your school work. Select words that are general and that apply to group projects. It will show your team work experience and consistency.

Sample answers

A) "I think my professor would describe me as a great team member and consistent in my school work".

B) "Once my professor told me that I was like a fireball. I always had a good attitude that affected the other group activities students positively".

C) "My professor always told me that I was very creative. He liked my paperwork because it showed my deep interest in whatever I was doing".

8) "How would your mother describe you?".

You can use more personal words here because your mother knows you in a different way. The answer should have two different types of characteristics: one more personal and the other as a good work trait. Overall, these types of questions are not so significant and a short answer would be fine.

Sample answers

A) "I think my mother would say I'm very friendly because I have a lot of friends, and she would also add that I'm very focused on my work".

B) "Since I am the oldest out of three children, I think my mother would describe me as responsible and someone who is able to give good answers".

C) "My mother tells me I was always smart. When I was younger, she was surprised to see 8's in my report card. Later on, however, she would be surprised if I didn't receive an 8".

9) "What does success mean to you?".

There are many things you can say. This type of question doesn't have a wrong answer; all answers could be correct. Make sure you pick up the best one. The answer would be mediocre if you say that you can complete a project on time, but fail to add another twist to make the answer more detailed.

Short answers

A) "To me, success means to have a goal, plan the steps to achieve it, implement the plan, and finally attain the goal".

B) "Success means to achieve a goal I have set for myself".

C) "Success means to produce high quality work before the deadline".

D) "Success to me is knowing that my contributions positively impacted my company".

E) "I think success is different for everyone and can't be termed in values of what you get or achieve in life".

F) "Success is being aware of your role in the world and making your place in it".

G) "What's success? Success is not about results. Success is knowing you have given your best shot, whatever the result is. In a marathon, the guy who comes in first is not the only one who is successful".

Long answer

"Success to me means completing a task and when looking back, thinking I couldn't have done it better. To succeed is to complete a task or assignment on time in an excellent manner. But that's only part of it. The results should be good and the people involved should also gain a valuable lesson or experience. For example, in case of a group project where only two people out of four actually did the work,

I wouldn't call that a success. If everyone participated and worked together, each providing a valuable contribution, then, this you would call it a success".

This answer is showing that you believe in delivering great quality work. Moreover, it is implying how much you value teamwork. In this case it is safe to assume that you would make a great team player.

10) "What does failure mean to you?".

In this question, the interviewer is not looking for a theoretical discussion, rather, what he really wants is to analyze what went wrong in your past experience, as an employee that you considered was a big failure for you. He is looking for honesty and willingness to take responsibility.

Short answers

A) "Failure is when I do not reach my goal".

B) "I think failure is when you make a mistake and don't learn anything from it".

C) "To me, failure means to have a goal to reach but you don't strive enough to achieve it".

D) "I think failure is not being able utilize your potentials. If you do not use the resources you possess and those available around you, that is failure because the work or goal could be achieved more professionally".

Long answer

"I think it's harder to fail than to succeed. The reason being that, if you fail in a project, you can learn a valuable lesson from your mistakes. Learning from your errors will allow you to improve future projects, or simply not repeat them. This doesn't mean I believe that the failure of a project is acceptable but should this occur, I would try to learn everything I can. Failure to me means to make a mistake and have learned nothing from it".

Nobody wants a failure, and you may feel that the above answer could be risky. This, instead, is a solid answer which most people would agree with. We can all fail and people who don't tolerate failures show no flexibility and you may not want to work for them. Even vice presidents of large corporations will believe that learning from mistakes is a valuable lesson. This answer also states that you will do your best not to fail, but should this be the case, you would want to gain something from your experience.

11) "How do you make important decisions?".

There are many ways to answer this question, and if you have a reasonable method of making decisions, it will probably be sufficient. Feel free to be creative with your answers, because those are the answers the interviewer will remember the most.

Short answers

A) "I make important decisions by examining all the details and then weighing the pros and cons for each choice".

B) "I gather all the information I can and I'll try to come to the best possible decision. If I know of a co-worker in a similar situation, I wouldn't hesitate to find out his results to make sure my resolution is the best one".

C) "The most important key to making wise decisions is 'consequences'! Every single pronouncement you have ever made, or will ever make, has consequences. Once we learn to evaluate our decisions based on consequences, all the other considerations fall neatly into place. It's that simple".

D) "I believe all decisions should be made by gathering all the available information. If you are missing an important detail, it's easy to come up with a wrong decision. Finally, I take important decisions only after having all of the information together".

E) "Important decisions are made by knowledge through information, and wisdom through experience. I gather all the information I can and then apply my experience while analyzing it. With this combination, I'm confident I'll make the correct decisions".

Long answer

"Taking a decision after gathering as much information as possible, is one of the most significant aspects of the decision making process. After examining all the facts, I think about the outcome and consequences of each action, then I weigh the pros and cons, and finally come up with the best decision possible. However, I'm aware that some decisions cannot be drastically defined as either black or white; in this case, I would rely on my experience, or even work with my team members to come up with the best decision".

12) "Do you work well under pressure?".

In most cases, the best answer to this question is "yes". Working well under pressure is a good trait to possess. However, should your answer be that you work well both with or without pressures, the interviewer will definitely be more impressed if you explain how that is possible.

Short answers

A) "I work well under pressure because I use it to help me work more efficiently".

B) "I enjoy working under pressure because I believe it helps me grow. In my previous experience, I have always worked well under deadline pressure, and have always learned how to work more efficiently afterwards".

C) "I work well under pressure because I don't panic; I maintain self-control and work as efficiently as possible. In all my experiences, I did well and always enjoyed the experience".

D) "During times of pressure, I try to prioritize the tasks and plan as much as I can; once organized, I actually throw myself into the work and don't let the pressure affect me. So I believe I can work well under pressure".

Long answers

A) "I believe I can work well under all circumstances. I first try to eliminate all negative emotional factors then, I prioritize and organize my work schedule, and from there, I work efficiently. If the situation involves pressure due to lack of time, then the only difference in my work effort would be the extra time I will need to dedicate to meet the deadline on time".

B) "I have a couple of friends who hate working under pressure. I don't know if it's odd, but I really enjoy working under pressure. I use it as a tool to be motivated and work harder and more efficiently. In my last job, I remember we had a project to complete in 4 days where it normally took 10 days. There was a lot of panic among some team members, but I ensured everyone that if we had concentrated on the task and worked really hard, we would accomplish the mission. It took a lot of overtime, and on the last day we were in the office until two a.m., but we managed to finish. It was hard work, but I really enjoyed that experience".

2 Questions About the New Job

1) "Why did you decide to become a teacher?".

Surely this will be one of the first questions you'll be asked during an interview for a teaching job. Everyone will have a different answer to this question. Give some thoughts to how you will answer and be as honest as possible. Many teachers discover that their love for children drew them towards teaching, or that their own love for learning makes them passionate about teaching. Others are inspired by a teacher met earlier in their education, who had a positive influence on them. It is helpful to expand this subject by providing personal anecdotes. For example, perhaps one of your own teachers inspired you to follow in his/her footsteps. Share stories of how you made a difference to a child in a classroom or how you successfully taught a challenging lesson.

Sample answers

A) "The Assistant Principal of my high school was a real inspiration to me, and she is one of the major reasons I pursued a teaching career. Her ability to guide students, her fairness, and her sense of justice made me aspire to bring these things to my own classroom".

B) "When I was a young teacher, I had the opportunity to take a student aside to help him with a particularly difficult math concept he was having trouble understanding. After I showed him a different way to approach the problem, and he said 'got it', I knew that I had chosen the right work field!".

2) "What is your teaching philosophy?".

Your teaching philosophy reflects your personal education and classroom experience developed during college or graduate school, and in the classrooms where you have taught. In order to prepare for your interview, you should review papers you have written and reflect on your personal philosophy. Even if your interviewer will not ask you what your philosophy is, you may want to take the initiative to incorporate it into your interview. Many times, an interviewer will ask if there is anything else you would like to tell his/her about yourself, and this would be an appropriate time to highlight your philosophy. If you don't have a personal teaching philosophy, take some time to develop a few key points, and write them down. Your teaching philosophy should be a self-reflective statement about your beliefs on teaching and learning. In the document, you should discuss how you put your beliefs into practice by providing examples of what you have done and/or what you plan to do in the classroom. Teaching styles and methods change, so it's important to review your philosophy from time to time, update it, and make changes when necessary. Be definite about your beliefs, but remember to stay open to change and growth, based on the needs of the school you are applying to.

Sample answers

A) "I believe in instilling into my students a true passion for lifetime learning. A way to inculcate this enthusiasm is by being a model lifetime learner myself. For instance, in my classroom, you will hear me thinking aloud, interacting with the text during reading, and demonstrating inquiry qualities by asking questions. I believe that every child can bring out his/her learning potential with the necessary support and opportunities".

B) "I support this effort by greeting each child as he/she enters the classroom, so that each student feels welcome and believes that he/she is part of a learning community. I clearly state the learning and behavioral expectations for my class. For instance, if a student turns in a substandard project, then I approach him, reiterate my expectations, and provide any assistance or support the student might need to finish the project".

C) "I believe in teaching students with dignity, and in providing a relaxed, student-centered learning environment. I make sure that every child knows he/she is worthy, by listening to and caring for his/her needs. I work hard to create a classroom that celebrates achievement and progress. These efforts encourage the students to stay in school and learn. Weekly celebrations in the form of specific task praise, certificates, positive calls home, and group recognition are common in my classroom. By the end of the school year, each child will be celebrated for his/her contribution or skill he/she has developed in the class".

3) "What type of classroom management structure would you implement if you were hired?".

You should be familiar with the school district's philosophies on classroom management and discipline. Your answer should vary, depending on what grade level you are applying for, your teaching style, and your previous experience in a classroom, compared to the policies of the district to which you are applying. Sample answers will include re-orienting the students, by involving and making them accept a variety of rules 'as a class', having a learning contract signed at the beginning of the school year, listening to a student in a one-on-one meeting or a face-to-face talking, mediating issues between students, and involving parents in the disciplinary process. Be sure to give personal examples of your method, and how it worked well for you.

Sample answers

A) "In my 'First Grade' classroom, I implemented a system by which the students were each given a clip-on chart. At each infraction, the students would move their clip along a progression of colours. The disciplines ranged from a warning, losing 1/2 breaks, losing all breaks, to a call home or to the principal's office. I made very few phone calls...!".

B) "It depends on the grade level... but a positive reinforcement system works best... At the same time, there is a need for explicit consequences for serious infractions. I use a combination with an emphasis on rewards".

C) "Classroom management refers to all the things that a teacher does to organize students, time, space and materials, so that instruction in content and student learning can take place. Classroom management includes: procedures and routines of daily classroom life; classroom management plan; time management; record keeping; lesson planning; physical arrangement of the classroom and students; grading. Classroom management continues to be the major concern for junior teachers. In an effective classroom the following characteristics are evident: students are highly involved with their work; students know what is expected of them and given frequent opportunities to succeed; there is little wasted time, confusion or disruption; the climate of the classroom is work-oriented, but relaxed and pleasant. Good classroom management leads to and supports effective education. Good management skills are critical for all aspects of teaching: whole class instruction; small groups; learning centers; individual assignments".

4) "How have you used, or how will you use technology in the classroom?".

With all the new forms of technology available, schools are eager to incorporate them into their classrooms whenever possible. It's important to assure your interviewer that you are familiar with and enthusiastic about using available technology. In addition, you should point out that you are always looking for new technologies to be implemented in your classroom, as they become available. Provide the interviewer with examples of what technologies you have used in the past.

Sample answers

A) "I was lucky to possess one of the first 'Smart Boards' in my classroom. The children were immediately engaged, and eager to explore the possibilities being offered. We learned together just what an amazing teaching tool could be".

B) "As technology advances, it can be difficult to keep up and adapt to the advancements in both our personal and professional lives. Teachers have a fundamental role to play in technological advancements, as incorporating technology in the classroom can be both a learning tool for students and a teaching tool for the instructor. Kids seem to be adapting to the rapid advancements in technology better than most adults, for this reason, incorporating technology in the classroom is a great way to increase a child's interest in learning".

C) "There are numerous ways teachers can use technology in the classroom. Some districts use interactive 'Smart Boards' in place of the traditional chalk or white boards in their classroom. These flat screen monitors are networked with the teacher's classroom computer and the school's Internet connection. Interactive lessons in math, spelling, science and other subjects can be put on screen for students to interact. The boards use touch screen technology and in some cases, kids are given hand remote 'clickers' that act as controllers for answering questions presented on screen".

D) "Many school districts have made it easy for teachers to use technology in the classroom with supportive technology departments and funding, but others are still behind for budget reasons. In those cases, teachers can still utilize technology in the classroom in more unconventional ways. Some teachers encourage middle and high school students to sign up for email updates or text message alerts to receive homework assignments and reminders for tests and projects. Many kids respond well to these types of communications and thus, respond better to the assignments themselves".

E) "Educational book publishers have also jumped on board the proverbial technological bandwagon by making books available online and interactive activities that supplement the curriculum being taught. Many teachers take advantage of these supplemental activities by permitting kids to go online during class to complete them or encourage children to visit the publisher's websites and complete the activities at home. Similarly, many of these ancillary websites, as well as other computer software, allow teachers to track their students' progress and understanding of material".

F) "Most classrooms today provide access to computers and other types of technology. Incorporating that technology in the classroom and daily lesson plans can be a challenge for many teachers, as they must choose the most efficient means of delivering a lesson and the assignments that reinforce it while staying on target with imposed standards. However, many teachers are finding that once they incorporate technology in the classroom, their students become more engaged and enthusiastic, making, as a consequence, the teacher's job easier".

3 Questions About the Future

1) "What kind of salary are you looking for?".

A difficult question to be answered. A nasty little game that you will probably lose if you answer first. So, do not answer it. Instead, say something like: "That's a tough question. Can you tell me the range for this position?". In most cases, the interviewer, taken off guard, will tell you. If not, you may say that it can depend on the details of the job.

Sample answers

A) “Sir, salary is very secondary. What matters is you are providing me with the kind of work I have always wanted to do and the kind of work environment too”.

B) “I am looking for the kind of salary with which I can not only live on, but also enjoy life with as well. I don’t want to be the person who works just to pay bills and has hardly anything left for himself. I don’t know about anyone else, but when I look for a job, it has to meet my needs both mentally and money-wise or I don’t take the job”.

2) “What are your goals for the next five/ten years?”.

Don’t be too personal and rather try to connect your answer to the job you are applying for. In order to prepare well for this question, research a reasonable career path which might flow from the position for which you are applying. How long does one ordinarily spend in that job? What are the next steps within five years?

Sample answers

A) “My long-term goals aim to develop my experience within a school environment where I can improve my knowledge in the educational sector and learn to take on additional responsibilities”.

B) “I see myself as a top performing teacher in a well-established school organization, like this one. I plan on enhancing my skills and continuing my involvement in (related) professional associations”.

C) “Once I gain additional experience, I would like to eventually move on from a teaching position to the management of a school”.

3) “Do you have any questions for us?”.

An interview isn’t just about responding to the prospective school district’s questions; it is an opportunity for you to impress the panel with examples of your foresight regarding the position they are offering. By asking questions, you can also show an interest in the position, and a wish to develop rapport. If you feel comfortable, and the interviewer appears friendly, you may ask questions at appropriate times throughout the interview. Once you have been in the interview for a few minutes, you may get a feel for your comfort level in this regard. If you don’t ask questions during the interview, you will most likely be given the chance to do so at the end of the interview. Be sure to take advantage of this great opportunity! So what questions should you ask? First, ask only questions you cannot get answers

to through research: for example, by investigating, you may easily determine how many students attend the school, therefore think of a different question to ask. Don't try to dominate the interview with your questions, keep in mind you are the interviewee. A good idea is to practice asking the questions you created in front of a mirror the day before the meeting. Write your questions down on a professional pad of paper or an index card and bring them to the interview.
Some suggestions of appropriate questions are provided here. Ask them only if they are not addressed in the interview and if you don't have access to the answers. If the questions are structured correctly, you will provide yourself with a further opportunity to sell yourself. An example of a question is: "I am very interested in team sports, what extracurricular activities are available for teacher participation?". This approach shows the interviewer that you are a team player and are willing to participate in extracurricular activities.

Sample questions

A) "I have always been successful with getting parents involved in the classroom; how active are parents at this school or within the school district?".

B) "I am well-versed in integrating computer technology into the classroom; what kind of resources does the school have available?".

C) "Do teachers work in teams? If so, how is this organized?".

D) "I consider myself a life-long learner; what professional development opportunities will be available?".

E) "What is the student/teacher ratio?".

F) "I have been instrumental in developing new programs in previous positions I have held. Will the school be implementing new programs this year, or require input to develop programs already in place?".

G) "Will the school be addressing any major issues this year?".

H) "Is there a 'mentor teacher program' available?".

This is just a sample of the many types of questions you may ask in an interview. Be sure you don't overwhelm the interviewer with questions, three or four questions are usually sufficient. Furthermore, it is important to be honest when answering all questions during the interview; by organizing your thoughts in advance will serve you in delivering truthful and concise responses, while illustrating your skills and compatibility to the district.

4 Questions About Basic Terms and Concepts Related to Didactics/Teaching Methodology

1) "Give a definition of *Listening*".

Sample answer

"*Listening* is the first linguistic skill: it consists in decoding an oral message.

There is a difference between *hearing* and *listening*:

- 'hearing' is the simple sensorial activity;
- 'listening' means to understand what is orally produced.

Listening depends on a series of factors:

- the *speaker*;
- the *listener*;
- the *medium*;
- the *environment*".

2) "Give a definition of *Speaking*".

Sample answer

"*Speaking* is the most active and productive linguistic skill which makes people able to communicate.

It includes:

- *phonological*;
- *syntactical*;
- *semantic*;
- and *pragmatic* capacities.

Since the linguistic material to be presented to practice speaking is to be realistic and contextualized, the dialogue — that is the smallest unit of communication — is generally introduced.

The *dialogue* to be really effective:

- should always be short and easily memorized;
- its content should be familiar and 'ended';
- should contain a real conclusion to the conversation (an open-ended dialogue lacks motivation)".

3) "Give a definition of *Reading*".

Sample answer

"The skill of *reading*, that is the ability of decoding a written message, includes some other capacities:

- *skimming* (a quick reading to grasp the general meaning);
- *scanning* (the searching of particular information);
- *intensive reading* (the reading performed in the classroom under the teacher's guide);
- *extensive reading* (the reading performed at home).

4) "Give a definition of *Writing*".

Sample answer

"*Writing* reinforces new language, which has already been heard or spoken.

It:

- gives students a chance to clarify their ideas;
- gives the teacher important feedback on students' errors;
- often provides students with a welcome break after intensive oral practice.

Of course, it is important not to give students unguided or uncontrolled writing.

Writing can be produced through 'five steps':

- *copying*;
- *dictation*;
- *reproduction*;
- *recombination*;
- *guided writing*".

5) "Give a definition of *Traditional Approach*".

Sample answer

"The *traditional approach* was used in the past and is still used today. It is based on the *deductive process* and goes from *general* to *particular*. It emphasizes *reading* and *writing* **more than** *listening* and *speaking*. The teacher explains the rule and the students are required to apply the rule explained through a series of exercises.

The disadvantages of this approach consist in the fact that the students, at the end, *know everything about the language* but they *don't know the language*".

6) "Give a definition of *Structuralism* (*Audio-Oral Approach*)".

Sample answer

The reaction against the *traditional approach* is the advent of the *structural approach*, which is also called:

- '*audio-oral*', in the field of applied linguistics;
- '*behaviourism*', in the field of psycholinguistics.

The *audio-oral approach* starts from the assumption that language is a vocal behavior and the teacher's task consists in creating linguistic habits: the teacher presents a pattern, a linguistic model, and the students are required to reproduce it in a mechanical way.
The disadvantage of this approach is that students are generally unable to go beyond what they have heard in the classroom.

7) "Give a definition of *Communicative Approach*".

Sample answer

"The *communicative approach*, which considers language as a means of communication, tries to fill the gap between the syllabus design and the teaching process, and for this reason it includes not only '*what*' but also '*how*' to teach.
The advocators of this approach maintain that the students have to learn communicative behaviour through language use, that is communication involves the use of language to a purpose.
The approach, which is 'task-oriented', includes strictly interconnected and sequenced global activities (oral and written)".

8) "Speak about *Individual*, *Pair*, and *Group Work*. What type of activity is better? And does it depend on the situation, the context, or the students? Why do we use these different ways of working?".

Sample answer
"*Individual work, pair work,* and *group work* can all be effective if used at the right times and if structured in an appropriate way.

For teachers:

- pair work and group work can be excellent tools to promote student interaction;
- individual work, on the other hand, is easier to assess and often appeals to students with intrapersonal intelligences.

As a teacher, it is important to:

- vary groupings depending on the *goals* and *context* of the activity;
- know what supports to offer students for each *situation*.

Each type of work — *individual*, *pair* and *group* — has its place in the classroom. There are certain '*pros* and *cons*' of each approach, but all can be connected to theory dealing with effective learning.
Some activities and topics may be best suited to one particular style of work, but the key is to use variety and give students a sufficient number of opportunities to work and learn from one another. A benefit of students working together is that, by explaining a concept or idea to peers, that idea or concept becomes clearer to the student doing the explaining".

9) "When should *Assessment* occur?".

Sample answer

"*Assessment* should take place throughout the entire learning process. It will look different at different times (i.e. *assessment* of *learning* should only come at the end of a unit/section, *assessment* for *learning* is more ongoing), but it is essential that students' work and progress constantly be assessed.

It is in this way that the teacher can determine:

- which concepts need more attention;
- which methods of teaching and learning are being utilized most effectively;
- where more attention is needed".

10) "How should you structure your *Lessons*?".

Sample answer

"The *structure of a lesson* will not be exactly the same every time you plan, but instead will vary according to multiple factors.

These factors include:

- the age and ability of the students;
- the time of day;
- the duration of the class;
- the gender distribution in the class;
- the class or group interest in the subject;
- where the lesson falls in the larger unit.

Although the structure will be influenced by these various factors, there is one thing that can be done in every case, developing a '**routine**'. By creating a *routine*, the students know what to expect and, therefore, feel safer in the class: they need to feel comfortable, taking risks and making mistakes".

5 Other Potential Questions

1) "How have you recently improved your professional skills?".
2) "Could a student of low academic ability receive a high grade in your classes?".
3) "What is your system for evaluating student work?".
4) "What would be the ideal philosophy of a school for you?".
5) "Why is your field important for a student to study?".
6) "How would you handle a student who is a consistent behavioral problem in your class?".
7) "What is the toughest aspect of teaching today?".
8) "What have been your most positive teaching experiences?".
9) "If you found non-standard usage in student writing or class discussion, how would you respond to it?".
10) "In what area do you feel you need improvement?".
11) "What would you do if a student has been absent from your class for several days?".
12) "What provisions have you made for the gifted students?".
13) "What would a visitor see in your class?".
14) "How have you communicated student progress to parents?".
15) "What are your recreational activities, hobbies, interests?".
16) "How have you stressed the development of cognitive skills within your classes?".
17) "What is your opinion of holding students after school for detention?".
18) "Do you like 'laughter' in your classroom?".
19) "How do you assist in preventing the destruction of school property in your classroom?".
20) "What is the role of the student within your classroom?".
21) "What curricular materials have you developed?".
22) "What two or three books, concepts or experiences have influenced you the most in your professional development?".
23) "What questions have I not asked that you wish I would have raised?".
24) "Describe your experience working with students at this age level".
25) "What extracurricular activities would you be willing to help with?".
26) "Have you ever been a substitute teacher in this school district?".
27) "Would you like to be part of our new 'teacher mentor program'?".
28) "Have you ever received an award for anything in your lifetime? Describe".
29) "What were you like as a student?".

30) "In your opinion, what is the difference between a good teacher and a great teacher?".
31) "If you teach a lesson and your students don't seem to be 'getting it', what do you do?".
32) "How do you provide support for students who are not performing as well as they should?".
33) "How can you meet the needs of a student who does not speak Italian?".
34) "In what ways can you teach students to accept one another?".
35) "How would you teach conflict resolution to your students?".
36) "Name a book that you'd like to read to (or with) your students. Describe the book and tell why you chose it".
37) "How do you feel about working in an inclusion classroom?".
38) "What can you offer our school that other candidates cannot?".
39) "Describe a high-interest project that you might assign to your students".
40) "What do you like to do when you're not teaching?".
41) "How closely do you follow your lesson plans?".
42) "What part of this job are you most looking forward to?".
43) "What part of this job scares you?".
44) "What are the biggest challenges that teachers face today?".
45) "Why do you want to teach in this 'particular' district?".
46) "How can you make your teaching connect to students' real-world experiences?".
47) "Tell me about your references; who are they and how do they know you?".
48) "If I were to call your references, what might they say about you?".
49) "How can you reach out to the community as a teacher?".
50) "How do you make sure you are teaching to the 'State Standards'?".
51) "What kinds of materials and supplies would you need to do your job well?".
52) "How do you feel about noise in your classroom?".
53) "What are your professional experiences?".
54) "What is the role of the teacher in the classroom?".
55) "What was your favourite course in college, and why?".
56) "What principles do you use to motivate students?".
57) "Describe effective teaching techniques that result in intended learning".
58) "State a behavioral objective you taught in your last class".
59) "What is the most exciting thing happening in the area of education today?".
60) "What have you found to be the roughest aspect of discipline?".
61) "Describe the physical appearance of your classroom".

62) "Describe an ideal curriculum in your area of study".
63) "How do you implement career education concepts in your classes?".
64) "How do you individualize learning in your classes?".
65) "Define current curriculum trends in your area".
66) "How much time do you devote to the lecture approach?".
67) "How much time should you devote to particular topics?".
68) "Describe independent study projects your students have completed".
69) "What rules have you established for your classroom?".
70) "Of what use are behavioral learning objectives in the teaching/learning process?".
71) "How do you structure your class to achieve maximum benefit from teacher-student contact?".
72) "Describe the format you use to develop a lesson".
73) "What should schools do for students?".
74) "Is the teaching of content important? Why/Why not?".
75) "How have you emphasized the development of basic skills?".
76) "Cite the criteria you would use to evaluate a textbook for possible adoption".
77) "What field trips have you arranged for your classes during this past year?".
78) "Have you supervised student teachers, interns, or practicum students? Why/Why not?".
79) "Should sex education be included in the curriculum? Why/Why not?".
80) "Describe your most successful lesson. Tell why it was successful".
81) "How do you make learning fun for students?".
82) "Besides lecture, what methods of teaching do you use?".
83) "How do you assess student performance in your classroom?".
84) "How do you prepare students for State standardized tests?".
85) "What would you do if a student did not hand in his/her homework on a regular basis?".
86) "If I walked into your classroom, what would I expect to see?".
87) "What routines would be incorporated in your teaching?".
88) "What would you do if a student threw an object across the classroom?".
89) "What would you do if one student hits another one?".
90) "Why did you choose to become a teacher?".
91) "Describe a lesson in which you've used differentiated instruction".
92) "How do you encourage creativity in your classroom?".
93) "How do you teach kids higher-order thinking skills?".
94) "Portray the most challenging student you've ever taught".

95) "Can you show us an example of a parent newsletter that you might write?".
96) "What would you do to calm an angry parent?".
97) "A parent calls you because he/she is worried about his/her child's low grades. What would you say to him/her?".
98) "How do you keep parents informed about their child's progress?".
99) "Do you think it is appropriate for children in school to be using the Internet?".
100) "How would you recommend a child for special education services?".
101) "What is your favourite subject (or age) to teach?".
102) "What is your least favourite subject (or age) to teach?".
103) "Describe your student teaching experiences".
104) "What are some of the most important things you learned when student teaching?".
105) "What was the most satisfying moment throughout your student teaching?".
106) "Illustrate one college course that taught you the most about being a good teacher".
107) "Who influenced you to become a teacher?".
108) "What is the biggest challenge you've had to face in your life?".
109) "Are you currently reading any books? Give details".
110) "What is a life-long learner? How can you help your students to be life-long learners?".
111) "A student confides in you and tells you that his/her parent abuses him/her. He/She asks you not to tell anyone. What do you do?".
112) "What would you do if a student were swearing in your class?".
113) "How would you create a behaviour modification for a student with ongoing conduct problems?".
114) "A student tells you he/she has been experimenting with marijuana. What would you do?".

4
Le competenze informatiche dell'insegnante

Abbiamo già più volte ribadito l'importanza della conoscenza, da parte dei docenti, delle nuove tecnologie informatiche sia da un punto di vista meramente didattico (in cui le strumentazioni informatiche e soprattutto Internet possono permettere apprendimenti significativi e stimolanti da parte dei ragazzi[1]), sia dal punto di vista dell'inclusione degli allievi con BES (la tecnologia viene incontro a tutti i ragazzi affetti da disturbi specifici dell'apprendimento), sia dal punto di vista meramente operativo (le competenze informatiche oggi vengono spese dai docenti, non solo in aula, ma anche semplicemente nella gestione del registro elettronico o nella realizzazione di progetti o lezioni).

Dunque, l'aspirante insegnante anche in sede di concorso è chiamato a dimostrare di saper utilizzare le tecnologie dell'informazione e della comunicazione. La padronanza delle TIC in sede di colloquio può essere dimostrata già presentando, come abbiamo detto, la lezione simulata con PowerPoint (→ Parte II, Cap. 4), ma non è escluso (nel precedente concorso fu frequente) che la Commissione faccia qualche domanda diretta su alcuni elementi degli strumenti più usati in aula (PC, LIM ecc.) nonché sui principali programmi del pacchetto Office (Word ed Excel soprattutto) e sull'utilizzo del Web e dei social.

Non è possibile condensare in questo volume tutto quanto riguarda le competenze informatiche che l'aspirante docente è chiamato a possedere[2]. Per cui qui ci limiteremo a fornire una *rassegna di voci* su alcuni temi fondamentali, che potrebbero essere oggetto di domanda in sede di colloquio (alcune di queste sono tratte proprio da domande riformulate da varie Commmissioni durante il precedente concorso a cattedre).

1 Il processore

Il processore è il nucleo del calcolatore preposto all'elaborazione dei dati, l'elemento "pensante" del computer in quanto **interpreta le istruzioni dei programmi, esegue i calcoli, attiva e controlla il funzionamento degli altri componenti**.

---

[1] Per un approfondimento sull'uso delle tecnologie dell'informazione e della comunicazione in chiave didattica *Manuale delle Metodologie e tecnologie didattiche*, a cura di L.Gallo e I. Pepe, Edizioni Simone, 2018.

[2] Per una guida all'uso del computer e dei vari programmi nella scuola, si veda il 526/3 *Competenze informatiche*, Edizione Simone, 2018.

La velocità di un processore è detta frequenza di clock e si misura in Hertz e suoi multipli. Esso è composto da: **unità logico-aritmetica**, **unità di controllo**; **registri**.

Il processore è allocato nella **scheda madre**, che costituisce la scheda principale del computer. Il processore e la memoria principale costituiscono **l'unità centrale** del computer.

2 Le periferiche

La periferica è una qualsiasi tipologia di dispositivo hardware del computer che si interfaccia tra l'utilizzatore e l'elaboratore. Le periferiche si distinguono in:

- *periferiche interne*: poste all'interno del computer. Ad esempio la scheda video, la scheda audio, gli hard disk o i lettori e masterizzatori CD-ROM e DVD;
- *periferiche esterne*: poste all'esterno del computer. Queste ultime di distinguono in **periferiche di input** e **periferiche di output**.

Le *unità di ingresso* o periferiche di input sono dispositivi che consentono di immettere nel computer i dati che devono essere elaborati dal processore. Le principali periferiche di input sono: l*a tastiera, il mouse, lo scanner, il microfono, la macchina fotografica digitale, la penna ottica* ecc.

Le *unità di uscita* o periferiche di output hanno la funzione di restituire all'utente i dati immessi nel computer ed elaborati dal processore. Le principali periferiche di output sono *il monitor, la stampante, il plotter* (periferica specializzata nella stampa di supporti di grande formato), *la LIM*.

Alcune periferiche possono svolgere contemporaneamente funzioni di input e di output. Tra queste ricordiamo *il modem, i touch screen o schermi sensibili, le porte USB, la LIM.*

3 Codifica delle immagini e pixel

La codifica delle immagini avviene attraverso il linguaggio binario. L'area del disegno viene suddivisa in quadratini tutti uguali tra loro, detti **pixel** e a ciascun pixel viene associato un bit. Per *risoluzione di un'immagine* si intende il numero di pixel che la costituiscono, espressi in termini di larghezza x altezza. Ovviamente aumentando il numero di pixel a disposizione migliora la qualità dell'immagine, ma aumentano le dimensioni del file immagine (sul Web o sui social in genere si usano immagini a bassa risoluzione).

4 La RAM

La RAM è la **memoria di lavoro**; su di essa sono memorizzati i dati e i programmi su cui il computer sta operando in quel momento (a differenza delle memorie di massa che contengono i dati e i programmi quando questi non sono in uso). É una **memoria veloce** ma volatile, cioè perde tutte le informazioni quando gli viene tolta l'alimentazione elettrica. Per tale motivo è necessario "salvare" dati e documenti sulle memorie di massa prima di spegnere il computer.

5 Hardware

L'*hardware* (dall'inglese *hard* = rigido e *ware* = materiale) è l'insieme dei dispositivi fisici, elettronici e meccanici che costituiscono l'elaboratore e che permettono l'esecuzione materiale delle operazioni.

Il termine indica, dunque, la struttura fisica interna ed esterna del computer.

L'hardware svolge le seguenti funzioni:

— elabora, interpreta ed esegue le istruzioni dei programmi
— coordina il trasferimento dei dati
— memorizza i dati ed i programmi per il funzionamento del PC
— collega tutti gli elementi funzionali
— consente lo scambio dei dati.

L'hardware non comprende solo l'esterno del calcolatore, ma anche il suo interno.

I componenti dell'hardware sono: *il processore e la scheda madre, le schede audio e video, la memoria centrale e la memoria di massa, le unità di ingresso, le unità di uscita, i dispositivi di input/output*

6 Il software

Con il termine "software" s'intende l'insieme delle applicazioni, o programmi, necessario all'utilizzo del computer da parte dell'utente. Il software consiste in una serie di istruzioni date alla macchina hardware, affinché essa svolga determinati compiti.

Si distinguono:

— il **software di base o di sistema** che gestisce le risorse del computer e svolge la funzione di interfaccia tra macchina e utente. Si tratta di un programma operativo (es. Microsoft Windows), che consente all'utente di utilizzare il computer. In caso di sua assenza, occorrerebbe programmare direttamente la macchina per poterla utilizzare;
— i **software applicativi** che svolgono le funzioni e le operazioni particolari di cui l'utente ha bisogno (videoscrittura, calcolo, archiviazione dati, elaborazione grafica ecc.)

7 Le memorie portatili

Tutti i supporti preposti ad immagazzinare, conservare e restituire informazioni sono detti *memorie di massa*. Servono, dunque, per registrare dati, documenti e programmi in modo permanente.

Le memorie portatili sono quelle che possono agevolmente essere trasportate ed utilizzate secondo le esigenze individuali. Le più diffuse sono: la chiavetta USB, il CD, il DVD ecc.

Una **chiave USB** o chiavetta USB o penna USB (in inglese *flash drive* o *pendrive*) è una memoria di massa portatile di dimensioni molto contenute (qualche centimetro in lunghezza e intorno al centimetro in larghezza) che si collega al computer mediante la comune porta USB.

Nella chiave USB i dati sono memorizzati in una memoria flash contenuta al suo interno.

La memoria a semiconduttore di tipo **flash SSD** (Solid State Drive) è un *device* paragonabile a una chiavetta USB di più grandi dimensioni e di grande capacità, in grado di svolgere lo stesso ruolo di un hard disk ma con i seguenti vantaggi: una bassa produzione di calore, la silenziosità, una velocità nettamente maggiore sia in lettura che in scrittura, una maggiore resistenza agli urti.

I **CD-ROM** sono dischi registrati e letti attraverso un raggio laser. Costituiscono un esempio di memoria di massa di sola lettura. In genere sono usati per i seguenti scopi: per registrare prodotti multimediali (dizionari, corsi di lingua, manuali, materiale sonoro e video di alta qualità); per distribuire programmi applicativi di grandi dimensioni; per i giochi; per fare copie di backup dei dati.

I **DVD** (Digital Versatile Disk) sono usati per immagazzinare dati, programmi, film digitali. Esteriormente e tecnologicamente un DVD è simile a un CD, ma è più capiente.

Per leggere i DVD occorre un lettore appropriato (al giorno d'oggi in generale ogni computer dispone di un lettore/masterizzatore in grado di funzionare sia con i CD sia con i DVD).

Il superamento del DVD è il **Blu-ray**, supporto capace di contenere decine di GB.

8 Come proteggere il pc dai virus

Per proteggere il computer dai virus e da altre minacce è necessario adottare misure adeguate e costanti. In particolare è opportuno installare un *programma antivirus*, mantenendolo aggiornato. I programmi antivirus esaminano il computer per individuare eventuali virus che tentano di accedere ai messaggi di posta elettronica, al sistema operativo o ai file. Ogni giorno vengono diffusi nuovi virus, pertanto è consigliabile verificare sempre la disponibilità di aggiornamenti del software. Risulta opportuno, inoltre, non aprire i messaggi di posta elettronica con mittenti ignoti e allegati sconosciuti. Molti virus vengono inviati come allegati nei messaggi di posta elettronica e si diffondono non appena tali allegati vengono aperti.

È opportuno poi utilizzare un *blocco popup* con il browser. Per **popup** si intende una finestra del browser di dimensioni ridotte che viene visualizzata nella parte superiore del sito Web attivo. Sebbene la maggior parte di queste finestre popup sia creata da pubblicitari e quindi risulti assolutamente sicura, è possibile che alcune contengano codici non sicuri o dannosi. Un blocco popup può evitare la visualizzazione di alcune di queste finestre.

Infine, può essere opportuno utilizzare un **firewall** o altri programmi analoghi che avvisano l'utente in caso di attività sospette, se un virus o un worm tenta di connettersi al computer. Possono inoltre impedire il tentativo da parte di virus, worm e pirati informatici di scaricare programmi potenzialmente pericolosi sul computer.

9 La mailing list

La **mailing list** (letteralmente, *lista per corrispondenza*) è un servizio di e-mail offerto ad un gruppo di utenti che partecipano ad una discussione asincrona oppure condividono l'interesse per un determinato argomento. Con le mailing list ciascun messaggio inviato ad un utente viene distribuito automaticamente ad ogni membro di una lista di indirizzi di posta elettronica.

Rappresenta un metodo di comunicazione, tipicamente gestito da aziende, uffici, associazioni, organizzazioni o persone singole, in cui un messaggio e-mail inviato ad un sistema server viene inoltrato automaticamente alla lista di destinatari interessati: solitamente gli utenti condividono uno scopo e, quando ci sono novità, il gestore invia mail a tutta la lista per far nascere discussioni, commenti o condividere informazioni utili.

Rappresenta, almeno al primo messaggio inviato dal gestore, un tipo di comunicazione "uno a molti". Per inviare un messaggio a tutti gli iscritti, è normalmente sufficiente inviarlo ad uno speciale indirizzo e-mail, e il servizio provvede a diffonderlo a tutti i membri della lista. In questo modo, non è necessario conoscere gli indirizzi di tutti i membri per poter scrivere loro.

L'iscrizione e la rimozione di un indirizzo dalla lista possono essere effettuate manualmente dall'amministratore, o direttamente dai membri tramite procedure automatiche, via web o via posta elettronica.

10 Intestazione e piè di pagina

Le intestazioni e i piè di pagina tipici dei programmi di videoscrittura come Word, sono aree nei margini superiore, inferiore e laterale di ogni pagina di un documento che possono contenere sia testo che grafica.

È possibile, ad esempio, aggiungere i numeri di pagina, la data e l'ora oppure il logo della scuola, il titolo o il nome file del documento o anche il nome dell'autore.

Per modificare un'intestazione o un piè di pagina, occorre cliccare su inserisci ed utilizzare le opzioni disponibili nella scheda **Intestazione e piè di pagina** del Word.

Tutte le pagine che utilizzano lo stesso stile di formato ricevono automaticamente l'intestazione e il piè di pagina specificato.

11 Animazione Power point

Microsoft PowerPoint è il programma di presentazione prodotto da Microsoft, utilizzato principalmente per proiettare e quindi comunicare su schermo, progetti, idee e contenuti potendo incorporare testo, immagini, grafici, filmati, audio e potendo presentare tutto questo con animazioni di alto livello. Consente la creazione di presentazioni informatiche multimediali tramite la realizzazione di diapositive visualizzabili in sequenza su qualsiasi computer dotato di questo software. Le presentazioni, suddivise in *slide* (diapositive), possono contenere fotografie, testi, animazioni, suoni, link ad altre diapositive o a siti esterni.

Powerpoint è però spesso utilizzato per presentazioni che devono cercare di tenere alta l'attenzione degli spettatori ed uno dei modi migliori è senza dubbio quello di "animare" un po' la scena, con le numerose funzionalità del programma (vedi Cap-??).

12 Significato di open source

Open source indica un software i cui autori ne favoriscono il libero studio e la libera integrazione/modifica da parte di altri programmatori indipendenti. La locuzione significa, infatti, **codice sorgente aperto**, ad indicare un tipo di software il cui contenuto non è nascosto ma pubblicamente visibile, utilizzabile e modificabile per le specifiche esigenze e le nuove idee di altri utenti, a condizione di rispettare e citare le paternità intellettuali dell'opera. Tale risorsa consente la libera circolazione di informazioni e la realizzazione di prodotti del lavoro e della creatività umana.

Il fenomeno ha tratto grande beneficio da Internet, perché permette a programmatori geograficamente distanti di coordinarsi e lavorare allo stesso progetto.

Attualmente l'open source tende ad assumere rilievo filosofico, consistendo di una nuova concezione della vita, aperta e refrattaria a ogni oscurantismo, che ci si propone di superare mediante la condivisione della conoscenza.

13 File compresso

In informatica con il termine **compressione dati** si indica la tecnica di elaborazione dati che, attuata per mezzo di opportuni algoritmi, permette la riduzione della quantità di bit necessari alla rappresentazione in forma digitale di un'informazione.

Generalmente la compressione dati viene utilizzata per ridurre le dimensioni di un file e quindi lo spazio necessario per la sua memorizzazione. I file compressi, infatti, occupano meno spazio di archiviazione e possono essere trasferiti ad altri computer più rapidamente dei file non compressi. È possibile utilizzare i file e le cartelle compressi esattamente come i file e le cartelle non compressi. È inoltre possibile includere più file in un'unica cartella compressa, semplificando la condivisione di un gruppo di file, poiché sarà necessario allegare a un messaggio di posta elettronica una sola cartella invece di diversi file.

L'importanza della compressione dati sta nel fatto che, in sua assenza, non sarebbe possibile usufruire di tutta una vasta collezione di contenuti informativi attraverso la rete Internet per la limitatezza della banda disponibile dei mezzi trasmissivi.

Le varie tecniche di compressione organizzano in modo più efficiente i dati, spesso perdendo una parte dell'informazione originale, al fine di ottenere una rappresentazione dell'informazione più compatta e quindi comportante minori risorse per la sua memorizzazione e trasmissione.

14 LAN

LAN (Local Area Network) significa **rete locale**. É una rete formata da un numero relativamente piccolo di computer (qualche decina) disposti ad una distanza reciproca ridotta (massimo qualche centinaio di metri).

In genere una LAN viene realizzata nella sede di una società per condividere le informazioni presenti su un "server" o dispositivi il cui costo non consente di fornirne uno per ogni postazione.

Il **server** è un computer della rete (in genere più potente degli altri) che ha il compito di gestire e mettere a disposizione degli altri computer i dati, i programmi o i dispositivi condivisi.

15 Firewall

In informatica, nell'ambito delle reti di computer, un **firewall** (termine inglese dal significato originario di *parete refrattaria, muro tagliafuoco, muro ignifugo*) è un componente di difesa perimetrale di una rete informatica, che può anche svolgere funzioni di collegamento tra due o più tronconi di rete, garantendo, dunque, una protezione in termini di sicurezza informatica della rete stessa.

Un firewall è un software che genera una linea di difesa tra il proprio computer e la Rete, offrendo una serie di strumenti per proteggere i dati e le informazioni che si conservano all'interno del computer e ridurre il rischio di intrusioni quando si è connessi ad Internet.

Viene applicato alla rete e consente di fare passare solo pacchetti chiari e autorizzati. L'obiettivo di questo tipo di programmi è quello di controllare il flusso di informazioni che partono e arrivano al computer per verificare se le informazioni scambiate seguono o meno criteri legittimi.

Non appena una comunicazione esce da questi criteri, il firewall entra in azione e consente di scegliere se bloccare o meno un particolare scambio di dati.

Si usa per motivi di sicurezza in quanto in generale lo scopo di un firewall è di proteggere un computer o una rete da accessi pericolosi o da attacchi di hacker.

Usualmente la rete viene divisa in due sottoreti: una, detta *esterna*, comprende l'intera Internet mentre l'altra interna, detta LAN (Local Area Network), comprende una sezione più o meno grande di un insieme di computer locali

16 Il codice per l'amministrazione digitale

Un passaggio decisivo nell'ottica della riorganizzazione delle procedure informatiche della Pubblica Amministrazione si è avuto con l'approvazione del **Codice per l'amministrazione digitale**, varato con il D.Lgs. n. 82/2005 che rappresenta un vero strumento normativo per la realizzazione della politica dell'e-government.

Tra le novità principali del Codice dell'Amministrazione Digitale troviamo il ruolo di **assoluta centralità assegnato alle nuove tecnologie**, considerate non come meri strumenti per conseguire finalità come l'efficienza e l'economicità, ma alla stregua di **veri e propri fattori di modernizzazione e cambiamento**.

Tra i contenuti del codice, quelli di maggior rilievo sono:

- l'obbligo per le pubbliche amministrazioni di riorganizzare i siti internet e di scambiarsi i dati on line delle pratiche dei cittadini evitando il pellegrinaggio degli stessi da un ufficio all'altro;
- l'utilizzo della posta elettronica da parte delle Pubbliche amministrazioni anche nei rapporti con i cittadini;
- il diritto di acquisire i documenti alla Pubblica Amministrazione con mezzi telematici o informatici riconoscendo il valore probatorio al documento informatico.

L'obiettivo è ottimizzare il lavoro degli enti offrendo agli utenti (cittadini ed imprese) sia servizi più rapidi sia nuovi servizi, attraverso i siti web delle amministrazioni interessate.

Al Codice sono seguiti alcuni importanti documenti atti a regolamentare le procedure da adottare per la gestione dei principali servizi informatici (es. le *Regole per il riconoscimento e la verifica del documento informatico; la Guida alla firma digitale; il Manuale di gestione del protocollo informatico; le Regole tecniche del servizio di trasmissione di documenti informatici)* oltre che numerosi successivi interventi normativi di modifica.

17 La sicurezza dei dati informatici

La sicurezza dei dati informatici riguarda due aspetti prioritari: evitare le perdite accidentali di dati (cancellazione di file, rottura dell'hard disk, virus); evitare che dati privati (personali o aziendali) finiscano in mani non autorizzate.

Per far fronte al primo tipo di problema è necessario:

- **salvare frequentemente i dati sull'hard disk** mentre si lavora su un documento. Infatti i dati su cui si sta lavorando sono memorizzati sulla RAM e questa memoria perde le informazioni nel caso in cui il PC debba essere riavviato per un problema tecnico o nel caso in cui venga meno la corrente elettrica. In tale evenienza tutti i dati non ancora salvati su hard disk verrebbero persi irrimediabilmente; per limitare tale problema è anche opportuno usare un **gruppo di continuità**, ossia un dispositivo dotato di batteria in grado di garantire un certo periodo di autonomia in caso di mancanza di corrente, ma anche realizzare periodicamente **copie di backup** (cioè di riserva) dei documenti su pen drive, CD-ROM o hard disk aggiuntivi.

Il backup tutela anche da perdite dovute al malfunzionamento dell'hard disk o all'azione di virus. È anche opportuno analizzare frequentemente l'hard disk con un software antivirus, così da individuare ed eliminare eventuali virus prima che possano causare danni.

Per far fronte alla seconda ipotesi in cui i dati raccolti in ambito aziendale o scolastico vadano a finire in mani non autorizzate, anche in espressa violazione delle norme sulla privacy, è necessario:

1. in primis sistemare computer, server e archivi informatici in luoghi sicuri e protetti;
2. realizzare sistemi di controllo degli accessi ai dati e ai computer, suddividendo gli utenti in gruppi con diversi livelli di autorizzazione per leggere e immettere dati;
3. prevedere codici utente e password per usare il computer;
4. crittografare i dati riservati.

18 Il protocollo informatico

L'attività di protocollazione è quella fase del processo amministrativo che certifica provenienza e data di acquisizione del documento, identificandolo in maniera univoca per mezzo dell'apposizione di informazioni numeriche e temporali. Costituisce pertanto un passo obbligato per tutti i flussi documentali che intercorrono tra le Amministrazioni ed all'interno di esse.

Il protocollo informatico è l'insieme delle risorse tecnologiche necessarie alla realizzazione di un sistema automatico per la gestione elettronica dei flussi documentali, come previsto dal Regolamento recante norme per la gestione del protocollo informatico da parte delle Amministrazioni Pubbliche (D.P.R. n. 428/1998) e successive disposizioni.

Ai sensi del D.Lgs. 165/2001, art.1, le Pubbliche amministrazioni sono tenute a realizzare la gestione del protocollo con sistemi informativi automatizzati.

Gli obiettivi che si intendono perseguire con lo strumento del "protocollo informatico" sono:

— eliminare i registri cartacei, diminuire gli uffici di protocollo, razionalizzare il flusso documentale;
— implementare gli strumenti che favoriscono un effettivo esercizio del diritto di accesso allo stato dei procedimenti e ai relativi documenti da parte dei soggetti interessati, al fine di migliorare la trasparenza dell'azione amministrativa.

Il sistema di protocollo informatico deve garantire la sicurezza e l'integrità dei dati, consentendo il reperimento delle informazioni concernenti i documenti registrati e, in condizioni di sicurezza, l'accesso alle informazioni dei soggetti interessati. Ciascuna amministrazione ha il compito di individuare gli uffici cui affidare la gestione unica o coordinata dei documenti per grandi aree organizzative omogenee.

19 Firma elettronica e firma digitale

Firma elettronica e firma digitale vengono spesso utilizzate nel linguaggio comune come sinonimi, ma vi è una **differenza sostanziale** nell'usare l'una o l'altra per la sottoscrizione di un documento informatico.

Il Codice dell'amministrazione digitale entrato in vigore nel gennaio 2006 (D.Lgs. 7 marzo 2005, n. 82) ha individuato tre tipologie di firma elettronica:

— **la firma elettronica** è l'insieme dei dati in forma elettronica, allegati oppure connessi tramite associazione logica ad altri dati elettronici, utilizzati come metodo di autenticazione informatica: per esempio *nome utente e password*;
— **la firma elettronica qualificata** è una firma elettronica basata su una procedura che permette di identificare in modo univoco il titolare, attraverso mezzi di cui il *firmatario detenga il controllo esclusivo,* e la cui titolarità sia certificata da un soggetto terzo;
— **la firma digitale** è un particolare tipo di firma elettronica qualificata, basata su un sistema di chiavi crittografiche, una pubblica e una privata, correlate tra loro, che consente *al titolare* tramite la chiave privata e *al destinatario* tramite la chiave pubblica, rispettivamente, di rendere manifesta e di verificare la provenienza e l'integrità di un documento informatico o di un insieme di documenti informatici.

La firma digitale è utilizzata nel momento in cui è necessario sottoscrivere una dichiarazione ottenendo la *garanzia di integrità* dei dati oggetto della sottoscrizione e di *autenticità* delle informazioni relative al sottoscrittore.

La firma digitale offre le seguenti prerogative:

- la garanzia che il documento informatico, dopo la sottoscrizione, *non può essere modificato* in alcun modo in quanto, durante la procedura di verifica, eventuali modifiche sarebbero riscontrate;
- la certezza che solo il titolare del certificato può aver sottoscritto il documento perché non solo possiede il *dispositivo di firma* (smartcard/tokenUSB) necessario, ma è anche l'unico a conoscere il **PIN** (Personal Identification Number) necessario per utilizzare il dispositivo stesso;
- il ruolo del certificatore che *garantisce la veridicità e la correttezza delle informazioni* riportate nel certificato (dati anagrafici del titolare).

20 Il registro elettronico

Il **registro elettronico** è sostanzialmente un software nato con l'obiettivo di dare al docente uno strumento flessibile per la gestione della propria attività didattica nelle varie classi in cui insegna, e all'istituto la possibilità di risparmi notevoli rispetto al tradizionale registro cartaceo.

Il RE consente di utilizzare le funzionalità di registro di classe e di registro del docente. All'interno di tali registri è possibile l'inserimento e la rilevazione, per esempio, delle assenze giornaliere.

Il procedimento parte dall'accesso ad un sito internet: attraverso una user ed una password ogni docente, dotato di un PC o tablet e di una connessione ad internet, a prescindere dal sistema operativo di cui è dotato il dispositivo, ha la possibilità di accedere al registro elettronico ed è in grado di poter inserire i voti delle verifiche, le assenze, i ritardi e le uscite anticipate, le giustificazioni. Attraverso le credenziali fornite dalla segreteria didattica, il docente accede esclusivamente ai dati riguardanti le sue classi e le sue materie, direttamente in aula. I dati inseriti sono registrati in tempo reale nell'archivio dell'istituto.

I diversi programmi disponibili prevedono un prospetto riassuntivo nel quale sono indicate tutte le ore di assenza di tutti gli allievi di ogni classe, le assenze giustificate, i voti ecc.

21 I nativi digitali

La locuzione "nativi digitali" nel linguaggio dei media sta a indicare le generazioni che hanno vissuto sin dalla nascita in maniera naturale la rivoluzione digitale, in tutti i suoi aspetti. Si tratta di studenti che hanno caratteristiche personali, interpersonali ed esperienziali del tutto diverse rispetto a chi li ha preceduti.

Il saper utilizzare le tecnologie in maniera *naturale* non implica solo capacità operative, puramente tecniche, ma anche abilità e adattamenti cognitivi che scaturiscono da intense e prolungate attività di tipo comunicativo, ludico, di intrattenimento e di ricerca. Le neuroscienze hanno spiegato da tempo tali modalità di riadattamento cerebrale con il concetto di *neuroplasticità*: il cervello riorganizza se stesso e la sua struttura biochimica, per adattarsi alle sollecitazioni continue che subisce.

22 L'ipertesto

L'**ipertesto** è un insieme di documenti messi in relazione tra loro per mezzo di parole chiave. Può essere visto come una rete; i documenti ne costituiscono i nodi. La caratteristica principale di un ipertesto è che *la lettura può svolgersi in maniera non lineare*: qualsiasi documento della rete può essere "il successivo", in base alla scelta del lettore di quale collegamento ipertestuale o link (*hyperlink* in inglese) seguire per proseguire nella lettura. Il collegamento ipertestuale è opportunamente evidenziato; talvolta appare nello schermo anche sotto forma di icona o immagine. Selezionando o posizionandosi su tale parola o oggetto e facendo clic con il mouse, oppure dando l'invio, si ottiene come conseguenza l'apertura di un altro documento, che si può trovare sullo stesso server o altrove, consentendo all'utente di navigare verso informazioni aggiuntive.

La 'lettura' di un ipertesto si dice **navigazione**, infatti, più che una lettura nel senso classico si tratta di un'esplorazione dei contenuti seguendo una propria rotta. Gli elementi strutturali che permettono questa navigazione sono i link e gli ancoraggi.

I **link** si riconoscono dal fatto che quando il cursore passa su di essi si trasforma in una piccola mano; facendo clic su di essi sul monitor appare la pagina o l'elemento multimediale ad essi collegato. Le parole linkabili, in inglese *hot word*, si presentano solitamente di colore di blu e sottolineate.

Gli **ancoraggi**, o **segnalibro**, sono parole del testo o elementi grafici ai quali rimandano i link.

23 La LIM

LIM è l'acronimo di **Lavagna Interattiva Multimediale**. Si tratta di un dispositivo elettronico che, per forma e dimensione, è del tutto simile ad una tradizionale lavagna a muro di ardesia o di alluminio. Proprio come le lavagne tradizionali esistono LIM di molte dimensioni (misurate in pollici, come tutti gli schermi tecnologici): da quelle adatte a piccole stanze a quelle molto estese per le sale conferenza.

Tutte le LIM, però, hanno uno schermo **interattivo**, cioè uno schermo che permette a chi lo utilizza di interagire direttamente con i contenuti che vi sono proiettati.

Questa interazione può avvenire con degli appositi strumenti (penne e cancellini o puntatori a distanza) e, in alcuni modelli di LIM, anche direttamente con le dita della mano.

Per poter utilizzare molte delle funzioni specifiche della LIM è installare uno specifico software di gestione della lavagna, che viene fornito al momento dell'acquisto.

I software creati per la didattica contengono moltissimi strumenti interattivi, immagini, animazioni e fotografie che facilitano l'uso della LIM in classe. Tuttavia è possibile utilizzare la LIM anche senza software, perché l'interattività dello schermo è presente anche quando si lavora con programmi tradizionali.

Il **kit-LIM** è composto da una *lavagna interattiva*, ossia un'ampia superficie installata a muro (o su cavalletto), da un *videoproiettore*, normalmente a focale corta, posto sopra alla lavagna e collegato ad un *computer*. L'apparecchiatura rende possibile, grazie all'uso di un pennarello elettronico o semplicemente delle dita, di effettuare tutto quello che si può fare con una lavagna tradizionale, ma mettendo di fatto a disposizione lo schermo di un computer e, conseguentemente, una serie di opportunità che vanno dal calcolo elettronico, all'elaborazione del testo, alla grafica professionale, alla visione di filmati, alla navigazione in Internet.

È inoltre possibile *salvare il lavoro svolto*, che, in presenza delle necessarie connessioni di rete, può anche essere rivisto a casa dagli alunni.

La LIM rende possibile un'agevole integrazione delle ICT nella didattica, proponendosi come uno strumento versatile, adatto a tutte le discipline e ai diversi livelli scolastici, aumentando la motivazione e il coinvolgimento degli alunni, consentendo un miglioramento dell'esposizione del docente, incrementando le possibili interazioni tra studenti e tra loro e docenti. Operare con la LIM implica, inoltre, l'opportunità di sviluppare nuove reti e nuove forme di collaborazione solidale, anche grazie alla predisposizione di banche di oggetti di apprendimento e di "lezioni" da mettere in comune e riutilizzare, generando progressivamente un patrimonio destinato a crescere nella misura in cui si svilupperà a fianco del mercato commerciale la cultura dell'open source. É quindi fondamentale saper ricercare, sperimentare, valutare gli oggetti di apprendimento innovativi che la comunità scientifica, con il mercato e la comunità collaborativa, mettono a disposizione.

24 Classi 2.0

Un secondo importante elemento del progetto scuola digitale lanciato dal MIUR è costituito dalle **classi 2.0.** In questo caso si è inteso puntare su poche realtà molto qualificate, che dovrebbero costituire una sorta di palestra in cui verificare il potenziale educativo di un contesto altamente tecnologico. Questo progetto è partito nell'anno 2009/2010 coinvolgendo su tutto il territorio nazionale 156 classi di scuola secondaria di primo grado. Queste ultime sono state selezionate sulla base di un bando che prevedeva, come requisiti di base, il possesso di una buona alfabetizzazione nell'uso delle tecnologie e l'aver svolto specifici itinerari di formazione, sia in qualità di discenti sia di docenti.

Il finanziamento previsto per ogni classe va impegnato esclusivamente per l'acquisto di attrezzature, da completare nell'arco di un triennio, rispondenti a specifici progetti d'innovazione predisposti in autonomia da ogni scuola, con la supervisione tecnica dell'Università. Il coordinamento dei progetti è affidato agli Uffici scolastici regionali, mentre tutta la parte legata alla documentazione è stata affidata all'ANSAS. Quest'ultima e l'Università hanno curato le iniziative di formazione dei docenti impegnati nella sperimentazione. Dal 2011 il progetto è stato esteso anche a una selezione di classi terze della scuola primaria e della secondaria di secondo grado.

Le classi 2.0 dovrebbero costituire dei laboratori che consentono di verificare l'effettivo valore aggiunto ottenibile dall'introduzione a scuola di una didattica fortemente centrata sull'uso delle TIC, ma l'iniziativa costituisce anche un modello cui ispirarsi, ovviamente operando le correzioni del caso sulla base delle esperienze svolte, per una progressiva estensione di un uso intensivo delle nuove tecnologie nel rinnovamento dell'insegnamento/apprendimento.

25 E-book

Il nuovo contesto digitale pone in una nuova luce anche il libro di testo, che costituiva uno dei pilastri più inossidabili della scuola fondata sulla comunicazione analogica.

Se il testo cartaceo accompagnerà ancora a lungo allievi e docenti di tutte le scuole, mantenendo peculiari e, per certi versi, irrinunciabili caratteristiche, sono diversi i cambiamenti già in atto. Già molta parte del contenuto dei testi tradizionali è tradotta in formato digitale e interattivo e si impone un progressivo passaggio completo verso il libro elettronico (Legge 6 agosto 2008, n. 133).

Esso non solo fornisce la visione del documento cartaceo, ma permette anche di replicarne la forma in modo da rendere la lettura molto simile a quella tradizionale, compresa la procedura che visualizza lo sfogliare le pagine. Lo strumento ha inoltre una dimensione eminentemente ipertestuale che può inglobare elementi multimediali e utilizzare dizionari contestuali.

26 Reati informatici

I reati informatici costituiscono un fenomeno criminale che si caratterizza per l'abuso della tecnologia informatica sia hardware, sia software. Sono stati introdotti dalla legge n. 547 del 23 dicembre 1993, che ha previsto nuove figure di reato, ed ampliato gli strumenti investigativi a disposizione delle forze di polizia, attraverso la modifica e l'aggiunta di nuovi articoli al codice penale e a quello di procedura penale. Ne costituiscono alcuni esempi: gli attentati ad impianti di pubblica utilità; l'accesso abusivo ad impianti informatici o telematico; l'intercettazione, impedimento o interruzione di comunicazioni informatiche; la falsificazione, alterazione o soppressione del contenuto di comunicazioni informatiche o telematiche; la frode informatica; gli attacchi ai documenti informatici e alla privacy delle informazioni; gli attacchi al diritto di autore.

Un particolare tipo di reato si verifica con lo **SPAM** consistente nell'invio o nella ricezione di messaggi pubblicitari di posta elettronica, che non sono stati in alcun modo richiesti. Il principale scopo dello spam è la pubblicità, il cui oggetto può andare dalle più comuni offerte commerciali, a proposte di vendita di materiale illegale.

Lo spam può però anche essere strumento di truffa, come quando propone discutibili progetti finanziari oppure chiede le credenziali di accesso telematico alla propria banca, oppure quando genera virus che usano la posta elettronica per infettare altri computer presenti su Internet. In questi casi *evitare di aprire le e-mail di spam* è la cosa migliore per evitare truffe o ricevere ulteriore spam; *non cliccare sui link all'interno delle e-mail di spam* che raccolgono in automatico indirizzi di posta elettronica da siti internet, gruppi di discussione.

27 La PEC

La **posta elettronica certificata (PEC)** è una tipologia particolare di posta elettronica che permette di dare a una e-meil lo stesso *valore legale di una raccomandata con avviso di ricevimento tradizionale*. Anche il contenuto può essere certificato e firmato elettronicamente garantendo, quindi, anche l'autenticazione e l'integrità dei dati.

La disciplina normativa è principalmente contenuta nel decreto legislativo 7 marzo 2005 n. 82 (cosiddetto *Codice dell'amministrazione digitale*).

Il servizio può essere erogato esclusivamente dai gestori accreditati presso il CNIPA, che è l'organo pubblico preposto al controllo della posta elettronica certificata

Il servizio PEC, per sua stessa natura, mostra una serie di vantaggi rispetto all'atto giudiziario tradizionale. I principali sono:

— ogni formato digitale può essere inviato tramite posta elettronica certificata;
— i messaggi possono essere consultati da ogni computer o smartphone connesso alla rete Internet;
— l'avvenuta consegna al provider della mail viene garantita; nel caso non sia possibile recapitare il messaggio al destinatario, il mittente viene informato;
— le ricevute di consegna hanno piena validità legale, anche se il messaggio non è stato effettivamente letto dal destinatario (su cui grava l'onere della prova di non aver ricevuto il messaggio), in maniera simile alla c.d. "compiuta giacenza" dell'atto giudiziario cartaceo;
— l'invio dei messaggi può avere costi inferiori a quello delle raccomandate.

La PEC offre, inoltre, elevati requisiti di qualità e continuità del servizio. Sussiste, infatti, l'obbligo da parte del gestore, di applicare le procedure atte a garantire il rispetto delle misure di sicurezza previste dal Codice dei dati personali e la sicurezza della comunicazione.

28 Digital Competence

La *digital competence* in ambito scolastico occupa grande spazio nel dibattito pedagogico contemporaneo. Al riguardo gli organismi internazionali che hanno come *mission* anche l'istruzione (OCSE, UE e UNESCO), stanno promuovendo iniziative tese a favorire l'adeguamento dei sistemi di istruzione e formazione a una società sempre più digitalizzata.

Le competenze digitali sono competenze di tipo multidimensionale complesso e interconnesso: presuppongono le capacità di base e integrano abilità e capacità di natura cognitiva, relazionale e sociale. Una delle competenze che la scuola odierna dovrebbe formare è anche *digital literacy,* ovvero il saper usare con padronanza e spirito critico le tecnologie che diventano, quindi, uno strumento funzionale al processo formativo.

La diffusione globale delle nuove tecnologie, infatti, pone la scuola del XXI secolo di fronte a una nuova sfida. Gli studenti e le scuole sono immersi in ambienti ricchi di stimoli culturali che richiedono prepotentemente, in modo più o meno esplicito, una riorganizzazione della didattica.

L'Italia si sta muovendo verso una progressiva informatizzazione della scuola, anche se forse troppo lentamente rispetto ai cambiamenti tecnologici in atto. In particolare, la Direzione Generale per gli Studi, la Statistica e i Sistemi Informativi del Ministero dell'istruzione ha promosso il "Piano Scuola Digitale" teso a integrare le tecnologie nella didattica. Il piano si propone l'obiettivo di modificare gli ambienti di apprendimento, i linguaggi della scuola, gli strumenti di lavoro e i contenuti, anche grazie all'innovazione digitale che dovrebbe consentire di abbandonare il tradizionale concetto di classe, come ambiente chiuso dove avviene l'apprendimento, per arrivare a creare invece un nuovo spazio di apprendimento aperto sul mondo.

29 Il Piano Nazionale Scuola Digitale

La 107/2015 prevede un nuovo **Piano Nazionale Scuola Digitale (PNSD)**, documento di indirizzo del MIUR, emanato per il lancio di una strategia di innovazione della scuola italiana e del suo sistema educativo nell'era digitale, per conseguire i seguenti obiettivi:

a) realizzazione di attività volte allo sviluppo delle competenze digitali degli studenti;

b) potenziamento degli strumenti didattici e laboratoriali necessari a migliorare la formazione e i processi di innovazione delle istituzioni scolastiche;
c) adozione di strumenti organizzativi e tecnologici per favorire la governance, la trasparenza e la condivisione di dati, nonché lo scambio di informazioni tra dirigenti, docenti e studenti e tra istituzioni scolastiche e MIUR;
d) formazione dei docenti per l'innovazione didattica e sviluppo della cultura digitale per l'insegnamento e l'apprendimento delle competenze lavorative, cognitive e sociali degli studenti.

Il Piano Nazionale Scuola Digitale (PNSD) punta a *introdurre le nuove tecnologie nelle scuole, a diffondere l'idea di apprendimento permanente (life-long learning) ed estendere il concetto di scuola da luogo fisico a spazi di apprendimento virtuali.* Le azioni previste (*35 punti*) sono state finanziate, attingendo alle risorse messe a disposizione dalla legge della Buona Scuola e dai Fondi strutturali Europei (Pon Istruzione 2014-2020). Il Piano sarà attuato *da qui al 2020* e si articola in 4 passaggi: strumenti, competenze, contenuti, formazione, accompagnamento.

Le *azioni previste* sono organizzate in *9 ambiti di lavoro*: accesso, spazi e ambienti per l'apprendimento, identità digitale, amministrazione digitale, competenze degli studenti, digitale, imprenditorialità e lavoro, contenuti digitali, formazione del personale, accompagnamento.

30 TIC

Per TIC si intendono le **Tecnologie di Informazione e di Comunicazione**; in ambito didattico l'acronimo è utilizzato soprattutto per indicare l'uso di media, in particolare del computer. Nella scuola esistono due tendenze: "*educare ai media*", cioè offrire agli alunni le competenze necessarie per un uso consapevole delle strumentazioni informatiche, e "*educare con i media*", utilizzando le nuove tecnologie come potenti sussidi didattici.

È innegabile che in una società in cui le nuove tecnologie assumono un ruolo sempre più rilevante, l'accesso all'informazione diventa un percorso obbligato per garantire una reale equiparazione delle opportunità di conoscenza, d'altra parte l'impiego dei media può fornire opportunità cognitive e formative specifiche.

La scuola, quindi, deve provvedere a fornire le competenze di base necessarie (*computer literacy*); non si tratta tanto di insegnare l'uso tecnico di specifici programmi, quanto di far acquisire agli alunni una forma mentis tecnologica, orientata alla comprensione di funzioni generali e alla capacità di saper selezionare, inquadrare le tecnologie nei particolari contesti d'uso.

Riportiamo qui di seguito delle *schede sinottiche* sui principali software utilizzati nella scuola.

SCHEDA 1 Struttura di un personal computer: componenti interni e periferiche

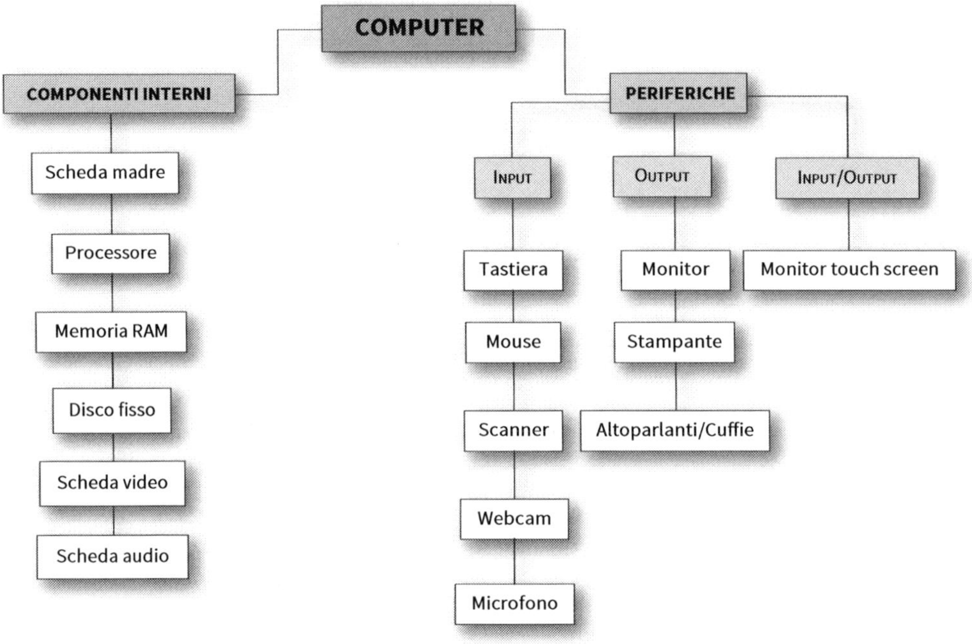

Scheda madre (motherboard o mainboard): contiene tutti i circuiti elettrici e i collegamenti tra i vari componenti interni del PC. Sulla scheda madre viene alloggiato il processore, i moduli di memoria RAM e le schede audio e video.

Processore: al suo interno avviene il processo di elaborazione dei dati secondo la logica fornita dalle istruzioni dei programmi.

Memoria RAM: al suo interno vengono immagazzinati temporaneamente i dati in corso di elaborazione. Quando si spegne il computer, il contenuto della RAM viene cancellato.

Disco fisso: permette la memorizzazione permanente dei dati. Ad esempio quando salviamo un file, questo viene "scritto" sul disco fisso.

Scheda video: permette la trasformazione dei bit in immagini che vengono visualizzate sul monitor.

Scheda audio: permette la trasformazione dei bit in suoni che possono essere ascoltati tramite gli altoparlanti e le cuffie.

Tastiera: periferica di input che permette l'immissione di testi e comandi.

Mouse: dispositivo che permette il dialogo dell'utente con l'interfaccia grafica del sistema operativo e dei programmi. Spostando il mouse, il puntatore sullo schermo segue il movimento. I comandi vengono gestiti mediante i cosiddetti "clic" e "doppio clic" dei tasti del mouse.

Scanner: permette la digitalizzazione di testi e immagini.

Webcam: telecamera che permette di trasmettere le immagini riprese, in forma digitale, attraverso un'interfaccia USB.

Microfono: può essere utilizzato per la comunicazione via Internet ma anche per impartire comandi al PC. Mediante particolari software, è possibile utilizzare un microfono per «dettare» testi ad un programma di videoscrittura.

Monitor: è uno schermo simile ad un televisore che serve a visualizzare i dati inviati al PC (ad esempio mediante la tastiera) e i risultati delle elaborazioni.

Stampante: serve a trasferire su carta il risultato di un'elaborazione sotto forma di testo o immagini.

Altoparlanti o cuffie: servono per ascoltare i suoni riprodotti da un computer (i suoni di sistema, un file mp3, l'audio di un film etc.) e vengono collegati al computer mediante dei connettori posti sulla parte posteriore della scheda audio.

Monitor touch screen: particolari monitor di ultima generazione mediante i quali è possibile impartire i comandi al computer mediante la pressione delle parti sensibili dello schermo. La tecnologia touch è largamente utilizzata anche per smartphone e tablet.

SCHEDA 2 L'interfaccia di Windows

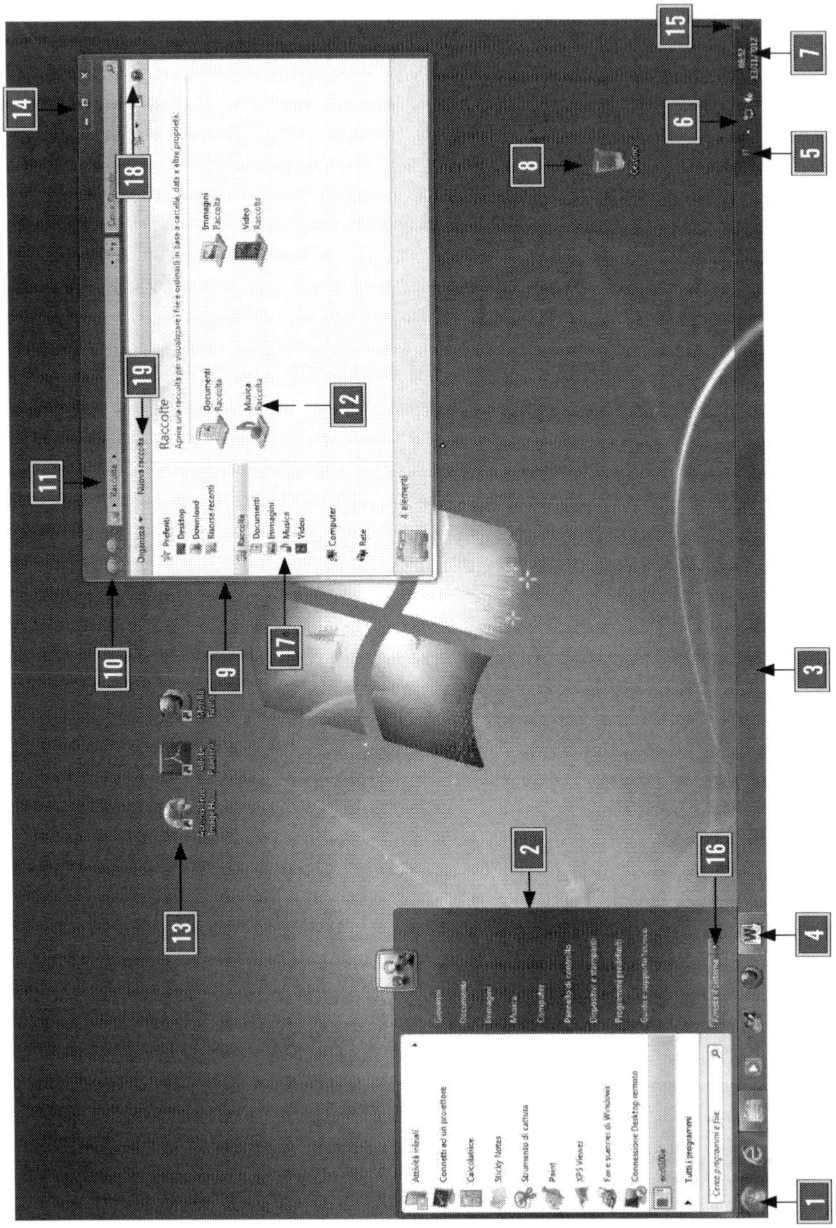

LEGENDA

Microsoft Windows è il sistema operativo più diffuso tra i PC, soprattutto in ambito scolastico.

1. **Pulsante Start o di Avvio**: cliccando su di esso si apre il menu Start o di Avvio.
2. **Menu Start o di Avvio**: mostra le applicazioni utilizzate di recente e presenta la voce **Tutti i programmi**, cliccando sulla quale è possibile accedere ai programmi installati sul PC che possono essere aperti con un semplice clic del mouse.
3. **Barra delle applicazioni**: mostra le icone di alcuni programmi, che possono essere aperti con un clic, e i pulsanti delle applicazioni aperte, che possono essere iconizzate o ingrandite con un clic sul pulsante medesimo.
4. **Applicazione aperta**: quando un'applicazione è aperta, viene mostrato un pulsante che la rappresenta sulla Barra delle applicazioni. Cliccando su questo pulsante è possibile iconizzare o ingrandire la finestra dell'applicazione.
5. **Barra della lingua**: mostra la lingua utilizzata nel sistema. Cliccando su di essa è possibile passare da una lingua all'altra.
6. **Area di notifica**: mostra le notifiche di sistema (ad esempio l'arrivo di una nuova mail, lo stato della rete, la presenza di problemi nel sistema etc.).
7. **Orologio e calendario**: mostra la data e l'ora. Cliccando su di esso è possibile modificare le impostazioni.
8. **Cestino**: nel cestino vengono spostati i file eliminati, che possono essere recuperati finché il cestino non viene svuotato.
9. **Finestra**: è l'elemento fondamentale dei sistemi Windows. Le cartelle, i programmi aperti etc. sono tutti rappresentati da finestre.
10. **Pulsanti Avanti e Indietro**: all'interno di una finestra, servono per andare avanti e indietro durante la navigazione nelle risorse del sistema.
11. **Barra dell'indirizzo**: all'interno di una finestra, mostra la posizione corrente all'interno dell'unità.
12. **Contenuto della cartella**: una cartella può contenere file o altre cartelle. Il contenuto viene mostrato all'interno della finestra della cartella correntemente aperta.
13. **Icone**: elemento fondamentale dei sistemi Windows: file, programmi e cartelle vengono tutti rappresentati da icone. Un doppio clic su un'icona apre il file, la cartella o il programma corrispondente.
14. **Pulsanti per la gestione della finestra**: da sinistra a destra, servono per iconizzare, ripristinare e chiudere una finestra.
15. **Pulsante Mostra desktop**: cliccando su questo pulsante, tutte le finestre vengono iconizzate e viene mostrato in primo piano il desktop.
16. **Pulsante di spegnimento**: serve per arrestare il sistema. Cliccando sulla freccetta vengono mostrate ulteriori icone per, ad esempio, riavviare il computer o cambiare utente.
17. **Collegamenti**: collegamenti predefiniti, e solitamente più utilizzati, per navigare comodamente all'interno delle unità di memorizzazione.
18. **Guida in linea**: questo pulsante apre la guida in linea, per la risoluzione di problemi o per approfondire determinati argomenti.
19. **Barra dei menu**: elemento fondamentale presente in tute le finestre di Windows. Il suo contenuto cambia a seconda del tipo di finestra aperta. Tramite la barra dei menu è possibile, ad esempio, creare nuove cartelle, cambiare la modalità di visualizzazione del contenuto di una cartella etc.

SCHEDA 3 L'interfaccia di Word

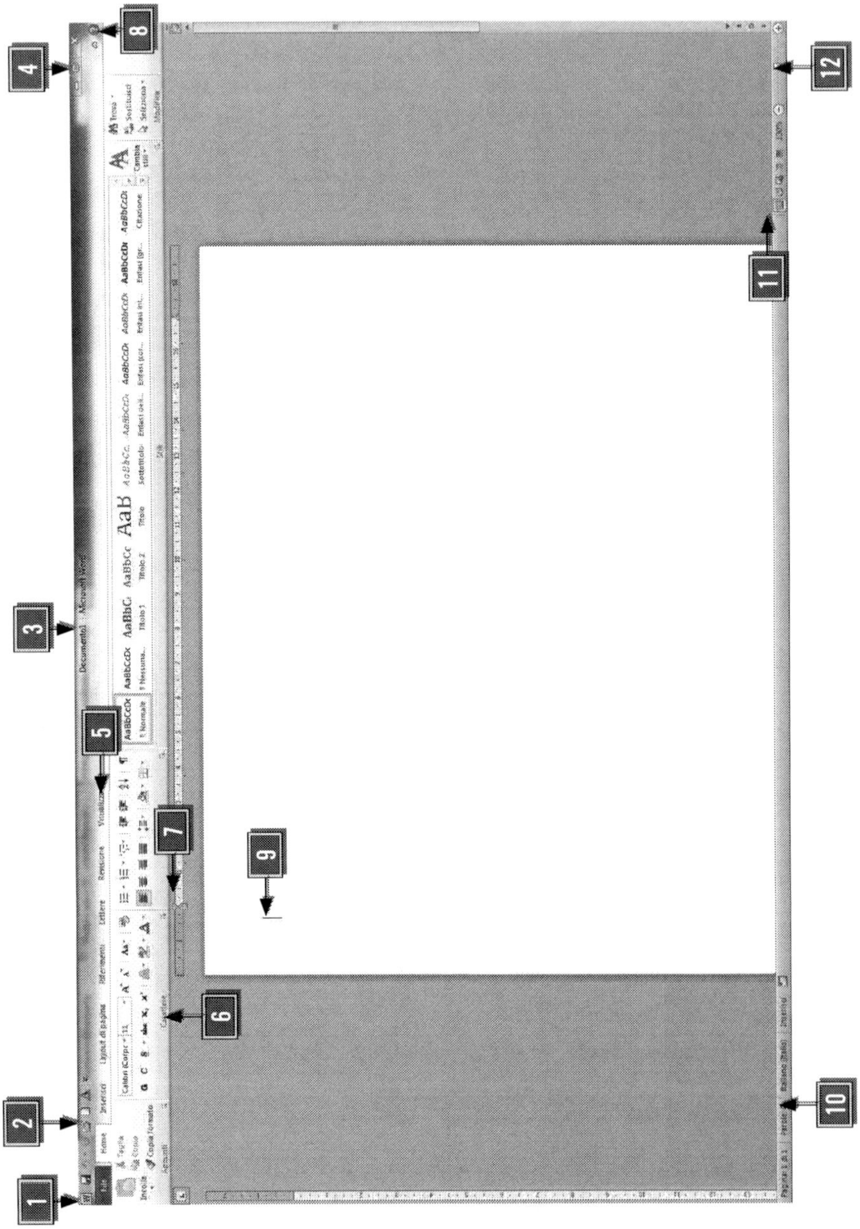

LEGENDA

Microsoft Word è il Word processor, ossia il programma di videoscrittura, più diffuso al mondo. È parte della suite di software Microsoft Office.

1. **Pulsante di controllo**: se cliccato, mostra i comandi di controllo della finestra: Ripristina, Sposta, Ridimensiona, Riduci a icona, Ingrandisci, Chiudi.
2. **Barra di accesso rapido**: contiene i comandi utilizzati più frequentemente. I comandi possono essere aggiunti o eliminati cliccando sulla freccia a destra della barra stessa.
3. **Barra del titolo**: mostra il nome del documento correntemente visualizzato seguito dal nome dell'applicazione.
4. **Pulsanti di controllo**: permettono, da sinistra a destra, di iconizzare, ripristinare e chiudere la finestra.
5. **Barra multifunzione**: è composta da schede, le quali raggruppano comandi omogeni per la gestione del documento (ad esempio la scheda Inserisci permette di inserire immagini, intestazioni e piè di pagina, simboli etc. all'interno di un documento).
6. **Gruppo**: ciascuna scheda è suddivisa in gruppi che, a loro volta, contengono i singoli comandi (ad esempio, il gruppo Carattere della scheda Home contiene tutti i comandi per la gestione del carattere: tipo, grandezza, colore, stile etc.).
7. **Righello**: consente di gestire i rientri del testo e le tabulazioni.
8. **Guida in linea**: se cliccato, questo pulsante mostra la Guida di Word, per la risoluzione di problemi o la migliore comprensione di alcuni aspetti del programma.
9. **Punto di inserimento**: è il punto a partire dal quale viene inserito il testo quando lo si digita dalla tastiera.
10. **Barra di stato**: mostra alcune informazioni quali numero di pagine del documento, numero di parole, presenza di errori ortografici etc. Può essere personalizzata cliccando su di essa con il tasto destro del mouse.
11. **Pulsanti di visualizzazione**: permettono di modificare la modalità di visualizzazione del documento. Le modalità sono cinque: Layout di stampa, Lettura a schermo intero, Layout web, Struttura, Bozza.
12. **Zoom**: permette di modificare lo zoom di visualizzazione del documento. È possibile fare ciò cliccando sui pulsanti + e – oppure agganciando con il mouse l'indicatore e trascinandolo verso destra o verso sinistra.

SCHEDA 4 L'interfaccia di Excel

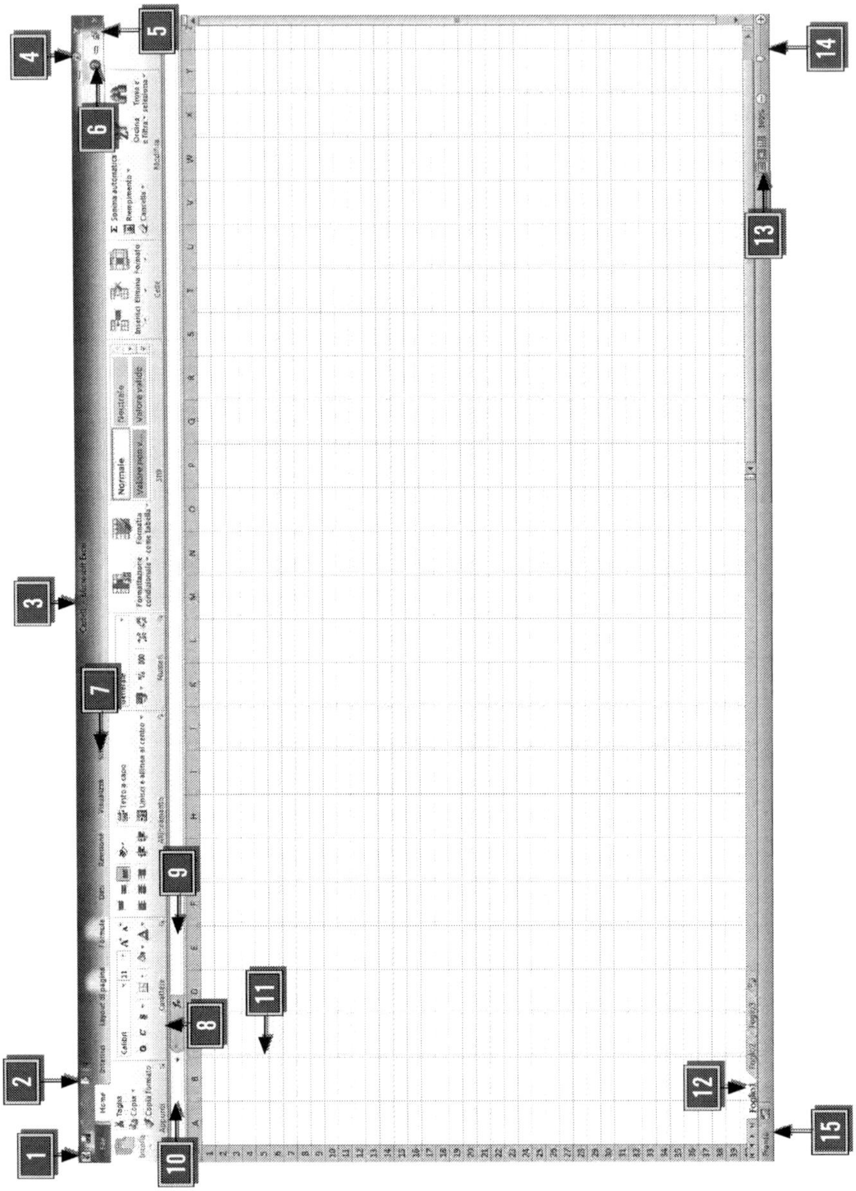

LEGENDA

Excel è il foglio elettronico della suite di Office ed è uno dei software più utilizzati al mondo. Il programma permette di fare calcoli e creare tabelle e grafici dalle funzionalità molto avanzate. Ogni foglio di lavoro è composto da un reticolo di celle che si ottengono con l'intersezione di colonne e righe.

1. **Pulsante di controllo**: se cliccato, mostra i comandi di controllo della finestra: Ripristina, Sposta, Ridimensiona, Riduci a icona, Ingrandisci, Chiudi.
2. **Barra di accesso rapido**: contiene i comandi utilizzati più frequentemente. I comandi possono essere aggiunti o eliminati cliccando sulla freccia a destra della barra stessa.
3. **Barra del titolo**: mostra il nome della cartella di lavoro correntemente visualizzata, seguito dal nome dell'applicazione.
4. **Pulsanti di controllo della finestra dell'applicazione**: permettono, da sinistra a destra, di iconizzare, ripristinare e chiudere la finestra.
5. **Pulsanti di controllo della cartella di lavoro**: permettono, da sinistra a destra, di iconizzare, ripristinare e chiudere la cartella correntemente visualizzata.
6. **Guida in linea**: se cliccato, questo pulsante mostra la Guida di Excel, per la risoluzione di problemi o la migliore comprensione di alcuni aspetti del programma.
7. **Barra multifunzione**: è composta da schede, le quali raggruppano comandi omogeni per la gestione della cartella di lavoro (ad esempio la scheda Formule permette la completa gestione di formule e funzioni).
8. **Gruppo**: ciascuna scheda è suddivisa in gruppi che, a loro volta, contengono i singoli comandi (ad esempio, il gruppo Carattere della scheda Home contiene tutti i comandi per la gestione del carattere: tipo, grandezza, colore, stile etc.).
9. **Barra della formula**: visualizza la formula o la funzione contenuta nella cella selezionata. È possibile digitare o modificare una formula o una funzione direttamente al suo interno.
10. **Casella del nome**: di default mostra il riferimento della cella correntemente selezionata. È possibile digitare una stringa al suo interno per assegnare un nome a una cella. Una volta assegnato un nome ad una cella, questo può essere utilizzato al posto del riferimento in una formula o in una funzione.
11. **Cella**: è l'elemento fondamentale di una cartella di lavoro di Excel. Una cella è individuata da un riferimento, composto dall'intersezione di una riga e di una colonna. Ad esempio la cella B5 è quella che si trova all'intersezione della colonna B con la riga 5.
12. **Fogli di lavoro**: ciascuna cartella è composta di default da tre fogli. È possibile aggiungerne altri o eliminarli. In una cartella di lavoro deve però essere presente almeno un foglio. Per passare da un foglio all'altro è sufficiente cliccare sulla linguetta che lo identifica.
13. **Pulsanti di visualizzazione**: permettono di modificare la modalità di visualizzazione della cartella di lavoro. Le modalità sono tre: Normale, Layout di pagina, Anteprima interruzioni di pagina.
14. **Zoom**: permette di modificare lo zoom di visualizzazione della cartella di lavoro. È possibile fare ciò cliccando sui pulsanti + e – oppure agganciando con il mouse l'indicatore e trascinandolo verso destra o verso sinistra.
15. **Barra di stato**: mostra informazioni sullo stato del foglio. Ad esempio, Pronto indica che la cella selezionata è pronta ad ospitare i dati che verranno digitati.

SCHEDA 5 L'interfaccia di Access

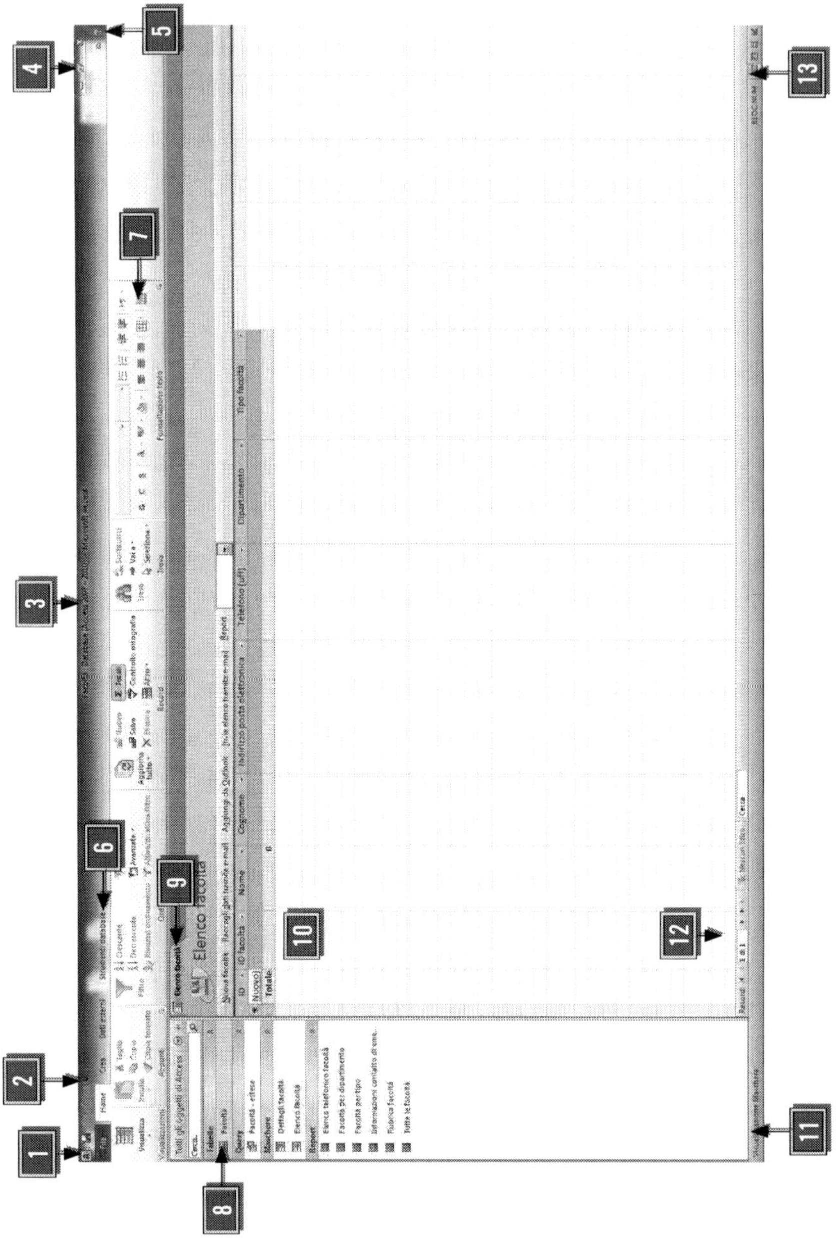

LEGENDA

Access è un software del pacchetto Office, creato per la realizzazione e la gestione di database. Consente di strutturare dati in tabelle, di metterli in relazione e di fare ricerche su di essi (query).

1. **Pulsante di controllo**: se cliccato, mostra i comandi di controllo della finestra: Ripristina, Sposta, Ridimensiona, Riduci a icona, Ingrandisci, Chiudi.
2. **Barra di accesso rapido**: contiene i comandi utilizzati più frequentemente. I comandi possono essere aggiunti o eliminati cliccando sulla freccia a destra della barra stessa.
3. **Barra del titolo**: mostra il nome del database correntemente aperto, seguito dal nome dell'applicazione.
4. **Pulsanti di controllo**: permettono, da sinistra a destra, di iconizzare, ripristinare e chiudere la finestra.
5. **Guida in linea**: se cliccato, questo pulsante mostra la Guida di Access, per la risoluzione di problemi o la migliore comprensione di alcuni aspetti del programma.
6. **Barra multifunzione**: è composta da schede, le quali raggruppano comandi omogeni per la gestione del database (ad esempio la scheda Crea permette di creare tabelle, maschere, query e report).
7. **Gruppo**: ciascuna scheda è suddivisa in gruppi che, a loro volta, contengono i singoli comandi (ad esempio, il gruppo Formattazione testo della scheda Home contiene tutti i comandi per la gestione del testo: tipo di carattere, grandezza, colore, stile etc.).
8. **Riquadro di spostamento**: visualizza tutti gli oggetti (tabelle, maschere, query, report) presenti nel database. Cliccando sulla freccia con la punta rivolta verso il basso in alto a destra del riquadro, è possibile modificare i criteri di visualizzazione.
9. **Etichetta**: quando abbiamo più oggetti aperti, uno è in primo piano e degli altri vengono mostrate solo le etichette. È possibile passare da un oggetto all'altro cliccando sulle etichette che li identificano.
10. **Finestra oggetto**: mostra l'oggetto correntemente aperto.
11. **Selettore dei record**: quando una maschera o una query è aperta, possiamo spostarci tra i record utilizzando questo selettore. È anche possibile operare ricerche all'interno dei record. Inoltre, mostra se sono stati applicati o meno dei filtri.
12. **Pulsanti di visualizzazione**: permettono di modificare la modalità di visualizzazione. Le modalità variano a seconda del tipo di oggetto sul quale stiamo lavorando. In linea di massima, comunque, da qui è possibile passare dalla visualizzazione "normale" (il primo pulsante a sinistra) alla visualizzazione "struttura" (ultimo pulsante a destra).

SCHEDA 6 L’interfaccia di PowerPoint

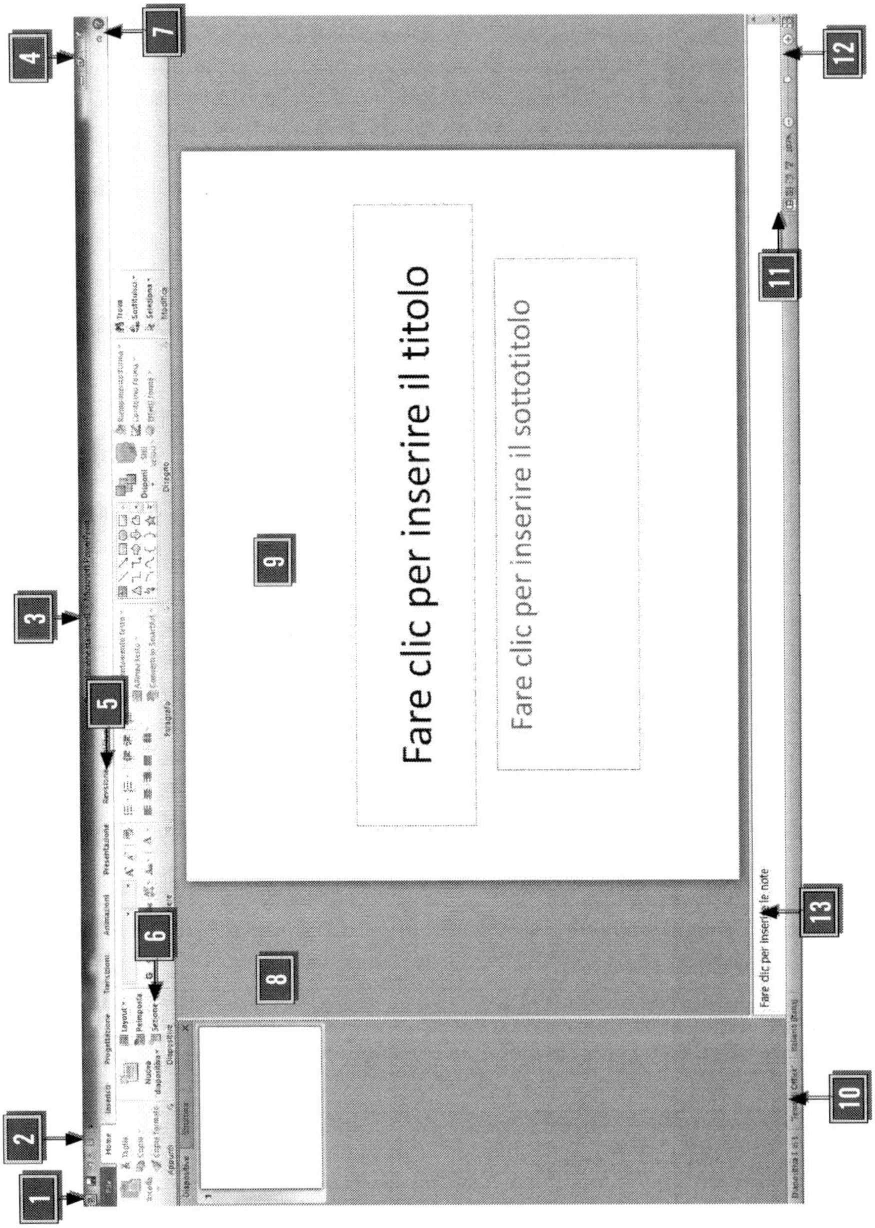

LEGENDA

Di PowerPoint abbiamo già trattato a lungo nel Cap. 4 della Parte II cui si rinvia.

1. **Pulsante di controllo**: se cliccato, mostra i comandi di controllo della finestra: Ripristina, Sposta, Ridimensiona, Riduci a icona, Ingrandisci, Chiudi.
2. **Barra di accesso rapido**: contiene i comandi utilizzati più frequentemente. I comandi possono essere aggiunti o eliminati cliccando sulla freccia a destra della barra stessa.
3. **Barra del titolo**: mostra il nome della presentazione correntemente visualizzata seguito dal nome dell'applicazione.
4. **Pulsanti di controllo**: permettono, da sinistra a destra, di iconizzare, ripristinare e chiudere la finestra.
5. **Barra multifunzione**: è composta da schede, le quali raggruppano comandi omogeni per la gestione del documento (ad esempio la scheda Animazioni permette la gestione delle animazioni degli oggetti che fanno parte di una diapositiva).
6. **Gruppo**: ciascuna scheda è suddivisa in gruppi che, a loro volta, contengono i singoli comandi (ad esempio, il gruppo Diapositive contiene tutti i comandi per la gestione delle diapositive: inserimento di una nuova diapositiva, scelta del layout etc.).
7. **Guida in linea**: se cliccato, questo pulsante mostra la Guida di PowerPoint, per la risoluzione di problemi o la migliore comprensione di alcuni aspetti del programma.
8. **Scheda Diapositive**: mostra le miniature delle diapositive che fanno parte della presentazione. Cliccando sulla scheda Struttura viene mostrato il testo delle singole diapositive, e più in particolare la struttura del testo medesimo: titolo, elenchi puntati, numerati etc.
9. **Diapositiva attiva**: la parte principale dell'interfaccia è occupata dalla diapositiva attiva, cioè quella su cui si sta lavorando in un determinato momento.
10. **Barra di stato**: mostra alcune informazioni quali numero di diapositive della presentazione, il tema utilizzato, la lingua usata. Può essere personalizzata cliccando su di essa con il tasto destro del mouse.
11. **Pulsanti di visualizzazione**: permettono di modificare la modalità di visualizzazione del documento. Le modalità sono quattro: Visualizzazione normale, Sequenza diapositive, Visualizzazione di lettura, Presentazione.
12. **Zoom**: permette di modificare lo zoom di visualizzazione della diapositiva corrente. È possibile fare ciò cliccando sui pulsanti + e – oppure agganciando con il mouse l'indicatore e trascinandolo verso destra o verso sinistra.
13. **Riquadro delle note**: qui è possibile inserire delle note che il relatore potrà leggere durante la proiezione della presentazione. Le note non saranno visibili al pubblico.

SCHEDA 7 L'interfaccia di Internet Explorer

LEGENDA

Internet Explorer è il browser, ossia il software di navigazione internet del sistema windows. È sicuramente uno dei browser più diffusi al mondo.

1. **Pulsanti di controllo**: da sinistra a destra, iconizza, ripristina e chiude la finestra.
2. **Pulsanti Avanti e Indietro**: servono per navigare avanti e indietro tra le pagine visitate.
3. **Barra dell'indirizzo**: qui va digitato l'URL della pagina che si intende visitare. Una volta digitato l'indirizzo, per caricare la pagina battere Invio o cliccare sul pulsante Vai nella parte destra della barra.
4. **Schede**. Quando più pagine sono aperte, ciascuna pagina è aperta in una scheda. Per passare da una scheda all'altra è sufficiente cliccare sull'etichetta che la identifica.
5. **Pulsanti Pagina iniziale, Preferiti e Strumenti**: il pulsante Pagina iniziale porta alla pagina impostata (dall'utente o di default) come home page all'apertura del browser; il pulsante Preferiti apre il menu per la gestione dei segnalibri: il pulsante Strumenti apre il menu degli strumenti per la gestione del programma.
6. **Barra dei menu**: è composta da voci di menu, aprendo le quali è possibile impartire comandi al browser (ad esempio il menu Preferiti contiene tutti i comandi per la gestione dei segnalibri).
7. **Finestra principale**: mostra la pagina web aperta nella scheda correntemente visualizzata.
8. **Zoom**: permette di modificare lo zoom di visualizzazione della pagina. Per fare ciò cliccare su "100%" per impostare uno zoom predefinito o sulla freccetta a destra per personalizzare il livello di zoom.

SCHEDA 8 Il software

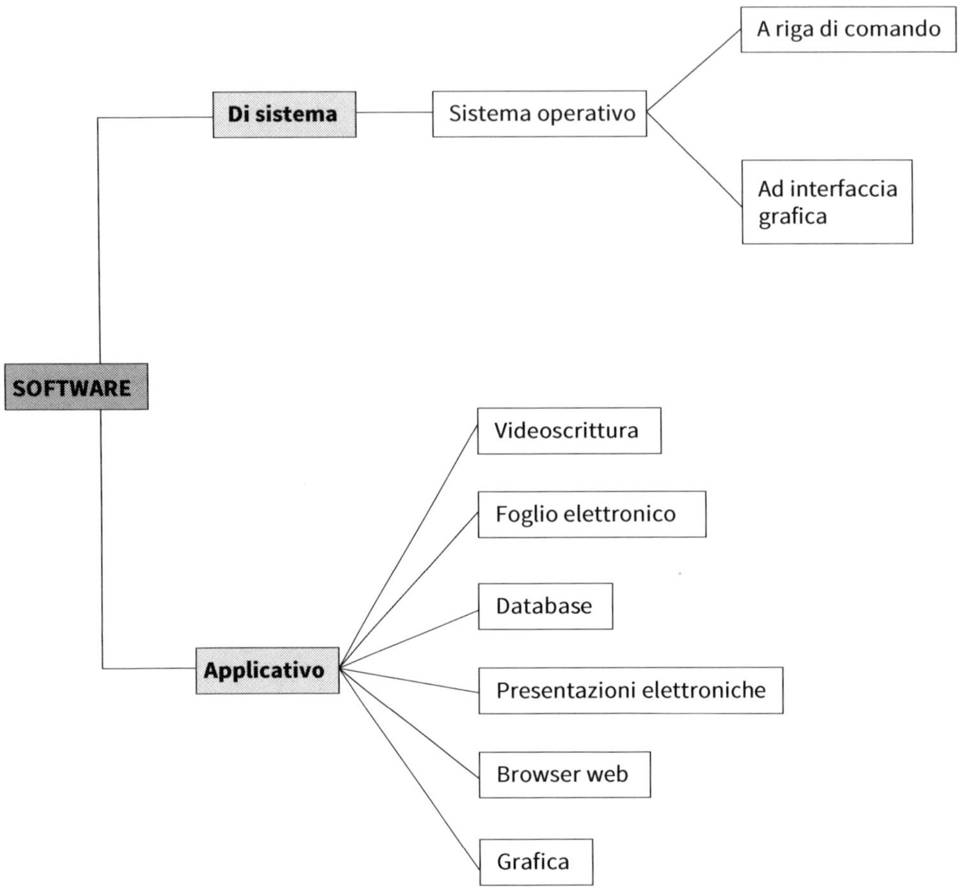

Il **software** può essere suddiviso in due grandi categorie: **software di sistema** e **software applicativo**.

Il **software di sistema** è necessario per l'avvio e il funzionamento del computer. Tipico esempio di software di sistema è il **sistema operativo**.

Il sistema operativo è un insieme di programmi che, da un lato, gestisce l'elaborazione dei dati e "coordina" il funzionamento del computer e, dall'altro, permette all'utente di interagire con il computer e di impartire i comandi. Quest'ultima azione è compiuta mediante l'**interfaccia**.

Inizialmente l'interfaccia dei sistemi operativi era **a riga di comando**: i comandi venivano materialmente digitati dall'utente il quale, quindi, doveva conoscere la sintassi utilizzata dal sistema. **MS-DOS** è un tipico esempio di sistema operativo a riga di comando.

I moderni sistemi operativi sono a **interfaccia grafica**: l'utente impartisce i comandi in modo intuitivo agendo su oggetti grafici presenti sullo schermo (icone, pulsanti etc.). **Windows** è un tipico esempio di sistema operativo a interfaccia grafica.

Il **software applicativo** è installato ed utilizzato dagli utenti per soddisfare precise esigenze. Non è dunque un software necessario per il funzionamento del PC.

Le tipologie di software applicativo più utilizzate sono le seguenti:

- **programmi di videoscrittura**, chiamati anche word processor. Permettono di utilizzare il computer per scrivere, modificare e stampare testi utilizzando una formattazione professionale (ad esempio Microsoft Word);
- **programmi di foglio elettronico**, permettono di automatizzare calcoli complessi mediante l'utilizzo di formule e funzioni e di realizzare e gestire grafici statistici (ad esempio Microsoft Excel);
- **programmi di archiviazione dati o database**, utili per la creazione e la gestione di archivi (ad esempio Microsoft Access);
- **software di presentazione**, utilizzati per creare presentazioni elettroniche composte da diapositive, che possono essere mostrate sul monitor o proiettate sullo schermo. Trovano applicazione in campo didattico, scientifico e commerciale (ad esempio Microsoft PowerPoint);
- **browser web**, permettono di visualizzare le pagine web e di navigare, interpretando il linguaggio con il quale le pagine stesse sono scritte (ad esempio l'HTML) e traducendolo in maniera comprensibile per l'utente (ad esempio Microsoft Internet Explorer);
- **programmi di grafica**. Servono per la visualizzazione, la modifica e la gestione di file grafici. Molto usati in campo fotografico, editoriale e pubblicitario (ad esempio Photoshop).

SCHEDA 9 Reti di computer

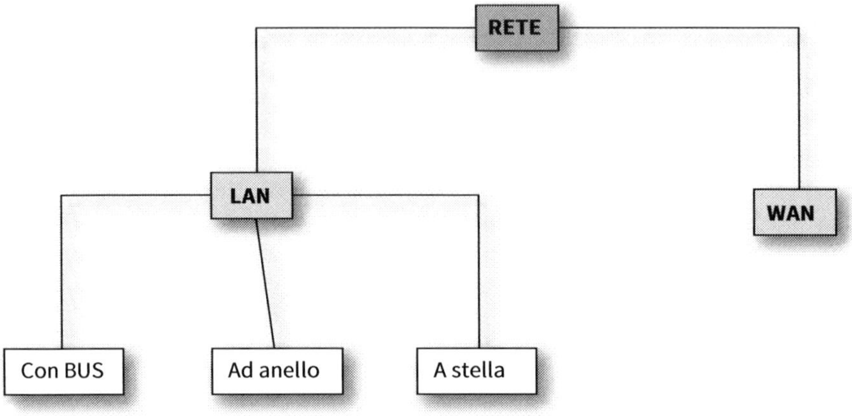

LAN (Local Area Network): rete locale che collega un numero limitato di computer in un'area abbastanza ristretta (al massimo pochi chilometri).

LAN con bus: tutti i computer sono collegati ad un unico cavo (bus). Le informazioni viaggiano sul bus, e può avvenire un solo collegamento alla volta tra qualsiasi coppia di computer. Un guasto sul bus divide la rete in due tronconi che possono continuare a funzionare autonomamente.

LAN ad anello: ogni PC è collegato ad altri due computer. Le informazioni viaggiano in una direzione predeterminata, oraria o antiorario. Un guasto ad un collegamento non impedisce il funzionamento della rete in quanto le informazioni possono viaggiare nella direzione opposta a quella predeterminata.

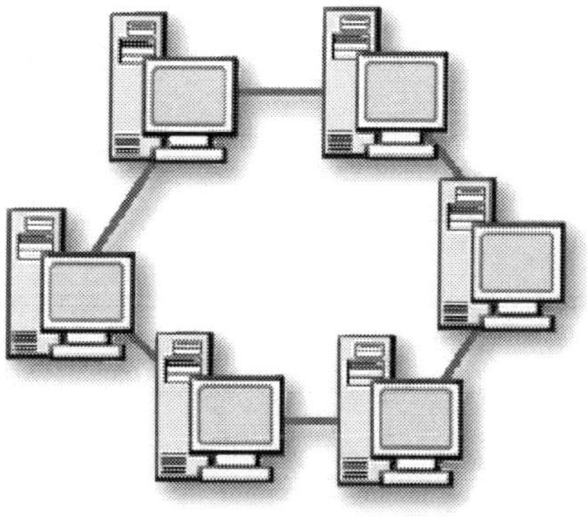

LAN a stella: tutti i computer sono collegati ad un dispositivo centrale (detto hub o concentratore) il cui compito è di coordinare i vari collegamenti che si instaurano tra i computer. In caso di guasto ad un collegamento, il resto della rete continua a funzionare normalmente, mentre il guasto del concentratore ne compromette il funzionamento.

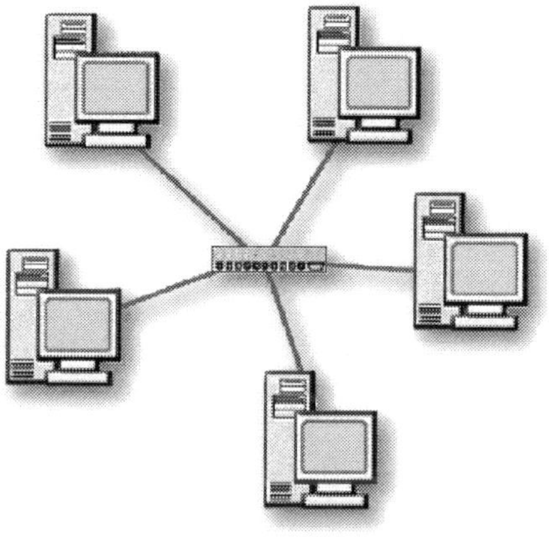

WAN (Wide Area Network): o reti geografiche, sfruttano i collegamenti di tipo telefonico per mettere in collegamento computer anche molto distanti. La gestione delle WAN è estremamente complessa e richiede la presenza di tecnici specializzati con competenze informatiche e telematiche.

Intranet ed Extranet: l'utilizzo combinato delle reti di computer e di Internet ha dato vita a due tipologie di rete molto utilizzate in ambito aziendale: Intranet ed Extranet. L'**Intranet** è una rete che utilizza gli stessi protocolli di Internet, ma mentre l'accesso alle risorse Internet è libero, l'accesso alla Intranet è riservato solo a coloro che dispongono delle opportune autorizzazioni (ad esempio i dipendenti di un'azienda). L'**Extranet** è una Intranet che permette l'accesso anche a determinati soggetti esterni (ad esempio i clienti di un'azienda).

SCHEDA 10 File, icone ed estensioni

Documento di testo. Estensione TXT. Programma di riferimento: Blocco Note di Windows.

Documento di testo. Estensione RTF. Programma di riferimento: WordPad di Windows.

Documento Word. Estensione DOC o DOCX. Programma di riferimento: Microsoft Word (pacchetto Office).

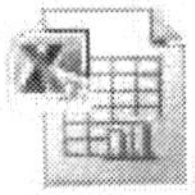

Foglio Excel. Estensione XLS o XLSX. Programma di riferimento: Microsoft Excel (pacchetto Office).

Database di Access. Estensione ACCDB. Programma di riferimento: Microsoft Access (pacchetto Office).

Presentazione di PowerPoint. Estensione PPT o PPTX. Programma di riferimento: Microsoft PowerPoint (pacchetto Office).

File grafico. Estensioni BMP, JPG, JPEG, GIF, TIFF. I programmi di riferimento sono i programmi di grafica (visualizzatore di immagini di Windows, Paint, Photoshop, GIMP etc.).

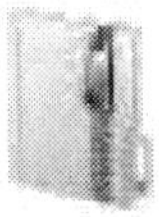

Cartella compressa. Estensione ZIP. Programma di riferimento: questo tipo di file viene gestito automaticamente dal sistema operativo Windows.

File compresso. Estensione ZIP. Programma di riferimento: WinZip.

File compresso. Estensione RAR. Programma di riferimento: WinRAR.

File video. Estensione AVI. Programma di riferimento: Windows Media Player (ma può essere aperto con qualsiasi programma che permette la visualizzazione dei video: ad esempio VLC).

File video. Estensione MPEG. Programma di riferimento: Windows Media Player (ma può essere aperto con qualsiasi programma che permette la visualizzazione dei video: ad esempio VLC).

File Portable Document Format, di rappresentazione di documenti. Estensione PDF. Programma di riferimento: Adobe Reader.

File musicale. Estensione WAV. Programma di riferimento: Windows Media Player (ma può essere aperto da qualsiasi programma che permette l'ascolto di file musicali, come ad esempio VLC).

File musicale. Estensione MP3. Programma di riferimento: Windows Media Player (ma può essere aperto da qualsiasi programma che permette l'ascolto di file musicali, come ad esempio VLC).

SCHEDA 11 Software e tipi di licenza

Licenza d'uso: quando si acquista un software in realtà non si stipula una vendita del software ma una licenza d'uso, cioè un contratto in cui in cui chi fornisce il programma fissa una serie di condizioni per il suo utilizzo. In altri termini, acquistare un programma non vuol dire diventarne proprietario, in quanto ciò che si acquista è la licenza di utilizzare quel determinato programma.

Software libero: il software è libero (free) quando il titolare dei diritti autorizza chiunque ad utilizzare il programma, riprodurlo e distribuirlo, in forma originale o anche dopo averlo modificato, sia gratuitamente che a pagamento. Affinché il software possa essere considerato libero è necessario che di esso sia messo a disposizione il codice sorgente.

Licenza freeware: si ha questo tipo di licenza quando il titolare dei diritti concede a chi lo richiede (ovvero automaticamente mettendolo a disposizione su Internet) un software, escludendo la possibilità di modifica.

Nell'ambito delle licenze freeware si distinguono tre sottoclassi:

- **cardware**: prevede in cambio dell'utilizzo del software che sia spedita una cartolina all'autore, con suggerimenti, ringraziamenti etc.;
- **greenware** e **careware**, che richiedono l'adempimento di obblighi di tipo sociale. Nella licenza greenware il fruitore viene invitato ad un comportamento corretto nei confronti dell'ambiente; nella licenza careware si richiede il rispetto generalizzato che ricopra, oltre i diritti morali, anche i rapporti con gli altri esseri umani.

Licenza shareware: si ha quando l'uso del software è concesso solo per un determinato periodo o con funzionalità ridotte. Per la rimozione dei suddetti limiti è previsto un pagamento. La licenza shareware è quindi funzionale all'acquisto del prodotto nella sua integrità.

Licenza trial version: con questa licenza il venditore mette a disposizione una versione provvisoria del programma.

Licenza open source: open source significa "sorgente (o codice) aperto", ossia libertà di utilizzo e di modifica del codice del software, con la finalità di rendere di pubblico dominio le risorse informatiche.

Le licenze open source possono essere di vario genere, tra cui:

- **licenza GPL** (General Public Licence) che disciplina il diritto di copia, di distribuzione e di modifica. Fondamentale l'indicazione, da parte di chi apporta modifiche, che si tratta di un programma modificato, nonché l'assenza di garanzia circa l'originalità della copia. Deve essere sempre indicato l'autore e le modifiche e la distribuzione sono ammesse solo se rispettano le condizioni della licenza;
- **licenze BSD e MIT**. Sono modelli di licenze precompilate da unire al software. Anche in questo caso è prevista l'indicazione dell'autore e l'avviso che la garanzia non viene assicurata;
- **licenza artistica**. SI tratta di una particolare licenza che fa riferimento alle modalità di copia del software affinché sia mantenuta l'artisticità delle soluzioni visive scelte dall'autore;

— **licenza Debian**. La distribuzione del free software Debian è regolata da un documento programmatico: le linee guida Debian (DFSG) che hanno fortemente influenzato la filosofia dell'open source.

SCHEDA 12 Tipologie di computer

Supercomputer: sono costituiti da elaboratori molto potenti per velocità di calcolo e capacità di memorizzazione. Sono composti da dispositivi molto costosi (sino a diversi milioni di euro) e richiedono procedure di gestione sofisticate messe in atto da personale specializzato. Questa categoria di computer è indicata per risolvere problemi particolarmente complessi (previsioni meteo, applicazioni di strategia militare, analisi dei sistemi nei campi dell'ingegneria molecolare o aerospaziale).

Mainframe: sono computer di grandi dimensioni presenti soprattutto negli ambienti gestionali delle grandi società (banche, assicurazioni, ministeri etc.) nei quali da un lato è necessario elaborare dati immessi contemporaneamente da numerosissimi utenti e dall'altro bisogna comunicare in tempo reale i risultati.

Minicomputer: categoria di computer simile, per caratteristiche e architettura, al mainframe. È presente soprattutto nelle aziende di dimensioni medio-piccole ed è in grado di servire contemporaneamente diverse decine di utenti, sfruttando la memorizzazione di grandi quantità di dati su dischi e nastri magnetici. I costi sono nell'ordine delle decine di migliaia di euro.

Personal Computer (PC): è un elaboratore di piccole dimensioni, dal costo contenuto e utilizzato per scopi personali o professionali. Nato inizialmente per essere utilizzato in modo autonomo, non essendo collegato ad alcuna rete, oggi invece il PC è quasi sempre collegato ad altri dispositivi multimediali (TV, videoproiettori etc.) e ad altri computer: in tale ultimo caso si parla di rete di computer.

Notebook: detto anche laptop, è un tipo di personal computer che riduce in un unico corpo tastiera, monitor, unità centrale, memoria e modem in modo da essere facilmente trasportabile in una borsa da lavoro. Per questi motivi rende anche il nome di PC portatile.

Netbook: computer portatile con uno schermo ridottissimo (circa 10 pollici) utilizzato principalmente come agenda elettronica, per la navigazione web e per la gestione della posta elettronica.

Palmare (o PDA, Personal Digital Assistant): computer di dimensioni contenute che può essere portato sul palmo di una mano (da cui il nome) dotato di uno schermo tattile. Nasce come agenda elettronica, ma successivamente si è evoluto ed è stato arricchito di funzioni sempre più potenti ed avanzate.

Tablet: computer di dimensioni ridotte (di solito 10 pollici) che si caratterizza fondamentalmente per la mancanza di tastiera e per l'utilizzo della tecnologia touch screen: il dialogo tra macchina e utente avviene mediante la pressione delle dita sullo schermo. Esistono modelli ibridi che dispongono anche di tastiera utilizzabile all'occorrenza.

Glossario essenziale

Glossario essenziale delle «Avvertenze generali»[*]

Abilità

Le capacità di applicare conoscenze e di utilizzare know-how per portare a termine compiti e risolvere problemi. Nel contesto del Quadro europeo delle qualifiche le abilità sono descritte come *cognitive* (comprendenti l'uso del pensiero logico, intuitivo e creativo) o *pratiche* (comprendenti l'abilità manuale e l'uso di metodi, materiali, strumenti) (Racc. europea 23 aprile 2008).

Accoglienza

L'accoglienza rappresenta il primo fondamentale momento dell'azione educativa realizzata dalle istituzioni scolastiche. L'ingresso dell'alunno a scuola può determinare problematiche di adattamento e forme di disorientamento che incidono sulla sua serenità emotiva e sugli esiti del percorso didattico. Per tale motivo è opportuno progettare adeguate iniziative e modalità organizzative volte a favorire la costruzione di una positiva relazione educativa. L'accoglienza riveste un ruolo fondamentale nel caso di alunni con bisogni educativi speciali.

ADHD (Attention deficit hyperactivity disorder)

Noto anche come **Disturbo da deficit dell'attenzione e iperattività**, è caratterizzato da un livello di attenzione scarso, inadeguato per lo sviluppo, o da aspetti di iperattività e impulsività inappropriati all'età o da entrambi, che compaiono prima dei 7 anni di età. Presente nel 3-5% dei bambini della scuola elementare, è imputabile a fattori genetici, a danni cerebrali minimi, disfunzioni del sistema neurologico, carenza emozionale.

Alternanza scuola-lavoro

L'alternanza scuola-lavoro è una modalità didattica realizzata attraverso esperienze in contesti lavorativi. Nasce, infatti, dal superamento della separazione tra il momento formativo e quello applicativo e si basa sull'idea che educazione formale, informale ed esperienza di lavoro debbano fondersi in un unico progetto formativo, utilizzando strumenti nei quali si possano mettere in gioco abilità teoriche e pratiche.

L'apprendimento è un processo attraverso il quale il soggetto, elaborando le proprie esperienze, modifica il comportamento e le conoscenze di cui è in possesso per adattarsi in maniera autonoma alle sollecitazioni provenienti dal suo stato personale e dall'ambiente. L'apprendimento riguarda sia l'acquisizione di risposte completamente nuove,

---

[*] Riportiamo qui un glossario essenziale di termini sia di carattere pedagogico-didattico che normativo, che sintetizzano i concetti fondamentali delle cd. Avvertenze generali, ossia di una parte del programma d'esame integrativo delle discipline, *ex* D.M. 95/2016 valido anche per il concorso 2018 per abilitati.

Per l'approfondimento dei vari argomenti delle Avvertenze generali si rinvia al lavoro in due Tomi (**526/A4**) *Avvertenze generali 2018*; (**529/B**) *Manuale delle metodologie e tecnologie didattiche* (2018) (**526/C**) *Legislazione scolastica* (2018).

sia il variare della frequenza con cui si manifesta un'azione già compresa nel repertorio di un soggetto. Molteplici sono i fattori, innati e acquisiti, che incidono sull'apprendimento individuale.

Le teorie sull'apprendimento distinguono:

a) un *apprendimento associativo*, fondato sulla *relazione stimolo-risposta* che provoca il formarsi di abitudini. Nel condizionamento classico, ad esempio, l'apprendimento è considerato il risultato della contiguità di eventi ambientali: quando più eventi si verifichino in modo sincrono, tanto più vi sarà la tendenza ad associarli. Nel modello di condizionamento operante l'apprendimento è considerato il prodotto delle proprie azioni e del loro effetto sull'ambiente circostante;
b) un *apprendimento cognitivo o complesso*, che si ha quando il ruolo della percezione e della conoscenza è maggiore e la comprensione non avviene per somma di attività frammentarie, ma implica il cogliere le relazioni essenziali e il significato dell'esperienza;
c) la teoria dell'*apprendimento sociale* incorpora sia il modello di apprendimento classico sia quello operante, ma considera l'importanza di una reciproca interazione fra il soggetto e l'ambiente che lo circonda. I processi cognitivi sono considerati importanti fattori di modulazione delle risposte individuali agli eventi ambientali.

Apprendimento attivo
Termine generico per indicare tutte le metodologie didattiche che si basano su attività condotte dagli alunni in prima persona.

Apprendimento in contesto formale
Apprendimento che si realizza in un contesto organizzato e strutturato (per esempio, in un istituto d'istruzione, o di formazione o sul lavoro), appositamente progettato come tale (in termini di obiettivi di apprendimento e tempi o risorse per l'apprendimento). L'apprendimento formale è intenzionale dal punto di vista del discente e di norma sfocia in una convalida e/o in una certificazione.

Apprendimento in contesto informale
Apprendimento risultante dalle attività della vita quotidiana legate al lavoro, alla famiglia o al tempo libero. Non è strutturato (in termini di obiettivi di apprendimento, di tempi o di risorse) e di norma non sfocia in una certificazione. L'apprendimento informale può essere intenzionale, ma nella maggior parte dei casi non lo è (ovvero è "fortuito" o casuale).

Apprendimento in contesto non formale
Apprendimento che si realizza nell'ambito di attività pianificate non specificamente concepite come apprendimento (in termini di obiettivi, di tempi o di sostegno all'apprendimento). L'apprendimento non formale non sfocia di norma in una certificazione. L'apprendimento non formale, a volte denominato "apprendimento semi-strutturato", è intenzionale dal punto di vista del discente.

Apprendimento per imitazione

Gli studi sull'imitazione di **Bandura** hanno posto in rilievo che l'apprendimento per questa via non è semplice copia né semplice ripetizione di un modello, ma *elaborazione attiva e riorganizzazione* messe in atto da un apparato mentale. Dalla condotta del modello l'osservatore estrae *regole*, fa congetture sulla replicabilità e modificabilità della condotta stessa, decide cosa mettere in memoria e cosa tradurre in comportamento. Imitare comporta, quindi, il ricorso a una serie di funzioni tra loro integrate: attenzione, selezione, memoria, pensiero, anticipazione, decisione, azione. Gli attuali studi nel campo delle neuroscienze confermano il ricorso a meccanismi di elaborazione complessa attiva già a livello neuronale.

Apprendimento permanente

Qualsiasi attività di apprendimento intrapresa nelle varie fasi della vita al fine di migliorare le conoscenze, le capacità e le competenze in una prospettiva personale, civica, sociale e/o occupazionale.

Apprendimento significativo

L'apprendimento significativo si realizza quando l'alunno collega le nuove acquisizioni alle strutture cognitive di cui è in possesso. Esso consente la graduale costruzione delle conoscenze, in forma stabile e consapevole. Per tali motivi si contrappone all'apprendimento meccanico che si basa su procedimenti meramente ripetitivi e mnemonici.

Apprendimento tra pari

È un tipo di apprendimento in cui gli alunni si supportano reciprocamente nell'apprendimento. Rientrano nell'apprendimento tra pari il *peer tutoring* e il *cooperative learning*.

Area di istruzione generale degli istituti tecnici

Area di istruzione comune a tutti i percorsi degli istituti tecnici che ha l'obiettivo di fornire ai giovani la preparazione di base, acquisita attraverso il rafforzamento e lo sviluppo degli assi culturali che caratterizzano l'obbligo di istruzione (asse dei linguaggi, matematico, scientifico-tecnologico, storico-sociale).

Asse culturale

Gli assi culturali costituiscono il "tessuto" per la costruzione di percorsi di apprendimento orientati all'acquisizione delle competenze chiave che preparino i giovani alla vita adulta e che costituiscano la base per consolidare e accrescere saperi e competenze in un processo di apprendimento permanente, anche ai fini della futura vita lavorativa.
Gli assi culturali che caratterizzano l'obbligo di istruzione sono quattro: asse dei linguaggi, matematico, scientifico-tecnologico, storico-sociale.

Attivismo

L'Attivismo è la più significativa corrente del rinnovamento delle concezioni educative dei primi decenni del '900, fondata su un principio essenziale: il puerocentrismo. Si tratta di un concetto che riconosce il protagonismo essenziale del bambino in ogni percorso educativo. L'attivismo presenta, altresì, una forte valorizzazione del fare, dell'operatività e dell'azione, quali fattori imprescindibili ed essenziali per lo sviluppo dell'apprendimento. L'attivismo è un metodo educativo, tipicamente puerocentrico, che ebbe origine alla fine del XIX sec., ad opera del filosofo americano J. **Dewey** per il quale *la pedagogia deve mirare al metodo* e non considerare tanto il contenuto, cercando di sviluppare soprattutto le capacità critiche del bambino, piuttosto che accrescere le sue nozioni. Ne deriva un modello di scuola non convenzionale (scuola attiva), non impostata sul nozionismo e sulla lezione trasmissiva tradizionale, bensì una scuola impostata sulla psicologia e le esigenze dell'alunno.

L'insegnante non deve trasmettere in modo acritico le nozioni ma deve stimolare l'apprendimento mediante l'esperienza e l'attività pratica, impostata su una specifica modalità di apprendimento: il *learning by doing*. Ancora oggi l'attivismo influenza i nostri ordinamenti didattici, e per l'epoca fu un vero e proprio rovesciamento radicale dell'educazione in cui per la prima volta si metteva al centro il bambino, i suoi bisogni e le sue capacità; il fare che precede il conoscere.

Attività funzionali all'insegnamento

Per attività funzionale all'insegnamento s'intende ogni impegno, inerente alla funzione docente, previsto dal Contratto collettivo nazionale di lavoro. Essa comprende tutte le attività, anche a carattere collegiale, di programmazione, progettazione, ricerca, valutazione, documentazione, aggiornamento e formazione, incluse la preparazione dei lavori degli organi collegiali, la partecipazione alle riunioni e l'attuazione delle delibere adottate dai predetti organi. Tra gli adempimenti individuali rientrano le attività relative alla preparazione delle lezioni e delle esercitazioni, alla correzione degli elaborati e i rapporti individuali con le famiglie.

Autonomia

Il conferimento dell'autonomia alle istituzioni scolastiche, così come declinato nell'art. 21 della Legge 59/97, rappresenta una svolta storica in materia di competenze tra Stato e scuole del territorio nazionale per quanto concerne l'istruzione e la formazione. Tale legge riguarda il più generale trasferimento di funzioni e compiti dallo Stato a Regioni ed Enti locali e contiene importanti elementi di novità in ambito amministrativo, recependo gli elementi fondamentali della Legge 241/90.

Autonomia didattica

L'autonomia didattica riconosce alle scuole la possibilità di adottare, per la promozione delle potenzialità di ciascun alunno, forme di flessibilità che prevedano l'articolazione modulare del monte ore annuale di ciascuna disciplina e la definizione di unità di insegnamento non coincidenti con l'unità oraria di lezione. Consente, altresì, di utilizzare, nell'ambito del curricolo obbligatorio, spazi orari per la realizzazione di percorsi didattici individualizzati e di operare un'articolazione modulare di gruppi di alunni provenienti dalla stessa classe o da classi diverse.

Autonomia funzionale

L'autonomia scolastica è funzionale, ovvero delimitata all'assolvimento di una funzione specifica all'interno del sistema pubblico sottoposto a regole comuni e generali. Essa si ricollega al trasferimento alle autonomie locali di competenze in materia di istruzione, con il fine di assegnare al territorio e, dunque, al luogo più vicino ai cittadini, il compito di soddisfare le esigenze dell'utenza in materia di istruzione, attraverso l'apporto di diversi soggetti (Stato, Enti locali ed Istituzioni scolastiche autonome).

Autonomia organizzativa

Uno degli strumenti di cui le scuole dispongono per rendere più efficace l'azione educativa e didattica è rappresentato dall'autonomia organizzativa, regolamentata dall'art. 5 del DPR 275/99. Con l'autonomia organizzativa le scuole autonome possono adattare il calendario scolastico alle esigenze derivanti dal POF, nel rispetto delle funzioni in materia esercitate dalle Regioni che fissano l'inizio, il termine ed il numero dei giorni di lezione, possono altresì organizzare flessibilmente l'orario del curricolo e delle singole discipline e delle attività, nel rispetto del monte ore annuale obbligatorio.

Autovalutazione

Una tematica di grande attualità è quella dell'autovalutazione di istituto, quindi della rendicontazione dei risultati annualmente raggiunti dall'istituzione scolastica autonoma in ordine agli obiettivi predefiniti. Si tratta di un processo teso a coinvolgere tutti i soggetti che partecipano al processo di educazione, di istruzione, di formazione, allo scopo di migliorarlo.

Bisogni educativi speciali (B.E.S.)

I bisogni educativi speciali costituiscono esigenze formative prioritarie, cui l'istituzione scolastica deve poter rispondere utilizzando tempi e strumenti adeguati. Gli alunni con bisogni educativi speciali, pur non essendo in possesso di una diagnosi medica o psicologica, presentano difficoltà tali da richiedere un intervento specifico. Si tratta molto spesso di problematiche di varia natura che, intervenendo sul processo di crescita, determinano un impedimento e trasformano il normale bisogno educativo in un bisogno speciale. Cause di BES possono essere malattie, disagio economico-sociale, difficoltà di apprendimento non certificabili (DSA), immigrazione, separazione dei genitori, crisi affettive ecc.

Brainstorming

Con questo termine inglese (letteralmente "tempesta cerebrale") si indica una tecnica di gruppo ideata dal pubblicitario statunitense Alex F. Osborn negli anni Trenta, finalizzata alla produzione di nuove idee e alla risoluzione dei problemi in modo creativo. Il brainstorming oggi viene inserito tra le metodologie didattiche innovative al fine di favorire il pensiero creativo.

Può essere impiegato anche come fase preliminare di un lavoro che prosegue, utilizzando altre metodologie didattiche. Il principio su cui si basa il brainstorming consiste nel ritenere che le idee si collegano l'una alle altre in libere associazioni e che le idee degli altri possano stimolare la produzione creativa delle proprie.

Bullismo

Il bullismo, nel contesto scolastico, rappresenta una particolare forma di comportamento scorretto e deviante i cui tratti salienti sono in sintesi: l'intenzionalità delle molestie; la loro reiterazione; l'asimmetria di potere, interna alla relazione bullo-vittima. Le scuole di ogni ordine e grado hanno il compito di adottare iniziative di prevenzione, favorendo la diffusione della cultura della legalità e della cittadinanza attiva e consapevole.

Campi di esperienza

Con la locuzione "campi di esperienza" si indicano i diversi ambiti del fare e dell'agire, che caratterizzano e qualificano il curricolo della prima scuola del bambino e richiedono l'azione di orientamento consapevole ed esperta degli insegnanti. Si tratta di settori specifici di competenze nei quali il bambino conferisce significato alle sue molteplici attività. Per ciascun campo di esperienza le Indicazioni nazionali per il curricolo individuano i traguardi di sviluppo delle competenze da conseguire al termine della scuola dell'infanzia che rappresentano finalità fondamentali, utili per la definizione dei percorsi educativi, nonché per orientare l'azione formativa dell'insegnante.

CEFR — Vedi QCER

Certificazione delle competenze

La fase della certificazione delle competenze rappresenta il processo mediante il quale il soggetto abilitato (il Consiglio di classe nella scuola secondaria di I e II grado e il Consiglio d'interclasse nella scuola primaria) rilascia, a seguito della valutazione, un attestato formale relativo al possesso, da parte dell'alunno, di determinate competenze. Si tratta di una fase che segue il processo valutativo mediante il quale si procede a verificare gli esiti dell'azione educativo-didattica realizzata, nel rispetto delle indicazioni contenute nei documenti di riordino del curricolo.

Certificazione dei risultati di apprendimento

Rilascio di un certificato, un diploma o un titolo che attesta formalmente che un ente competente ha accertato e convalidato un insieme di risultati dell'apprendimento (conoscenze, know-how, abilità e/o competenze) conseguiti da un individuo rispetto a uno standard prestabilito.

La certificazione può convalidare i risultati dell'apprendimento conseguiti in contesti formali, non formali o informali.

Centri Provinciali per l'istruzione degli adulti (CIPIA)

I Centri provinciali per l'istruzione degli adulti (CIPIA) sono stati istituiti con la legge finanziaria 296/2006, art. 1, comma 632, che ha previsto la riorganizzazione dei Centri territoriali permanenti (CTP) per l'istruzione e la formazione in età adulta. L'offerta formativa dei CPIA è finalizzata principalmente al conseguimento del livello di istruzione corrispondente a quello previsto al termine della scuola primaria, nonché all'acquisizione del titolo di studio conclusivo del primo ciclo di istruzione, all'alfabetizzazione funzionale e all'acquisizione di saperi e competenze riferiti all'adempimento dell'obbligo di istruzione e al conseguimento del diploma di istruzione secondaria di secondo grado.

Circle time

Il *circle time* è un metodo di lavoro ideato con lo scopo di proporre, per tutti i gruppi che abbiano uno scopo comune, uno strumento efficace per aumentare la vicinanza emotiva e per risolvere i conflitti. Tale strumento si rivela particolarmente efficace per stimolare ad acquisire conoscenza e consapevolezza delle proprie ed altrui emozioni, per gestire le relazioni sociali sia con i pari sia con gli adulti.

Cittadinanza e Costituzione

Acquisizione nel primo e nel secondo ciclo di istruzione delle conoscenze e delle competenze relative a «Cittadinanza e Costituzione», nell'ambito delle aree storico-geografica e storico-sociale e del monte ore complessivo previsto per le stesse.
Negli istituti tecnici, le attività e gli insegnamenti relativi a "Cittadinanza e Costituzione" coinvolgono tutti gli ambiti disciplinari e si sviluppano, in particolare, in quelli di interesse storico-sociale e giuridico-economico.

CLIL (Content and language Integrated Learning)

Approccio metodologico che prevede l'insegnamento di una disciplina non linguistica, in lingua straniera veicolare al fine di integrare l'apprendimento della lingua e l'acquisizione di contenuti disciplinari, creando ambienti di apprendimento che favoriscano atteggiamenti plurilingui e sviluppino la consapevolezza multiculturale.

Cognitivismo

La psicologia del cognitivimo, nei suoi molteplici indirizzi, esamina i processi dell'individuo che apprende, reagendo alle sollecitazioni dell'ambiente e costruendo modelli sempre più avanzati di conoscenza. Per i cognitivisti, apprendere significa collegare le informazioni a strutture di pensiero e costruire forme sempre più avanzate di conoscenza, grazie all'azione della mente che non solo percepisce lo stimolo, ma lo seleziona, lo elabora, attribuendo ad esso un significato.
Secondo la psicologia cognitiva la mente umana funziona elaborando attivamente informazioni che le giungono tramite gli organi sensoriali, in analogia con i meccanismi di tipo cibernetico. A differenza di altri modelli precedenti (ad es.: comportamentismo), il cognitivismo non costituisce un sistema teorico organizzato e coerente. Dagli anni Settanta in poi il cognitivismo, nato in Inghilterra, è subentrato al comportamentismo, diventando il modello più utilizzato nel Nord America. Le influenze che hanno inciso sulla nascita delle teorie cognitiviste sono molte ed eterogenee: le più recenti possono essere individuate nella **teoria dell'informazione e nella cibernetica**, che forniscono un modello dell'organismo umano come sistema complesso in grado di ricevere informazioni (*input*), di elaborarle compiendo scelte fra gli elementi in entrata, di porre in atto sui dati selezionati una serie di trasformazioni e un immagazzinamento rapido ed efficace, di raggiungere decisioni dipendenti dai risultati dell'elaborazione compiuta e non predeterminate in partenza (*output*), come era nel modello comportamentista, dagli stimoli ambientali in entrata. **Broadbent** enuncia la più nota delle teorie cognitiviste relative all'attenzione, la *teoria del filtro*, che sottolinea la capacità della mente di selezionare in modo molto preciso le informazioni in arrivo.

Nel 1960 gli psicologi cognitivisti presentano più compiutamente l'analogia di funzionamento fra mente umana e computer che viene presentata in modo approfondito. Il soggetto conoscente interagisce con l'ambiente circostante, non limitandosi a recepirne passivamente le sollecitazioni (come nella prospettiva comportamentistica), ma continuamente verificando la congruenza fra il proprio progetto comportamentale e le condizioni oggettive esistenti. Negli anni successivi si differenziano diversi filoni di ricerca cognitivista che si focalizzano su percezione, memoria, attenzione, vigilanza, ragionamento (il cosiddetto *problem solving*) e soprattutto linguaggio (**Chomsky**).

Collegio dei docenti

Il Collegio dei docenti, composto da tutti gli insegnanti di ruolo e non di ruolo della scuola, ha esclusiva competenza per quanto attiene agli aspetti pedagogico-formativi e all'organizzazione curricolare; delibera autonomamente in merito all'attività di progettazione e di programmazione educativa e didattica. Il Collegio dei docenti si configura come organo tecnico, le cui competenze, oltre a quelle individuate dall'art.7 del D.Lgs. n. 297/94, sono indicate nell'art. 3 del DPR n. 275/99. A tali compiti, si aggiungono le funzioni relative alla pianificazione dell'offerta formativa che, ai sensi della legge n. 107/2015, il Collegio elabora sulla base dell'atto di indirizzo predisposto dal Dirigente Scolastico.

Comitato per la valutazione dei docenti

Il Comitato per la valutazione del servizio dei docenti, istituito dal D.P.R. n. 416/1974, è stato novellato dalla Legge n. 107/2015. L'organo collegiale, ridefinito Comitato per la valutazione dei docenti, si presenta modificato nella composizione e per le funzioni, in quanto investito di un ruolo di alta responsabilità: l'individuazione dei criteri per la valorizzazione del merito dei docenti. Il Comitato è così composto: tre docenti dell'istituzione scolastica, di cui due scelti dal collegio dei docenti e uno dal consiglio di istituto; due rappresentanti dei genitori, per la scuola dell'infanzia e per il primo ciclo di istruzione; un rappresentante degli studenti e un rappresentante dei genitori, per il secondo ciclo di istruzione, scelti dal consiglio di istituto; un componente esterno individuato dall'Ufficio scolastico regionale. Il Comitato dura in carica tre anni scolastici ed è presieduto dal Dirigente scolastico.

Competenza

Le competenze, acquisite dagli studenti nei diversi segmenti del percorso formativo, grazie alle esperienze realizzate dentro e fuori l'istituzione scolastica, rendono possibile la continua valorizzazione del soggetto e della sua storia formativa e professionale, in quanto permettono di indirizzare in maniera autonoma la formazione personale per tutto l'arco della vita, in interazione e collaborazione con gli altri, operando scelte, elaborando progetti e affrontando l'incertezza che caratterizza la realtà contemporanea.

Competenze

Secondo la Racc. del Parlamento europeo del 23 aprile 2008, per competenza si intende la comprovata capacità di utilizzare conoscenze, abilità e capacità personali, sociali e/o metodologiche, in situazioni di lavoro o di studio e nello sviluppo professionale e personale. Nel contesto del Quadro Europeo delle Qualifiche le competenze sono descritte in termini di responsabilità e autonomia.

Competenze - chiave di cittadinanza

Le otto Competenze-chiave per l'apprendimento permanente sono state definite dal Parlamento Europeo e dal Consiglio dell'Unione Europea il 18 dicembre 2006. Esse costituiscono un fondamentale riferimento nel campo dell'educazione e dell'istruzione per il cittadino di ogni età. Alle Competenze chiave di cittadinanza si ispirano i vigenti documenti in materia ordinamentale.

Competenze chiave per l'apprendimento permanente

Combinazione di conoscenze, abilità e attitudini appropriate al contesto. Le competenze chiave sono quelle di cui tutti hanno bisogno per la realizzazione e lo sviluppo personale, la cittadinanza attiva, l'inclusione sociale e l'occupazione.

Comportamentismo

Detto anche *behaviorismo,* è una delle grandi tendenze di pensiero della psicologia moderna, particolarmente vivace tra il 1915 e il 1950 negli Stati Uniti, dove prese origine dagli studi di **Watson**.

L'idea centrale è quella di costruire una psicologia rigorosamente obiettiva, fondata sul tangibile e sull'osservabile, in parallelo con le scienze fisiche viste nell'ottica del positivismo. Per questo motivo l'oggetto della psicologia, secondo il modello comportamentista, diventa non più la coscienza o l'attività mentale largamente intesa come era nella tradizione europea, ma il *comportamento*, inteso come risposta o *reazione* (R) di ordine fisico o fisiologico (motorio o viscerale) conseguente ad uno stimolo (S). Alla coscienza viene negata ogni dimensione psicologica; i concetti di sensazione, di percezione, di immagine mentale e simili vengono rigettati come puramente intellettualistici, ed anche fondamentali processi psicologici di ordine cognitivo come il linguaggio e il pensiero sono ricondotti a fatti di ordine meramente fisico e fisiologico.

Il comportamento, il formarsi delle abitudini e dei processi psichici, sono quindi affidati essenzialmente all'**apprendimento** che assume nella psicologia comportamentista un ruolo centrale anche se vengono utilizzate forme molto elementari di apprendimento, essenzialmente per condizionamento, basato sia sui meccanismi associativi di **Pavlov**, sia sulla legge dell'effetto di **Thorndike**. In particolare dall'idea di Thorndike che le risposte accompagnate da soddisfazione tendono a subire un *rinforzo* che le fissa e le induce a guida del comportamento (*condizionamento operante* da cui deriva l'**apprendimento per prove ed errori**), nasce il comportamentismo più rigoroso del periodo post-watsoniano: quello di **Skinner**.

Condizionamento

Il Condizionamento è una forma di apprendimento per associazione, in cui stimoli e risposte vengono associati insieme e lo sviluppo viene interpretato come un processo che conduce alla formazione di abitudini. Tale teoria se da un lato ha avuto un certo risconto in ambito scolastico, soprattutto per il ruolo attribuito al rinforzo positivo, dall'altro è stata oggetto di numerose critiche per aver trascurato le variabili soggettive che intervengono nel processo di crescita di ogni alunno.

Conoscenze

Risultato dell'assimilazione di informazioni attraverso l'apprendimento. Le conoscenze sono un insieme di fatti, principi, teorie e pratiche relative ad un settore di lavoro o di studio. Nel contesto del Quadro europeo delle qualifiche le conoscenze sono descritte come teoriche e/o pratiche. (Tacc. Parl. europ. 23 aprile 2008).

Consiglio di Istituto

Il Consiglio di Circolo/Istituto ha competenza generale per quanto concerne l'organizzazione della vita e delle attività della scuola e ha diritto di iniziativa nelle materie di sua competenza.

Esso svolge una funzione politica, rappresentando interessi interni ed esterni alla scuola e si compone, nelle scuole con popolazione scolastica superiore a 500 alunni, di 19 membri: 8 docenti, 8 genitori, 2 rappresentanti del personale ATA, il Dirigente scolastico, in qualità di membro di diritto. Negli istituti di istruzione secondaria superiore i rappresentanti dei genitori sono 4 e sono chiamati a far parte del Consiglio 4 studenti. La legge n. 107/2015 ha attribuito al Consiglio d'Istituto il compito di approvare il Piano triennale dell'Offerta Formativa che, con tale atto, diventa operativo.

Continuità orizzontale

La continuità orizzontale risponde all'esigenza di accogliere ed interpretare la complessità delle esperienze vitali dei bambini e ragazzi, svolgendo una funzione di filtro, di arricchimento e di valorizzazione nei riguardi delle esperienze extrascolastiche. Essa si fonda sulla necessità di costruire un'alleanza educativa tra scuola, famiglia, agenzie educative ed enti locali presenti e operanti nel territorio, tra ambienti di vita e di formazione, formali e informali, nell'ottica della creazione di un progetto condiviso e fortemente integrato.

Continuità verticale

La continuità verticale si concretizza nel legame stretto tra il soggetto in formazione e gli impianti metodologici e didattici dei tre ordini di scuola, atti a creare occasioni per organizzare e strutturare le competenze. Trova massima espressione negli istituti comprensivi. Al riguardo è necessario progettare azioni positive che garantiscano il raccordo all'interno del percorso scolastico, utilizzando strategie che si pongano in sintonia con le modalità che lo studente utilizza per la costruzione del suo sapere.

Cooperative-learning

Il *cooperative learning* o *apprendimento cooperativo* è un metodo didattico che utilizza piccoli gruppi in cui gli studenti lavorano insieme per migliorare reciprocamente il loro apprendimento. A ogni componente del gruppo vengono assegnati ruoli e compiti di uguale importanza e ciascuno deve coordinare i suoi sforzi con quelli altrui, per il perseguimento di comuni finalità.

Costruttivismo

Il costruttivismo è una teoria dell'apprendimento che attribuisce un ruolo determinante alle preconoscenze possedute dal soggetto prima dell'apprendimento. Ogni conoscenza nuova va sempre a collocarsi in un'intelaiatura di dati pregressi che danno significato e costituiscono il presupposto per le nuove conoscenze.

Centrale, nella visione del costruttivismo, è il "contesto" nel quale si attua l'apprendimento. Ne deriva che l'apprendimento si realizza pienamente quando il soggetto agisce in collaborazione con altre persone più competenti.

Secondo la teoria costruttivista il sapere non esiste indipendentemente dal soggetto che conosce. La conoscenza non è mai quindi oggettiva, ma è sempre una **soggettiva**

costruzione di significato, in base alle proprie sensazioni, conoscenze, credenze, emozioni. Il concetto di verità anche scientifica perde così di significato. Ogni individuo ha quindi una propria visione personale della realtà e comprende il mondo attraverso la costruzione di concetti e categorie che lo organizzano, in parte li adattata per renderli compatibili con quelli degli altri. La conoscenza è, quindi sempre individuale e non è possibile trasmettere il significato che si attribuisce ad un concetto in quanto questo è sempre influenzato dall'**esperienza personale**. Il sistema di costrutti di un individuo varia dunque in base alla sua esperienza e all'ambiente in cui vive.
Nell'ambito didattico il costruttivismo rinnega qualsiasi forma di metodologia di insegnamento trasmissivo (no lezione frontale, sì qualsiasi tipo di tecnica didattica che ricorre all'esperienza): la scuola è uno dei contesti (come famiglia, gruppo dei pari) in cui si sviluppa l'apprendimento e il docente può offrire allo studente solo stimoli ed indirizzamenti. Ciò significa anche che l'apprendimento individuale non può rispondere a standard e fasi predefinite e lineari e che la scuola deve permettere a tutti di seguire un proprio percorso individuale di apprendimento.
Uno dei maggiori esponenti del costruttivismo fu G. A. **Kelly**.

Culpa in vigilando

Per *culpa in vigilando* s'intende la situazione colposa generata nel caso in cui sia stato omesso il necessario e fondamentale dovere di sorveglianza nei confronti degli studenti. L'affidamento del minore alla custodia di terzi, infatti, solleva i genitori da tale forma di responsabilità che si sposta sugli operatori scolastici.

Curricolo

Il curricolo è l'insieme degli obiettivi formativi, dei contenuti, delle attività, delle strategie e metodologie, dei sistemi di verifica e valutazione che caratterizza un grado di scuola. Con il D.P.R. 275/99 la costruzione del curricolo costituisce il fattore strategico dell'istituzione scolastica autonoma. Ad ogni scuola si chiede di tradurre gli obiettivi nazionali in percorsi formativi significativi e funzionali alla realizzazione del diritto allo studio e all'apprendimento di tutti gli alunni.

Curricolo per competenze

Il curricolo per competenze si propone di sviluppare conoscenze profonde, abilità padroneggiate in contesti nuovi e diversi, capacità comprovate e comportamenti esperti. Richiede una forte coerenza tra progettazione, realizzazione, valutazione e determina una spinta motivazionale negli alunni che diventano protagonisti nella costruzione dei propri percorsi di formazione. Dal punto di vista didattico, il curricolo per competenze rappresenta uno strumento utile per l'elaborazione di un percorso pedagogico coerente con le nuove esigenze formative e con la complessità dei saperi.

Curricolo verticale

L'elemento più rilevante dei documenti di riordino del sistema d'istruzione riguarda la scelta della verticalità dell'impianto curricolare che si estende progressivamente nel corso del processo di crescita dell'alunno. La continuità curricolare tra i diversi ordini di scuola è considerata uno degli elementi di qualità del percorso formativo, per la necessità di costruire itinerari che conducano ad un'unica finalità formativa connessa alla conquista di competenze essenziali e consapevoli. L'idea della verticalità, infatti, non comporta unicamente una diversa dislocazione diacronica dei contenuti del curricolo ma sposta l'attenzione alla dimensione delle competenze, cioè ad un'organizzazione progressivamente strutturata dei percorsi di insegnamento /apprendimento.

Centri Territoriali per l'Inclusione (C.T.I.)
I Centri Territoriali per l'Inclusione sono istituiti a livello di distretto sociosanitario, con il compito di costituire una rete di scuole per la gestione ottimale delle risorse umane, strumentali e finanziarie. I centri hanno anche il compito di definire un organico di rete, corrispondente ai fabbisogni delle scuole del territorio con carattere almeno triennale, fatte salve le esigenze annuali di rimodulazione.

Centri Territoriali di Supporto (C.T.S.)
Ai Centri Territoriali di Supporto, istituiti con la C.M. 8/2013 a livello provinciale, è affidato un ruolo fondamentale, quale rete di sostegno al processo di integrazione, allo sviluppo professionale dei docenti, alla diffusione delle migliori pratiche in materia di inclusione.

DDAI (Deficit dell'attenzione e iperattività) — Vedi ADHD

Debito formativo
Il debito formativo viene assegnato dal Consiglio di classe nello scrutinio finale allo studente promosso alla classe successiva con delle insufficienze lievi in alcune materie (di norma non più di tre). La norma vigente prevede l'istituzione di corsi di recupero per aiutare gli studenti a "saldare", durante l'anno, le lacune formative.
Dopo 12 anni dall'introduzione del debito formativo, nel 2007 è stato riformato il sistema prevedendo l'obbligo di recupero entro l'inizio del nuovo anno scolastico. Le iniziative di recupero e la loro valutazione devono concludersi entro la data di inizio delle lezioni. Le scelte organizzative relative alle modalità di recupero, quali ad esempio la durata dei corsi, l'utilizzo dei docenti e i modelli di intervento, sono lasciate all'autonomia di ogni singola scuola.

Diagnosi funzionale
La diagnosi funzionale, composta dall'anamnesi fisiologica, patologica e dalla diagnosi clinica, consiste nella descrizione analitica della compromissione funzionale dello stato psicofisico dell'alunno diversamente abile. Essa tiene conto delle potenzialità registrabili nei principali assi di sviluppo ed è finalizzata al recupero e allo sviluppo individuale. Essendo finalizzata al recupero del soggetto, deve tenere particolarmente conto delle potenzialità e registrarle in ordine ai seguenti aspetti: Cognitivo; Affettivo-relazionale; Linguistico; Sensoriale; Motorio-prassico, Neurologico; Autonomia personale e sociale.

Didattica individualizzata
Nell'ambito dei BES, consiste nelle attività di recupero individuale che può svolgere l'alunno per potenziare determinate abilità o per acquisire specifiche competenze, anche nell'ambito delle strategie compensative e del metodo di studio; tali attività individua-

lizzate possono essere realizzate nelle fasi di lavoro individuale in classe o in momenti ad esse dedicati, secondo tutte le forme di flessibilità del lavoro scolastico consentite dalla normativa vigente (Linee guida L. 170/2010).

Didattica laboratoriale

La didattica laboratoriale consente di coniugare teoria e prassi in un contesto di ricerca e progettazione di soluzioni. Dal punto di vista educativo, facilita l'inclusione nel gruppo classe, stimola la socializzazione e le modalità di apprendimento cooperativo. Fondamentale è il ruolo del docente che deve approntare con cura il materiale, prevedere gli eventi possibili, organizzare la discussione, offrire suggerimenti ma non soluzioni.

Didattica personalizzata

Nell'ambito dei BES, è la didattica che calibra l'offerta didattica, e le modalità relazionali, sulla specificità ed unicità a livello personale dei bisogni educativi che caratterizzano gli alunni della classe, considerando le differenze individuali soprattutto sotto il profilo qualitativo; si può favorire, così, l'accrescimento dei punti di forza di ciascun alunno, lo sviluppo consapevole delle sue "preferenze" e del suo talento. Nel rispetto degli obiettivi generali e specifici di apprendimento, la didattica personalizzata si sostanzia attraverso l'impiego di una varietà di metodologie e strategie didattiche, tali da promuovere le potenzialità e il successo formativo in ogni alunno: l'uso degli strumenti didattici (schemi, mappe concettuali, etc.), l'attenzione agli stili di apprendimento, la calibrazione degli interventi sulla base dei livelli raggiunti, nell'ottica di promuovere un apprendimento significativo.

Disabilità certificata

Tutte le disabilità che sono accertate da apposita certificazione rilasciata da una commissione medica (L. 104/1992).

Dispersione scolastica

La dispersione scolastica è un fenomeno molto complesso, che non riguarda solo l'abbandono degli studi prima del loro compimento, ma anche i mancati ingressi, gli esiti scadenti, le non ammissioni, le pluri-ripetenze, la frequenza irregolare e tutto ciò che evidenzia limiti e difficoltà nel processo di istruzione-formazione. Ciò significa che il fenomeno della dispersione scolastica coinvolge l'intera problematica del diritto allo studio e alla formazione e, conseguentemente, del più vasto diritto alla cittadinanza.

Disturbi specifici di apprendimento (D.S.A.)

I disturbi specifici di apprendimento sono presenti in soggetti di intelligenza nella norma, le cui caratteristiche fisiche e mentali non sono compromesse, sebbene determinino, a livello scolastico, molteplici difficoltà nell'acquisizione di competenze necessarie nella lettura, nella scrittura e/o nel far di conto. La legge n. 170 del 8/10/2010 è indubbiamente un documento innovativo su tale materia in quanto identifica un percorso di segnalazione del disturbo, cui devono seguire interventi di recupero didattico mirato, coinvolgendo scuola, famiglia e servizio sanitario nazionale.

Secondo la legge 170/2010 sono DSA la dislessia, la disortografia e la discalculia. In questi casi la scuola elabora un PDP.

Dipartimenti

Al fine di sostenere il ruolo delle scuole come centri di innovazione, i documenti di riordino dei licei, degli istituti tecnici e professionali introducono nuovi organismi. In particolare i Dipartimenti costituiscono articolazioni funzionali del collegio dei docenti che hanno il compito di favorire un maggiore raccordo tra i vari ambiti disciplinari e contribuire alla definizione del curricolo d'Istituto.

Documento del 15 maggio

I Consigli delle classi quinte della scuola secondaria di secondo grado, entro il 15 maggio di ciascun anno scolastico, elaborano il documento della classe, in vista dell'esame di Stato, che deve contenere una relazione, predisposta dal medesimo organo collegiale. Tale strumento mette in evidenza il percorso svolto dalla scolaresca durante tutto il percorso di studi, in particolare negli anni di frequenza dell'indirizzo, le finalità e gli obiettivi comuni, le diverse attività e iniziative realizzate dalla classe ad integrazione e supporto della didattica curricolare.

Empatia

L'empatia è la capacità di riconoscere le emozioni e i sentimenti negli altri, riuscendo a comprenderne i punti di vista, gli interessi e le difficoltà interiori.
L'empatia è un atteggiamento caratterizzato da un impegno di comprensione delle persone con cui si stabiliscono contatti e relazioni, escludendo ogni attitudine affettiva personale e ogni giudizio morale. Essa implica anche la capacità di mettersi nei panni degli altri, di comprendere a fondo i loro pensieri e sentimenti, al di là di ciò che viene espresso verbalmente. Dal punto di vista educativo, costituisce una risorsa fondamentale per il docente, al fine della costruzione di una relazione fondata sulla partecipazione fattiva e consapevole dell'alunno.

EQF (European Qualification Framework) – Vedi **Quadro europeo delle qualifiche per l'apprendimento permanente**.

Flessibilità

Nel sistema scolastico, la flessibilità è intesa come strumento in grado di superare la rigidità del curricolo, recependo e interpretando i bisogni degli allievi e delle diverse realtà locali, attraverso il Piano dell'offerta formativa, oggi triennale. In particolare il D.P.R. 275/1999 ha esplicitato gli ambiti di attuazione della flessibilità che possono essere ricondotti a tre grandi categorie: flessibilità del curricolo; flessibilità dell'organizzazione didattica; flessibilità nell'impiego delle risorse professionali. I documenti di riordino del curricolo, della scuola secondaria di secondo grado hanno previsto maggiori spazi di flessibilità del curricolo in particolare negli istituti tecnici e professionali, in modo da articolare le aree di indirizzo in opzioni e introdurre insegnamenti alternativi. Più recentemente la legge n. 107/2015 ha previsto modalità più flessibili di utilizzo del personale docente all'interno dell'organico funzionale di ogni scuola.

Flipped classroom

È definita "flipped classroom" la metodologia che consente di invertire il tradizionale schema di insegnamento e apprendimento, collocando al centro l'alunno e le sue competenze piuttosto che il docente e le mere conoscenze trasmesse in maniera univoca. L'idea è quella di "capovolgere" la classe, rendendo l'aula non più il luogo di trasmissione di conoscenze da parte del docente ma lo spazio di discussione, in cui si impara a utilizzarle nel confronto con i pari e con l'insegnante. Le attività avvengono in modalità blended e, di conseguenza, è fondamentale l'uso delle nuove tecnologie per la raccolta di adeguate risorse a cura degli allievi al di fuori del contesto classe.

Gioco

Il gioco è la più importante delle esperienze infantili, prevalentemente legato alle esperienze sensoriali e motorie che il bambino stesso può provocare: il muovere, il far cadere, il toccare, il far rumore. Nel corso della crescita si assiste ad una variabilità continua di temi, di percorsi narrativi, di significati attribuiti agli oggetti impiegati, mentre la qualità emotiva delle esperienze realizzate è caratterizzata dal totale assorbimento nel gioco. L'insieme di tali considerazioni rende evidente il ruolo positivo del gioco in tutte le dimensioni dello sviluppo infantile. Ciò chiama in causa la scuola dell'infanzia e i docenti che vi operano, impegnati a organizzare il contesto educativo e a predisporre tutte quelle occasioni formative didatticamente idonee a promuovere molteplici occasioni di gioco, opportunamente organizzate.

Gioco simbolico

Il gioco simbolico rappresenta una delle attività più importanti del bambino, in particolare dal primo fino al sesto anno di vita, in quanto attraverso tale esperienza egli struttura il proprio sviluppo cognitivo, sociale e affettivo. Si tratta di una forma di gioco che influenza significativamente tutte le dimensioni della personalità infantile. Viene chiamato simbolico perché è caratterizzato da un processo di significazione indiretta, tipico di tutte le manifestazioni simboliche: qualcosa viene utilizzato per significare, rappresentare qualcos'altro.

GLI (Gruppo di lavoro per l'inclusione)

Gruppo di lavoro dedicato alle problematiche BES. Propone il Piano Annuale per l'Inclusività riferito a tutti gli alunni con BES.

ICF (Classificazione Internazionale del Funzionamento, della Disabilità e della Salute (OMS 2002)

Classificazione che vuole descrivere lo stato di salute delle persone in relazione ai loro ambiti esistenziali (sociale, familiare, lavorativo) al fine di cogliere le difficoltà che nel contesto socio-culturale di riferimento possono causare disabilità.

L'ICF vuole fornire un'ampia analisi dello stato di salute degli individui ponendo la correlazione fra salute e ambiente, arrivando alla definizione di disabilità, intesa come una condizione di salute in un ambiente sfavorevole.

Identità di genere

L'identità di genere si costituisce come processo conscio ed inconscio, lentamente e gradualmente a partire dal diciottesimo mese di vita e si stabilizza intorno ai tre anni. Ma è solo a partire da terzo anno di età che si costruisce la vera identità di genere in quanto i bambini sono in grado di riconoscere quali sono i comportamenti tipicamente maschili e quali quelli femminili. È opportuno, dunque, avviare in ambito scolastico un percorso di riflessione e di dialogo appropriato, in quanto rifiutare la discussione o reprimere interrogativi connessi all'identità può significare inviare implicitamente messaggi contraddittori e ambigui; stimolare, al contrario, un confronto pacato e il più possibile sereno in queste situazioni, aiuta ciascun bambino a vivere il processo di definizione di se stesso come naturale e soggetto a progressive tappe e cambiamenti.

Inclusione

Il termine "inclusione", in campo educativo, indica la disponibilità ad accogliere adeguatamente tutte le diversità, riformulando le scelte organizzative, progettuali, metodologiche e didattiche che la scuola intende adottare. Costituisce, dunque, lo sfondo valoriale che rende possibili le strategie di integrazione rivolte a tutte le molteplici situazioni individuali. Essa impegna la scuola e richiede collaborazioni ed alleanze tra scuola, famiglia, servizi e istituzioni del territorio.

Indagini OCSE PISA

Il PISA (Programme for International Student Assessment) è un'indagine campionaria internazionale che dal 2000, anno della prima rilevazione, ha coinvolto un numero crescente di paesi europei ed extra europei. L'indagine, promossa dall'OCSE (Organizzazione per la cooperazione e lo sviluppo economico), intende monitorare i risultati dei sistemi scolastici dei paesi aderenti al programma in termini di competenze degli studenti quindicenni scolarizzati, in un quadro di riferimento comune a livello internazionale.

Individualizzazione dell'insegnamento

L'individualizzazione del processo di insegnamento-apprendimento si propone di rispettare i tempi e i modi di apprendere degli allievi, in funzione delle possibilità cognitive individuali. L'intervento del docente deve poter garantire, di volta in volta, la scelta di metodologie e strumenti didattici che rispondano maggiormente al percorso che ogni alunno sta realizzando, attivando le capacità di autorganizzazione delle esperienze e delle conoscenze.

Intelligenza

Numerose sono le definizioni attribuite dagli studiosi della psicologia dello sviluppo all'intelligenza. Per J. **Bruner** è concepita come insieme di strategie e procedure utilizzate dall'individuo per risolvere problemi, per compiere decisioni, per analizzare e selezionare le informazioni di cui dispone.

Intelligenze multiple

Le intelligenze multiple costituiscono il campo della ricerca condotta dallo psicologo statunitense **H. Gardner**. Si tratta di una teoria multidimensionale dell'intelligenza, concepita come un insieme differenziato di competenze, ciascuna autonoma e con basi neurofisiologiche specifiche presenti nel bambino sin dalla nascita.

Interculturalità

L'interculturalità costituisce una categoria pedagogica e culturale fondata sul concetto di scambio interattivo tra culture diverse. Si tratta di una nuova prospettiva dello scambio e del confronto tra popoli che richiede il rispetto, la disponibilità allo scambio e al confronto, mediante uno sforzo di comprensione profonda dei significati che il singolo attribuisce agli elementi della sua cultura: valori, costumi, credenze, abitudini.

International Classification of Functioning, Disability and Health (ICF)

L'ICF costituisce la Classificazione internazionale del funzionamento, della disabilità e della salute approvata nel 2001 dall'Organizzazione mondiale della Sanità. Recepisce il modello sociale della disabilità, considerando la persona non soltanto dal punto di vista "sanitario", ma promuovendone un approccio globale, attento alle potenzialità complessive, alle varie risorse di cui dispone, tenendo ben presente che il contesto personale, naturale, sociale e culturale incide decisamente sulla possibilità che tali risorse hanno di esprimersi.

Istruzione e Formazione Tecnica Superiore (IFTS)

L'Istruzione e Formazione Tecnica Superiore è stata istituita dalla legge n. 144/1999. Tale legge ha posto le basi per lo sviluppo nel nostro Paese di un canale formativo di livello post-secondario, parallelo ai percorsi accademici, strettamente collegato al sistema produttivo e al mercato del lavoro, capace, dunque, di rispondere alla domanda di tecnici specializzati proveniente dai settori portanti dell'economia, interessati dall'innovazione tecnologica e dall'internazionalizzazione dei mercati.

Istituti Tecnici Superiori (ITS)

La costituzione degli Istituti Tecnici Superiori (ITS) rappresenta un'importante innovazione del sistema formativo italiano. Si tratta di scuole speciali di tecnologia, che assumono la configurazione di fondazioni, chiamate a sostenere progressivamente gli interventi destinati alle reti di imprese, con particolare riguardo ai fabbisogni di innovazione e di sviluppo tecnologico del Paese.

Istituto Nazionale di Documentazione, Innovazione e Ricerca Educativa (INDIRE)

L'Indire è l'Istituto Nazionale di Documentazione, Innovazione e Ricerca Educativa, il più antico istituto di ricerca del Ministero dell'Istruzione. Fin dalla sua istituzione, quale Biblioteca di Documentazione Pedagogica, con i Decreti Delegati del 1974, accompagna l'evoluzione del sistema scolastico italiano investendo in *formazione* e *innovazione* e sostenendo i **processi di miglioramento** della scuola. Nel 1999, a seguito della legge n. 59/1997, la BDP è stata trasformata in Indire. L'Istituto concorre a realizzare gli obiettivi del Servizio Nazionale di Valutazione attraverso il supporto alle istituzioni scolastiche nella definizione e attuazione dei piani di miglioramento della qualità dell'offerta formativa e dei risultati degli apprendimenti degli studenti.

Istituto Nazionale per la Valutazione del Sistema di Istruzione (INVALSI)

L'INVALSI è stato istituito nel 1999, a seguito del D.Lgs. n. 258 e della contestuale trasformazione del CEDE.
La Legge delega n. 53 del 2003, all'art. 3, nel riprendere la questione relativa alla valutazione degli apprendimenti, ha confermato le competenze affidate all'Istituto nazionale per la valutazione del sistema dell'istruzione in merito alle verifiche periodiche, da effettuare per la rilevazione della qualità dell'offerta formativa delle istituzioni scolastiche autonome (cd. Prove Invalsi).
Il Sistema Nazionale di Valutazione, come regolamentato dal D.P.R. n. 80/2013, si avvale dell'**Invalsi** che predispone tutti gli adempimenti necessari per l'autovalutazione e la valutazione esterna delle scuole. All'Invalsi compete anche il coordinamento funzionale nonché la definizione delle modalità tecnico-scientifiche della valutazione, sulla base degli standard vigenti in ambito europeo e internazionale.

Lifelong learning programme

L'insegnamento permanente ha subito un'evoluzione culturale e normativa indotta dalla trasformazione del mercato del lavoro e dal progressivo allineamento dell'Italia alle direttive europee in materia di istruzione. Al riguardo la Commissione europea, nella comunicazione intitolata "Europa 2020 - Una strategia per una crescita intelligente, sostenibile e inclusiva", ha proposto ai paesi membri cinque obiettivi da realizzare entro il 2020, finalizzati al rilancio dell'economia europea e all'incremento dell'occupazione. Tra questi si ribadisce il ruolo fondamentale svolto, all'interno del sistema formativo, dall'educazione permanente.

Lavagna interattiva multimediale (LIM)

La Lim rende possibile un'agevole integrazione delle nuove tecnologie nella didattica, proponendosi come uno strumento versatile, adatto a tutte le discipline, sviluppando la motivazione e il coinvolgimento degli alunni, incrementando le possibili interazioni tra studenti e docenti. Operare con le Lim consente, inoltre, di costruire reti e nuove forme di collaborazione, anche grazie alla predisposizione di oggetti di apprendimento, prodotti didattici e lezioni da diffondere e riutilizzare.

Lavoro di gruppo

Una strategia didattica molto potenziata con l'autonomia organizzativa e didattica è costituita dal lavoro di gruppo, ossia da attività che si organizzano in gruppi, costituiti da alunni di una stessa classe o anche di due o più classi. Il gruppo moltiplica le occasioni di confronto e di scambio e costituisce anche un contesto flessibile in quanto la sua struttura si compone e si ricompone a seconda delle attività e degli argomenti da realizzare.

Livelli EQF

Il quadro europeo delle qualifiche e dei titoli EQF definisce otto livelli articolati in conoscenze, abilità e competenze. Ciascuno degli 8 livelli è definito da una serie di descrittori che indicano i risultati dell'apprendimento relativi alle qualifiche a tale livello in qualsiasi sistema delle qualifiche.

Le competenze sono progressivamente differenziate in relazione all'acquisizione, da parte dello studente, di gradi diversi di autonomia e responsabilità (Racc. Parl. europ. 23 aprile 2008).

Mappa concettuale

La mappa concettuale è una rappresentazione grafica della conoscenza, nonché uno strumento utile per far emergere i significati insiti nei materiali da apprendere e per evidenziare la rete di informazioni riguardanti la struttura della conoscenza. Il presupposto teorico va rilevato negli studi condotti da Ausubel sull'apprendimento significativo.

Mediatori didattici

Il docente che mira al successo formativo di tutti i suoi alunni deve integrare le esperienze che intende proporre utilizzando mediatori didattici, ossia strumenti e situazioni che possano concorrere a stabilire un forte collegamento tra le capacità del singolo e l'obiettivo che si intende conseguire. Si tratta di supporti di vario tipo, non solo simbolici e linguistici (tavole auto-correttive, mappe, schemi), ma anche di tipo attivo, iconico e analogico (giochi di autoefficacia e di psicomotricità, software, forme di apprendimento collaborativo).

Metacognizione

La metacognizione è la capacità di costruire la conoscenza attraverso il ragionamento, cioè utilizzando un percorso mentale che elevi il livello di consapevolezza dell'alunno e migliori le sue prestazioni. È caratterizzata dalla partecipazione attiva alla costruzione della conoscenza, dalla ricerca di soluzioni, dallo sviluppo della capacità di autoregolazione dell'apprendimento e di gestione adeguata del tempo e delle risorse disponibili.

Misure dispensative

Per gli alunni affetti da disturbi specifici di apprendimento, le istituzioni scolastiche hanno il compito di garantire, in maniera commisurata alle necessità individuali e all'entità del disturbo di apprendimento, la dispensa da alcune attività, quali, ad esempio: la lettura a voce alta, la scrittura veloce sotto dettatura, la copia dalla lavagna, l' uso del vocabolario, l'apprendimento mnemonico delle tabelline, lo studio delle lingue straniere in forma scritta. Le scelte sono adottate dal Consiglio di classe/interclasse.

Motivazione

La motivazione viene concepita come l'insieme dei motivi che spingono il singolo individuo ad agire per perseguire interessi e obiettivi personali. Secondo molti autori, la motivazione contribuisce a determinare l'inizio e l'intensità del comportamento nella direzione prescelta.

In campo educativo la motivazione rappresenta il momento iniziale di qualunque percorso didattico, affinché sia svolto con un buon livello di partecipazione e di coinvolgimento. Elementi importanti affinché possa essere favorita la motivazione degli alunni sono: la loro partecipazione alla definizione degli obiettivi da raggiungere; l'adozione di metodologie meta-cognitive.

Obbligo di istruzione

Nel quadro degli impegni assunti a livello europeo in merito alle competenze chiave per l'apprendimento permanente, indicate dall'UE il 18/12/2006, in Italia è stato emanato il Regolamento in materia di adempimento dell'obbligo di istruzione, D.M. n. 139/2007, che ha introdotto l'istruzione obbligatoria per almeno dieci anni. Le finalità declinate nel documento riguardano il contributo che l'obbligo scolastico, quale strumento normativo, può fornire alla lotta alla dispersione scolastica e al disagio giovanile, con il conseguimento di un titolo di studio di scuola secondaria superiore o di una qualifica professionale entro il 18° anno di età. Il modello dell'obbligo scolastico in Italia ha struttura tripartita, in quanto l'istruzione obbligatoria si realizza a livello della scuola primaria, della secondaria di primo grado e del primo biennio della scuola secondaria di secondo grado.

Ordinamenti

In ambito scolastico, gli ordinamenti costituiscono l'insieme degli elementi normativi che definiscono il curricolo dei diversi ordini e gradi dell'istruzione. In Italia gli Ordinamenti riguardano i due distinti cicli: il primo ciclo, comprendente la scuola primaria e la scuola secondaria di primo grado, disciplinato dal D.P.R. n. 89/2009; il secondo ciclo ossia la scuola secondaria di secondo grado, regolamentato con tre distinti decreti, n. 87, 88 e 89 del 10 marzo 2010 relativi rispettivamente all'istruzione professionale, all'istruzione tecnica e a quella liceale. Recentemente, con D.Lgs. n. 61/2017 è stata operata la revisione dei percorsi dell'istruzione professionale come previsto dalla legge delega n. 10//2015.

Orientamento

L'orientamento ha il compito di accompagnare la persona nel proprio progetto di vita, promuovendo e valorizzando le sue risorse interne ed esterne; rappresenta, dunque, una componente strutturale dei processi educativi e non un'attività marginale da proporre occasionalmente nei periodi immediatamente precedenti il momento della scelta. L'obiettivo principale è mettere in condizione lo studente di riflettere sui suoi interessi, sulle sue attitudini, sui suoi valori e sulle propensioni professionali. L'orientamento va, dunque, strutturato come intervento formativo longitudinale durante tutto l'arco dei diversi ordini e gradi d'istruzione.

Osservazione

L'osservazione rappresenta uno strumento metodologico privilegiato, in quanto consente di mettere in campo una circolarità virtuosa che include il riflettere, il progettare, il produrre, il trasformare, il valutare. Costituisce, altresì, l'elemento fondamentale della progettualità perché informa su tutto il percorso didattico da realizzare, dal riconoscimento dell'ambito dei bisogni formativi alla rilevazione degli esiti e dell'eventuale scarto tra il progettato, l'agito e il percepito.

PAI (Piano annuale per l'inclusività)

È il piano in cui, su proposta del GLI, la scuola illustra tutti i progetti di inclusività che si accinge a fare nella sua scuola per i BES. Deve essere approvato dal Collegio dei docenti ed è parte integrante del PTOF. Ora, dopo il D.Lgs. n. 66/2017 è previsto il cd. Piano per l'inclusione.

Patto educativo di corresponsabilità

Il Patto educativo di corresponsabilità, previsto dallo Statuto degli studenti e delle studentesse, è finalizzato a definire in maniera dettagliata e condivisa i diritti e i doveri nel rapporto tra istituzione scolastica autonoma, studenti e famiglie. Il documento si propone di impegnare le famiglie, fin dal momento dell'iscrizione, a condividere con la scuola i nuclei fondanti dell'azione educativa nell'ambito di una concreta alleanza educativa.

PDP (piano didattico personalizzato)

Nel caso di BES la scuola, qualora lo ritenga necessario, può stilare un *Piano didattico personalizzato* allo scopo di definire le strategie di intervento più adatte e fissare i criteri di valutazione degli apprendimenti. Nel caso di DSA il PDP è di fatto obbligatorio.

Pedagogia

Termine derivante dal greco *país* (fanciullo) e *agoghé* (azione del condurre), originariamente indicava la funzione dello schiavo incaricato di accompagnare il fanciullo a scuola e di assisterlo nelle occupazioni del tempo libero. Con Platone acquisì il senso figurato di *educazione*, mantenuto fino ad oggi. Occorre precisare però che ogni volta che si distingue opportunamente il termine pedagogia da quello di educazione, lo si fa per indicare con «pedagogia» una qualche *forma di riflessione sulla concreta esperienza educativa*. La presenza e lo sviluppo di un discorso pedagogico hanno sempre richiesto uno sforzo per la realizzazione di una sorta di *coscienza critica* sull'esperienza educativa, ovvero di una sempre maggiore comprensione di quella particolare esperienza umana. Oggi la *pedagogia viene impiegata per la crescita della scienza dell'educazione* e in questo senso non si identifica più con la filosofia, in quanto una tale identificazione condurrebbe ad un discorso troppo astratto per avere validità scientifica. La pedagogia contemporanea pone l'attenzione sul soggetto in formazione, spaziando dunque in tutti gli ambiti che caratterizzano tale formazione; quindi, *non viene considerata come una scienza unitaria*, ma come una molteplicità di branche separate di altre scienze (biologia pedagogica, psicologia pedagogica, sociologia pedagogica etc.).

PEI (Piano educativo individualizzato) Vedi **Piano educativo individualizzato**

Personalizzazione

Il principio di personalizzazione si fonda sulla centralità della persona che apprende e delinea un modello di didattica che fa leva su obiettivi, strumenti e contenuti adatti ai ritmi evolutivi di ciascun allievo. La didattica personalizzata tende a sviluppare le potenzialità cognitive individuali, incoraggiando le prime manifestazioni attitudinali e la progressiva strutturazione del progetto personale di vita.

Piano educativo individualizzato

Il piano educativo individualizzato descrive analiticamente gli interventi educativi, didattici e riabilitativi da attuare in caso di alunni diversamente abili, in possesso di certificazione medica. Il PEI è elaborato dal Gruppo di lavoro dedicato al singolo alunno con disabilità, denominato Gruppo di lavoro per l'handicap operativo (GLHO), composto dal Dirigente scolastico, da almeno un rappresentante degli insegnanti di classe, dal docente di sostegno, dai genitori dell'alunno, dagli operatori della ASL e da eventuali altri professionisti.

Piano di miglioramento (PDM)

Il Piano di miglioramento costituisce lo strumento che consente di realizzare un percorso mirato all'individuazione di una linea strategica, di pianificazione, che le scuole mettono in atto sulla base di priorità e traguardi individuati nel Rapporto di Autovalutazione.
Il modello di Piano di Miglioramento proposto da INDIRE prevede interventi di miglioramento che si collocano su due livelli: quello delle pratiche educative e didattiche e quello delle pratiche gestionali ed organizzative, per agire in maniera efficace sulla complessità del sistema scuola.

POF (Piano dell'offerta formativa, ora sostituito dal PTOF)

Problem solving

Il *problem solving* costituisce una strategia didattica che consente agli alunni di apprendere a risolvere, con gradualità, problemi sempre più complessi, favorendo lo sviluppo di abilità cognitive di livello elevato. Il metodo può essere applicato in ogni ordine e grado di scuola, tenendo ben presenti le abilità cognitive dell'allievo in relazione all'età e alle esperienze realizzate precedentemente. Il problem solving si applica attraverso quattro fasi specifiche: definizione del problema; scelta delle strategie di soluzione; implementazione; verifica dell'efficacia e degli esiti.

Profilo dinamico funzionale

Il Profilo Dinamico Funzionale comprende la descrizione funzionale dell'alunno, in relazione alle difficoltà che dimostra in settori diversi, e l'analisi dello sviluppo potenziale sui fondamentali assi di sviluppo. È redatto dai docenti curricolari, da quelli specializzati, con la collaborazione della famiglia, dopo un primo periodo di inserimento scolastico, e indica il prevedibile livello di sviluppo che l'alunno dimostra di possedere.

Profilo educativo culturale e professionale (PECUP)

Nelle Indicazioni Nazionali e nelle Linee Guida è delineato il Profilo educativo culturale e professionale. Il documento definisce, in modo specifico per i licei, per gli istituti tecnici e per i professionali, le competenze, le abilità e le conoscenze, connesse ai risultati di apprendimento, sia comuni sia specifici di indirizzo, anche con riferimento all'EQF (Quadro Europeo delle Qualifiche per l'apprendimento permanente).

Progettazione

La *Progettazione* costituisce un processo ampio e articolato che delinea il quadro generale dell'identità educativa e formativa dell'istituzione scolastica autonoma. È basata sulla capacità di pensare strategicamente, correlando fattori complessi dell'insegnamento e dell'apprendimento, consentendo di scegliere le priorità, gli strumenti, di verificare i risultati.
Attraverso la progettazione possono essere costruite situazioni di apprendimento capaci di conciliare le risorse disponibili con le esigenze individuali.

Progetto formativo
Il progetto, in campo educativo, nasce dal riconoscimento di un bisogno formativo, soggettivo, contestuale; esso, quindi, ha inizio con la conoscenza dei processi cognitivo-affettivi e relazionali che si manifestano nelle attività e nei comportamenti degli alunni e con l'analisi dei fattori e delle variabili sociali, culturali, di apprendimento. Di conseguenza, un progetto formativo è il frutto di un processo interpretativo che trasforma una situazione in un problema o bisogno, rispetto al quale si opera per la risoluzione o il soddisfacimento.

Piano triennale dell'Offerta Formativa (PTOF)
Una delle principali innovazioni, introdotte dalla legge n. 107/2015, è costituita dall'elaborazione del Piano triennale dell'offerta formativa (PTOF). È uno strumento di programmazione e gestione interna dell'istituzione scolastica atto a rilevare la situazione di partenza della scuola, evidenziare le linee di sviluppo e individuare possibili obiettivi. Il documento rappresenta lo strumento pedagogico, organizzativo e gestionale che ogni scuola predispone con la partecipazione di tutte le sue componenti. È elaborato dal Collegio dei docenti sulla base degli indirizzi definiti dal Dirigente scolastico. Il piano è approvato dal Consiglio d'istituto.

Psicologia dell'età evolutiva
Settore della psicologia, anche definito «psicologia genetica», che si occupa del progressivo sviluppo delle strutture psichiche dell'individuo e della loro organizzazione, dalla nascita sino alla soglia dell'età adulta, stabilita convenzionalmente a 25 anni. Dal suo esordio nella seconda metà dell'Ottocento, in seguito a un articolo di Darwin (1877) relativo all'osservazione diretta di un bambino, sino a oggi, in cui è divenuta la scienza dello sviluppo psichico, il campo di azione della psicologia dell'età evolutiva si estende a diversi ambiti, dallo studio delle caratteristiche che assimilano e di quelle che distinguono il bambino dall'adulto, all'individuazione dei fattori ereditari rispetto a quelli ambientali responsabili dello sviluppo psichico, oltre all'analisi dell'evoluzione delle strutture psichiche più semplici in strutture psichiche più complesse.

PTOF – Vedi Piano triennale dell'offerta formativa

Quadro comune europeo di riferimento per le lingue (QCER, in lingua inglese Common European Framework of Reference for Languages - CEFR)
Strumento di riferimento del Consiglio di Europa per lo sviluppo e l'implementazione di politiche d'educazione linguistica trasparenti e coerenti. Il Quadro fornisce parametri e criteri per la validazione delle competenze linguistiche definite secondo una scala di misurazione globale che si sviluppa in 6 livelli ascendenti di riferimento (dal livello A1, il più basso, al livello C2, il più alto). La scala viene utilizzata, a livello europeo, anche per definire il livello di padronanza linguistica raggiunto da un apprendente.

Quadro europeo delle qualifiche per l'apprendimento permanente (EQF)
Il Quadro europeo delle qualifiche e dei titoli per l'apprendimento permanente (EQF) è uno schema che collega tra loro i livelli di apprendimento dei diversi Paesi ed agisce come dispositivo per renderli più leggibili.

Si tratta di uno strumento rispetto al quale gli Stati membri sono chiamati a ridefinire i propri sistemi di istruzione e formazione, in modo da collegare ad esso i sistemi nazionali di riferimento. L'EQF è stato adottato formalmente con la Raccomandazione del Parlamento europeo e del Consiglio nel 2008. Il nucleo fondante dell'EQF è costituito da una griglia di otto livelli che descrivono conoscenze/abilità acquisite. Tali livelli si applicano a tutte le qualifiche, da quelle ottenute in un percorso scolare obbligatorio ai livelli più alti di istruzione e formazione accademica/professionale.

Qualifica

Risultato formale di un processo di valutazione e convalida, acquisito quando l'autorità competente stabilisce che i risultati dell'apprendimento di una persona corrispondono a standard definiti (Racc. Parl. europ. 23 aprile 2008).

QCER

Vedi Quadro comune europeo per le lingue.

RAV (Rapporto di autovalutazione)

Il processo di valutazione, definito dal Sistema Nazionale di Valutazione ha inizio con l'**autovalutazione** condotta da ciascuna istituzione scolastica. Lo strumento che accompagna e documenta questo processo è il **Rapporto di autovalutazione (RAV)**. Il rapporto è composto da più dimensioni ed è aperto alle integrazioni delle singole scuole per cogliere la specificità di ogni realtà; fornisce una **rappresentazione della scuola** attraverso un'analisi del suo funzionamento e costituisce la base di riferimento per individuare le priorità di sviluppo verso cui orientare il piano di miglioramento.

Relazione educativa

La relazione educativa tra insegnante e alunno deve favorire la partecipazione e il dialogo, attraverso la reciprocità e l'integrazione comunicativa. Si costruisce giorno per giorno, a partire dal reciproco coinvolgimento emotivo e si consolida grazie alla condivisione e allo scambio, che concorrono a costruire un rapporto basato sulla fiducia. È compito del docente adottare le strategie più opportune per ascoltare, conoscere, motivare, guidare gli alunni.

Relazione educativa

Particolare tipo di legame tra educatore ed educando che si instaura spontaneamente o che viene costruito intenzionalmente dall'educatore, tramite il quale avviene il processo di socializzazione, di trasferimento delle conoscenze e di trasformazione del sapere in competenze. Caratterizzata da componenti affettivi (affiliazione, adozione, eros, dipendenza, controdipendenza, accettazione, rifiuto) e sociali (asimmetria, autorità e autorevolezza, reciprocità o unidirezionalità), la relazione educativa dovrebbe essere uno dei principali luoghi di attenzione pedagogica. La capacità di costruire una relazione educativa pedagogicamente fondata, in cui le dimensioni affettive e sociali siano commisurate ai bisogni, alle caratteristiche del singolo allievo, agli obiettivi dell'intervento educativo, flessibili alle circostanze e ai cambiamenti che via via la relazione stessa produce nell'allievo, è parte integrante della competenza professionale dell'educatore.

Responsabilità

Nel diritto si intende per responsabilità la situazione nella quale un soggetto giuridico è chiamato a rispondere della violazione colposa o dolosa di un obbligo. Diversi sono i tipi di responsabilità connessi all'esercizio delle diverse funzioni svolte dal personale docente. In particolare la *responsabilità* civile è riferita all'infrazione di regole di protezione di situazioni giuridiche tutelate per tutti i consociati. La responsabilità penale concerne tutti i comportamenti che contrastano con il Codice Penale e che si estrinsecano in un reato. La *responsabilità amministrativa o patrimoniale* si delinea in caso di comportamenti illeciti e conseguenti danni patrimoniali per l'Amministrazione. La responsabilità disciplinare è connessa a comportamenti difformi rispetto all'assolvimento dei doveri professionali.

Reti di scuole

Secondo molti studiosi delle organizzazioni complesse, il modello della rete è ideale in situazioni che richiedono flessibilità e cambiamento, garantendo un continuo adattamento alle nuove esigenze, grazie a legami interni forti rispetto ad obiettivi condivisi. Le reti di scuole si fondano su una progettualità di tipo interistituzionale, coinvolgendo scuole di ordini e gradi diversi, per il perseguimento di finalità opportunamente predefinite e mediante l'utilizzazione di risorse condivise.

Ricerca-azione

La ricerca – azione è una strategia che mira a fornire risposte efficaci ed efficienti ad un problema percepito dagli operatori in un dato contesto. Essa si contrappone alla *ricerca accademica*, calata dall'alto, in quanto prende avvio dall'individuazione di criticità nell'attività concreta di chi opera sul campo, delineando e sperimentando adeguate linee d'intervento. I presupposti epistemologici della ricerca-azione riguardano: la partecipazione del ricercatore alla realtà-oggetto di studio; il ricercatore che non può essere staccato dalla realtà che studia; l'assenza di rigidità delle procedure; l'adozione di tecniche e strumenti flessibili, adattabili e sempre modificabili.

Risultati dell'apprendimento

Descrizione di ciò che un discente conosce, capisce ed è in grado di realizzare al termine di un processo di apprendimento. I risultati sono definiti in termini di conoscenze, abilità e competenze.

Role play

Il *role play* o gioco di ruolo è una metodologia didattica trasversale, finalizzata a potenziare la comunicazione, l'educazione emotiva e l'immedesimazione. Può essere utilizzato in tutti gli ordini e gradi di scuola e in tutte le discipline e campi di esperienza, con particolare riguardo agli argomenti rappresentabili attraverso la drammatizzazione e la simulazione. I tempi di realizzazione del *role play* variano a seconda dell'età degli alunni, da piuttosto brevi nella scuola dell'infanzia (circa trenta minuti) a tempi distesi (due o più ore) nella scuola secondaria di secondo grado.

Sfondo integratore

Lo “sfondo integratore” è la trama su cui costruire itinerari didattici integrati. Si tratta di uno strumento metodologico la cui origine può essere ricondotta agli studi di Winnicott, secondo cui l’ambiente sostiene l’apprendimento e i significati condivisi servono da mediazione all’apprendimento dell’alunno. L’obiettivo è costruire uno sfondo che attivi l’auto-organizzazione cognitiva degli studenti.

Stato giuridico

L’espressione “stato giuridico” indica l’insieme delle norme che definiscono i diritti e i doveri del personale inquadrato in un ben definito comparto di lavoro. Per delineare lo stato giuridico del personale della scuola, occorre fare riferimento a fonti di vario genere, giuridiche e contrattuali, succedutesi nel corso degli anni, che hanno definito i principali contenuti del rapporto di lavoro e, quindi, le norme relative all’assunzione e alla prestazione del servizio, nonché alla cessazione da esso.

Stili di apprendimento

Gli stili di apprendimento indicano le modalità con cui viene elaborata un’informazione; si collegano alla tendenza di ciascun individuo ad adottare strategie mentali per acquisire conoscenze. Gli stili di apprendimento, pur essendo molto vari da individuo a individuo, presentano una dimensione abbastanza comune che riguarda il livello superficiale o profondo di elaborazione dei contenuti di studio e delle conoscenze. Uno stile superficiale tende ad un’acquisizione meccanica dei contenuti, basata sulla semplice memorizzazione; uno stile di apprendimento profondo, invece, tende a cogliere il massimo significato nei contenuti, provando per essi un reale interesse e una certa motivazione.

È molto importante per il docente scoprire lo stile di apprendimento personale di ciascun alunno, per migliorarlo e potenziarlo, per individuare in metodo più opportuno e gli strumenti didattici di cui avvalersi.

Strumenti compensativi

Per gli alunni con disturbi specifici di apprendimento le istituzioni scolastiche hanno il compito di garantire l’adozione di adeguati strumenti compensativi che favoriscano la comunicazione e assicurino ritmi graduali di apprendimento. I principali strumenti che consentono di compensare difficoltà nell’esecuzione di compiti derivanti da una disabilità specifica, sono: registratori audio o lettore MP3; il vocabolario multimediale; i software interattivi; l’audiolibro; il pc; la LIM.

Tutoring o tecnica di aiuto reciproco

Il *tutoring* costituisce una modalità di gestione responsabile della classe che garantisce, sul piano educativo, lo sviluppo del senso di solidarietà fattiva, sul piano dell’insegnamento, la costruzione di una più efficace comunicazione didattica. La collaborazione tra alunni, sia attraverso forme di Tutoring che attraverso processi di mutuo aiuto e di supporto reciproco, crea opportunità straordinarie per l’educazione di tutti gli alunni, compresi quelli classificati “a rischio” o con bisogni educativi speciali.

Valutazione degli alunni

La valutazione del processo di insegnamento/apprendimento svolge funzioni fondamentali: regolazione continua dei processi di insegnamento/apprendimento (funzione dinamica); adeguamento di strumenti e percorsi alle caratteristiche individuali (funzione di personalizzazione); attenzione alla qualità dei processi formativi attivi (funzione di controllo); trasparenza dei giudizi (funzione comunicativa).

Valutazione autentica

La valutazione autentica consente di esprimere un giudizio più esteso dell'apprendimento, vale a dire della capacità di pensiero critico, di soluzione dei problemi, di meta-cognizione, di efficienza nelle prove, di lavoro in gruppo, di ragionamento e di apprendimento permanente. L'intento della valutazione autentica è quello di coinvolgere gli studenti in compiti che richiedono di applicare le conoscenze nelle esperienze del mondo reale per verificare non solo ciò che uno studente sa, ma ciò che sa fare utilizzando gli strumenti logici, cognitivi e operativi di cui dispone.

Valutazione formativa

La letteratura psico-pedagogica ha sottolineato l'importanza della valutazione formativa come risorsa a disposizione del sistema scolastico per favorire il miglioramento di pratiche e contenuti necessari, per rendere gli interventi educativi e didattici più adeguati alle esigenze individuali.

La valutazione formativa, infatti, si collega strettamente alla programmazione in quanto rende possibile un costante adeguamento di obiettivi, contenuti, metodologie, strumenti alle reali necessità, all'ottimizzazione delle risorse, alla maturazione di un concetto realistico del sé. In particolare offre spunti significativi per l'orientamento, indicando attitudini, interessi, favorendo la capacità di auto-orientarsi e di prendere decisioni consapevoli in merito alle scelte successive.

Valutazione sommativa

La valutazione sommativa si colloca alla fine del percorso formativo e si prefigge di valutare l'insieme delle conoscenze, delle capacità e delle competenze acquisite degli allievi, constatando, nel contempo, la validità e la funzionalità delle strategie operative adottate. Si avvale di strumenti di rilevazione predefiniti in sede di progettazione curricolare.

Vigilanza alunni

L'esercizio della vigilanza sugli alunni compete a tutti gli operatori scolastici e, in particolare, agli insegnanti e integra una problematica piuttosto dibattuta in considerazione dei profili di responsabilità ad essa correlati per culpa in vigilando. Tale problematica va affrontata dal docente con adeguate misure organizzative da porre in essere nei momenti più complessi dell'attività scolastica: vigilanza durante le lezioni e nel corso degli intervalli tra le lezioni; custodia delle attrezzature e delle strumentazioni didattiche.

Indice generale

Libro I La progettazione educativo-didattica

Capitolo 1 Progettare nella scuola

Capitolo 5 La didattica per percorsi autoconsistenti

Capitolo 6 La programmazione educativa e l'attività docimologica

Capitolo 7 La programmazione individualizzata per i BES

Libro II La lezione simulata

Capitolo 1 La lezione simulata come prova di concorso

Capitolo 2 La lezione in classe

Capitolo 3 Come organizzare una lezione simulata

Capitolo 4 La lezione simulata in PowerPoint

Libro III Il colloquio e l'accertamento delle competenze linguistiche e informatiche

Capitolo 1 Competenze linguistiche

Capitolo 2 Schede grammaticali per il colloquio in lingua inglese

Capitolo 3 Come si svolge il colloquio in lingua inglese

Capitolo 4 Le competenze informatiche dell'insegnante

Glossario essenziale

ELENCO VOLUMI UTILI PER CLASSI DI CONCORSO

A45 (ex A017) - **SCIENZE ECONOMICO AZIENDALI**
- **526/7** - Scienze economico aziendale
- **526/8A** - Lezioni Simulate
- + Volumi comuni

A46 (ex A019) - **SCIENZE GIURIDICHE ED ECONOMICHE**
- **526/8** - Scienze giuridiche ed economiche
- **526/8A** - Lezioni Simulate
- + Volumi comuni

A18 (ex A036) - **FILOSOFIA E SCIENZE UMANE**
- **526/9** - Filosofia e scienze umane
- + Volumi comuni

A19 (ex A037) - **FILOSOFIA E STORIA**
- **526/9S** - Filosofia e storia
- + Volumi comuni

A40, A26, A27 (ex A038, ex A047, ex A049)
FISICA, MATEMATICA, MATEMATICA E FISICA
- **526/10** - Matematica e fisica
- **526/10A** - Lezioni simulate
- + Volumi comuni

A28 (ex A059) - **MATEMATICA E SCIENZE**
- **526/12** - Matematica e scienze
- **526/10A** - Lezioni simulate
- + Volumi comuni

A50(ex A060) **SCIENZE NATURALI, CHIMICHE E BIOLOGICHE**
- **526/16** - Scienze naturali
- **526/10A** - Lezioni simulate
- + Volumi comuni

A12 (ex A050) - **DISCIPLINE LETTERARIE NELLE SCUOLE DI II GRADO**
- **526/11** - Italiano, storia, geografia e discipline letterarie
- **526/11A** - Lezioni simulate
- + Volumi comuni

A22(ex A043) - **ITALIANO, STORIA, GEOGRAFIA, NELLA SCUOLA SECONDARIA DI I GRADO**
- **526/11** - Italiano, storia, geografia e discipline letterarie
- **526/11A** - Lezioni simulate
- + Volumi comuni

A11 (ex A051) - **DISCIPLINE LETTERARIE E LATINO**
- **526/13** - Latino
- **526/11** - Italiano, storia, geografia e discipline letterarie
- 526/11A - Lezioni simulate
- + Volumi comuni

A13(ex A052) - **DISCIPLINE LETTERARIE, LATINO E GRECO**
- **526/13** - Latino
- **526/11** - Italiano, storia, geografia e discipline letterarie
- **526/11A** - Lezioni simulate
- + Volumi comuni

A17 (ex A025) - **DISEGNO E STORIA DELL'ARTE NEGLI ISTITUTI DI ISTRUZIONE SECONDARIA**
- **526/15** - Arte e immagine disegno e storia dell'arte
- **526/18A** - Lezioni simulate
- + Volumi comuni

A01 (ex A028) - **ARTE E IMMAGINE NELLA SCUOLA SECONDARIA DI I GRADO**
- **526** - Arte e immagine disegno e storia dell'arte
- **526/18A** - Lezioni simulate
- + Volumi comuni

A54 (ex A061) - **STORIA DELL'ARTE**
- **526/15** - Arte e immagine disegno e storia dell'arte
- **526/18A** - Lezioni simulate
- + Volumi comuni

A48 (ex A029) - **SCIENZE MOTORIE E SPORTIVE NELLA SCUOLA DI II GRADO**
- **526/17** - Scienze motorie e sportive
- + Volumi comuni

A49 (ex A030) - **SCIENZE MOTORIE E SPORTIVE NELLA SCUOLA DI I GRADO**
- **526/17** - Scienze motorie e sportive
- + Volumi comuni

A60 (ex A033) - **TECNOLOGIA**
- **526/18** - Tecnologia
- **526/18A** - Lezioni simulate
- + Volumi comuni

A29 e A30 (ex A031 e A032) - **MUSICA**
- **526/19** - Musica
- + Volumi comuni

A24 e A25 (ex A346 - A345) - **INGLESE**
- 526/14 - Inglese
- + Volumi comuni

SOSTEGNO
- 526/22A - Insegnante di sostegno nelle scuole secondarie
- + Volumi comuni

ELENCO VOLUMI COMUNI

- **526/B** - Manuale delle Metodologie e tecnologie didattiche

- **526/C** - Legislazione scolastica

- **526/AG** (**526/B** + **526/C**) - Avvertenze generali per il concorso a cattedra 2018

- **526/D** - La prova orale per il concorso per abilitati

- **526/3** - Competenze informatiche

- **526/4A** - Competenze linguistiche - Inglese per la prova orale